Wo Deutschland am schönsten ist

1000 Ideen für die perfekte Reise
Kunst · Kultur · Kulinarisches

Erläuterungen der Symbole

Hotels: Preise für eine Ü im DZ ohne Frühstück
€€€€ über 200 Euro   €€€ 150 – 200 Euro   €€ 100 – 150 Euro   € bis 100 Euro

Restaurants: Preise für ein Menü mit Vorspeise und Dessert ohne Getränke
€€€€ über 50 Euro   €€€ 35 – 50 Euro   €€ 20 – 35 Euro   € unter 20 Euro

Inhalt

76 Tipps

Baden-Württemberg
Gibt an: Sehenswertes 8
Checkt ein: Übernachten 22
Tischt auf: Essen & Trinken 25
Geht aus: Bar, Kino, Theater, Musicals 31
Sucht aus: Shopping 34
Lädt ein: Feste & Feiern 36
Fährt raus: Ausflüge 38

Bayern
Gibt an: Sehenswertes 44
Checkt ein: Übernachten 61
Tischt auf: Essen & Trinken 68
Geht aus: Bar, Kino, Theater, Musicals 73
Sucht aus: Shopping 77
Lädt ein: Feste & Feiern 80
Fährt raus: Ausflüge 84

122 Tipps

43 Tipps

Berlin
Gibt an: Sehenswertes 96
Checkt ein: Übernachten 103
Tischt auf: Essen & Trinken 105
Geht aus: Bar, Kino, Theater, Musicals 108
Sucht aus: Shopping 111
Lädt ein: Feste & Feiern 113
Fährt raus: Ausflüge 115

Brandenburg
Gibt an: Sehenswertes 118
Checkt ein: Übernachten 126
Tischt auf: Essen & Trinken 128
Geht aus: Bar, Kino, Theater, Musicals 130
Sucht aus: Shopping 132
Lädt ein: Feste & Feiern 134
Fährt raus: Ausflüge 136

47 Tipps

Wo **Deutschland** am schönsten ist

20 Tipps

Bremen

Gibt an: Sehenswertes	142
Checkt ein: Übernachten	146
Tischt auf: Essen & Trinken	147
Geht aus: Bar, Kino, Theater, Musicals	148
Sucht aus: Shopping	149
Lädt ein: Feste & Feiern	150

Hamburg

Gibt an: Sehenswertes	154
Checkt ein: Übernachten	159
Tischt auf: Essen & Trinken	161
Geht aus: Bar, Kino, Theater, Musicals	163
Sucht aus: Shopping	165
Lädt ein: Feste & Feiern	167
Fährt raus: Ausflüge	168

32 Tipps

56 Tipps

Hessen

Gibt an: Sehenswertes	172
Checkt ein: Übernachten	181
Tischt auf: Essen & Trinken	184
Geht aus: Bar, Kino, Theater, Musicals	186
Sucht aus: Shopping	188
Lädt ein: Feste & Feiern	190
Fährt raus: Ausflüge	192

Mecklenburg-Vorpommern

Gibt an: Sehenswertes	196
Checkt ein: Übernachten	207
Tischt auf: Essen & Trinken	211
Geht aus: Bar, Kino, Theater, Musicals	213
Sucht aus: Shopping	215
Lädt ein: Feste & Feiern	217
Fährt raus: Ausflüge	220

59 Tipps

Wo **Deutschland** am schönsten ist

100 Tipps

Niedersachsen

Gibt an: Sehenswertes	226
Checkt ein: Übernachten	243
Tischt auf: Essen & Trinken	247
Geht aus: Bar, Kino, Theater, Musicals	252
Sucht aus: Shopping	254
Lädt ein: Feste & Feiern	256
Fährt raus: Ausflüge	259

Nordrhein-Westfalen

Gibt an: Sehenswertes	268
Checkt ein: Übernachten	283
Tischt auf: Essen & Trinken	287
Geht aus: Bar, Kino, Theater, Musicals	293
Sucht aus: Shopping	298
Lädt ein: Feste & Feiern	301
Fährt raus: Ausflüge	305

94 Tipps

62 Tipps

Rheinland-Pfalz

Gibt an: Sehenswertes	310
Checkt ein: Übernachten	320
Tischt auf: Essen & Trinken	323
Geht aus: Bar, Kino, Theater, Musicals	326
Sucht aus: Shopping	328
Lädt ein: Feste & Feiern	330
Fährt raus: Ausflüge	332

Saarland

Gibt an: Sehenswertes	340
Checkt ein: Übernachten	344
Tischt auf: Essen & Trinken	346
Geht aus: Bar, Kino, Theater, Musicals	348
Sucht aus: Shopping	349
Lädt ein: Feste & Feiern	350
Fährt raus: Ausflüge	352

29 Tipps

Register	468	Impressum	480

Wo **Deutschland** am schönsten ist

66 Tipps

Sachsen
Gibt an: Sehenswertes ... 356
Checkt ein: Übernachten ... 368
Tischt auf: Essen & Trinken ... 371
Geht aus: Bar, Kino, Theater, Musicals ... 374
Sucht aus: Shopping ... 377
Lädt ein: Feste & Feiern ... 380
Fährt raus: Ausflüge ... 382

Sachsen-Anhalt
Gibt an: Sehenswertes ... 386
Checkt ein: Übernachten ... 397
Tischt auf: Essen & Trinken ... 400
Geht aus: Bar, Kino, Theater, Musicals ... 402
Sucht aus: Shopping ... 404
Lädt ein: Feste & Feiern ... 406
Fährt raus: Ausflüge ... 408

63 Tipps

67 Tipps

Schleswig-Holstein
Gibt an: Sehenswertes ... 412
Checkt ein: Übernachten ... 422
Tischt auf: Essen & Trinken ... 425
Geht aus: Bar, Kino, Theater, Musicals ... 428
Sucht aus: Shopping ... 431
Lädt ein: Feste & Feiern ... 434
Fährt raus: Ausflüge ... 437

Thüringen
Gibt an: Sehenswertes ... 442
Checkt ein: Übernachten ... 454
Tischt auf: Essen & Trinken ... 457
Geht aus: Bar, Kino, Theater, Musicals ... 460
Sucht aus: Shopping ... 462
Lädt ein: Feste & Feiern ... 464
Fährt raus: Ausflüge ... 466

64 Tipps

Bildnachweis   Klappe hinten   Autor   480

Baden-Württemberg

Die Leute sprechen wie Winfried Kretschmann und Jogi Löw, sie bauen Häusle und Autos (was für Häusle! Was für Autos!), essen Spätzle und Maultaschen und halten das Geld zusammen. Ist ja nicht ganz falsch, das Klischee – aber die Wirklichkeit im »Ländle« zwischen Bodensee, Schwarzwald und Heidelberg hat mehr zu bieten.

Heilig's Blechle und gelobt sei, was mehr PS hat. Andacht im Mercedes-Benz-Museum in Stuttgart.

Baden-Württemberg gibt an

Museumsmeile
Baden-Baden

Mit seinem Casino, seinen Luxushotels, Museen, Parkanlagen und nicht zuletzt auch mit seinen großartigen Bädern – dem Friedrichsbad und der modernen Caracalla-Therme – ist der traditionsreiche »Weltkurort« am Westrand des Schwarzwalds eines der bekanntesten Reiseziele in Deutschland. Als Kulturmetropole genießt Baden-Baden europaweites Ansehen. Großartig ist die Museumsmeile am Westufer der Oos: Kulturhaus LA8, Staatliche Kunsthalle, Museum Frieder Burda und Stadtmuseum Baden-Baden – vier herausragende Museen auf 800 m Strecke! Auch »outdoor« hat Baden-Baden mit seinen wunderbaren Grünanlagen eine Menge zu bieten. Der Rosenneuheitengarten auf dem Beutig (Moltkestraße), von Mitte März bis zum Herbst täglich bis Sonnenuntergang geöffnet, gilt bei Botanikern in ganz Europa als Institution. Zum Pflichtprogramm gehört auch die Fahrt mit der 100 Jahre alten Standseilbahn auf den Hausberg Merkur (668 m). Noch mal 23 m höher ist der Aussichtsturm auf dem Gipfel, von dem man bis nach Straßburg sehen kann.

Info, Schwarzwaldstr. 52 und Kaiserallee 3;
Tel. 0 72 21/27 52 00; www.baden-baden.de

Baden-Württemberg gibt an

② Schloss
Mannheim

Mit dem ICE fährt man direkt vorbei an der spätbarocken Fassade (1720–1760), hinter der heute Studenten und Dozenten residieren. Es gibt aber auch prächtige Räume wie den Rittersaal zu sehen, dazu kostbares Mobiliar und Accessoires, historische Sammlungen und die Kabinettsbibliothek der Kurfürstin Elisabeth Augusta.

Bismarckstr. 1; Tel. 06 21/
2 92 28 91; www.schloss-
mannheim.de; Mo geschl.

③ Münster
Freiburg

Um 1200 begonnen, Anfang des 16. Jh. vollendet: eines der schönsten gotischen Baudenkmäler in Deutschland. Im Innenraum beeindrucken vor allem die Skulpturen, der Hochaltar (1512–1516) und die vielen farbigen Glasfenster – bei Sonnenschein besonders eindrucksvoll!

Münsterplatz;
Tel. 07 61/20 27 90;
www.freiburgermuenster.info

④ Kunsthaus L6
Freiburg

Kunst ist eine Lebensform: Zehn Künstlerateliers, acht Probenräume für Bands, Werkstatträume und ein Wohnatelier für Gastkünstler aus aller Welt stellt die Stadt Freiburg seit 2004 im Kunsthaus L6 im Stadtteil Zähringen zur Verfügung. Dazu kommt eine Ausstellungshalle, in der aktuelle Kunst aus der Region zu sehen ist.

Lameystr. 6;
Tel. 07 61/5 03 87 04;
www.freiburg.de/kunsthausl6

⑤ Zeppelinmuseum
Friedrichshafen

Im ehemaligen Hafenbahnhof wurde ein Teil der 245 m langen »Hindenburg« rekonstruiert, des größten jemals gebauten Zeppelins, der 1937 bei der Landung in den USA in Flammen aufging. Wer sich von den schwarz-weißen Fotos des explodierenden Zeppelins nicht abschrecken lässt, kann nach Besichtigung der sehenswerten Dokumentation von der Zeppelinhalle zwischen Messe und Flughafen mit einem modernen Zeppelin in die Luft gehen (Tel. 0 75 41/5 90 00; www.zeppelinflug.de); der kürzeste, 30 Minuten dauernde Rundflug kostet 200 Euro.

Hafenbahnhof;
Tel. 0 75 41/3 80 10;
www.zeppelin-museum.de

Baden-Württemberg gibt an

Pfahlbaumuseum
Unteruhldingen

Zurück in die Steinzeit: Beim einstündigen Rundgang am und über dem Bodensee hat man Gelegenheit, die sorgfältig rekonstruierten Waffen und Werkzeuge unserer Ahnen von vor 4000 Jahren in die Hand zu nehmen. Die Lage der fotogenen Pfahlbauten im ältesten Naturschutzgebiet der Region nahe Birnau ist wunderbar.

Strandpromenade 6;
Tel. 0 75 56/92 89 00;
www.pfahlbauten.de

Schloss Meersburg
Meersburg

Eine echte Ritterburg mit Wehrgängen, Türmen, einem großen Rittersaal und einer Folterkammer, höchst fotogen über dem Bodensee gelegen – mit weitem Panoramablick bis zu den Alpen: So eine Immobilie muss die Menschen in Scharen anziehen. Was sie auch tut. Ursprünglich im 7. Jh. erbaut, ist diese älteste bewohnte Burg Deutschlands heute im Stil des Biedermeiers eingerichtet. Was aber völlig in Ordnung ist, denn die berühmteste Bewohnerin des Schlosses, die Dichterin Annette von Droste-Hülshoff, lebte hier von 1841 bis zu ihrem Tod im Revolutionsjahr 1848, als Schluss mit bieder war.

Schlossplatz 10; Tel. 0 75 32/8 00 00; www.burg-meersburg.de

Baden-Württemberg gibt an

Technoseum
Mannheim

Das ehemalige Landesmuseum für Technik und Arbeit vermittelt eine anschauliche, sehr lebendige und unterhaltsam inszenierte Zeitreise durch die unterschiedlichen Lebens- und Arbeitswelten im Lauf der Industrialisierung – mit den entsprechenden Wohn-Interieurs, Werkstatteinrichtungen und Büroausstattungen.

Museumsstr. 1; Tel. 06 21/ 4 29 89; www.landesmuseum-mannheim.de

Deutsches Literaturarchiv
Marbach

Eine kurze Strecke neckarabwärts von Ludwigsburg stehen in Marbach das alte Geburtshaus Friedrich Schillers (1759–1805) und die neue Gralsburg der deutschen Sprache: das 2006 eröffnete Literaturmuseum der Moderne, entworfen von David Chipperfield. Seine Schätze sind »nur« beschriebenes Papier – aber das Originalmanuskript von Kafkas »Process« zu sehen und zu wissen, dass Literatur danach nicht mehr dieselbe gewesen ist, ist schon für einen kleinen Schauer gut.

Schillerhöhe 8—10; Tel. 0 71 44/ 84 86 16; www.dla-marbach.de; Mo geschl.

Schloss 10
Rastatt

»Versailles am Rhein« wird es genannt: Das französische Vorbild ist unverkennbar. Dennoch ist Schloss Rastatt, 25 km südlich von Karlsruhe, ein »Original«. Als einzige barocke Schlossanlage am Oberrhein hat es den Krieg unbeschadet überstanden. Die 1705 bezogene Residenz beeindruckt mit ihrer 230 m langen Gartenfront und prunkvollen Räumen. Im Schloss befindet sich auch das Wehrgeschichtliche Museum. Im schönen barocken Zentrum von Rastatt steigt übrigens alle zwei Jahre im Mai das bunte »tête-à-tête«-Straßentheaterfestival (www.tete-a-tete.de).

Herrenstr. 18–20; Tel. 0 72 22/97 83 85; www.schloss-rastatt.de; Mo geschl.

Baden-Württemberg gibt an ....

Kloster
Maulbronn

11

Man muss nicht Hermann Hesses Jugenderinnerungen über seine Schulzeit in Maulbronn (»Unterm Rad«) gelesen haben, um den am besten erhaltenen Klosterkomplex nördlich der Alpen mit Ehrfurcht zu betrachten. Im Jahr 1147 hatten Zisterziensermönche damit begonnen, im abgeschiedenen Salzachtal am Nordrand des Schwarzwalds ein Kloster zu bauen. In der Folge entstand eine ausgedehnte Anlage mit Kirche, Kreuzgang, Refektorien, einem Kapitelsaal, Kellergewölben und einem Klostergarten. Ein Museum informiert über die Geschichte der seit 1993 gelisteten Welterbestätte. Von Mai bis September finden die stimmungsvollen Klosterkonzerte statt.

Klosterhof 5; Tel. 0 70 43/92 66 10;
www.kloster-maulbronn.de

Baden-Württemberg gibt an

Baden-Württemberg gibt an ....

Schloss
Ludwigsburg

1704 begann Herzog Eberhard Ludwig von Württemberg (1693–1733) mit dem Bau eines Jagdschlösschens 14 km nördlich von Stuttgart. Bis 1733 entstand ein verstreutes Ensemble von 18 Gebäuden in einem insgesamt 32 Hektar großen Park. Mag das mit Stuckschnörkeln, Porzellanblumen, Spiegeln und Putten prunkende Residenzschloss auch als eine der größten Barockanlagen Europas gelten – die kleineren Lustschlösser Favorite und Monrepos, wunderbar in der weitläufigen Parklandschaft gelegen, sind vielleicht noch schöner.

Schlossstr. 30;
Tel. 0 71 41/18 20 04;
www.schloss-ludwigsburg.de

ZKM
Karlsruhe

Daddeln, bis die Finger glühen: Computerspiele gehören eigentlich nicht ins Museum, im Zentrum für Kunst und Medientechnologie ZKM aber schon. Es gibt natürlich auch »seriöse« Abteilungen, die spannend, bunt und unterhaltsam vermitteln, wie moderne Medien zu Kunst werden oder wie moderne Kunst zum Medium wird und was das alles für unser Leben bedeutet. Besucher werden schon mal zum »mobile tagging« eingeladen: Wer mit dem Handy den QR-Code fotografiert und die Software zur Decodierung besitzt, sieht Texte und Bilder oder hört Töne. Attraktives Veranstaltungsprogramm.

Lorenzstr. 19;
Tel. 07 21/8 10 00;
www.zkm.de; Mo, Di geschl.

Die »Goldstadt«
Pforzheim

Schon gewusst? 75 Prozent des deutschen Schmucks kommen aus Pforzheim. Im Industriehaus nahe dem Bahnhof sind die Schmuckwelten (www.schmuckwelten.de, So/Fei geschl.) untergebracht: Die »Einkaufswelt« zeigt heimische und internationale Geschmeide und Uhren, die »Erlebniswelt« bietet Information und Interaktion: Man kann sich an einer Wand aus Gold entlangtasten, Mineralien bewundern und in der Gläsernen Manufaktur Goldschmieden bei der Arbeit zusehen. Am Stadtgarten zeigt das Schmuckmuseum (www.schmuckmuseum.de, Mo geschl.) Schmuckkunst aus 5000 Jahren, und im Technischen Museum (www.technisches-museum.de) demonstrieren Mitarbeiter an verschiedenen Maschinen, wie Goldketten, Anhänger und Ringe entstehen.

Schlossberg 15–17;
Tel. 0 72 31/39 37 00;
www.pforzheim.de

Baden-Württemberg gibt an

Kunstmuseum
Stuttgart

Der gläserne Würfel am Schlossplatz weckt die Neugierde – und enttäuscht sie dankenswerterweise nicht. Was man von außen sieht, ist dabei nur der kleinste Teil des 2005 eröffneten Kunstmuseums, das zur Hauptsache unter der Erde liegt und mit seiner avantgardistischen Architektur eine faszinierende Raumwirkung entfaltet. Neben der weltgrößten Sammlung von Werken Otto Dix' sind in der Dauerausstellung großartige Werke der klassischen Moderne bis hin zur Gegenwartskunst zu sehen.

Kleiner Schlossplatz 1; Tel. 0711/21 61 96 00; www.kunstmuseum-stuttgart.de; Mo geschl.

Porsche-Museum
Stuttgart

Die Zuffenhausener haben für ihre Selbstdarstellung ein »unmögliches« Bauwerk errichten lassen, das tatsächlich eher eine (sehr schiefe) Brücke als ein Haus ist. Weil auf weitere Inszenierungen verzichtet wird, sieht man innen nicht mehr als – zugegeben – schöne Autos. Aufregend ist das »Haus«.

Porscheplatz 1; Tel. 0711/91 12 09 11; www.porsche.com/museum/de; Mo geschl.

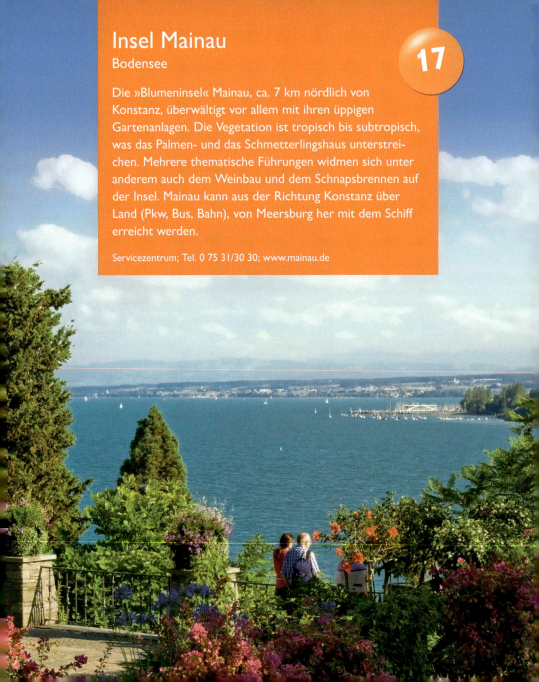

Insel Mainau
Bodensee

17

Die »Blumeninsel« Mainau, ca. 7 km nördlich von Konstanz, überwältigt vor allem mit ihren üppigen Gartenanlagen. Die Vegetation ist tropisch bis subtropisch, was das Palmen- und das Schmetterlingshaus unterstreichen. Mehrere thematische Führungen widmen sich unter anderem auch dem Weinbau und dem Schnapsbrennen auf der Insel. Mainau kann aus der Richtung Konstanz über Land (Pkw, Bus, Bahn), von Meersburg her mit dem Schiff erreicht werden.

Servicezentrum; Tel. 0 75 31/30 30; www.mainau.de

Baden-Württemberg gibt an

 Schlossgarten
Schwetzingen

Sozusagen ein Crossover-Gesamtkunstwerk aus Architektur und Natur, aus Barock und Romantik. In der zweiten Hälfte des 18. Jh. entstand hinter der Sommerresidenz der pfälzischen Kurfürsten in Schwetzingen, 12 km westlich von Heidelberg, einer der beeindruckendsten Schlossgärten Europas. Zu den sehr sehenswerten Gebäuden auf dem 73 Hektar großen Areal zählen die Moschee, das römische Wasserkastell, das wunderschöne Badhaus und das berühmte Rokokotheater. Von Ende April bis Juni finden in diesem Ambiente die bekannten Schwetzinger Festspiele statt.

Tel. 0 62 21/65 88 80;
www.schloss-schwetzingen.de

19 Kunsthalle
Mannheim

Direkt am Friedrichsplatz mit dem Mannheimer Wahrzeichen, dem 60 m hohen Wasserturm, hängt und steht alles was Rang und Namen hat im europäischen Kunstbetrieb des 19. und 20. Jh. Bemerkenswert ist vor allem die Skulpturensammlung, noch bemerkenswerter der nicht unumstrittene Neubau, der voraussichtlich Ende 2017 eröffnet wird.

Friedrichsplatz 4;
Tel. 06 21/2 93 64 30;
www.kunsthalle-mannheim.de;
Mo geschl.

Ulmer Museum
Ulm

20

Die Wiege der Menschheit mag in Afrika liegen, die Wiege der Künste aber liegt auf der Schwäbischen Alb: 2008 fand man hier die 40 000 Jahre alte »Schwäbische Venus«, die älteste figürliche Darstellung der Menschheit. Im Ulmer Museum kann man zwar nicht sie, aber andere der frühesten Kunstwerke der Menschheit betrachten, darunter den »Löwenmensch«. Er entstand in einer Zeit, als Mammuts, Löwen und Höhlenbären die Schwäbische Alb bevölkerten. Außerhalb der Archäologischen Sammlung ist im Museum neben etwas Spätgotik viel moderne Kunst zu sehen.

Marktplatz 9; Tel. 07 31/
1 61 43 30; www.ulmer-museum.ulm.de; Mo geschl.

Baden-Württemberg gibt an ....

21

Schloss
Heidelberg

Es ist die Kulisse zum großen Melodram der deutschen Romantik: Ein großes Gemäuer in walddunkler Bergesflanke; eine Burg ohne Menschen, leer und mit sehr viel Platz für träumende Seelen. Als die Soldaten des französischen »Sonnenkönigs« Ludwig XIV. 1689 und 1693 das gewaltige Renaissancebauwerk über der Stadt Heidelberg zerstörten, schufen sie damit ohne Absicht einen deutschen Sehnsuchtsort, ein Symbol – und eine der größten Sehenswürdigkeiten des Landes. Zugang am besten zu Fuß auf dem Burgweg in guten zehn Minuten oder mühelos mit der Bergbahn vom Kornmarkt. Der Schlosshof ist frei zugänglich, in die Innenräume gelangt man jedoch nur im Rahmen von Führungen.

Schlosshof 1;
Tel. 0 62 21/53 84 72;
www.schloss-heidelberg.de

Baden-Württemberg gibt an

Museum Sammlung Prinzhorn
Heidelberg

Im ehemaligen Hörsaalgebäude der Psychiatrischen Abteilung geht es ums Ganze. Was hier zu sehen ist, packt, berührt, beklemmt. Von 1919 bis 1921, als psychiatrische Anstalten noch »Irrenhäuser« hießen, sammelte der Heidelberger Arzt und Kunsthistoriker Hans Prinzhorn rund 5000 Kunstwerke von psychisch kranken Patienten. Hier versteht man, dass Kunst mehr sein kann als dekorativer Wandschmuck. Ohne Frage eines der wichtigsten Museen für »moderne« Kunst (was man so nennt) in Deutschland.

Voßstr. 2;
Tel. 0 62 21/56 44 92;
prinzhorn.ukl-hd.de;
Mo geschl.

Baden-Württemberg gibt an

Mercedes-Benz Museum
Stuttgart

Was der Weltkonzern neben das Gelände des unsteter performenden VFB Stuttgart hingestellt hat, ist eine Kathedrale des Glaubens an die nie endende Mobilität. Aus dem sakralen, fast 50 m hohen Atrium führen zwei Aufzüge, als Zeitmaschinen gestaltet, hinauf. Während der Fahrt hört man moderne Motoren, dann alte Motoren, zuletzt Hufgetrappel. Oben steht ein Pferd. Es schaut auf die Daimler-Motorkutsche und den Benz-Motorwagen, die ersten Autos überhaupt. 1 PS und seine technische Imitation, der Anfang einer Weltrevolution – und einer starken Inszenierung: Willkommen im Jahr 1886. Auf schrägen Rampen läuft man abwärts in die Zukunft, die Autos werden größer, die Motoren stärker. Sieben »Mythosräume« (von den ersten Autos der Welt bis zu den Silberpfeilen) und fünf »Collectionsräume« (Reisefahrzeuge, Lastwagen, Nutzfahrzeuge, Staatskarossen, Autos des Alltags) führen durch die Kulturgeschichte Deutschlands. Am Ende legt sich ein Schwarm Silberpfeile über den Köpfen der Besucher in die Kurve. Motoren dröhnen, Formel-1-Weltmeister nehmen Pokale entgegen. Es ist der dramaturgische Höhepunkt. Ein subversiver Vorschlag: Machen Sie die Zeitreise im Mercedes-Benz Museum mal in umgekehrter Richtung, gegen den Strom von »heute« nach »gestern«. Vom Dröhnen der Formel-1-Motoren und vom glatten Design des 21. Jh. zurück zu den Anfängen, wo 1 PS noch wieherte und die Emissionen im Kutschenverkehr sofort biologisch abbaubar waren. Damals entstand übrigens das Wort Kotflügel.

Mercedesstr. 100; Tel. 07 11/ 1 73 00 00; www.benz.me/tickets; Mo geschl.

Baden-Württemberg gibt an

Urwelt-Museum Hauff
Holzmaden

Kurz hinter der Ausfahrt Aichlberg auf der A8 Richtung Ulm stapfen acht Saurier durchs Gras. Sie beißen nicht, sie spielen nicht mal, sie sind nur die lebensgroßen Rekonstruktionen früherer Schwaben – und glücklicherweise stumm. Das einzigartige Museum in Holzmaden, das größte private Naturkundemuseum Deutschlands, zeigt daneben eine Reihe ausgezeichnet präparierter Fossilien, unter ihnen einen riesigen Ichthyosaurier.

Aichelberger Str. 90;
Tel. 0 70 23/28 73; Mo geschl.
www.urweltmuseum.de

Münster
Ulm

Nur in Köln steht ein noch größerer gotischer Dom, und wie dieser wurde das Ulmer Münster – Baubeginn 1377 – erst Ende des 19. Jh. fertig, als der 161 m hohe Turm entstand. Von der Aussichtsterrasse, 20 m tiefer, sieht man bis zu den Alpen. Überwältigend der Raumeindruck, großartig das Chorgestühl (15. Jh.), der Kreuzaltar sowie die Glasfenster im Chor und in der angrenzenden »Bessererkapelle«.

Münsterplatz;
Tel. 07 31/3 79 94 50;
www.muenster-ulm.de

Insel Reichenau
Bodensee

Das sprichwörtliche Paradies auf Erden liegt ganz nah. Reichenau, auf einem Damm vom Festland zu erreichen, zählt mit seinen drei Kirchen zum UNESCO-Welterbe: In St. Georg zeigt ein Freskenzyklus aus ottonischer Zeit (um 980) die Wundertaten Christi, die Basilika St. Peter und Paul birgt romanische Fresken, und im Münster St. Maria und Markus (9.–11. Jh.) sind das Grab Kaiser Heinrichs III. und eine Schatzkammer zu sehen. Heute geht es eher weltlich zu, auch wenn seit 1994 wieder Mönche hier leben: Die Insel ist ein bekanntes Gemüseanbaugebiet.

Tourist-Information, Pirminstr. 145; Tel. 0 75 34/9 20 70;
www.reichenau.de

Baden-Württemberg checkt ein

Park-Villa
Heilbronn

In feiner Heilbronner Wohngegend haben Elke und Hans-Peter Gaupp inmitten eines herrlichen Parks eine Jugendstilvilla und eine Landhaus-Dependance zu Gästehäusern umgebaut. Die Zimmer sind individuell und teilweise mit Antiquitäten eingerichtet. Bewacht wird die touristische Wohngemeinschaft vom (lebenden!) Hausgeparden »Sammy«.

Gutenbergstr. 30;
Tel. 0 71 31/9 57 00;
www.hotel-parkvilla.de; €€

Riva
Konstanz

Cool geht auch am Bodensee. Die blitzblank renovierte Jugendstilvilla und der angeschlossene, sehr eckige Neubau haben die Design-Hotellerie an die Seepromenade gebracht. Zimmer und Suiten sind kantig, aber nicht kalt, sehr hell, mit schönen Holzfußböden und der angemessenen technischen Ausstattung. Oben auf dem Dach genießt man beim Bad im Pool den Seeblick, unten im Restaurant »Ophelia« die mit zwei Michelin-Sternen ausgezeichnete französische Küche von Dirk Hoberg. Vorbildlich ist das Energiekonzept, das einen saisonalen Energiespeicher mit Wärmepumpen kombiniert.

Seestr. 25; Tel. 0 75 31/36 30 90; www.hotel-riva.de; €€€€

Der Europäische Hof
Heidelberg

Luxus nicht von der Stange beziehungsweise in der Kette, sondern ganz privat – und das bereits in der dritten Familiengeneration.

Viel investiert wurde in den letzten Jahren nicht nur in die Renovierung der Zimmer, sondern auch in den wirklich schönen und bestens ausgestatteten, 600 Quadratmeter großen »Panorama Spa Club« – Fitness und Wellness (Pool, Sonnenterrasse, Sauna und Sanarium, Dampfbad, Solarium, Fitness, Beauty-Lounge und Personal Training) über den Dächern von Heidelberg – mit Blick aufs Schloss. Und beim Diner in der »Kurfürstenstube« überzeugt die Qualität der feinen Gourmetküche ebenso wie das stilvolle Ambiente unter der Kassettendecke.

Friedrich-Ebert-Anlage 1;
Tel. 0 62 21/51 50;
www.europaeischerhof.com;
€€€

Victoria
Freiburg

Wer der Meinung ist, dass »öko« ein anderes Wort für »verzichten« ist, sollte in dem notorisch »grünen« (und deshalb mehrfach ausgezeichneten) Best Western Premium Hotel mitten in Freiburg einchecken.

In den Zimmern steht zwischen Stuckdecken und Parkettfußböden eher modernes Mobiliar, das bevorzugt bei heimischen Schreinern bestellt wird, die dafür gut abgehangenes Schwarzwald-Gehölz verarbeiten. WLAN gibt's kostenlos, die Gratis-Fahrkarte für Busse und Bahnen auch. Die Lage am Colombipark, direkt am Rand der Altstadt, ist großartig, die »Hemingway«-Bar ein Hot Spot des Freiburger Nachtlebens.

Eisenbahnstr. 54;
Tel. 07 61/20 73 40;
www.hotel-victoria.de; €€

Bareiss
Baiersbronn

Mit Claus-Peter Lumpp, einem der neun deutschen Drei-Sterne-Köche hat das große Wohlfühlhotel im Luxusresort Baiersbronn einen herausragenden Botschafter. Aber nicht nur das Gourmetrestaurant bietet allen, die es sich leisten können, einen erstklassigen Service. Im 2400 Quadratmeter großen Wellnessbereich findet man alles, das hilft, die Welt da draußen zu vergessen; die Spa- und Beauty-Anwendungen ziehen alle erdenklichen Register. Erwähnenswert, da bei Häusern dieser Kategorie nicht selbstverständlich: Familien mit Kindern sind ausdrücklich erwünscht.

Hermine-Bareiss-Weg;
Tel. 0 74 42/4 70;
www.bareiss.com; €€€€

Baden-Württemberg checkt ein

Schiefes Haus
Ulm

Die Restaurierung war bestimmt spannend. In dem 1443 erbauten Fachwerkhaus neben der Donau gibt es keinen rechten Winkel. Trotzdem gelang das Kunststück, darin Hotelzimmer mit allem modernen Komfort einzurichten und die alte Bausubstanz dennoch zu erhalten. Sogar die Holzmalereien an den Deckenbalken im ersten Stock konnten gerettet werden. Darum ist man in Ulm natürlich auch stolz auf den Eintrag als »schiefstes Hotel der Welt« im Guinessbuch der Rekorde 1997.

Schwörhausgasse 6;
Tel. 07 31/96 79 30;
www.hotelschiefeshausulm.de;
€€

Le Méridien
Stuttgart

Vom Bahnhof durch den Schlossgarten getrennt, bietet das große, moderne City-Hotel eine Top-Lage nahe der Oper, schick designte Zimmer und einen eleganten Wellness-Bereich. Im Restaurant Le Cassoulet gibt es regionale Küche mit französischem Einschlag. Toller 24-Stunden-Service.

Willy-Brandt-Str. 30;
Tel. 07 11/2 22 10;
www.lemeridienstuttgart.com;
€€€

Brenner's Park-Hotel und Spa
Baden-Baden

Eines der schönsten deutschen Grandhotels. Mit ihm begann 1834 der Bädertourismus in Baden-Baden. In den Zimmern und Suiten Antiquitäten, in den Bädern Carrara-Marmor, im 2000 Quadratmeter großen Spa-Bereich das volle Wohlfühlprogramm. Das feine Parkrestaurant – Herren bitte im Jackett! – bietet feine Küche: leicht, französisch, mediterran und sehr gut.

Schillerstr. 4–6;
Tel. 0 72 21/90 00;
www.brenners.com; €€€€

Baden-Württemberg tischt auf

35 Zum Ochsen
Karlsruhe

1300: So viele Positionen hat die Weinkarte. Zwischen holzvertäfelten Wänden isst man französisch-fein und nicht billig. Chefköchin Anita Jollit beweist Mut und Witz, wenn sie ihre Klassiker mit »Fish and Chips vom Seeteufel, mit Chorizo überbacken« durchkreuzt.

Durlach, Pfinzstr. 64; Tel. 07 21/ 94 38 60; www.ochsen-durlach. de; Mo, Di geschl. €€€€

36 Weißer Bock
Heidelberg

Stilvoller als im ehemaligen Mensurensaal einer Studentenverbindung, deren Burschen sich hier entbeinten, kann man in Heidelberg kaum essen. Auch Stube, Bar und das »normale« Restaurant sind schön und sehr gemütlich. Bei gutem Wetter sitzt man natürlich auch auf der Terrasse und genießt, was aus der Küche kommt. Das bewegt sich irgendwo zwischen mediterran-fein und gutbürgerlich-herzhaft und schmeckt in jedem Fall richtig gut.

Große Mantelgasse 24; Tel. 0 62 21/9 00 00; www.weisserbock.de; €€

Baden-Württemberg tischt auf

Kreuz Post
Vogtsburg-Burkheim

Reiner Gehr ist ein ausgezeichneter Vertreter der Wirtevereinigung Kulinarischer Kaiserstuhl, und sein Hotel-Restaurant in Burkheim ist tatsächlich so etwas wie ein Geheimtipp. Hier gibt es badisch-elsässische Küche, mal klassisch, dann wieder in überraschenden bis gewagten Variationen. Verarbeitet wird, was die Jahreszeiten hergeben: Spargel und Pfifferlinge, Kürbis, Wild und Fisch. Die Weine kommen von den Winzern nebenan, die Obstbrände – Zwetschge, Mirabelle, Williamsbirne und Kirsche – produziert Reiner Gehr selbst.

Landstr. 1;
Tel. 0 76 62/9 09 10;
www.hotel-kreuz-post.de; €€

37

Basho-An
Freiburg

Der beste Japaner in Freiburg – und einer der besten in Deutschland. Wer im hellen, freundlichen und unaufgesetzt schlichten Ambiente mit Holzboden »nur« Sushi, Sashimi und Tempura bestellt, wird zwar auch glücklich, er sollte aber keineswegs die fantastischen Vorspeisen auslassen. Sehr zu empfehlen sind beispielsweise Sunomono Moriawase (in Reisessig eingelegte Meeresfrüchte und Gurken) oder Jagaimo Manju (Garnelen und Entenfleisch in gebackenem Kartoffelpüree). Dabei kann man live verfolgen, wie die Meister mit den flinken Fingern und scharfen Messern die nächsten Gänge zubereiten. Zu trinken gibt es natürlich Sake und japanisches Bier, aber auch schöne badische Weiß- und Rotweine. So viel Qualität hat außerdem noch einen sehr attraktiven Preis.

Merianstr. 10; Tel. 07 61/
2 85 34 05; www.bashoan.com;
So, Mo geschl. €€€

Schwarzwaldstube
Baiersbronn

Das deutsche Gourmet-Phänomen schlechthin: Im eher unauffälligen Schwarzwaldort walten zwei Drei-Sterne-Köche ihres Amtes. Der Meister aller Klassen heißt Harald Wohlfahrt und verteidigt in der Schwarzwaldstube des Hotels Traube Tonbach schon seit vielen Jahren seinen Rang als »bester Koch Deutschlands« mit einer unaufgeregten Souveränität, die schwer fassbar ist. Dazu agieren mit Patissier Pierre Lingelser, Sommelier Stéphane Gass und dem Service-Team so ziemlich die besten ihres Faches.

Tonbachstr. 237;
Tel. 0 74 42/49 20;
www.traube-tonbach.de;
Mo, Di geschl. €€€€

Baden-Württemberg tischt auf

Le Corange
Mannheim

40

Im 5. und 6. Stock des Modehauses Engelhorn wird auch »modisch« gekocht, nämlich mit einer Art von neo-mediterranem Purismus, der alle Konzentration aufs perfekt bereitete Produkt lenkt – am besten auf Fisch (wobei das Fleisch auch ausgezeichnet schmeckt). Viel zu schauen gibt es auch. Von Karte und Teller kann man den Blick über Mannheim bis zum Odenwald schweifen lassen oder aber den Küchenchefs auf die Finger sehen.

Innenstadt, O5, 9–12; Tel. 06 21/ 1 67 11 33; www.corange-restaurant.de; Do, So geschl.
€€€

Kommödchen
Karlsruhe

41

Nur 30 Gäste haben in dieser Location Platz, und allzu viel Ellenbogenfreiheit genießen sie nicht. Aber das Wohnzimmerambiente ist einfach zu nett, und apropos genießen: Was aus der Küche kommt, schmeckt einfach toll – irgendwo zwischen Mittelmeer, Asien, Neuer Welt und Baden. Wer unbedingt will, nennt es Fusion. Nicht zu verachten ist auch die absolut zentrale Lage.

Marienstr. 1; Tel. 07 21/3 50 58 84; www.kommoedchen-ka.de; Mo geschl. €€€

Baden-Württemberg tischt auf

Landgasthof Adler
Rosenberg

42 Gaisburger Marsch und Blutwurst mit Filderkraut treffen Gänsestopfleber und Schwarzen Kabaljau. Spannend – und nicht zu teuer.

Ellwanger Str. 15;
Tel. 0 79 67/5 13;
www.landgasthofadler.de;
Mo, Di geschl. €€€

44

Schlegelhof
Kirchzarten

43 Dass ein Wiener Schnitzel (natürlich vom Kalb) auch im Schwarzwald perfekt zubereitet werden kann, beweist Martin Schlegel im Dreisamtal östlich von Freiburg. Wer Rind, Reh, Lamm oder Fisch bestellt (letzterer wird mündlich angesagt, entsprechend dem Tageseinkauf), wird genausowenig enttäuscht. Bei schönem Wetter speist man im Garten.

Höfener Str. 92; Tel. 0 76 61/
50 51; www.schlegelhof.de;
Mi geschl. €€€

Zirbelstube
Freiburg

Im 5-Sterne-Hotel Colombi zelebriert Küchenchef Christoph Fischer die hohe Kunst der modernen Gourmetgastronomie. Unweit der französischen Grenze zeigt diese Kunst die entsprechenden Schattierungen. Um den Genuss zu vervollkommnen, liegen im Keller 600 Weine.

Rotteckring 16; Tel. 07 61/2 10 60; www.colombi.de;
So geschl. €€€€

Baden-Württemberg tischt auf

Wielandshöhe
Stuttgart

Wie gut, dass es ihn gibt. Vincent Klink, der schlaueste und witzigste unter den deutschen Sterne-Köchen, ist zugleich ein begnadeter Schreiber und Musiker an der Basstrompete (»Für mich ist dieses fette Horn genau das Richtige«). Nicht zu vergessen, Vincent Klink ist Sterne-Koch. Seine Küche ist klassisch, schwäbisch-französisch und nie verkünstelt oder überkandidelt. Es gibt Ochsenschwanzessenz mit Maultaschen, Alblamm im knusprigen Brotmantel und Schokoladenpudding. Nur bei der Qualität der Zutaten, da kennt der lustige Herr Klink keinen Spaß.

Alte Weinsteige 71;
Tel. 07 11/6 40 88 48,
www.wielandshoehe.de;
So, Mo geschl. €€€€

Zum Adler
Überlingen-Lippertsreute

Im postkartenschönen Fachwerkhaus kommt bürgerlich-badische Landküche auf den Tisch. Und die schmeckt unverschämt lecker: Maultaschen, Wildschweinbratwurst, Kalbsbrust, Schweinsbäckle und Bodenseefelche. Ausgezeichnet ist auch das Frühstück (unter anderem mit selbstgebackenem Holzofenbrot), das die Hotelgäste genießen dürfen.

Hauptstr. 44;
Tel. 0 75 53/8 25 50;
www.adler-lippertsreute.de;
Mi, Do geschl. €€

Zur Weserei
Kandern

Käs- und Krautspatzen mit Röstzwiebeln gibt es hier, Maultaschen sowieso – aber eben auch, nahe dem deutsch-französisch-schweizerischen Dreiländereck, Gänsestopfleber mit Portweingelee und Quittensauce oder Kalbsbries mit Steinpilzravioli. Der Spagat zwischen schwäbischer Hausmannskost und feiner, französisch angehauchter Küche gelingt auch deshalb, weil man konsequent die Produktpolitik der kurzen Wege pflegt: Die Zutaten kommen wo immer möglich aus der Umgebung und/oder aus kontrolliertem Anbau. Sehr sympathischer Service.

Hauptstr. 81; Tel. 0 76 26/4 45; www.weserei.de; Mo geschl. €€€

Baden-Württemberg tischt auf

Speisemeisterei
Stuttgart

»Rokoko rockt« heißt das Motto: In zeitgemäß angesagtem Ambiente – oben hübsch alt und ausgesprochen schnörkelig, unten cool modern und mit gerader Kante – bringen TV-»Kochprofi« Frank Oehler und sein Küchenchef Markus Eberhardinger in Schloss Hohenheim höchst kreative, aber nicht mehr ganz so avantgardistische Leckereien auf den Tisch. Wobei ein Hot Dog vom gezupften Alblinsenschwein mit Kraut, Senf und Essiggurke oder ein Reh mit Gaishirtle, Walnuss und Fichtensprossen nicht wirklich »normal« sind.

48

Schloss Hohenheim;
Tel. 07 11/34 21 79 79;
www.speisemeisterei.de;
Di, Mi geschl. €€€€

Schneider's Weinstube
Baden-Baden

Die Weinstube mit angeschlossener Vinothek ist eine Institution der Baden-Badener Gastronomie. Unweit des Museums Frieder Burda gelegen, genießen die Gäste hier in urig-rustikalem Ambiente eine wunderbare regional-internationale Küche, die nicht gut-, sondern eher bestbürgerlich genannt werden kann – was man zum Beispiel beim Badischen Blutwurst-Pfännle mit Äpfeln, Zwiebeln und Bratkartoffeln oder beim Wiener Schnitzel (natürlich vom Kalb) schmecken kann. Die Auswahl der Weine aus der Region zwischen Schwarzwald und Kaiserstuhl ist ebenso umfangreich wie hochklassig, die Atmosphäre ausgesprochen herzlich.

Merkurstr. 3;
Tel. 072 21/976 69 29;
www.schneiders-weinstube-baden-baden.de;
So und Fei geschl. €€€

Mettnau-Stube
Radolfzell

Scholle nach Finkenwerder Art oder originalen Labskaus kann man auch am anderen Ende der Republik in Sichtweite der Alpen genießen. Wer sich auf der Insel Mettnau bei Radolfzell von Alfons Curin bekochen lassen möchte (viele möchten das!), kann mit etwas Glück aber natürlich auch Hechtfilet, Bodensee-Trüsche und andere heimische Fischspezialitäten bekommen – allerdings nur, wenn diese frisch zu haben sind. Frisch und saisonal lautet das Motto der Küche, die auch (Bio-) Fleisch gut zuzubereiten weiß. Im angeschlossenen »Kleinen Fischladen« kann man täglich frisch geräucherte Bodenseefelchen kaufen.

Strandbadstr. 23;
Tel. 0 77 32/1 36 44;
www.mettnaustube.de;
Mo geschl. €€

Baden-Württemberg geht aus

 E-Werk
Freiburg

30 bildende Künstler arbeiten hier in ihren Ateliers, es proben und spielen die Freiburger Schauspielschule, die Tanzschule »bewegungs-art« und das Musiktheater »Die Schönen«. Damit ist das E-Werk eine der besten Adressen Freiburgs für Konzerte (Klassik, Jazz, Rock), Tanz und Theater.

Eschholzstr. 77; Tel. 07 61 / 20 75 70; www.ewerk-freiburg.de

Nationaltheater
Mannheim

Die Uraufführung der »Räuber« von Friedrich Schiller am 13. Januar 1782 hat einen Ehrenplatz in den Annalen des Hauses. Ebenso die Jahre 1777/78, als Wolfgang Amadeus Mozart in Mannheim lebte und zwar keine Festanstellung bekam, dafür aber seine Constanze. Heute genießen insbesondere die Operninszenierungen des Nationaltheaters höchstes Ansehen in der deutschen Bühnenlandschaft. Wolfgang Rihms »Hamletmaschine« ist nur eine der modernen Opern, die in Mannheim uraufgeführt wurde.

Mozartstr. 9; Tel. 06 21/1 68 00;
www.nationaltheater-mannheim.de

Baden-Württemberg geht aus

Staatstheater
Karlsruhe

Das Dreispartenhaus genießt gewissermaßen »im zweiten Glied« hinter den großen Bühnen in München oder Stuttgart einen ausgezeichneten Ruf. Nicht nur das Opernprogramm und die Konzerte der Badischen Staatskapelle im Großen Haus (1002 Plätze) erhalten regelmäßig gute Kritiken, auch das Sprechtheater bietet von Shakespeare über Kleist und Beckett bis Jelinek ein komplettes Programm. Das 2011 gegründete Junge Staatstheater bedient daneben den Theater-Nachwuchs. Jeden Februar finden die Händel-Festspiele statt.

53

Baumeisterstr. 11;
Tel. 07 21/93 33 33;
www.staatstheater.karlsruhe.de

Staatstheater
Stuttgart

Kaum zu glauben: Der prächtige Bau am Ecksee im Schlossgarten hat den Krieg fast unbeschadet überstanden. Im wunderschönen Innenraum ist allabendlich zu sehen und zu hören, dass das größte Dreispartentheater der Welt auch künstlerisch ganz vorn mitspielt. Unter der Leitung von John Cranko (1961–1973) erlangte das Stuttgarter Ballett Weltruhm. Aber auch die Sparten Schauspiel und Musiktheater sammeln seit vielen Jahren fleißig Auszeichnungen wie jene zum »Theater des Jahres« und zum »Opernhaus des Jahres« ein.

Oberer Schlossgarten 6,
Tel. 07 11/2 03 20;
www.staatstheater-stuttgart.de

Partymeile Theodor-Heuss-Straße
Stuttgart

Ihre Sprache mag komisch sein, ihre Ausgabebereitschaft nicht übertrieben – aber feiern können sie trotz allem, die Stuttgarter. Auf der Theodor-Heuss-Straße im Zentrum von Stuttgart hat die partywütige Community die große Auswahl: Club reiht sich an Club, Bar an Bar. Die Konkurrenz ist groß, die Szene bleibt in Bewegung – und weicht gern zum benachbarten Szene-Viertel rund um den Hans-im-Glück-Brunnen aus.

Tourist-Information, Königstr. 1A;
Tel. 07 11/2 22 80;
www.stuttgart-tourist.de

Baden-Württemberg geht aus

Bundesfestung
Ulm

Heute geht es in der größten Festung des 19. Jh. (etwa 9 km Wallanlagen!) friedlich, wenn auch nicht immer leise zu – so wie im Club CAT (www.cat-ulm.de) und im Jazzkeller Sauschdall (www.sauschdall.de).

56

Prittwitzstr., Werk XX;
www.festung-ulm.de

Karlstorbahnhof
Heidelberg

Das alte Bahnhofsgebäude (1872/73) ist als »Kulturhaus« eine feste Größe im Heidelberger Nacht- und Kulturleben. Eine Lesung von Wladimir Kaminer, ein Konzert der Lokalmatadoren De Phazz, Aufführungen im Rahmen der Heidelberger Theatertage: das Programm ist vielseitig und umfangreich – und oft weitab des Mainstreams.

57

Am Karlstor 1;
Tel. 0 62 21/97 89 11;
www.karlstorbahnhof.de

Festspielhaus
Baden-Baden

58

Das größte Opernhaus Deutschlands steht am Rand des Schwarzwalds. Mit 2500 Sitzplätzen ist das 1998 eröffnete neue Festspielhaus in Baden-Baden, architektonisch angesetzt an den alten Stadtbahnhof, zugleich ein leuchtendes Vorbild für die Kunstszene im Land. Seit 2000 kommt es als einziges deutsches Bühnenhaus ohne Subventionen aus. An künstlerischer Qualität wird dabei nicht gespart, im Gegenteil. Das Programmheft listet die Stars des internationalen Opern- und Konzertbetriebs auf. Viele Fernsehaufzeichnungen und Live-Übertragungen (»Parsifal«, »Lohengrin«).

Beim Alten Bahnhof 2; Tel. 0 72 21/3 01 31 01;
www.festspielhaus.de

Baden-Württemberg sucht aus

Ideen in Holz
Bernau i. Schwarzwald

59 Zwischen Todtnau und St. Blasien haben sich viele Handwerker auf Designobjekte und anspruchsvolles Kunsthandwerk verlegt. Reine Unikate aus 20 verschiedenen Holzsorten fertigt Alexander Ortlieb in seiner Drechslerei, darunter Schalen, Objekte und Pfeffermühlen.

Todtmooser Str. 6, Tel. 0 76 75/ 92 20 35; www.ortlieb-bernau.de

Engelhorn Sports
Mannheim

In sieben Häusern bietet Engelhorn Damen und Herren alles, was sie brauchen, um gut auszusehen. **60** Aufsehenerregend ist das siebenstöckige Sporthaus, eines der größten Europas. Golf und Fußball, Trekking und Climbing, Wasser- und Wintersport – auf nicht weniger als 10 000 Quadratmetern.

N5; Tel. 06 21/1 67 22 22; www. sports.engelhorn.de

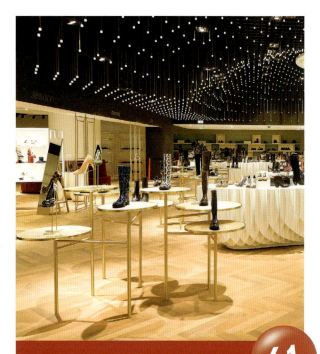

Breuninger
Stuttgart

61

Das KaDeWe in Berlin mag größer sein als das Breuninger, dafür ist der schwäbische Einkaufstempel, 1881 gegründet, ein Vierteljahrhundert älter. Es bot seinen Kunden als erstes Kaufhaus Deutschlands den Komfort von Rolltreppen, es ist bis heute für seinen exzellenten Service bekannt. Wer nach den großen Designer-Marken schielt, wird hier mit Sicherheit fündig.

Marktstr. 1–3; Tel. 07 11/21 10; www.breuninger.com

Baden-Württemberg sucht aus

Kaiserstühler Landeis
Endingen-Königschaffhausen

Die Menschen stehen Schlange vor Edwin Burys Eismanufaktur. Erdbeere, Kirsche und Holunderblüte sind im Frühsommer die beliebtesten Sorten. Wenn sie reif sind, gibt es auch Quitte, Apfel, Ringelotte, Zitronenmelisse und – »das ist das Beste!« – Williamsbirnen. Bury verarbeitet, was das Land hergibt: Obst, Gemüse, Milch, Wein und Schnaps. Nur Schokolade und Vanille wachsen nicht am Kaiserstuhl. »Den Kompromiss muss ich machen«, sagt der Eismann lächelnd. Die Kunden lächeln auch.

Untere Guldenstr. 10;
Tel. 0 76 42/33 77;
www.kaiserstuehlerlandeis.de

Markthalle
Stuttgart

Schinken und Käse aus Italien, Jamon Ibérico und Chorizo aus Spanien, Käse und Merguez aus Frankreich, Fisch aus der Nordsee, Kaviar aus dem Iran, Arganöl aus Marokko, Gewürze aus Indien und Arabien, Obst und Gemüse aus dem Ländle. In vergleichsweise sachlichem Jugendstil-Ambiente wird das Beste aus aller Welt und, nicht zu vergessen, aus der Region verkauft. Zum Beispiel am Stand der Bäuerlichen Erzeugergemeinschaft Schwäbisch-Hall, wo es Fleisch und Wurst von der ältesten und traditionsreichsten Schweinerasse Deutschlands gibt. Oder das Lammfleisch bei »Kustermann«: In der Theke liegen nicht nur die »feinen« Filets vom Münsinger Alblamm, sondern auch Haxe, Schulter, Niere, Leber und Hals. Dass sie dafür ein paar Euro mehr hinlegen müssen, stört die anspruchsvolle Kundschaft in der Stuttgarter Markthalle nicht.

Dorotheenstr. 4;
Tel. 07 11/48 04 10;
www.markthalle-stuttgart.de

Weinlade
Karlsruhe

Guntram Fahrner ist einer der besten Sommeliers in Deutschland, und sein Weingeschäft am Gutenbergplatz darf in diesem Sinn ruhig als eines der, na ja, sehr guten bezeichnet werden. Hier erlebt der Kunde, wie inspirierend es ist, einem Menschen bei der Arbeit zuzusehen, der nichts lieber macht als das, was er eben macht.
Wein ist Lebensqualität, nach dieser Maxime wird man in der Weinlade hervorragend bedient: mit einem 1994er Château Mouton Rothschild ebenso wie mit einem badischen Spätburgunder vom Weingut Kopp oder einem schönen Mosel-Riesling von Fritz Haag.

Nelkenstr. 33 ;
Tel. 07 21/8 30 77 70;
www.weinlade.de

Schwörmontag und Nabada
Ulm

An jedem vorletzten Montag im Juli erneuert der Ulmer Oberbürgermeister seinen Schwur auf die Stadt. Dann beginnt die große Party: Beim »Nabada« lässt sich die ganze Stadt auf Schlauchbooten und Flößen auf der Donau treiben. Und später, an Land, durch die Straßen und über die Plätze der Stadt. Mit dem Feiern wird übrigens schon eine Woche vorher begonnen.

www.schwoermontag.com

Baden-Württemberg lädt ein

66 Cannstatter Wasen
Stuttgart

O doch, der Schwabe kann es richtig krachen lassen. In der letzten Septemberwoche beginnt der große Rummel in Bad Canstatt – zeitgleich zum Münchner Oktoberfest. 17 Tage lang kann man sich in den neuesten Fahrgeschäften schwindlig schleudern lassen. Und in den Bierzelten den Schwindel verstärken. Das erste Cannstatter Volksfest wurde übrigens 1818 am Ende einer schweren Hungersnot gefeiert.

www.cannstatter-volksfest.de

Das Fest
Karlsruhe

67

Wenn eine Großveranstaltung schlicht »Das Fest« heißt, dann ist das schon mal ein Statement – oder besser: Understatement. Tatsächlich verzeichnen die Veranstalter des dreitägigen Sommer-Open-Airs auf der Günther-Klotz-Anlage entlang des Alb-Flusses an jedem Tag um die 50 000 Zuschauer – und die brauchen für das Geschehen auf Hauptbühne, Zeltbühne, Theaterbühne, Cafébühne und Mixery-DJ-Bühne keinen Cent zu bezahlen. Das ist umso erstaunlicher, weil hier im Juli auch Top-Acts wie die Beatsteaks, Peter Fox, Fettes Brot und Wanda auftreten.

www.dasfest.de

Baden-Württemberg fährt raus

Biosphäre
Münsingen-Auingen

Gleich hinter Ulm erhebt sich die Schwäbische Alb mit Buchenwäldern, Trockentälern, bizarren Felsen und weiten Wacholderheiden. Seit Mai 2009 ist das Gebiet um den ehemaligen Truppenübungsplatz Münsingen als Biosphärengebiet gelistet. Landschaftsschutz, extensive Bewirtschaftung und sanfter Tourismus sollen sich zum Wohl für Mensch und Natur miteinander verbinden. Auch Gourmetköche haben das Gebiet entdeckt: Das Alblamm macht bei ihnen Karriere. Tolles Wandergebiet!

Biosphärenzentrum, Von der Osten Str. 4, 6 (Altes Lager); Tel. 0 73 81/93 29 38 31; www.biosphaerengebiet-alb.de

Über die Barockstraße
Blaubeuren, Zwiefalten, Burg Hochzollern

In Ulm beginnt die Fahrt durch einen noch sehr ursprünglichen, mit Kunstdenkmälern reich gesegneten Winkel Schwabens. Highlights sind Blaubeuren mit seinem berühmten Kloster und dem wildromantischen Quellsee des Blautopfs und das atemberaubende Münster in Zwiefalten. Der Abstecher zur Burg Hohenzollern bei Hechingen ist zwar rund 50 km weit, lohnt sich aber: Der Stammsitz des Adelsgeschlechts auf dem Bergkegel Hohenzollern (855 m) bietet eine tolle Kulisse und eine sagenhafte Aussicht.

Touristinformation Blaubeuren, Karlstr. 2; Tel. 0 73 44/9 66 90; www.blaubeuren.de
Zwiefalten; Tel. 0 73 73/20 50; www.zwiefalten.de
Burg Hohenzollern; Tel. 0 74 71/24 28; www.burg-hohenzollern.com

Berge und Klöster
Hochschwarzwald

Hier stehen die höchsten Berge im Schwarzwald. Sowohl der Feldberg (1493 m) als auch der Belchen (1414 m) bieten eine atemberaubende Aussicht auf Alpen, Vogesen und Schwarzwaldhöhen. Beide Gipfel können mühelos mit Seilbahnen »bestiegen« und im Winter von Skifahrern unter die Bretter genommen werden. In Münstertal am Fuß des Belchen sollte man das wunderbare Kloster St. Trudpert besichtigen. Ein anderes Kloster-Schmuckstück steht südlich des 1932 aufgestauten Schluchsees in St. Blasien: Die gewaltige Kuppel der barocken Abteikirche hat eine Spannweite von 36 m und ist damit eine der größten in Europa.

Hochschwarzwald Tourismus, Hinterzarten, Freiburger Str. 1; Tel. 0 76 52/1 20 60; www.hochschwarzwald.de

Baden-Württemberg fährt raus

Kinzigtal – per E-Bike
Schwarzwald

Fast ohne Mühe über Berg und Tal: 27 E-Bike-Verleihstellen bietet die Region, 67 Lade- oder Wechselstationen und 28 Abgabestellen garantieren, dass man auch vor der letzten Steigung noch »Saft« hat. Das Kinzigtal ist die Heimat des Bollenhuts und vielleicht die schönste und typischste Schwarzwaldlandschaft. Auf der Fahrt von Offenburg bis kurz vor Freudenstadt sieht man Weinberge und Waldberge, weite Wiesen, schöne Dörfer und alte Bauernhöfe. Besonders sehenswert sind Gengenbach mit seinen Stadttoren und Fachwerkhäusern, das ebenso malerische Haslach, das Freilichtmuseum Vogtsbauernhof bei Hausach sowie die fast 1000 Jahre alte Klostersiedlung Alpirsbach mit ihrer romanischen Säulenbasilika und dem spätgotischen Kreuzgang.

Kinzigtal Tourismus, Hauptstr. 41, Wolfach;
Tel. 0 78 34/83 53 53; www.kinzigtal.com

Schauinsland
Freiburg

Der Freiburger Hausberg misst 1284 m. Freiburg liegt auf 278 m. Wer die 1000 Höhenmeter mit der Seilbahn oder den Bussen der Bergweltlinie mühelos bewältigt hat, »schaut ins Land«. Sehr weit. Danach ins Schaubergwerk und in den Steinwasen-Park mit seiner 218 m langen Seilbrücke. Eine Schau ist die Abfahrt mit Hightech-Rollern auf der 8 km langen Downhill-Strecke.

Horben, Bohrerstr. 11;
Tel. 07 61/4 51 17 77;
www.schauinslandbahn.de

Baden-Württemberg fährt raus

73 Europapark
Rust

Manche brauchen einen Katapult, um Spaß am Leben zu haben. In 2,5 Sekunden von 0 auf 100, rein in den Looping, dann in die Steilkurve ... Der »Blue Fire Megacoaster« stellte 2009 das Vergnügen auf den Kopf. Eine andere Attraktion im größten deutschen Freizeitpark zwischen Freiburg und Offenburg nahe Ettenheim ist der »Wodan Timburcoaster«, eine 40 m hohe Holzachterbahn. Es gibt aber auch »zahmere« Fahrgelegenheiten, ein gutes Dutzend inszenierter Länderbereiche, Hotellerie, Gastronomie und alles, was mehr als vier Milllionen Besucher pro Jahr so nachfragen.

Europapark-Str. 2;
Tel. 0 78 22/77 66 88;
www.europapark.com

74 Sauschwänzlebahn
Zollhaus/Südschwarzwald

Auf engen Schleifen, durch Tunnels und über Viadukte dampft diese niedliche Museumsbahn: ein Gesamtkunstwerk, das große und kleine Kinder begeistert. Die Wutachschlucht, die man auf der Fahrt überquert, ist eines der schönsten Ziele für Wanderer im Schwarzwald.

Bahnhofstr. 1;
Tel. 0 77 02/5 13 00;
www.sauschwaenzlebahn.de

75 Am Neckar entlang
Bad Wimpfen, Burg Guttenberg

Aus zwei Stadtteilen besteht Bad Wimpfen, 15 km nördlich von Heilbronn. Direkt am Neckar liegt das ältere Wimpfen im Tal, in dem die Stadtmauer und die gotische Stiftskirche St. Peter mit ihrem Kreuzgang beeindrucken. In einzigartiger Geschlossenheit präsentiert sich das denkmalgeschützte Zentrum von Wimpfen am Berg. Die romanische Königspfalz aus dem 12. Jh. bildet zusammen mit den schönen Kirchen und Fachwerkhäusern der Altstadt ein eindrucksvolles mittelalterliches Ensemble, in dem der 58 m hohe Blaue Turm herausragt. Weiter den Neckar hinab erreicht man mehrere schöne Burgen bzw. Ruinen: Ehrenberg bei Gundelsheim, Horneck oberhalb von Gundelsbach (heute Heimatmuseum) und Hornberg oberhalb von Neckarzimmern. Sehr schön ist auch Burg Guttenberg bei Neckarmühlbach: Hier ist die älteste private Greifvogelwarte Europas untergebracht (Flugvorführungen zwischen März und November).

Tourist-Info, Hauptstr. 45;
Tel. 0 70 63/9 72 00;
www.badwimpfen.de
Burg Guttenberg, Neckarmühlbach; Tel. 0 62 66/3 88;
www.deutsche-greifenwarte.de

Naturgarten
Kaiserstuhl

Schwarz-weiß gebänderte Flügel, vorne am Köpfchen ein langer, gebogener Schnabel und hinten die charakteristische Federhaube: Ein Wiedehopf spaziert durchs Gras. Man kann diesen Vogel nur sehr selten in Deutschland sehen. Zum Beispiel am Kaiserstuhl: Etwa 80 Brutpaare leben in der Vulkanruine im Oberrheingraben nahe Freiburg. Der Wiedehopf ist einer der »Big Three« am Kaiserstuhl. Die anderen beiden sind die Smaragdeidechse und der Bienenfresser, ein papageienbunter Vogel, der tiefe Bruthöhlen in die Wände aus hellem Löss gräbt, der das Vulkangestein seit den Eiszeiten überdeckt. Löss ist sehr fruchtbar. Und das Klima ist mediterran. Darum sieht es am Kaiserstuhl wie in einem riesigen Garten aus, in dem Wein, Gemüse und Obst wachsen, darunter Kiwis und Feigen. Im Jahr 2002 legte Baden-Württemberg erstmals das Entwicklungsprogramm PLENUM für die Stärkung der Region auf – für ein harmonisches Miteinander von Landwirtschaft und Naturschutz. Auf 4300 Hektar Fläche stehen Rebstöcke. Die Zeiten der Massenproduktion sind passé. Seitdem die Kaiserstühler Winzer eine strikte Qualitätsstrategie verfolgen, zählen ihre Weine, vor allem Burgundersorten, längst wieder zu den besten im Land. Eine Trockenbeerenauslese von Chardonnay und Muskateller des Weinguts Bercher in Burkheim kann es mit einem viel teureren Sauternes-Wein aufnehmen. Aber auch in den vielen »Strauß-« oder »Besenwirtschaften«, die nur 128 Tage im Jahr offen haben und nur Wein aus eigener Produktion anbieten, schaut man gern ins Glas. Acht große Themenwanderwege und viele lokale Rundwanderwege, bestens ausgeschildert und dokumentiert, erschließen das reizvolle, kleinräumige Nebeneinander von Natur und Kultur, von Obstwiesen und Rebhängen, von offenen Grasflächen mit Wildblumen und Orchideen (im Mai) und dschungelartigen Wäldern in den Hochlagen.

Naturgarten Kaiserstuhl GmbH,
Zum Kaiserstuhl 18, Breisach;
Tel. 0 76 67/90 68 50;
www.naturgarten-kaiserstuhl.de

Bayern

Man nehme Berge, Seen und Kirchen, man ergänze Museen, Biergärten und Neuschwanstein – fertig ist der touristische Selbstläufer. Die Laptops sind zwar den Smartphones und Tablets gewichen, aber Lederhosen wird es zwischen Königssee und Zugspitze noch längere Zeit geben. Franken und Schwaben mit Sicherheit auch.

Wer hat den größten?
Der Bayer zeigt gerne, was er
hat. Da kann ihm die Heimat
schon mal zu Kopf steigen.

Bayern gibt an

BMW Welt
München

Seit 2007 steht diese wild verquirlte Architektur aus Glas und Stahl neben dem »Vierzylinder«-Hochhaus der BMW-Konzernzentrale am Mittleren Ring gegenüber dem Olympiagelände. Die BMW Welt – Eintritt frei – ist Ausstellungs-, Anbetungs-, Auslieferungs- und Eventstätte mit umfangreichem Terminkalender. Sie ergänzt sich mit dem 2008 neukonzipierten BMW Museum (125 Exponate aus fast 100 Jahren Firmengeschichte) und dem BMW Stammwerk gleich über der Straße zum Tempelbezirk des bayerischen Automobilbaus. Für Führungen über die zwölf Hallen durchlaufende Produktionsmeile (Mo–Fr) sollte man sich lange im Voraus anmelden.

Am Olympiapark 1; Tel. 0 89/1 25 01 60 01; www.bmw-welt.com; Mo geschl. (nur Museum)

Stadtbummel
Wasserburg

Die schönste kleine Stadt in Oberbayern? Ihre Halbinsellage inmitten einer Schleife des Inn und die nahezu unversehrt erhaltene Renaissance-Architektur mit hübschen Plätzen und Laubengängen laden ein zum Bummeln, Shoppen und Kaffeetrinken.

Gäste-Information, Marienplatz 2; Tel. 0 80 71/1 05 22; www.wasserburg.de

Schloss, Kloster St. Mang
Füssen

Das Hohe Schloss und das Barockkloster St. Mang dominieren die »Skyline« der alten Römerstadt an der ehemaligen Via Claudia Augusta. Heute liegt Füssen an der Romantischen Straße (siehe Tipp 194) und ansonsten immer noch genauso schön am Rand der Alpen – dort, wo der Lech die Berge verlässt, um zuerst in den Forggensee und danach weiter Richtung Donau zu fließen. Im ehemaligen Benediktinerkloster ist das Museum der Stadt Füssen untergebracht (Mo geschl.). Hier kann man die wunderbare Barockbibliothek sehen, eine Sammlung historischer Lauten und Geigen (in Füssen wurde 1562 die erste Lautenmacherzunft Europas gegründet) sowie in der Annakapelle den ältesten erhaltenen Totentanz-Zyklus Bayerns aus dem Jahr 1602: Angeführt vom Papst und dem Kaiser folgen die Vertreter der 20 gesellschaftlichen Stände dem Knochenmann, ob sie wollen oder nicht: »Sagt Ja Sagt Nein, Getanzt Muess sein«.

Kaiser-Maximilian-Platz 1;
Tel. 0 83 62/9 38 50;
www.fuessen.de

Museen
Schweinfurt

Die »Kugellagerstadt« und »Welthauptstadt des Wälzlagers« ist heute nicht nur mit ihren Industriebetrieben bestens aufgestellt. Auch die Kultureinrichtungen können sich sehen lassen: Die Kunsthalle im umgebauten Ernst-Sachs-Bad in der Rüfferstraße 4 zeigt Kunst des 20. und 21. Jh., das architektonisch besonders spektakuläre Museum Georg Schäfer in der Brückenstraße 20 deutsche Malerei des 19. Jh. (beide Mo geschl.).

Tourist-Information, Markt 1;
Tel. 0 97 21/51 36 00;
www.schweinfurt.de

Nymphenburg
München

Einen ganzen Tag kann man hier verbringen: im eindrucksvollen Barockschloss (1664–1728), der Residenz der Wittelsbacher, mit dem »Steinernen Saal« und der »Schönheitengalerie« Ludwigs I.; im Marstallmuseum mit seinen Prunkkutschen und -schlitten und der Sammlung der Nymphenburger Porzellanmanufaktur; und in dem bei Familien beliebten Museum Mensch und Natur im Nordflügel. Im Schlosspark tummeln sich Spaziergänger, Jogger und im Winter die Eisläufer. Hier steht auch das entzückende Rokoko-Jagdschlösschen der Amalienburg.

Tel. 0 89/17 90 80;
www.schloss-nymphenburg.de

Bayern gibt an

82

Die Drei-Flüsse-Stadt
Passau

Wo Inn und Ilz in die Donau fließen, steht eine der schönsten Städte Bayerns. Zur tollen Lage kommen Bauwerke wie der Dom St. Stephan, berühmt durch die größte Kirchenorgel der Welt. Gleich daneben sind in der Neuen Bischöflichen Residenz das Treppenhaus, ein Traum in Stuck, repräsentative Räume und das Dom- und Diözesanmuseum zu bestaunen. In der Veste Oberhaus auf dem Bergsporn zwischen Donau und Ilz ist das Oberhausmuseum mit seiner kulturgeschichtlichen Sammlung untergebracht, das Museum für Moderne Kunst wurde dagegen in einem besonders schönen Altbau einquartiert.

Tourist Information, Bahnhofstr. 28 und Rathausplatz 2;
Tel. 08 51/95 59 80;
www.passau.de

Bayern gibt an

 ## Plassenburg und Altstadt
Kulmbach

Am Fuß der mächtigen Plassenburg mit ihrem wunderschönen Renaissance-Innenhof und dem Zinnfiguren-Museum breitet sich ein regelrechtes Labyrinth von Fachwerkhäusern und engen Gassen aus. In der Plassenburg zeigt das Zinnfigurenmuseum die weltgrößte Sammlung von Zinnfiguren (mehr als 300 000 Einzelfiguren), darunter, im Mönchshof, sind das Bayerische Bier- und Bäckereimuseum zu besichtigen. Vier Brauereien versorgen 27 000 Einwohner und viele Besucher mit flüssiger Nahrung.

Tourist Information;
Buchbindergasse 5;
Tel. 0 92 21 / 9 58 80;
www.kulmbach.de

Kloster
Ettal

Von 1330 bis zur Säkularisation im Jahr 1803 bestand die Benediktinerabtei im Graswangtal nahe Oberammergau. 1900 zogen die Mönche wieder ein. Sie gründeten ein Gymnasium mit Internat und, wie man heute weiß, manchen dunklen Flecken. Ein Besuch der gewaltigen Anlage lohnt vor allem wegen ihrer Lage mitten im Gebirge. Über dem runden Kirchenraum beeindruckt das prächtige Kuppelfresko (1746). Im Klosterladen gibt es Käse, Bier, Likör und einen ausgezeichneten Kräuterbitter aus eigener Produktion.

84

Kaiser-Ludwig-Platz 1;
Tel. 0 88 22/7 40;
abtei.kloster-ettal.de

Residenz und Schatzkammer
München

Ins Jahr 1571 datiert der älteste Teil der gewaltigen Anlage zurück, von der die Wittelsbacher das Land regierten. Nach dem Krieg umfassend restauriert, ist der zentral gelegene Gebäudekomplex mit seinen verschiedenen Stilelementen (Renaissance, Barock, Rokoko, Klassizismus) als Museum zum großen Teil öffentlich zugänglich. Highlights sind das prächtige Antiquarium (16. Jh.), das sehr niedliche Cuvilliés-Theater (1751–1755) und die Schatzkammer, zu deren Preziosen die bayerische Königskrone von 1806 gehört.

Max-Joseph-Platz 3;
Tel. 0 89/29 06 71;
www.residenz-muenchen.de

Dom und Altstadt
Augsburg

Die drittgrößte Stadt Bayerns. 15. v. Chr. von Kaiser Augustus gegründet, 1500 Jahre später von Familie Fugger zur Handelsgroßmacht aufgebaut. Dass die Stadt früh reich gewesen ist, sieht man am Hohen Dom (vier Tafelbilder von Hans Holbein d. Ä. und die fünf »Prophetenfenster« aus dem 12. Jh.). Im Rathaus, einem Renaissancetraum aus den Jahren 1615–1620, beeindruckt der nach dem Krieg rekonstruierte, mit Intarsien, Schnitzereien, Blattgoldverzierungen sowie Wand- und Deckenmalereien versehene »Goldene Saal«. Das Schaezler-Palais, ein Meisterwerk des Rokoko in der Maximilianstraße 46, beherbergt heute die Deutsche Barockgalerie und die Staatsgalerie Alter Meister (Mo geschl.). Den schönsten Blick über Augsburg hat man übrigens vom 78 m hohen Perlachturm neben dem Rathaus.

Tourist-Information, Rathausplatz 1; Tel. 08 21/50 20 70;
www.augsburg-tourismus.de

Bayern gibt an

Fürstbischöfliche Residenz
Würzburg

Den Kopf in den Nacken gelegt und mit offenem Mund gestaunt: Ahhh ... Was der Venezianer Tiepolo über dem prachtvollen Treppenhaus auf den Putz gemalt hat, ist das größte Deckenfresko der Welt. Aber nicht nur deshalb zählt die Würzburger Residenz zum Welterbe. Sie entstand unter der Leitung von Balthasar Neumann von 1720 bis 1744. Die komplette Innenausstattung war allerdings erst 1780 fertig. Die Abfolge der großen Säle mit ihren üppigen Stuckaturen und Fresken hat in der barocken Schlösserarchitektur Deutschlands kaum ein Gegenstück. Neben dem Treppenhaus zählen der Weiße Saal und der Kaisersaal zu den bemerkenswertesten Räumen. Als eines der schönsten Raumkunstwerke des Rokoko überhaupt gilt das atemberaubende Spiegelkabinett. 1945 zerstört, ist es nach jahrelanger Rekonstruktion seit 1987 wieder zu sehen. Nicht versäumen sollte man danach auch einen Spaziergang durch den herrlichen Hofgarten.

Residenzplatz;
Tel. 09 31/35 51 70;
www.residenz-wuerzburg.de

Bayerisches Armeemuseum
Ingolstadt

Die »Neue Veste« mit ihren bis zu 3 m dicken Mauern ist der angemessene Ort für eines der großen militärhistorischen Museen in Europa. Gut polierte Ritterrüstungen, Schwerter, Hellebarden sowie schnörkelige Beutestücke aus den Türkenkriegen sind zu sehen. Angenehme Stille herrscht in der Zinnfigurensammlung, wo sich teilweise mehr als 15 000 Figuren in Dioramen große Schlachten liefern, darunter die Völkerschlacht bei Leipzig. Die umfangreiche Sammlung zum Ersten Weltkrieg ist auf der anderen Seite der Donau, im Reduit Tilly, zu besichtigen.

Paradeplatz 4; Tel. 08 41/
9 37 70, www.armeemuseum.de;
Mo geschl.

Deutsches Museum
München

Man könnte es, voller Respekt, als das Werk eines Irren bezeichnen. 1903 gründete Oskar von Miller das Deutsche Museum auf der Isarinsel, 1925 konnte er es eröffnen. Mehr als 100 000 Objekte sind inventarisiert, darunter viele wertvollste Originale. Kein Mensch schafft den (theoretisch) 17 km langen Rundgang durch mehr als 50 Abteilungen an einem Tag. Auf 45 000 Quadratmeter Fläche wird nicht weniger als ein Querschnitt durch die gesamte naturwissenschaftlich-technische Entwicklung der Menschheit gezeigt. Viele Objekte haben heute eine dicke Patina, die sie umso reizvoller macht. Beliebt bei großen und kleinen Kindern sind die Schiffsmodelle und Flugzeuge sowie das Schaubergwerk, ein Publikumsrenner ist das Zeiss-Planetarium. Achtung: Weil ständig irgendwo renoviert und umgebaut und modernisiert wird, sind kaum jemals alle Abteilungen geöffnet. Seit Jahren läuft eine besonders umfangreiche Sanierung. Mit dem Verkehrszentrum an der Theresienwiese und der Flugwerft Oberschleißheim hat das Museum auch noch zwei sehr sehenswerte Ableger.

89

Museumsinsel 1; Tel. 0 89/2 17 93 33; www.deutsches-museum.de

Markgräfliches Welterbe
Bayreuth

Richard Wagner und sein Clan im heute musealisierten Haus Wahnfried (Mo geschl., Juli/Aug. tgl., www.wagnermuseum.de) lenken oft davon ab, dass Bayreuth seine kulturelle Blütezeit schon zur Mitte des 18. Jh. erlebte. Unter Markgräfin Wilhelmine, der Lieblingsschwester Friedrichs des Großen, wurde die Stadt zur prachtvollen Residenz mit Gärten und Parkanlagen. Neben dem Neuen Schloss mit dem angeschlossenen Hofgarten zählt vor allem der großartige Landschaftspark mit der Eremitage, dem gräflichen Lustschloss, dem Alten und dem Neuen Schloss vor der Stadt zu den bemerkenswertesten Baudenkmälern dieser Zeit. Das Markgräfliche Opernhaus, 1748 vollendet und eines der schönsten Theater Europas, steht seit 2012 auf der Liste des UNESCO-Welterbes. Leider bleibt es wegen umfangreicher Sanierungsarbeiten in den nächsten Jahren geschlossen.

Schlossverwaltung, Ludwigstr. 21; Tel. 09 21/75 96 90; www.bayreuth-wilhelmine.de

Festung Marienberg
Würzburg

Es ist *das* Postkartenmotiv in Würzburg: vorne, schön gestaffelt, die Reihe der Heiligenstatuen auf der Alten Mainbrücke, darüber die Silhouette der Festung. Fast 800 Jahre lang wurde an ihr gebaut – von 1200 bis 1990, als der Wiederaufbau nach dem Krieg abgeschlossen war. Zu sehen sind prunkvolle Räume und eine Schatzkammer sowie, im Mainfränkischen Museum, die Sammlung zur Früh- und Stadtgeschichte. Der »barocke« Fürstengarten entstand 1937/38 nach originalen Plänen.

Festung Marienberg Nr. 240; Tel. 09 31/3 55 17 50; www.schloesser.bayern.de; Mo geschl.

Am Watzmann
Berchtesgaden

Bis 1810 gehörte die Stadt am Fuß des Watzmann (2713 m) zu Salzburg. Die meisten Gäste kommen heute wegen des historischen Salzbergwerks mit seinen netten Holzrutschen (Tel. 0 86 52/6 00 20; www.salzzeitreise.de). Im Königlichen Schloss wird das Ansehen des bayerischen Königshauses hochgehalten, auf der Rossfeld-Höhenstraße und der Bergstraße zum Kehlstein mit dem ehemaligen Teehaus Adolf Hitlers – heute ein »Führer«-loser Berggasthof – genießt man schönste Gebirgspanoramen.

Kur- und Kongresshaus, Maximilianstr. 9; Tel. 0 86 52/ 9 44 53 00; www.tourismus-berchtesgaden.de

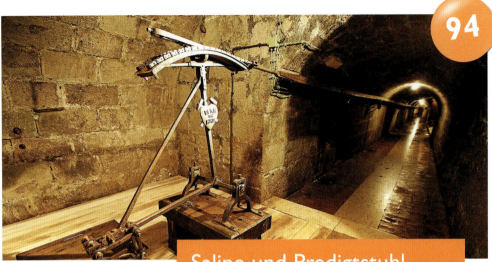

Medizin-Museum
Ingolstadt

Monströs – auch ohne Monster. Das Medizinhistorische Museum in der Frankenstein-Stadt zeigt im Gebäude der Alten Anatomie chirurgische Werkzeuge, medizinische Hilfs- und Lehrmittel wie Skelette und Präparate. Sehr hübsch ist der angeschlossene Garten, in dem Heil- und Gewürzpflanzen angebaut werden.

93

Anatomiestr. 18–20; Tel. 08 41 / 3 05 28 60; www.ingolstadt.de/ dmm; Mo geschl.

Saline und Predigtstuhl
Bad Reichenhall

Das Staatsbad zählt zu den bekanntesten Kurorten in den bayerischen Alpen – eine Tradition, die man 2005 mit dem Neubau der modernen Rupertustherme (www.rupertustherme.de) eindrucksvoll fortführte. In der 850-jährigen Geschichte des Ortes spielt das Salz allerdings die größere Rolle. Neben einem Besuch der alten Saline (www.alte-saline.de) sollte man sich auch noch eine Fahrt mit der bereits 1928 gebauten und original erhaltenen Predigtstuhlbahn zur Bergstation auf 1615 m Höhe gönnen: Oben gibt es schöne Wanderwege mit herrlicher Aussicht (www.predigtstuhl-bahn.de).

94

Tourist-Info, Wittelsbacher Str. 15; Tel. 0 86 51/60 60; www.bad-reichenhall.com

Bayern gibt an

95 Altstadt
Bamberg

Im Zentrum der Altstadt steht auf der Insel zwischen den zwei Regnitzarmen das bunt bemalte Rathaus. Wie angeklebt, hängt an seiner Vorderseite das kleine Rottmeisterhaus über dem Wasser. Im Krieg weitestgehend verschont, ist Bamberg heute eine der schönsten deutschen Städte – und Welterbe der UNESCO. Hoch über dem Labyrinth der Gassen ragt der Dom (ca. 1215–1237) mit seinen vier spitzen Türmen und der berühmten Skulptur des »Bamberger Reiters« (frühes 13. Jh.) auf. Nebenan stehen die Alte (1571–1576) und die Neue Residenz (1695–1704); erstere mit dem Historischen Museum, zweitere mit der Staatsgalerie (alte Meister) und einem romantischen Rosengarten. Auf dem Michaelsberg ist die Benediktinerabtei mit der gotischen Michaelskirche zu sehen; die ehemalige Klosterbrauerei ist heute ein Brauereimuseum, das nicht zuletzt mit seinem Eiskeller beeindruckt.

Tourist-Info, Geyerswörthstr. 5;
Tel. 09 51/2 97 62 00;
www.bamberg.info

96 Kelten Römer Museum
Manching

Ungefähr 10 km südlich von Ingolstadt, steht am Rand eines ehemaligen keltischen Oppidums ein langer, flacher Riegel mit einer Fassade aus (Milch)Glas. Darin wird ausgestellt, was man in der Keltensiedlung so alles fand: vor allem einen Goldschatz aus 450 Goldmünzen sowie das weltweit einzigartige »Kultbäumchen« aus dem 3. Jh. v. Chr. Höhepunkte der Sammlung sind die Wracks zweier 15 m langer römischer Militärschiffe aus der Zeit um 100 n. Chr.

Im Erlet 2;
Tel. 0 84 59/32 37 30;
www.museum-manching.de;
Mo geschl.

97 Walhalla
Donaustauf

Klingt germanisch, sieht aber griechisch aus. Leo von Klenzes klassizistischer Tempel (1830–1842) über der Donau 9 km östlich von Regensburg bietet eine Leistungsschau des nationalen Geistesadels. Bayern sucht die Superstars und stellt sie in dieser Ruhmeshalle aus: 130 Mamorbüsten und 65 Plaketten erinnern an große Deutsche, von Hermann dem Cherusker bis Sophie Scholl. Die Galerie wird in unregelmäßigen Abständen ergänzt, zuletzt (2009) mit dem Bildnis Heinrich Heines. Anträge auf neue Köpfe bitte an die Bayerische Staatsregierung (www.bayern.de).

Walhallastr. 48;
Tel. 0 94 03/96 16 80;
www.walhalla-regensburg.de

Bayern gibt an

Königs Schlösser

Schachen, Neuschwanstein, Linderhof, Herrenchiemsee

98

Hier feierte Ludwig II. (1845–1886), König von Bayern, also seine Geburtstage. Farbige Lichtflecken fallen durch die Buntglasfenster auf etwas, das aussieht wie ein orientalisches Spielzimmer. Drinnen verschnörkelte Wände und goldener Klimbim, draußen, vor den Fenstern, grüne Almwiesen und die Felsburgen des Wettersteingebirges. Das Königshaus am Schachen (1866 m) über Garmisch-Partenkirchen ist der verrückteste Bau des »Märchenkönigs« und der am wenigsten besuchte. Man kommt nur im Sommer hinauf und nur zu Fuß. Für Auf- und Abstieg muss man zusammen 6 bis 7 Stunden veranschlagen.

»Ein ewig Rätsel will ich bleiben mir und anderen«, das schrieb der König zehn Jahre bevor er – abgesetzt und entmündigt – am Abend des 13. Juni 1886 zusammen mit seinem Nervenarzt im Starnberger See *irgendwie* zu Tode kam. Auch das ist ein Rätsel. Statt Hirsche totzuschießen und Trophäen zu sammeln wie seine Verwandten, tauchte er lieber in Kunstwelten ab. Vor den Amtsgeschäften in München floh er in die Berge. Am Ende hinterließ er ein beeindruckendes Erbe. Als glühender Verehrer und Mäzen des Komponisten Richard Wagner hatte er entscheidenden Anteil an der Uraufführung von »Tristan und Isolde« in München (1865). Auch den Bau des Festspielhauses in Bayreuth und die erste komplette Aufführung des »Ring des Nibelungen« (1876) unterstützte der König nach Kräften. Und dann sind da die »Märchenschlösser«: Neuschwanstein, dieses Fake einer mittelalterlichen Ritterburg im Ostallgäu nahe Füssen, kennt die ganze Welt von Postern und Kalenderbildern. Und viele wollen das Original sehen: 6000 Besucher an einem durchschnittlichen Sommertag, 1,5 Mio. Besucher im Jahr … 1868 war der Grundstein gelegt worden, und schon ein Jahr später begannen die Bauarbeiten auf dem Schachen. Von 1874 bis 1878 entstand im Graswangtal nahe Kloster Ettal Schloss Linderhof. Es ist das kleinste der drei »großen« Schlösser. Ludwig war es das liebste. Als einziges wurde es vollendet, als einziges auch länger bewohnt. Nach 1878 sollte Herrenchiemsee dann die bayerische Antwort auf

Versailles werden. Der Spiegelsaal ist sogar noch 7 m länger als das französische Original. Im Speisezimmer hängt ein unfassbar schöner und unschätzbar wertvoller Lüster aus Meißner Porzellan. Ende der Führung: Aus den Privatgemächern im ersten Stock tritt man direkt ins unverputzte Treppenhaus. Bis 1884 stand der König mit 7,5 Millionen Gulden in der Kreide. Wie schon Neuschwanstein blieb Herrenchiemsee unvollendet. Dabei träumte er längst von neuen Schlössern. Heute, wo sich die Tausendschaften durch sein Schlafzimmer auf Herrenchiemsee schieben, ist er ferner und geheimnisvoller als je zuvor. Er hat in diesem Zimmer kein einziges Mal geschlafen.

Neuschwanstein und Hohenschwangau,
Tel. 0 83 62/93 98 80;
Herrenchiemsee,
Tel. 0 80 51/6 88 70;
Linderhof, Tel. 0 88 22/9 20 30;
www.schloesser.bayern.de

Bayern gibt an

Hochzeitsstadt
Landshut

Die Stadt an der Isar erscheint fast wie ein verkleinertes Abbild von Regensburg. Wahrzeichen ist die spätgotische Martinskirche mit dem höchsten Backsteinturm der Welt (130 m). Die Stadtresidenz beherbergt heute die Gemäldegalerie und das Stadtmuseum (Mo geschl.). Sehr schön ist der Aufstieg zur Burg Trausnitz (13. Jh.). Die wunderbare Altstadt und die wenig jüngere Neustadt sind zur »Landshuter Hochzeit« besonders schön herausgeputzt. Das Spektakel steigt alle vier Jahre – nächstes Mal von 30. Juni bis 23. Juli 2017.

Tourismus Landshut, Altstadt 315; Tel. 08 71/92 20 50; www.landshut.de

99

100 Dom und Altstadt
Regensburg

Castra Regina nannte Kaiser Marc Aurel anno 179 das Römerlager an der Donau. Im 8. Jh. wurde Regensburg Bischofssitz, im 13. Jh. war es die reichste Stadt Süddeutschlands. Als die größte erhaltene Großstadt aus dem Mittelalter nördlich der Alpen zählt sie zum UNESCO-Welterbe, als beliebte Uni-Stadt verfügt sie über ein reges Kulturleben. Im Mittelpunkt steht der Dom, bedeutendstes gotisches Baudenkmal in Bayern. Zweites Wahrzeichen ist die Steinerne Brücke (1135–1146), die erst seit 2008 für den motorisierten Verkehr gesperrt ist.

Tourist-Information, Rathausplatz 4; Tel. 09 41/5 07 44 10; tourismus.regensburg.de

101 Glentleiten
Großweil

500 Jahre Landwirtschaft in Bayern sind in schöner Voralpenlandschaft zwischen Murnau und dem Kochelsee zu besichtigen: rund 60 Gebäude – Bauernhöfe, Werkstätten, Mühlen – aus vielen Gebieten Oberbayerns. Umfangreiche Schauproduktionen und Veranstaltungsprogramme.

An der Glentleiten 4; Tel. 0 88 51/1 85 10; www.glentleiten.de; 12. Nov.–18. März geschl.

Advertorial

Bayerisch-Schwaben
» Wo Bayern schwäbisch schwätzt! «

LEGOLAND
Mehr als 55 Mio. LEGO-Steine wurden in Tausenden von Szenerien der acht Themenwelten im LEGOLAND Deutschland in Günzburg verbaut. Junge Schatzsucher, Piraten, Entdecker, Ritter, Achterbahnfahrer und ihre Eltern können auch im Feriendorf des Parks übernachten.

Nördlingen und der Geopark Ries
Um die deutschlandweit einzige Stadt mit rundum begehbarer Stadtmauer liegt noch etwas Einmaliges: Ein Meteoriteneinschlag hat vor 14,5 Mio. Jahren einen riesigen Krater geschaffen. Der Nationale Geopark Ries kann z. B. in sechs Erlebnis-Geotopen und im Nördlinger Rieskratermuseum entdeckt werden.

Augsburg
Ein Höhepunkt der Romantischen Straße ist die »Deutsche Mozartstadt«, Heimat der Puppenkiste und der Fuggerei. Das einstige »Manchester Deutschlands« steht auch für herausragende Industriekultur und – dank römischer Wurzeln und italienischer Renaissance – für mediterranes Flair.

Donauradweg
Der Donauradweg ist das Aushängeschild der Radregion Bayerisch-Schwaben. Ab sofort zählt auch der zertifizierte Donautäler-Radweg mit attraktiven Themen-Teilstrecken auf insgesamt 300 km durch das Schwäbische Donautal zu den „to do´s" für radbegeisterte Urlauber – genauso wie viele andere Flussradwege der Region.

Bayerisch-Schwaben-Lauschtouren
Innovative Audioguides mit 18 Touren zu Natur- & Kultur-Themen … etwa die Entdeckung der Kneipp-Therapie in Dillingen, Sisis Urlaubsdomizil auf Schloss Unterwittelsbach oder die Erkundung des Leipheimer Moos´. Die Lauschtouren erzählen große Geschichten zu interessanten Orten.

www.bayerisch-schwaben.de | www.familienbayern.com

Bayern gibt an

Kunstareal
München

Das Münchner Pendant zur Berliner Museumsinsel. Im Museum Brandhorst mit seiner Fassade aus sehr bunten Keramikstäben sind Werke von Warhol, Beuys, Polke, Hirst und Cy Twombly zu sehen (Mo geschl.). Die Pinakotheken daneben haben ihre Felder sauber abgesteckt: Die »Alte« zeigt, na klar, Alte Meister (Mo geschl.), die »Neue« hört bei Jugendstil und Impressionismus auf (Di geschl.). In der Pinakothek der Moderne ist neben der klassischen Moderne viel Gegenwartskunst untergebracht – Bilder, Installationen, Design, Foto und Video –, daneben das Architekturmuseum (Mo geschl.).

102

www.kunstareal.de

103 DB-(Eisenbahn-)Museum
Nürnberg

1835 dampfte der »Adler« von Nürnberg nach Fürth. Die erste Eisenbahn der Welt gilt als verschollen, das Museum zeigt einen (schönen!) Nachbau von 1952. Originale sind dagegen der Hofzug des »Märchenkönigs« Ludwig II., ein Traum in Gold und Blau, ein TEE mit Hubschrauberantrieb, die superschnelle Dampflok »05001« sowie viele andere Lokomotiven und Zuggarnituren. Im Museum für Kommunikation im 1. Stock ist eine nette Sammlung zum Thema Post und Telekommunikation zu sehen. Toll: die funktionierende Rohrpost mit durchsichtigen Rohren!

Lessingstr. 6; Tel. 08 00/ 32 68 73 86; www.dbmuseum.de und www.museumsstiftung.de; beide Mo geschl.

104 Altstadt und Burg
Nürnberg

Mittelalterlich-rustikal, so schätzt man die Stadt der Lebkuchen und Bratwürste, in der Albrecht Dürer, der »deutsche Leonardo«, in der heute nach ihm benannten Straße lebte (Nr. 39). Vor 60 Jahren lag sie in Schutt und Asche. Heute reihen sich innerhalb der Stadtmauer die wiederhergestellten Sehenswürdigkeiten – zum Beispiel beim Schönen Brunnen auf dem Hauptmarkt, der während der Adventszeit mit dem Christkindlesmarkt am schönsten ist. Großartig sind die beiden Kirchen St. Sebaldus und St. Lorenz, letztere mit dem Sakramentshaus und fantastischen Glasfenstern. Scheinbar unerschütterlich thront über allem die Burg, das Nürnberger Wahrzeichen – und eine der großen deutschen Kulissen (www.schloesser.bayern.de).

Tourismus-Zentrale, Frauentorgraben 3/IV; Tel. 09 11 / 2 33 60; www.tourismus.nuernberg.de

Bayern gibt an

Industriekultur
Augsburg

400 Jahre nach der Blütezeit der Fugger war Augsburg das »Manchester Deutschlands«. Tausende arbeiteten in Spinnereien, Webereien und Färbereien sowie im Maschinenbau. Bei MAN entstand der Dieselmotor, bei den Bayerischen Flugzeugwerken (ab 1938 Messerschmitt) ziviles und militärisches Fluggerät.

Das Textilviertel östlich der Altstadt hat in Europa kaum ein Beispiel. Fabrikschlösser wie der imposante Glaspalast (heute mit Sammlungen moderner Kunst; www.glaspalast-augsburg.de), Fabrikantenvillen und Arbeitersiedlungen sind zu sehen.

2010 wurde auf dem Gelände der ehemaligen Kammgarn-Spinnerei das Textil- und Industriemuseum (www.timbayern.de; Mo geschlossen) eingerichtet. Weitere Ziele: der Bahnpark, Wasserkraftwerke am Lech und das eindrucksvolle Gaswerk (www.gaswerk-augsburg.de). Das Kurhaustheater im Stadtteil Göggingen setzt mit seiner Glas- und Gusseisenkonstruktion einen eleganten Kontrapunkt. Alle Infos (auch zum Download) gibt es bei:

Tourist-Information, Rathausplatz 1; Tel. 08 21/50 20 70; www.augsburg-tourismus.de

Audi Forum
Ingolstadt

Ein Tempelbezirk des deutschen Automobilbaus mit moderner Architektur, gut inszenierten Ausstellungen im »museum mobile« und vielen Argumenten dafür, warum andere Autos nicht ganz so gut sind. Besonders interessant ist das Veranstaltungsprogramm mit vielen hochklassigen Konzerten. Hier traten schon Klaviergott Lang Lang auf – und die Fantastischen Vier.

Ettinger Str.; Tel. 08 00/2 83 44 44; www.audi.com

Fuggerei
Augsburg

Sozialer Wohnungsbau aus den Jahren 1514–1523. Eine Mauer umgibt die Stadt in der Stadt, die Jakob Fugger stiftete, um arme Augsburger von der Straße zu holen. Es gibt in der Fuggerei 140 Wohnungen, jede etwa 60 Quadratmeter groß. An den Modalitäten hat sich nichts geändert: Die rund 150 Menschen, die hier wohnen, sind Augsburger, katholisch und ohne eigene Schuld in Not geraten; Kaltmiete für ein Jahr, damals wie heute: 1 Rheinischer Gulden – bzw. 0,88 Euro; Nebenkosten: täglich drei Gebete für den Stifter und seine Familie, die die Siedlung bis heute finanziert.

Fuggerei 56; Tel. 08 21/ 31 98 81 14; www.fugger.de

Bayern gibt an ....

Dokuzentrum
Nürnberg

1933 erklärte Adolf Hitler Nürnberg zur »Stadt der Reichsparteitage«. Und Albert Speer plante und baute – auf 11 Quadratkilometern im Südosten der Stadt: eine Kongresshalle für 50 000 Menschen; die »Große Straße«, einen 2 km langen und 60 m breiten Marschriegel; Zeppelinfeld und -tribüne für 160 000 Menschen. Das Deutsche Stadion für 400 000 Menschen blieb ein monströses Hirngespinst. Im Nordflügel der Kongresshalle, des größten erhaltenen Bauwerks der NS-Diktatur, ist heute das überaus sehenswerte Dokumentationszentrum untergebracht.

Bayernstr. 110; Tel. 07 11/ 2 31 75 38; www.museen. nuernberg.de/dokuzentrum

108

Schloss und Park
Aschaffenburg

109

Der schönste Weg nach Aschaffenburg ist der auf dem Main – wenn über dem grünen Uferstreifen mit seinen Wiesen und Bäumen die roten Türme von Schloss Johannisburg auftauchen.

Im prachtvollen Renaissance-Geviert aus den Jahren 1604 bis 1614 kann man neben den historischen Wohnräumen das Schlossmuseum und die städtischen Sammlungen sehen, vor allem aber die Staatsgalerie mit der Sammlung Alter Meister (Mo geschl.). In einem Landschaftspark neben dem Schloss steht das Pompejanum. Die Rekonstruktion einer römischen Villa spiegelt die Italienbegeisterung König Ludwigs I. wider und ist ein schönes Sinnbild für das mediterrane Klima der Stadt Aschaffenburg. Vor den Toren Aschaffenburgs liegt der ungemein reizvolle Park Schönbusch, einer der ersten deutschen Landschaftsgärten überhaupt, der nach 1775 im englischen Stil umgestaltet wurde.

Schlossplatz 4;
Tel. 0 60 21/38 65 70;
www.schloesser.bayern.de

Germanisches Nationalmuseum
Nürnberg

110

Kultur, Kunst und Geschichte des deutschen Sprachraums, von den Anfängen bis zur Gegenwart. Das ist eine ganze Menge … Wer ein geübter Museumsgänger ist und viel Interesse mitbringt, wird den Spagat zwischen dem mehr als 3000 Jahre alten »Goldkegel von Ezelsdorf«, dem Erdglobus von Martin Behaim (1492), dem Selbstbildnis mit Halskrause von Rembrandt (1629) und dem Bauhaus-Designsessel »Wassily« von Marcel Breuer (1925) intellektuell und sinnlich mit größter Lust bewältigen.

Kartäusergasse 1;
Tel. 09 11/1 33 10;
www.gnm.de; Mo geschl.

Bayern checkt ein

Hotel am Mühlbach
Bad Füssing

111

Spätestens beim Frühstück wird die bäuerliche Tradition im Bäderdreieck deutlich: Marmeladen und Obst kommen vom eigenen Bauernhof. Ansonsten bietet das familiär geführte Haus alles, was man hier erwartet: Thermalpools innen wie außen, Saunen, Ruheräume – und einen Trinkbrunnen mit Grander-Wasser.

Bachstr. 15; Tel. 0 85 31/27 80;
www.muehlbach.de; €€€

Sonnenalp
Ofterschwang

112

Wellness satt auf 10 000 Quadratmetern (indoor und outdoor) inmitten der Postkartenlandschaft der Allgäuer Berge. Eine eigene medizinische Abteilung sorgt nach Kräften dafür, dass man noch mehr Gesundheit davon hat. In den Zimmern dominieren Holz und dicke Polster, vor den Türen quietscht das Grün: Zwei 18-Loch-Meisterschaftsplätze und ein 9-Loch-Kurzplatz bieten Golfern genügend Auslauf. Das riesige Luxusresort mit eigener Einkaufspassage und mehreren Restaurants (darunter die Sterneprämierte »Silberdistel«) ist übrigens immer noch in Familienbesitz – in der vierten Generation.

Sonnenalp 1; Tel. 0 83 21/27 20;
www.sonnenalp.de; €€€€

Orphée
Regensburg

 113

Das Regensburger Kult-Hotel hat eigentlich drei Adressen. Über dem gleichnamigen Restaurant (französische Bistro-Küche in tollem Ambiente) in einem Barockhaus der Altstadt sind auf fünf Etagen die Zimmer des Großen Hauses eingerichtet: schön schnörkelig mit Stuck und hohen Decken, altem Mobiliar und bis zu 60 Quadratmeter groß. Dicht daneben steht das nicht weniger hübsch eingerichtete »Kleine Haus«, und nahe der Steinernen Brücke kann im urigen Künstlerhaus Andreasstadel übernachtet werden.

Untere Bachgasse 8;
Tel. 09 41/59 60 20;
www.hotel-orphee.de; €€

Bayerischer Hof
München

114

Eine Münchner Institution: 350 Luxuszimmer und Themensuiten im Stil von Laura Ashley über Graf Pilati bis Cosmopolitan R&B (Rot und Beige) und auf dem Dach der »Blue Spa«, die schönste Wellness-Adresse der Stadt. Feste Größen im Münchner Nachtleben sind die Komödie, »falk's Bar« im Spiegelsaal (1839) und der Nightclub, eine ausgezeichnete Adresse für Jazzfans.

Promenadeplatz 2–6; Tel. 0 89/2 12 00; www.bayerischerhof.de; €€€€

Mariandl
München

 115

Zwischen Goetheplatz und Hauptbahnhof steht dieser prächtige Gründerzeitbau. Kult ist das Café-Restaurant im Erdgeschoss, mit Kronleuchtern und Live-Musik von Jazz bis Klassik. Kult sind auch die stilvollen Zimmer mit altem Parkett, hohen Stuckdecken und – ein Tribut an die Authentizität – teilweise Etagenduschen.

Goethestr. 51; Tel. 0 89/5 52 91 00; www.mariandl.com; € bis €€

116 Le Meridien Grand Hotel
Nürnberg

Jugendstil und Art-Déco prägen den Charakter des schönen, jüngst renovierten Hotels am Hauptbahnhof, direkt am Rand der Altstadt. Auch die Zimmer sind stilgerecht möbliert und ausgestattet – und unterscheiden sich in ihrer Größe mitunter erheblich. Zum Wohlfühlgefühl tragen die schönen Marmorbäder nicht unerheblich bei. Sehr ansprechend auch die Angebote des Restaurants »Brasserie« und der angesagten Atelier Bar – hier wird jeden Donnerstagabend Live-Jazz geboten.

Bahnhofstr. 1–3; Tel. 09 11/ 2 32 20; www.lemeridiennuernberg.com; €€€€

117 Das Kranzbach
Kranzbach

Ringsum Wiesen, Wälder und – weit genug, um nicht zu erdrücken, nah genug, um zu beeindrucken – die Berge des Wetterstein- und Karwendelgebirges. Keine anderen Häuser und Straßen sind zu sehen. Von 2005 bis 2007 wurde das Herrenhaus, das die englische Aristokratin Mary Isabel Portman 1915 mitten in die bayerischen Alpen stellte, im »Arts and Crafts«-Stil eingerichtet und zum »Hideaway«. In den hohen Salons passt alles aufs Schönste zusammen: Farben, Möbel und Accessoires, die schweren Vorhänge, die teuren Sessel, die riesigen Stehlampen. Kultig sind die »Hummelzimmer« im alten Haus, warme Modernität prägt den Anbau, einen niedrigen Riegel mit Lärchenholzlamellen und viel Glas. Der Wellnessbereich ist groß, schön und geschmackvoll, das Außenbecken herrlich. Tolle Spa-Anwendungen, dazu TCM und Yoga.

Kranzbach bei Garmisch-Partenkirchen; Tel. 0 88 23/ 92 80 00; www.daskranzbach.de; €€€€

Alpenhof
Bayrischzell

Eine kleine Wohlfühloase mit großem Komfort und schöner Lage am Fuß des Wendelsteins, unweit der Seilbahn-Talstation. Plüschige Zimmer zum Kuscheln, dazu acht Themensuiten in italienischem, asiatischem oder orientalischem Look; standortgerecht ist auch das luxuriöse Almquartier zu haben. Dazu gibt es einen Spa mit Pool, Dampfgrotte und direktem Zugang zum Garten. Golfern werden Abschlagszeiten auf fünf 18-Loch-Plätzen in der Umgebung vermittelt. In der feinen Alpenstube werden Gourmets glücklich, in der Bauernstube Liebhaber gehobener bayerischer Küche.

Osterhofen 1, Tel. 0 80 23/9 06 50; www.der-alpenhof.com; €€

Gut Ising
Chieming

Wer Tennis, Golf (9-Loch) und ein eigenes Pferdesport-Zentrum anbietet, braucht viel Platz. Die weitläufige, luxuriöse Ferienanlage über dem Nordostufer des Chiemsees bietet ihn. Ums alte Herrenhaus gruppieren sich schön renovierte Hof-, Wohn- und Nebengebäude. Die Zimmer? Mal biedermeierlich, mal bäuerlich, mal maßvoll modern. Hübsche Pool- und Saunalandschaft. Echtes Brauchtum ist im Aufenthalt inbegriffen: Die Kirche Mariä Himmelfahrt (1384) nebenan ist bis heute das Ziel von Wallfahrern aus der Region.

Kirchberg 3; Tel. 0 86 67/7 90; www.gut-ising.de; €€€

Steigenberger Drei Mohren
Augsburg

In Augsburgs guter Stube bietet die Traditionsherberge, Baujahr 1722, Komfort in schön moblierten Zimmern – und die Gewissheit, als Gast in einer Reihe mit Casanova, Mozart, Napoleon und Richard Wagner zu stehen. Bis zum März 2012 wurde generalsaniert. Neu hinzugekommen ist die Show-Küche im Restaurant Maximilian's.

Maximilianstr. 40; Tel. 08 21/ 5 03 60; www.augsburg.steigenberger.de; €€

Sorat Inselhotel
Regensburg

Die denkmalgeschützte ehemalige Kunsthandwerksmanufaktur auf einer Insel mitten in der Donau ist im Jahr 1995 sehr geschmackvoll zum Hotel umgebaut worden. Der Stil? Art Déco und 1930er-Jahre. Vor den Fenstern regiert dagegen das Mittelalter: Der Blick auf die Altstadt aus vielen Zimmern und Räumen ist fantastisch.

Müllerstr. 7; Tel. 09 41/8 10 40; www.sorat-hotels.com; €€€

Bayern checkt ein

Das Tegernsee
Tegernsee

Die Lage des Hotels und des Sengerschlosses am Hang über Tegernsee ist fantastisch: Schöner und ruhiger kann man den Blick auf See und Berge nicht genießen. Traumhaft sind die Turmsuiten im Schloss, günstiger die individuell eingerichteten Zimmer in den Zubauten. Der Spa mit Feng-Shui-Architektur und Naturmaterialien wurde kürzlich erweitert und bietet ganz großes Wohlfühlkino.

Neureuthstr. 23;
Tel. 0 80 22/18 20;
www.dastegernsee.de;
€€€

Romantik Hotel Weinhaus Messerschmitt
Bamberg

Bis 1422 reicht die Geschichte des Hauses in der Stadtmitte zurück. Der heutige Bau stammt aus dem Jahr 1640, der große Anbau wurde 2006 eröffnet. Ausgezeichnet ist die Küche, die vor allem regionale Produkte sehr gekonnt verarbeitet: von der Landente über Wild aus heimischer Jagd bis zum Zander aus dem nahen Main – ansprechend begleitet von Weinen aus Franken, Italien und Frankreich.

Lange Str. 41; Tel. 09 51/29 78 00; www.hotel-messerschmitt.de; €€€

Villino
Bodolz

Klein, aber fein – wenn dieses Prädikat irgendwo zutrifft, dann hier. Etwas versteckt am Hoyerberg oberhalb von Lindau residiert man in individuell eingerichteten Zimmern und Suiten wie in einem italienischen Landhaus. In der Wellness- und Beauty-Oase kann man sich dazu nach allen Regeln der globalisierten Zunft verwöhnen lassen. Wunderschön ist der Garten mit seinen Spalieren und Laubengängen. Im edel dekorierten Gourmet-Restaurant wird auf Stern-Niveau gekocht, und zwar asiatisch-mediterran.

Mittenbuch 6;
Tel. 0 83 82/9 34 50;
www.villino.de;
€€€

Wilder Mann
Passau

Bis ins Jahr 1303 reicht die Geschichte des Hauses an der Donau zurück. Hinter der gar nicht wilden, sondern ausgesprochen hübschen Fassade logiert man unter Stuckdecken und Lüstern und in historischem Mobiliar. Für Fans ein absolutes Muss: eine Nacht im Hochzeitszimmer von Ludwig II.! Angeschlossen ist das Passauer Glasmuseum mit der weltweit größten Sammlung von europäischem Glas: mehr als 30 000 Exponate aus Bayern, Böhmen, Österreich und Schlesien, von Barock über Biedermeier bis Art Déco und Moderne.

Am Rathausplatz;
Tel. 08 51/3 50 71;
www.wilder-mann.com; €

Kempinski Hotel Berchtesgaden
Obersalzberg

Auf 1000 m Höhe blickt man vom Obersalzberg über das Tal von Berchtesgaden hinweg auf die allerschönste Alpenlandschaft. Eine echte Schau ist das »Kempinski The Spa« mit Innen- und Außenpools, Saunen und Wasserbett-Schwebeliegen. Auch attraktive Day-Spa-Arrangements sind zu haben. Die luxuriösen Zimmer zeigen passend zum Ort nach außen hin viel Glas. Innen wurden sie mit viel Naturstein, edlem Holz und einem Farbspektrum im warmen Bereich (Erdtöne, Rot und Orange) gestaltet. Sie bieten zum exquisiten Bergpanorama selbstredend allen erdenklichen 5-Sterne-Komfort. Im Top-Restaurant »Le Ciel« wird klassisch-moderne französische Gourmetkost geboten (ein Michelin-Stern). Erstklassige Regionalküche mit bestem Fleisch aus der Umgebung bekommt man im Restaurant Johann Grill.

Obersalzberg, Hintereck 1;
Tel. 0 86 52/9 75 50;
www.kempinski.com;
€€€€

Bayern checkt ein

Anna Hotel
München

Luxuriös sind hier alle Zimmer, mit kräftigen Farben und viel schickem Design, das nie kalt wirkt. Der absolute Hit ist natürlich die Turmsuite mit eigener Dachterrasse und einem tollen Blick über München. Die Top-Lage am Stachus und das angesagte Café-Restaurant im Erdgeschoss locken auch jede Menge Tagesgäste an: Zwischen Latte Macchiato am Nachmittag, Sushi am Abend und einem Cocktail als Absacker kann man sich erfolgreiche Menschen ansehen – und sich selber als erfolgreichen Menschen ansehen lassen.

Schützenstr. 1; Tel. 0 89/ 59 99 40; www.annahotel.de; €€€€

128 Rebstock
Würzburg

Sehr angenehm ist der Service im familiär geführten Innenstadtdomizil mit seiner hübschen Rokokofassade. Einen ausgezeichneten Ruf – im wahren Wortsinn (ein Michelin-Stern) – genießt das Gourmetrestaurant »Kuno 1408« (So geschl.), das nicht umsonst so heißt: Im Jahr 2008 feierte das Würzburger Traditionshaus nämlich seinen 600. Geburtstag.

Neubaustr. 7; Tel. 09 31/3 09 30; www.rebstock.com; €€€

Alpenhof
Murnau

Der alpine Landhausstil wirkt nicht aufdringlich, und über die Lage kann man sowieso ins Schwärmen geraten: Das Hotelgelände ist umgeben von Wiesen und Wald und liegt direkt am Rand des riesigen Naturschutzgebiets Murnauer Moos. Man kann die Zimmer mit 50 Prozent Rabatt auch als »Tageszimmer« buchen und sich darin (z. B. als Day-Spa-Gast) von 12–18 Uhr vergnügen. Geboten werden ein erstklassiges Spa und tolle Gourmetküche im Restaurant »Murnauer Reiter«. Sehr gut auch das Frühstücksbüffet: Es gibt, bayerisch korrekt, Weißwürste. Anderes aber auch.

Ramsachstr. 8; Tel. 0 88 41/ 49 10; www.alpenhof-murnau.com; €€€€

Bayern tischt auf

Klosterbräu
Irsee

Eine Brauereigaststätte, wie sie sein muss: mit langen Tischen unter alten Gewölben, mit Wildschweinbraten, Brauergröstl und selbstgebrautem Bier. Wer nebenan im Hotel übernachtet, darf das letztere, das unfiltriert wie anno dazumal ausgeschenkt wird, ohne Reue genießen. Außerdem bietet Irsee mit der barocken Anlage des ehemaligen Stifts – 1186 gegründet, 1802 säkularisiert und heute ein bekanntes Tagungszentrum – einen stimmungsvollen Rahmen. Am besten genießt man das Ambiente an schönen Sommertagen im Biergarten.

Klosterring 1, Irsee;
Tel. 0 83 41/43 22 00;
www.irsee.com;
€

130

Residenz Heinz Winkler
Aschau

Mehr als 20-mal hat er die drei Michelin-Sterne geholt. Wer sich von Heinz Winkler bekochen lässt und so souverän ist, auch ein Zwei-Sterne-Menü himmlisch zu finden, erlebt mediterran bestimmte Küchenkunst in schönem Rahmen, serviert von der mehrfach ausgezeichneten Service-Crew. Die Weinkarte umfasst 950 Posten.

Kirchplatz 1; Tel. 0 80 52/
1 79 90; www.residenz-heinz-
winkler.de; €€€€

131

Essigbrätlein
Nürnberg

Gerade mal 20 Gäste passen in das Gourmettempelchen – Platzangst sollte man nicht haben. Küche, Weinkarte und Service sind überragend. Unbedingt zu empfehlen ist das Menü, das mit furchtlosen Kombinationen ein wahres Aromenfeuerwerk entfesselt. Die Kartoffelscheiben mit Grapefruit und karamellisierter Senfsaat und der Hirschrücken mit Feigen, Rauken, Macadamianuss und Holunderblütensoße zeigen an, womit man es hier zu tun hat – nämlich mit einer höchst modernen Zwei-Sterne-Küche.

Weinmarkt 3;
Tel. 09 11/22 51 31;
www.essigbraetlein.de;
So, Mo geschl. €€€€

132

Bayern tischt auf

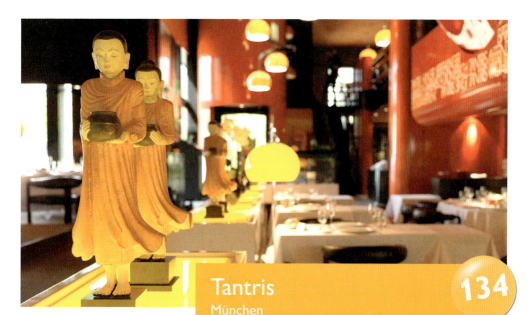

133 August
Augsburg

Christian Grünwalds Menüs sind so komplex, dass selbst geübte Gourmets den Überblick verlieren können. Die Reise durch die unterschiedlichsten Aromen vom Land (aus dem eigenen Kräuter- und Gemüsegarten), aus dem Wasser und aus der Luft vergisst man nicht. Zwei Sterne!

Frauentorstr. 27;
Tel. 08 21/3 52 79;
So, Mo, Di geschl. €€€€

Tantris 134
München

Eine Orgie in Rot und Schwarz. Mit Eckart Witzigmann, Heinz Winkler und – aktuell – Hans Haas hat das Tantris die möglicherweise beeindruckendste Linie von Starköchen in Gourmet-Deutschland vorzuweisen. Und mit der berühmten Sommelière Paula Bosch von 1991 bis 2011 die beste ihres Faches. Wer das achtgängige Menü von der leicht geräucherten Taubenbrust mit Gänseleberpraline bis hin zur leicht gelierten Champagnersuppe mit Mango und Bananensorbet auf dem Gaumen hatte, weiß, dass danach nicht mehr viel Besseres kommen wird.

Johann-Fichte-Str. 7; Tel. 0 89/3 61 95 90; www.tantris.de;
So, Mo geschl. €€€€

Bayern tischt auf

Silberne Gans
Regensburg

»Genialität der gehobenen Einfachheit« verspricht die Küche. Das schmeckt tatsächlich genialer und einfacher, als es formuliert ist. Das Ambiente im schönen Vorhof (Donaublick!) und in den zwei Stuben ist schon mal ansprechend. Viele heimische und regionale Produkte werden eingekauft und modern zubereitet, mal mit asiatischer Note, mal französisch-mediterran wie beim gebratenen Flusszander auf getrüffeltem Blumenkohl und krossem Kerbel oder beim Iberico-Schwein in zwei Texturen mit schwarzen Belugalinsen und Vanilleluft. Pffft.

Werftstr. 3; Tel. 09 41/ 2 80 55 98; www.silbernegans.de; Mo, Di geschl. €€€€

135

Koch's
Garmisch-Partenkirchen

Schweinsbraten ist Schweinsbraten? Nicht bei Familie Koch, die mitten in Garmisch, gleichwohl etwas versteckt, gehobene Kochkunst in sehr angenehmem, schlicht-modernem, aber keineswegs kühlem Ambiente zelebriert. Die Karte ist klein und wird mehrmals wöchentlich gewechselt – je nachdem, was auf dem Markt frisch zu haben ist. Auf den Tellern werden Lokales und Mediterranes sehr ansprechend angerichtet. Und wenn schon Seeteufel und Schwertfisch nicht aus Loisach oder Eibsee gefischt werden können, so werden wenigstens sämtliche Beilagen wie Rösti, Schupfnudeln, Brot und Pasta selbst gemacht. Ansonsten legt man großen Wert auf kleine (Liefer-)Wege. Nicht nur das Fleisch, sondern auch Obst und Gemüse kommen wenn immer möglich aus der nahen Umgebung.

Bankgasse 16;
Tel. 0 88 21/9 69 89 99,
www.kochs-garmisch.de;
Di geschl. €€€

Zum Stachel
Würzburg

Historisch das Gewölbe über dem Tisch, frisch (sehr frisch!) das Angerichtete auf dem Teller. Gleich neben dem Marktplatz geht es hinein ins Traditionsgasthaus, wo mit Richard Huth ein überzeugter Slow-Food-Anhänger am Herd steht. Eingekauft wird nur, was aus der Region kommt und auch das, wenn möglich, in Bio-Qualität: z. B. Spanferkel, Bauernhähnchen, Spessart-Saibling und Donau-Waller. Im Weinkeller lagern Frankens beste Tröpfchen, bis sie endlich bestellt und am Tisch entkorkt werden.

Gressengasse 1;
Tel. 09 31/5 27 70;
www.weinhaus-stachel.de;
Mo geschl. €€€

Bayern tischt auf

Herzogliches Bräustüberl
Tegernsee

Eine oberbayerische Kultstätte, immer voll. Die Gewölbe im ehemaligen Kloster sind in der Hand der Einheimischen, die schon hier saßen, als der Tegernsee noch keine »Genießerland-Region« war, und die so aussehen, wie sie das Wort »krachledern« nur sehr unzureichend beschreibt. Touristen kommen in Scharen und genießen das Zusammensitzen mit den Tegernseern. Haben sie sich sattgesehen, probieren sie am besten das dunkle Bier aus der herzoglichen Brauerei (das helle »Spezial« ist auch hervorragend), dazu eine Schweinshaxe oder das Bierbratl mit Kartoffelsalat.

Schlossplatz; Tel. 0 80 22/41 41; www.braustuberl.de; €

Almgasthaus Aibl
Kreuth-Scharling/Tegernsee

Zum Genießerland Tegernsee zählen die Gastronomiebetriebe am Wasser sowie in der umliegenden Bergwelt. Das Café Aibl liegt idyllisch am Fuß des Hirschbergs (Aufstieg 3 Std., tolle Aussicht!) und ist berühmt für seinen karamellisierten Kaiserschmarrn. Das Wild kommt aus eigener Jagd, der Schnaps aus der eigenen Brennerei.

Aibl-Alm 1; Tel. 0 80 29/4 37; www.aibl.de; Mi, Do geschl. €

Restaurant Überfahrt Christian Jürgens
Rottach-Egern

Gault Millau kürte ihn 2013 zum Koch des Jahres, und Michelin rückte den dritten Stern heraus. Damit ist Christian Jürgens in Bayerns Gastronomie die Nummer 1. In edlem Ambiente bietet er eine höchst kreative, aber nie abgehobene Verbindung von regionaler und internationaler Küche – und schönes Understatement: der Menü-Punkt »Kartoffel & Ei« bezeichnet eine »gefüllte Kartoffelkiste auf Perigord-Trüffelmousseline«. Zum Kaffee reicht die Küche fantasievolle Pâtisserie, die Spaß macht.

Überfahrtstr. 10; Tel. 0 80 22/66 90; www.seehotel-ueberfahrt.de; Mo, Di geschl. €€€€€

Bayern tischt auf

Gulden Stern
Nürnberg

Die »älteste Bratwurstküche der Welt« unweit des Weißen Turms in der Altstadt wurde bereits im Jahr 1419 urkundlich erwähnt. Und sie ist immer noch die beste, zumindest in Nürnberg. Die Bratwürste werden nach alten Rezepten handwerklich hergestellt und nicht vorgebrüht, sondern frisch über dem Buchenholzfeuer gegart. Von den Kartoffeln über Merrettichwurzeln und Salate bis zum Sauerkraut kommen alle Zutaten von genau bezeichneten Familienbetrieben aus der Region – Zubereitung täglich frisch.

Zirkelschmiedsgasse 26;
Tel. 09 11/2 05 92 88;
www.bratwurstkueche.de; €

Weißes Brauhaus
München

Kein Geheimtipp, aber immer noch eine sehr empfehlenswerte Alternative zum nahen Hofbräuhaus. Laut und voll ist es hier, das Essen ist sehr bayerisch und sehr gut, das Hefeweizen der Schneider-Brauerei sehr süffig. Wer es wagt, bestellt zum traditionellen Kronfleisch einen »Aventinus«, ein dunkles Weizen-Starkbier. Ein sehr starkes, dunkles Weizenbier.

Tal 7; Tel. 0 89/2 90 13 80;
www.weisses-brauhaus.de; € €

Schnitzlbaumer
Traunstein

Für den Jungschweinebraten in Dunkelbier-Soße mit Semmelknödel und Speck-Kraut-Salat zahlt man 9,90 Euro. Sollte auch mal erwähnt werden. Dazu trinkt man die hauseigenen Biere – im Sommer auch auf der Terrasse.

Taubenmarkt 11–13;
Tel. 08 61/98 66 50;
www.schnitzlbaumer.de; €

landersdorfer & innerhofer
München

Weiß und Braun, die Wände ohne Bilder: Das Interieur ist schlicht, aber nicht cool. In einem stillen Winkel im Herz der Innenstadt haben ein Oberbayer und ein Oberösterreicher das alpenländische Erbe zeitgemäß aufpoliert. Mittags gibt es neben einem Lunchmenü ein paar à-la-carte-Gerichte, abends »nur« das viergängige (ausbaubare) Überraschungsmenü.

Hackenstr. 6; Tel. 0 89/
26 01 86 37; www.landers
dorferundinnerhofer.de;
Sa/So geschl. € € € €

Unterfahrt
München

Das englische Jazz-Magazin *The Wire* listete die Unterfahrt unter die zehn besten Clubs in Europa. Hier spielen alle, die Rang und Namen haben in der Szene. Die Atmosphäre im gemütlichen Keller ist sehr herzlich, das Preisniveau sehr moderat.

Einsteinstr. 42;
Tel. 0 89/4 48 27 94;
www.unterfahrt.de

Künstlerhaus
Nürnberg

Das ehemalige »Komm«, wo zwischen 1973 und 1996 Kultur gemacht und immer wieder öffentliches Ärgernis erregt wurde, ist heute *das* Kulturzentrum im Norden Bayerns. Die Mischung aus Theater, Konzert und Kino, aus Kunstbetrieb und offenen Werkstätten ist reizvoll und engagiert – und vom Mainstream weit entfernt.

Königstr. 93;
Tel. 09 11/23 11 40 00;
www.kunstkulturquartier.de

Konzerthalle
Bamberg

In der kürzlich renovierten und akustisch hervorragend eingestellten Konzerthalle musiziert eines der deutschen Spitzenorchester. 1946 gegründet, haben sich die Bamberger Symphoniker unter der Leitung von Dirigenten wie Josef Keilberth, Herbert Blomstedt, Eugen Jochum und Günter Wand auch im Ausland einen hervorragenden Ruf erspielt. In den Mahler-Jahren 2010 und 2011 war in der »Sinfonie an der Regnitz« viel Musik des österreichischen Spätromantikers zu hören. Der Gustav-Mahler-Dirigentenwettbewerb, 2016 zum fünften Mal veranstaltet, ist eines der wichtigsten Podien für den Dirigenten-Nachwuchs.

Mußstr. 1; Tel. 09 51/9 64 72 00;
www.konzerthalle-bamberg.de

Bayern geht aus

148 Stadttheater
Aschaffenburg

Aschaffenburg nennt sich »Kulturstadt« und leistet sich also ein Theater. In dem klassizistischen Bau (1811) sieht und hört man Gastspiele renommierter Ensembles in den Sparten Schauspiel, Musik- und Tanztheater, Jugendtheater und Kleinkunst – nach dem großen Umbau (2008–2011) auf drei Bühnen.

Schlossgasse 8; Tel. 0 60 21/ 3 30 18 88; www.stadttheater-aschaffenburg.de

149 Staatsoper und -schauspiel
München

Subventionierte Staatskunst kann richtig gut sein. Das klassizistische Schmuckstück bildet mit der angrenzenden Residenz eine der Münchner Postkartenansichten und zählt zugleich zu den führenden Opernhäuser weltweit. Die Annalen des Hauses verzeichnen allein fünf Uraufführungen von Opern Richard Wagners, gefördert durch seinen Bewunderer König Ludwig II. Sprechtheater auf ähnlichem Niveau gibt es gleich nebenan: Auf der Bühne des Residenztheaters kann man Spitzenkräften aus dem deutschsprachigen Bühnenfach bei der Arbeit zusehen.

Max-Joseph-Platz 1/2; Tel. 0 89/21 85 01; www.staatstheater.bayern.de

Bayern geht aus

Augsburger Puppenkiste
Augsburg

Jim Knopf und das Urmel, Kater Mikesch, der Räuber Hotzenplotz: Kein Kind und also auch kein Erwachsener, der diese Protagonisten eines erfüllten Lebens nicht kennen würde. Das liegt nicht zuletzt an den Figuren der Augsburger Puppenkiste, die sie seit Jahrzehnten verkörpern. 1948 feierte das Puppentheater im ehemaligen Heilig-Geist-Spital Premiere, 1953 begann die Zusammenarbeit mit dem Fernsehen. Gespielt werden übrigens auch Stücke für Erwachsene wie die Volkslegende vom »Dr. Faust«. Im Museum der Puppenkiste sind die Helden der netteren Gegenwart in schönen Kulissen zu sehen.

Spitalgasse 15; Tel. 08 21/ 4 50 34 50; www.augsburger-puppenkiste.de

Kammerspiele
München

Eine Institution: Im Jahr 1912 gegründet, seit 1926 im traumhaften Jugendstil-Schauspielhaus gegenüber dem Hotel Vier Jahreszeiten. Bertolt Brecht inszenierte hier seine Stücke, nach 1945 hießen die Regisseure Axel von Ambesser, Fritz Kortner, Peter Stein, Ernst Wendt, Robert Wilson, George Tabori und Dieter Dorn. 2008 erhielten die Kammerspiele den Deutschen Kritikerpreis, 2009 und 2013 wurden sie zum Theater des Jahres gekürt, 2009 auch für das beste Bühnenbild ausgezeichnet: Es ging an den »Prozess« in der Inszenierung von Andreas Kriegenburg. Neben dem 800 Zuschauer fassenden, intimen Schauspielhaus gibt es zwei kleinere Spielstätten: das Werkraumtheater für wilde Experimente und das Neue Haus im modernen Probengebäude.

Maximilianstr. 28; Tel. 0 89/ 23 39 66 00; www.muenchner-kammerspiele.de

Schumann's
München

Das »Schumann's« ist kein Geheimtipp, sondern Legende, aber nicht wegen der A-, B- und C-Promis und auch nicht wegen der reservierten Tische, auf die manche Stammgäste viele Jahre warten. Eher schon wegen der Bratkartoffeln, die Meister Charles so gern und gut zubereitet. Vor allem aber wegen der Cocktails, die hier so gut gemixt werden, und die man auch in illustrer Nachbarschaft genießt wie im eigenen Wohnzimmer. Das Interieur ist eher schlicht, Glamour gibt's woanders. Auch gut: Die »Schumann's Tagesbar« in der nahen Einkaufspassage Fünf Höfe.

Odeonsplatz 6–7; Tel. 0 89/ 22 90 60; www.schumanns.de

Philharmonie
München

Zusammen mit dem nicht »schlechteren« Orchester des Bayerischen Rundfunks halten die Philharmoniker die Pole Position im Süden und behaupten sich als eines der besten Orchester Europas. Maßgeblichen Anteil daran hatte Sergiu Celibidache, der dem Klangkörper von 1979 bis zu seinem Tod 1996 vorstand. Der aktuelle Leiter, Valery Gergiev, ist auch kein Schlechter. Übrigens: Der große Konzertsaal am Gasteig ist für seine akustischen Tücken bekannt. Die teuersten Plätze – und teuer meint in München schon eine ganze Menge Geld – sind nicht die besten.

Rosenheimer Str. 5; Tel. 0 89/ 48 09 80; www.mphil.de

Theater Wasserburg
Wasserburg

Ein absoluter Kulturtipp ist das frühere Theater Belacqua in der vielleicht schönsten kleinen Stadt Bayerns – auf der »anderen Seite« des Inn. Das kleine Ensemble steht beispielhaft für die Leidenschaft und Professionalität, mit der auch im Schatten der Kulturmetropole München Kunst gelebt wird: egal ob bei Shakespeare-Klassikern, Wedekinds »Lulu« oder dem »Black Rider« von Robert Wilson und Tom Waits, für den die Wasserburger bei den Bayerischen Theatertagen in Augsburg 2012 den Preis für eine »herausragende Ausstattung« gewannen. Bemerkenswert ist auch das Niveau des Tanztheaters. Im Sommer Freilichtaufführungen in der Altstadt oder »Am Stoa«, einem gewaltigen Findling im Wald nordwestlich von Wasserburg.

Salzburger Str. 15; Tel. 0 80 71/ 10 32 63; theaterwasserburg.de

Stadttheater
Schweinfurt

Es ist eine Ikone der Nachkriegsarchitektur: das Stadttheater von Erich Schelling aus dem Jahr 1966. Und die Schweinfurter lieben es – die Auslastung liegt seit Jahren bei über 85 Prozent. Grund dafür ist sicher nicht nur die Qualität der Aufführungen, sondern auch deren Vielfältigkeit. Wer zwischen Oper und Operette, Musical und Ballett, Schauspiel und Konzert, Kinder-, Jugend- und Puppentheater wählen darf, wird sicher fündig. Erstklassig ist das Konzertprogramm, was nicht zuletzt an den Bamberger Symphonikern liegt, die hier regelmäßig mit den Stars des Klassik-Betriebs musizieren. Alle zwei Jahre finden die Schweinfurter Puppenspieltage statt.

Roßbrunnstr. 2;
Tel. 0 97 21/51 49 55;
www.theaterschweinfurt.de

Bayern sucht aus

Build2Ride
Garmisch-Partenkirchen

Kaufen, was man selbst hergestellt hat: Hier bekommt man Ski, Snowboards und Mountainbikes nach eigenen Vorstellungen, im selbst gewählten Design und unter fachmännischer Anleitung. Man kann die gewünschten Unikate aber auch bei den Bastlern in Auftrag geben.

156

Ludwigstr. 15;
Tel. 0 88 21/9 67 59 44,
www.build2ride.com

Dallmayr
München

157

Münchens erste Feinschmeckeradresse bietet viel mehr als den aus der Fernsehwerbung hinlänglich bekannten Kaffee. Der Gang durch die duftenden Hallen zwischen Marienplatz und Staatsoper ist selbst dann ein Erlebnis, wenn man »nur mal schauen« will. Aber wer schafft das schon, wenn er erst mal eingetreten ist. Brot und Käse, Fisch und Fleisch, Süßes und Saures sind höchst appetitlich auf den Theken ausgebreitet. Das Restaurant im 1. Stock hat sich mit zwei Michelin-Sternen als eine der Münchner Top-Adressen etabliert.

Dienerstr. 14/15; Tel. 0 89/2 13 50; www.dallmayr.de

Geigers Hofladen
Hindelang-Oberjoch

158 Auf dem höchstgelegenen Bauernhof Deutschlands macht Stefan Bentele Käse. Seine treuen Mitarbeiterinnen veredeln das besonders gute Berggras zu besonders guter Milch, die der Chef danach zu besonders gutem Käse verarbeitet. Wurst und Speck produziert er auch.

Ornachstr. 29; Tel. 0 83 24/ 76 98; www.haflingerhof.de

159 ## Radspieler
München

Verwinkelte Räume, ein wildgrüner Garten, 300 m vom Marienplatz entfernt: Im stillen Winkel der Innenstadt gibt es edle Stoffe, Textilien und Mode zu kaufen, dazu Möbel aus eigener Werkstatt, aus Italien, Frankreich und der Schweiz. Früher königlicher Hoflieferant, heute Münchens schönstes Geschäft.

Hackenstr. 4 und 7; Tel. 0 89/ 2 35 09 80; www.radspieler.com

160

Glashütte Valentin Eisch
Frauenau

Die lange Tradition des Glasmacherhandwerks im Bayerischen Wald ist in Frauenau nahe Zwiesel besonders lebendig. Schöne Stücke wie Weingläser und Dekanter kann man direkt vom Produzenten beim Fabrikverkauf von Valentin Eisch erwerben. 1952 wurde das erste Glas in der damals jüngsten und kleinsten Glashütte Bayerns geschmolzen. Die aktuellen Kollektionen von Trinkgläsern, Platten, Vasen und Objekten erscheinen denn auch entsprechend jung.

Am Steg 7; Tel. 0 99 26/18 90; www.eisch.de

Bayern sucht aus

Büttenpapierfabrik Gmund
Gmund a. Tegernsee

Wo *wireless* kommuniziert wird, macht Papier den Unterschied. Im gleichnamigen Ort am Ufer des Tegernsees stellt Gmund seit 1829 Papiere her – und ist damit in Zeiten von Mail und Skype sehr erfolgreich. Das Sortiment bietet Naturpapiere mit Einschlüssen aus Rinde ebenso wie die »Gmund Act Green« Kollektion mit Umweltzertifikat oder die stofflich-weichen Papiere der Kollektion Kaschmir. Wer es individueller mag, wählt aus über 100 Oberflächen, über 55 matten und an die 30 glänzenden Farben und Grammaturen von 100 bis 900 g/m^2 sein Wunschpapier. Mehr als 100 000 verschiedene Papiersorten sind möglich: für Geschäftspapiere, Visiten- und Hochzeitskarten, Einladungen oder Geburtsanzeigen. Wer Gmund am Produktionsstandort besucht (oder in München, Hannover, Bremen, Innsbruck und, ja!, Tokio), kann auch feine Notizhefte und Blöcke, handgeschöpfte Papiere und allerlei schöne Schreibgeräte mitnehmen. Für alle, die es noch nicht verlernt haben.

Mangfallstr. 5; Tel. 0 80 22/ 75 00 11; www.gmund.com

Viktualienmarkt
München

Viktualien, das ist lateinisch und heißt Lebensmittel. Und die werden auf dem Gelände des Heiliggeistspitals, hinter dem Alten Rathaus, schon seit 1807 verkauft. Das Angebot ist in dieser Zeit nicht nur größer, sondern mit Sicherheit auch besser geworden – und es wird, Sonntage und Feiertage ausgenommen, täglich verkauft: Obst und Gemüse, feine Fleisch- und Wurstwaren, Käse zum Niederknien, Weine, edelste Trüffel… Sehr schön ist auch der Biergarten.

Viktualienmarkt; www.viktualienmarkt-muenchen.de

Enzian von Grassl
Berchtesgaden

Was die Wurzel der Enzianpflanze an Bitterstoffen produziert, ist so wertvoll und bekömmlich, dass der Geschmack keinerlei Anlass zu Klagen geben kann. Der bayerische Schnaps schlechthin wird in Berchtesgaden produziert. Nur Familie Grassl hat das Recht, nach der heute streng geschützten Enzianwurzel zu graben. Das edelste Tröpfchen ist der Funtensee-Enzian. Er wird aus Wurzeln gebrannt, die Männer in Lederhosen hoch oben im Berchtesgadener Nationalpark mit Hacken aus der Erde holen und gleich vor Ort in eigenen Hütten hacken, einmaischen und brennen.

Salzburgerstr. 105; Tel. 0 86 52/ 9 53 60; www.grassl.com

Internationales Bergfilm Festival
Tegernsee

Exotische Länder, fremde Menschen und mutige Männer und Frauen sind hier zu sehen – wenn es auch meistens Männer sind, die sich an den höchsten und schwersten Bergen der Welt filmen lassen. Seit der ersten Konkurrenz im Jahr 2003 hat sich das Bergfilmfestival zu einem der bedeutendsten seiner Art entwickelt – und zu einem Publikumsmagneten. Dabei machen die überwiegend sanften Berge um den Tegernsee weit weniger Angst als viele der Fels- und Eisriesen, die da in jedem Oktober auf die Leinwand kommen.

www.bergfilm-festival-tegernsee.de

164

165 Passionstheater
Oberammergau

1633 gelobten die Oberammergauer, alle zehn Jahre die Geschichte vom Leiden Christi nachzuspielen, wenn sie denn von der Pest befreit würden – was rasch geschah. Schon 1634 erfüllten sie das Gelübde, ab 1680 verlegten sie das Spiel auf die Zehnerjahre. 2010 stand das halbe Dorf wieder auf der Bühne, um Zuschauer aus aller Welt zu »unterhalten«. Das Festspielhaus bietet aber in jedem Jahr Kultur, u. a. das Heimatsoundfestival Ende Juli.

www.passionstheater.de

166 Kaltenberger Ritterspiele
Schloss Kaltenberg

Kein geringerer als Luitpold Prinz von Bayern rief 1979 das größte Ritterturnier der Welt ins Leben. Mittelalter-Wrestling sozusagen, mit schwer gerüsteten Eisenmännern, schnellen Pferden, kreisenden Morgensternen und splitternden Lanzen. Die Stunts sind erstklassig! Rundherum herrscht das übliche bunte Markttreiben mit bunten Kostümen, Gauklern, Fleisch am Spieß, Bier und Met und frechen Barden. Immer an den drei Wochenenden im Juli auf Luitpolds Schloss Kaltenberg (erbaut 1292) zwischen Augsburg und München.

www.ritterturnier.de

Bayern lädt ein

Festspiele
Bayreuth

Im Publikum sitzen mehr oder weniger Reiche und mehr oder noch mehr Berühmte. Und dazwischen nicht Wenige, die tatsächlich etwas von Richard Wagners Musiktheater verstehen. Mit der Übergabe der künstlerischen Leitung von Enkel Wolfgang (1919–2010) an Urenkelin Katharina, Jahrgang 1978, wurde 2008 ein bemerkenswerter Generationswechsel vollzogen.

Das Regietheater hatte aber schon lange vorher Einzug gehalten im Festspielhaus auf dem Grünen Hügel, und man kann nicht sicher sein, was während der Festspiele vom 25. Juli bis zum 28. August an seltsamen und großartigen Dingen auf der Bühne geschieht – und ob die Sänger im Tarnanzug oder in Strapsen auf der Bühne stehen. Fest steht allein, dass alle Vorstellungen, vorsichtig gesagt, ausverkauft sind. »Mal so« an eine Karte zu kommen, ist nahezu ausgeschlossen. Die Wartezeit beträgt meistens mehrere Jahre.

www.bayreuther-festspiele.de

Drachenstich
Furth im Wald

2009 hatte der alte Drache seinen letzten Auftritt. Seit 2010 verröchelt ein neues Hightech-Ungeheuer, der größte Roboter auf vier Beinen, unter Ritter Udos Lanzenstößen sein Leben. Das traditionsreiche Ritterspektakel im Bayerischen Wald – das älteste deutsche Volksschauspiel überhaupt – bietet großes Theater. Lasst doch mal die Kinder vor!

www.drachenstich.de

Sambafestival
Coburg

Wer Samba hört, denkt nicht sofort an Oberfranken. Sollte er aber. Jedes zweite Juli-Wochenende wird getrommelt zwischen Fachwerk- und Renaissancefassaden – beim größten Samba-Festival außerhalb Brasiliens. 3000 Musiker, Trommler und Tänzer(innen) bieten ein Feuerwerk für Augen und Ohren. Man kürt die »Belaza Negra«, die schönste farbige Frau, und den besten Capoeira-Tänzer. Sehr hübsch sind die Ökumene beim Sambagottesdienst am Sonntagvormittag und der große Umzug durch die Coburger Altstadt, den die Königin des Karnevals von Rio anführt. Caipi bis zum Abwinken.

169

www.samba-festival.de

170 Fränkisches Bierfest
Nürnberg

Unter den großen deutschen Festen für Biertrinker ist es vom Ambiente her vielleicht das schönste: Im schattigen Graben unter den Türmen und Zinnen der Nürnberger Burg lassen mehr als 40 Brauereien aus der Umgebung im Mai oder Juni fünf Tage lang die Krüge überschäumen. Gezapft werden Bierspezialitäten vom Land, ohne modischen Craft-Hype und in einer Vielfalt, die begeistert. Man vergleiche nur ein naturtrübes Zwickelbier mit einem Bamberger Rauchbier. Weil man Flüssiges jedweder Art auf eine feste Grundlage stellen muss, wird dazu allerlei Gegrilltes, Gebratenes und Gebackenes geboten.

www.bierfest-franken.de

171 Viehscheid
Hindelang

Wenn im Herbst die Kühe von den Almen ins Tal zurückkehren, ist das Grund zu feiern. Der traditionelle Almabtrieb oder Viehscheid findet im September statt – besonders schön im Allgäu, am schönsten in Hindelang. Kein Theater, sondern Teil einer Lebensweise, die viele nur noch mit dem Einkauf im Bio-Laden verbinden.

www.allgaeu-viehscheid.de

Bayern lädt ein

Gäubodenvolksfest
Straubing/Bayerisches Golf- und Thermenland

172

Die 40 000-Einwohner-Stadt Straubing an der Donau hat mit der St.-Jakobs-Basilika, vor allem aber mit der Petersbasilika und den an sie anschließenden, ungemein stimmungsvollen Friedhof zwei außergewöhnlich Baudenkmäler. Und mit dem Gäubodenvolksfest findet hier in jedem August die echte Alternative zum Münchner Oktoberfest statt. Wem das größte Volksfest nicht mehr bayrisch genug ist, der geht zum zweitgrößten. Hochdeutsch oder australisches Englisch wird am Rand des Bayerischen Waldes eher selten gesprochen.

www.volksfest-straubing.de

Rock im Park
Nürnberg

Die Parallelveranstaltung zu »Rock am Ring« in der Eifel steigt in Nürnberg auf dem Zeppelinfeld. 2016 begeisterte das dreitägige Event mit Shows von den Red Hot Chili Peppers, Black Sabbath, Volbeat und vielen anderen Bands die 80 000 Besucher. Anfang Juni 2017 steigt die nächste Party in der Bratwurststadt – dabei sind etliche Große, wie die Beginner oder der Rag'n Bone Man.

www.rock-im-park.com

Oktoberfest
München

Wer sein Bier lieber im Sitzen trinkt und sich dabei unterhält, meidet die Orgie auf der Münchner Theresienwiese, der »Wies'n«, die großflächig asphaltiert ist. Beim größten Volksfest der Welt trinken 6 bis 7 Millionen Besucher etwa ebenso viele gefüllte Literkrüge (»Maßen«) Bier und essen mehr als 100 Ochsen. Größten Anklang fand beim 200-jährigen Jubiläum im Jahr 2010 die »oide (alte) Wies'n«, ein abgezäuntes Retro-Ghetto mit kostenpflichtigem Zugang. Auch 2017 wird das Retro-Bollwerk gegen die globalisierte Partykultur wieder errichtet. Empfehlenswert.

174

www.oktoberfest.de

Allgäuer Alpen
Oberstdorf

Die südlichste Gemeinde Deutschlands ist das Mekka der Skifahrer, Skispringer, Wanderer und Mountainbiker. Die tolle Bergkulisse kann man aber auch erleben, ohne in Schweiß und/oder Gefahr zu baden – mit den Seilbahnen auf Nebelhorn und Fellhorn. Sehr schön ist eine Wanderung durch die tosende Breitachklamm, wahrhaft schwindelerregend ist die Besichtigung des »schiefen Turms von Oberstdorf«, der Heini-Klopfer-Skiflugschanze. Der 72 m hohe, frei auskragende Anlaufturm bietet einen großartigen Tiefblick, der Schanzenrekord stand 2012 bei 225,5 m.

175

Tourist Information, Prinzregentenplatz 1; Tel. 0 83 22/ 70 00; www.oberstdorf.de

176 Naturpark und Kulturschätze
Eichstätt / Altmühltal

Am besten folgt man dem Lauf der Altmühl nördlich von Ingolstadt radelnd (www.altmuehltal-radweg.de) oder paddelnd. Die Szenerie ist bezaubernd: Uferwiesen, bewaldete Höhen, Kalkzinnen und postkartenschöne Orte. Kultureller Höhepunkt ist Eichstätt. Neben dem großartigen Dom (1350–1396), der Fürstbischöflichen Residenz und dem Residenzplatz zieht vor allem die auf einem Felssporn errichtete Willibaldsburg das Interesse auf sich: Hier sind im Juramuseum neben anderen Fossilien im Solnhofer Plattenkalk ein Urvogel der Gattung Archaeopteryx und ein Juravenator starki in bestem Zustand zu sehen (Tel. 0 84 21/ 47 30; Mo geschl.).

Tourist Information, Domplatz 8; Tel. 0 84 21/6 00 14 00; www.eichstaett.de

Wallfahrt zur Schwarzen Madonna
Altötting

Zu Dutzenden stehen Holzkreuze an der Wand, damit die Pilger sie aufnehmen und vorbei an mehr als 2000 Votivbildern um die Gnadenkapelle tragen können. Selbst wer dabei an »Das Leben des Brian« denkt (»Jeder bitte nur ein Kreuz!«), wird still, sobald er im Dämmerlicht vor der Schwarzen Madonna steht. Das Lindenholz ist schwarz vom Kerzenrauch und bildet einen starken Kontrast zum üppigen Silberschmuck des Altars. In der gotischen Pfarrkirche schwingt der »Doud z'Äding« (Tod zu Ötting), eine Skelettfigur aus dem 17. Jh., auf einem Uhrkasten seine Sense. Als berührend oder kurios können die Autoweihen und Devotionaliengeschäfte empfunden werden.

177

Wallfahrts- und Verkehrsbüro, Kapellplatz 2a; Tel. 0 86 71/ 50 62 19; www.altoetting.de

Bayern fährt raus

Stadtbummel
Landsberg am Lech

Hier brachte Adolf Hitler als Häftling sein Propaganda-Manifest »Mein Kampf« zu Papier (1923/24). Ein anderer Name steht Landsberg besser zu Gesicht: Dominikus Zimmermann schmückte die Stadt im 18. Jh. mit einem Rathaus und mit der Johanneskirche. Im wunderschönen Ensemble der Altstadt mit ihren Türmen und Toren fällt das Bayertor (1425) besonders auf.

178

Tourismus Ammersee-Lech, Hauptplatz 152; Tel. 0 81 91/ 12 82 46; www.ammerseelech.de

Donaudurchbruch
Kelheim und Kloster Weltenburg

179

Es ist sozusagen die bayerische Antwort auf das Obere Mittelrheintal zwischen Bingen und Koblenz: viel kleiner, aber auch, echt wahr, noch romantischer. Über eine Strecke von gut 5 km Länge fließt die Donau hinter Kelheim durch ein äußerst beeindruckendes, enges Durchbruchtal. 80 m hoch sind die Felswände, zwischen denen man auf dem Schiff zum malerisch in einer Flussschlinge gelegenen Benediktinerkloster Weltenburg, dem ältesten Kloster Bayerns (gegründet 617), gelangt. Wo man aussteigt, um sich im Biergarten das Bier aus der wahrscheinlich ältesten Klosterbrauerei der Welt (gegründet 1050) schmecken zu lassen.

Personenschifffahrt; Tel. 0 94 41/58 58; www.schiffahrt-kelheim.de

Bayern fährt raus

180

See und Berge
Ferienregion Tegernsee

Aktivität und Erholung, ausgezeichnete Restaurants und Gasthäuser: Zum perfekten Tag an einem der beliebtesten Ausflugsziele der Münchner startet man am besten mit der Bayerischen Oberlandbahn – auf der Straße kann es an schönen Wochenenden eng werden. Die Besucher kommen zum Baden (der See hat Trinkwasserqualität), Segeln und Wandern, zum Mountainbiken und Schifferlfahren (Tel. 0 80 22/9 33 11; www.seenschifffahrt.de). Bei guter Sicht ist die Fahrt mit der Seilbahn zum Wallberg höchst empfehlenswert (Wallbergstr. 26; Tel. 0 80 22/ 70 53 70; www.wallbergbahn. de). Oben genießt man das 360-Grad-Panorama, im Panoramarestaurant bayerische Hausmannskost und man beobachtet das bunte Treiben der Gleitschirmflieger. Bergab geht's mit der Gondel, per Pedes oder als Passagier am Gleitschirm. Danach ins Gulbransson-Museum im Tegernseer Kurgarten: Hier betrachten Kunstinteressierte neben wechselnden Ausstellungen vor allem die Werke des großen Karikaturisten Olaf Gulbransson, der sich 1929 am Tegernsee niederließ (Kurgarten 5; Tel. 0 80 22/ 33 38; Mo geschl.). Ein heißer Tipp ist die »monte mara«-Seesauna mit ihrem schönen Innen- und Außenbereich und dem fest vertäuten Saunaschiff »Irmingard« (Hauptstr. 63; Tel. 0 80 22/ 1 87 47 70).

Tegernseer Tal Tourismus GmbH, Hauptstr. 2; Tel. 0 80 22/ 92 73 80; www.tegernsee.com

Bayern fährt raus

Kunst und Technik
Kochel

Kunst: im Franz-Marc-Museum, einer ansprechend-intimen Sammlung wichtiger Werke des populären Expressionisten und »Blauen Reiters« (Franz-Marc-Park 8–10; Tel. 0 88 51/ 92 48 80; Mo geschl.); Technik: im historischen Walchenseekraftwerk (Altjoch 21).

Tourist Information,
Bahnhofstr. 23; Tel. 0 88 51/3 38;
www.kochel.de

Geigen aus dem Hochgebirge
Mittenwald

Aus aller Welt kommen junge Menschen ins Hochtal zwischen Karwendel- und Wettersteingebirge, um die Kunst des Geigenbaus zu erlernen. Sie wird hier seit 1684 gepflegt und hat die »bayerischen Stradivaris« berühmt gemacht. Das sehenswerte Geigenbaumuseum steht in der Ballenhausgasse 3 (Tel. 0 88 23/ 25 11; Mo geschl.). Der Sessellift auf den Kranzberg erschließt ein schönes Wandergebiet, die Karwendelbahn hochalpine Eindrücke vom größten Naturschutzgebiet der Ostalpen (Besucherzentrum).

Tourist-Information, Dammkarstr. 3; Tel. 0 88 23/3 39 81;
www.alpenwelt-karwendel.de

Fränkische Schweiz
Ailsbachtal

Burgen und Mühlen, Fachwerk-Städtchen, Flüsschen und Wäldchen. Besonders schön ist der Ausflug ins Ailsbachtal mit Burg Rabenstein und der Sophienhöhle.

Tourismuszentrale,
Tel. 0 91 91/86 10 54;
www.fraenkische-schweiz.com

Burg und Stadt
Burghausen

Mehr als einen Kilometer ist man unterwegs, um durch die sechs Höfe von einem Ende der längsten Burg Europas ans andere Ende zu kommen. Längst sind Wohnungen, Museen (Sadtmuseum, Burgmuseum, Foltermuseum) und Galerien in das aufwendig restaurierte Gemäuer eingezogen. Die Altstadt, wunderbar gelegen zwischen dem steilen Burgberg und der Salzach, lädt ein zum Bummel in mittelalterlichem Ambiente. Bei der weithin berühmten Jazzwoche im Frühling treten hier die großen Stars der Szene auf.

Tourist Info, Stadtplatz 112;
Tel. 0 86 77/88 71 40;
tourismus.burghausen.de

Geld, Adel, Kunst
Starnberger See

Rundherum leben die reichsten Deutschen. Der See ist aber für alle da – mit schönen Badeplätzen und königlichen Parks: In Schloss Possenhofen war »Sisi« Elisabeth, Tochter von Herzog Max Joseph, so lange glücklich, bis sie zum Kaiser nach Wien ziehen musste; gegenüber, bei Schloss Berg, ertrank ihr Cousin, »Märchenkönig« Ludwig II. von Bayern. Moderner Höhepunkt: das Buchheim-Museum in Bernried mit seiner Sammlung expressionistischer Meisterwerke (Am Hirschgarten 1; Tel. 0 81 58/9 97 00; www.buchheimmuseum.de; Mo geschl.).

185 Tourismusverband, Starnberg, Hauptstr. 1; Tel. 0 81 51/9 06 00; www.sta5.de

186 Wendelstein
Brannenburg, Osterhofen

Mit der historischen Zahnradbahn von Brannenburg im Inntal hinauf, mit der Seilbahn nach Bayrischzell hinab: Den Ausflug auf den Wendelstein mit seinem markanten Sendemast darf man nicht versäumen. Zum einen wegen der 1912 eröffneten Zahnradbahn, zum anderen wegen der phänomenalen Aussicht. Die letzten 100 Höhenmeter zum 1838 m hohen Gipfel geht man zu Fuß auf einem in die Felsen gesprengten Weg (Geo-Lehrpfad). An der Bergstation steht ein Gasthaus. Egal, in welcher Richtung man über den Berg reist: Zurück zum Ausgangspunkt geht es mit der Bus-Ringlinie.

Brannenburg, Sudelfeldstr. 106; Osterhofen 90; Tel. 0 80 34/ 30 80; www.wendelsteinbahn.de

187 Festung und Wallfahrtskirche
Coburg

Die gewaltige mittelalterliche Veste über der Stadt, das schöne Gebäudeensemble um den Marktplatz, die Schlösser Callenberg und Rosenau und die Ehrenburg: Das sind die architektonischen Highlights im oberfränkischen Coburg. Bis 1918 residierten hier die Herzöge von Sachsen-Coburg, eines der großen europäischen Adelsgeschlechter. Bei Staffelstein, gute 20 km südlich von Coburg, ragen zwei Glanzstücke sakraler Baukunst auf: auf der rechten Mainseite Kloster Banz, bekannt auch bei Musikliebhabern wegen seiner alljährlichen Kammermusikreihe, und über dem linken Mainufer die atemberaubende Wallfahrtskirche Vierzehnheiligen: In den Jahren 1743–1772 errichtet, gilt sie als schönster barocker Kirchenbau in Franken.

Tourist-Info, Herrngasse 4; Tel. 0 95 61/89 80 00; www.coburg-tourist.de

Bayern fährt raus

Mozart und mehr

Salzburg

Pflicht-Abstecher nach Österreich. Unter der Burg reiht sich Kirche an Kirche, Sehenswertes an nicht zu Versäumendes: Dom, Residenzgalerie, Haus der Natur und, leider am südlichen Stadtrand, Schloss Hellbrunn (Bus 25).

188

Tourismus Salzburg, Auerspergstr. 6; Tel. +43/(0)6 62/ 88 98 70; www.salzburg.info

Königssee
Schönau/Berchtesgaden

189

18 große Elektroboote erschließen eine Kulisse, wie man sie in den Rocky Mountains vermutet, nicht aber in Deutschland. Der Königssee bei Berchtesgaden ist 8 km lang und 190 m tief. Links Wasserfälle, rechts Felswände, der Bootsführer spielt die Trompete, die Felsen werfen das Echo zurück. Dann erscheinen rechts oben der Watzmann (2713 m), rechts unten die Zwiebeltürmchen und die Kuppeldächer der Wallfahrtskirche St. Bartholomä auf der Halbinsel Hirschau. Daneben liegt der spektakulärste Biergarten Bayerns. 650 Sitzplätze sind nicht einer zu viel.

Schönau am Königssee; Tel. 0 86 52/9 63 60; www.seenschifffahrt.de, www.koenigssee.com

Im Hopfenland
Pfaffenhofen

Zwischen Ingolstadt und Landshut liegt das Hopfenland der Hallertau, wo ein knappes Drittel der Weltproduktion an Hopfen eingefahren wird. Darum ist ein Besuch im modernen Hopfenmuseum in Wolnzach (Elsenheimerstr. 2; Tel. 0 84 42/75 74; www.hopfenmuseum.de; Mo geschl.) ebenso Pflicht wie die Einkehr in einer der einschlägigen Gastronomien – zum Beispiel im Schloss-Bräukeller von Au in der Hallertau: Im herrlichen Biergarten genießt man zum guten Bier Spareribs (Schlossbräugasse 2; Tel. 0 87 52/ 98 22; Mo geschl.).

Hopfenland Hallertau Tourismus, Spitalstr. 7; Tel. 0 84 41/4 00 92 84; www.hopfenland-hallertau.de

190

191 Nationalpark und Museumsdorf
Bayerischer Wald

Einst schockte der erste deutsche Nationalpark die Menschen zwischen Zwiesel und Freyung mit umgestürztem, von Borkenkäfern zerfressenem und unaufgeräumtem Holz. Heute ist der Nationalpark um Falkenstein, Rachel und Lusen das touristische Zugpferd der Region. In einem großen Freigehege leben Wölfe und Bären, in der freien Wildbahn auch Luchse. Rund 300 km markierte Wanderwege führen auf die Gipfel, über die Moore und entlang den Bergbächen. Eine Attraktion ist der 1,3 km lange Baumwipfelpfad beim Nationalparkhaus Lusen in Neuschönau. Viele Tipps für Aktivitäten bietet das neue Web-Portal www.bayerwald-expeditionen.de: von der Sonnenauf- oder -untergangswanderung zum Lusen (1373 m) bis zur Familientour zu Fuß oder mit dem E-Bike. Aber es ist nicht alles nur Natur: Rund 50 Gebäude – Höfe, Mühlen und Kapellen – vermitteln in Tittling, direkt am malerischen Dreiburgensee, ein Bild von der alten Zeit im Bayerischen Wald. Ob sie gut war, kann jeder selbst entscheiden. Sehenswert ist sie in jedem Fall, zumal sie auch die größte volkskundliche Sammlung der Region enthält. Großes Veranstaltungsprogramm.

Museumsdorf, Tittling, Am Dreiburgensee; Tel. 0 85 04/ 84 82; www.museumsdorf.com; www.nationalpark-bayerischer-wald.de

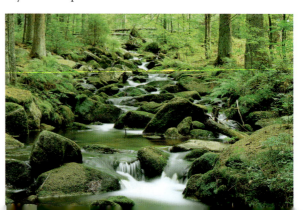

Wasserschloss im Räuberland
Mespelbrunn/Spessart

»Das Wirtshaus im Spessart«, eine Räubergeschichte von Wilhelm Hauff aus dem Jahr 1828, kennt man heute sicher weniger als die gleichnamige Filmkomödie von 1957 mit Liselotte Pulver. Gedreht wurde damals (fast) am Originalschauplatz: beim entzückenden Wasserschloss Mespelbrunn. Das märchenhafte Gemäuer aus dem 15./16. Jh. findet man etwa 15 km südöstlich von Aschaffenburg im Spessart. Mit seinen romantischen Tälern und Aussichtspunkten ist er ein beliebtes Naherholungsgebiet der Würzburger und Frankfurter – und eventuell der nächste bayerische Nationalpark.

Schloßhof 1; Tel. 0 60 92/2 69; www.schloss-mespelbrunn.de

Zugspitze
Garmisch-Partenkirchen

2962 m – das ultimative deutsche Gipfelerlebnis. Rauf geht's mit der Zahnradbahn, runter (ab Ende 2017) mit der ganz neuen Kabinenbahn zum Eibsee: Technik zum Staunen, Natur zum Fotografieren, Bier und Bratwurst zum Genießen, Tiefe zum Fürchten. Nur bei gutem Wetter fahren – teuer!

Zugspitzbahnhof, Olympiastr. 27; Tel. 0 88 21/79 70; www.zugspitze.de

Romantische Straße
Von Würzburg nach Füssen

Als sie 1950 ins Leben gerufen wurde, trieb das Wirtschaftswunder erste zarte Blüten. Aber weil der deutsche Mensch romantisch ist und gern Auto fährt, gibt es die Romantische Straße heute noch. Sie beginnt in Würzburg am Main und endet nach 366 km in Füssen am Rand der Alpen. Und sie verbindet einige der schönsten Städte Frankens, darunter das berühmte Fachwerkidyll von Rothenburg ob der Tauber und, hinter Feuchtwangen, Dinkelsbühl, das Rothenburg nicht nachsteht. Ehrlich.

Touristik AG, Dinkelsbühl, Segringer Str. 19; Tel. 0 98 51/55 13 87; www.romantischestrasse.de

Bayern fährt raus

Kloster
Andechs

195

Hoch über dem Ammersee, im Südwesten von München, ist Kloster Andechs mit seiner Rokoko-Klosterkirche nach Altötting der zweitgrößte Wallfahrtsort Bayerns – und längst auch eine sehr weltliche Pilgerstätte: Das Bier der Klosterbrauerei ist legendär. Will man Hellen Bergbock und Dunklen Doppelbock ausgiebig genießen, sollte man unbedingt mit der S-Bahn von München nach Herrsching am Ammersee fahren und Auf- wie Abstieg am Klosterberg mit Biergarten und Bräustüberl zu Fuß unternehmen.

Bergstr. 2; Tel. 0 81 52/37 60;
www.andechs.de

Dolce Vita an der Isar
Bad Tölz

196

Kaffeetrinker und Flaneure bewundern in der Marktstraße die prachtvollen Fassaden der Kaufmannshäuser – Zeugnisse jahrhundertelangen Wohlstands. Wie es dazu kam, zeigt das Stadtmuseum (Marktstr. 48, Mo geschl.). Hier sind auch wertvolle Trachten und aufwendig bemalte Tölzer Kästen (Schränke) zu sehen. Blickfang über den Dächern der Stadt ist die weiße Heilig-Kreuz-Kirche mit ihren zwei Türmen auf dem Kalvarienberg. Auf der westlichen Seite der Isar liegen der Kurpark, das schöne Kurhaus von 1914, Streidlpark und Rosengarten.

Tourist Information,
Max-Höfler-Platz 1; Tel. 0 80 41/
7 86 70; www.bad-toelz.de

Sauna-Rallye
Bad Füssing, Dingolfing, Bad Birnbach, Bad Abbach

So verschnauft man im Bayerischen Golf- und Thermenland! Originelle Heißluftbäder bietet die Therme 1 in Bad Füssing: In der Hexensauna verwirbeln »Hexenbesen« die Kräuterdämpfe, die Kartoffelsauna bietet das historische Ambiente eines Kartoffelkellers, und im Salzkammerl spürt man die harmonisierende Wirkung von Salzkristallen. Im Bad Füssinger Johannesbad »reisen« Sauna-Fans durch ein indisches Kristall-Blütendampfbad, ein Römisches Schwitzbad unter flackernder Sternendecke, einen osmanischen Badetempel und eine Iglu-Eisgrotte, in der man den erhitzten Körper mit Crushed-Eis abreibt. Natur pur bietet die Erdsauna des Erlebnisbads Caprima in Dingolfing im Freibereich wie auch an der Vitalbar im Wintergarten. Einen Hauch von Science-Fiction vermittelt die Bad Birnbacher Rottal-Terme, wo in der neuen Kristallsauna farbige Lichtbänder den Aufgussdampf bunt aufleuchten lassen. Toll auch die Lehmsauna: Die aus Muschelkalk gebaute Höhle ist vollständig mit Lehm ausgekleidet und erhitzt sich auf ca. 80 Grad. Ungewohnt aussichtsreich ist dagegen die Panorama-Außensauna der Kaiser-Therme in Bad Abbach: Sie gewährt einen Rundumblick vom Kaiser-Heinrichs-Turm, dem Wahrzeichen des Ortes, bis hinab ins Donautal.

Tourismusverband Ostbayern, Regensburg, Im Gewerbepark D 04; Tel. 09 41/58 53 90; www.bayerisches-thermenland.de

197

Gabriele-Münter-Haus
Murnau/Staffelsee

Kunstliebhaber zieht es ins »Blaue Land« am bayerischen Alpenrand. Die hübsche Kleinstadt Murnau, auf einem grünen Höhenrücken am Staffelsee gelegen, schmückt sich mit ihrer Künstlertradition: Vor den Toren der Stadt stießen Gabriele Münter, Wassily Kandinsky und andere Maler der Münchner Künstlervereinigung »Der Blaue Reiter« zwischen 1909 und 1914 das Tor in die Moderne weit auf. Das farbenfrohe Lotterleben wird im Gabriele-Münter-Haus dokumentiert.

Kottmüllerallee 6; Tel. 0 88 41/62 88 80; www.muenter-stiftung.de; Mo geschl.

198

Berlin

Wer braucht schon einen neuen Flughafen, wenn er nicht reich, aber sexy ist. Und wenn er mehr Weltgeschichte, Museen und Clubs auf der Festplatte hat als die urbane Konkurrenz im Rest der Republik. Alt und schnörkelig, stilvoll vergammelt, teuer aufgehübscht: Berlin ist und bleibt die einzige echte Metropole Deutschlands. Punkt.

»Goldelse« wacht über die Mauerläufer. Balanceakt vor der Viktoria auf der Siegessäule im Tiergarten.

Berlin gibt an

Museumsinsel
Mitte

199

1841 bestimmte eine königliche Order die von Spree und Kupfergraben umflossene Insel zu einem »der Kunst und der Altertumswissenschaft geweihten Bezirk«. Die in der Folge entstandenen fünf Museen wurden im Zweiten Weltkrieg größtteils zerstört. Seit der Wiedervereinigung wird das Areal renoviert. Im Alten Museum ist ein Teil der Antikensammlung zu sehen: Skulpturen, Waffen, Goldschmuck und Silberschätze der griechischen Kunst- und Kulturgeschichte.

Das architektonisch grandios sanierte Neue Museum bietet seit seiner Wiedereröffnung im Herbst 2009 dem Ägyptischen Museum mit der berühmten Büste der Nofretete ein neues Zuhause. Mit imposanten Rekonstruktionen archäologischer Bauensembles (Pergamonaltar, Markttor von Milet, Ischtar-Tor samt Prozessionsstraße) genießt das Pergamonmuseum Weltruhm. Allerdings wird das Haus seit einigen Jahren bereits umfassend renoviert, sodass insbesondere der fast legendäre Pergamonaltar bis 2019 (mindestens) nicht zu sehen ist. Die Antikensammlung wanderte vorübergehend ins Alte Museum. Gemälde von Caspar David Friedrich und französischen Impressionisten sind neben römischen Fresken in der Alten Nationalgalerie zu sehen. Das Bode-Museum zeigt byzantinische Kunstwerke vom 3. bis zum 19. Jh., italienische und deutsche Skulpturen ab dem frühen Mittelalter bis zum 18. Jahrhundert, ein Münzkabinett sowie alte Meister der Gemäldegalerie. Seit 1999 ist die Museumsinsel ein Teil des UNESCO-Welterbes. Der Masterplan sieht die Neuordnung und gemeinsame Präsentation der Sammlungen vor, die dadurch bis 2025 zum größten Museum für Weltkunst und Weltkulturen auf dem Globus werden soll. Bis dahin ist vielleicht auch der Flughafen fertig.

Bodestr. 1–3,
Tel. 0 30/2 66 42 42 42;
www.smb.museum; bis auf Neues Museum Mo geschl.

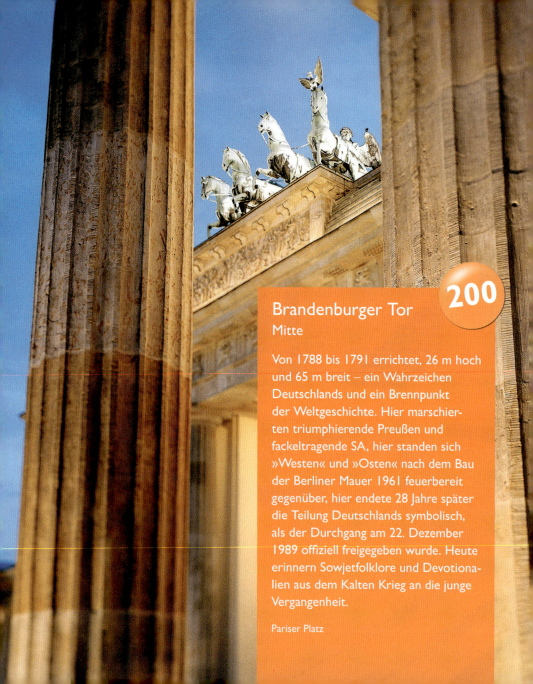

Brandenburger Tor
Mitte

200

Von 1788 bis 1791 errichtet, 26 m hoch und 65 m breit – ein Wahrzeichen Deutschlands und ein Brennpunkt der Weltgeschichte. Hier marschierten triumphierende Preußen und fackeltragende SA, hier standen sich »Westen« und »Osten« nach dem Bau der Berliner Mauer 1961 feuerbereit gegenüber, hier endete 28 Jahre später die Teilung Deutschlands symbolisch, als der Durchgang am 22. Dezember 1989 offiziell freigegeben wurde. Heute erinnern Sowjetfolklore und Devotionalien aus dem Kalten Krieg an die junge Vergangenheit.

Pariser Platz

201 Schloss Charlottenburg

Charlottenburg

Das Weiße muss ins Grüne. Von 1695 bis 1699 entstanden zunächst ein kleines Lustschloss und ein großer Barockgarten für die anspruchsvolle Gemahlin des Kurfürsten Friedrich III., Sophie Charlotte. Im 18. Jh. – Preußen war nun Königreich – wurde das Schloss nach Versailler Vorbild immer größer und repräsentativer ausgebaut. Zuletzt kam 1791 das Schlosstheater dazu. Im Zweiten Weltkrieg wurde das Schloss schwer beschädigt und hinterher über zwei Jahrzehnte lang restauriert. Zu sehen sind üppig dekorierte Säle, beeindruckende Raumfluchten und eine ganze Menge Kunst – darunter die größte Sammlung französischer Malerei des 18. Jh. außerhalb von Frankreich. Nach der Besichtigung geht es dann hinaus in den Schlossgarten, den ältesten erhaltenen Park in Berlin und Potsdam.

Spandauer Damm 20;
Tel. 0 30 / 32 09 10,
www.spsg.de

202 Holocaust-Mahnmal

Mitte

Man muss den verblüffenden Effekt selber erleben, wenn man den Verkehr auf der Ebertstraße hinter sich lässt und eintaucht in das wogende Feld der 2710 grauen Betonstelen, die der Architekt Peter Eisenman auf den fast 20 000 Quadratmeter großen, offenen Platz nahe des Brandenburger Tors gesetzt hat. Der Ort des Gedenkens an die Opfer des Holocaust ruft seit seiner Eröffnung 2005 die unterschiedlichsten Reaktionen hervor. Kalt lässt er keinen. Unter dem Stelenfeld liegt der nicht weniger beeindruckende Ort der Information (Mo geschl.).

Cora-Berliner-Str. 1;
Tel. 0 30/26 39 43 36;
www.stiftung-denkmal.de

203 Zoo
Berlin

Eisbär Knut, geb. 2006, ist nicht mehr niedlich, sondern 2011 gestorben. Trotzdem strömen die Menschen auf das 1844 eröffnete Gelände, das als der artenreichste Zoo der Welt gilt: Über 18 000 Tiere in mehr als 1500 Arten leben hier. Lange vor Knut hatte der Zoo schon legendäre Bewohner wie Flusspferd Knautschke (1943–1988), einen Überlebenden des Krieges, und seine Tochter Bulette (1952–2005). Im angeschlossenen Aquarium, das auf drei Etagen Fische, Reptilien, Amphibien sowie Wirbellose wie Insekten und andere zeigt, feierte man 2013 bereits den hundertsten Geburtstag.

Hardenbergplatz 8; Tel. 0 30/ 25 40 10, www.zoo-berlin.de

Berlin gibt an

Dahlemer Museen
Dahlem

Nach der Museumsinsel (siehe Seite 96) ist dies der zweite große Museumsbezirk der Bundeshauptstadt. Sehr beeindruckend und hoch berühmt ist die Sammlung von Objekten aus Afrika, Asien, Amerika, Australien und der Südsee im Ethnologischen Museum. Im Museum für Asiatische Kunst sind kostbare Kunstwerke aus China, Japan und Korea zu bestaunen. Und dann gibt es im Südwesten, nahe dem Grunewald, auch noch das Museum Europäischer Kulturen zu besichtigen – weil wir als Deutsche über unsere Nachbarn nie genug wissen können.

Lansstr. 8/Arnimallee 25; Tel. 0 30/2 66 42 42 42; www.smb.museum; Mo geschl.

Gendarmenmarkt
Mitte

Der schönste Platz Berlins? Das Ensemble von Deutschem Dom, Französischem Dom und dem Konzerthaus ist wirklich ein Traum. Die fast baugleichen Kuppeltürme der beiden Dome wurden übrigens erst später an die Kirchen angebaut und hatten nie eine andere Funktion als – schön zu sein. Um den Platz zahlreiche Restaurants, Geschäfte und Hotels, auf dem Platz von Ende November bis Silvester der »Hauptstadtweihnachtsmarkt«.

Gendarmenmarkt

Berliner Mauer
Wedding

In der Nacht zum 13. August 1961 begann die DDR-Regierung mit dem Bau der Sperren zwischen dem Ost- und den Westsektoren der Stadt. Bald prägten Sand- und Kontrollstreifen, Beobachtungstürmen, Hunde-Laufanlagen, ein elektrischer Signalzaun, Selbstschussanlagen und Minen die damals »tödlichste Grenze der Welt«. Zwischen Ost- und West-Berlin war die Mauer 43 km lang. Ihre Öffnung am 9. November 1989 beendete die deutsche Teilung und symbolisierte das Ende des Kalten Krieges. Wo die Mauer mal stand, verrät meist nur noch eine doppelte Pflastersteinreihe, die sich quer durch die Stadt zieht. Im Bezirk Prenzlauer Berg kann man ihr folgen: vom S-Bahnhof Bornholmer Straße in den »Mauerpark« mit originalen Mauerresten, dann die Bernauer Straße entlang zum Nordbahnhof. Empfehlenswert ist der MauerGuide, eine GPS-gesteuerte Führung entlang der Berliner Mauer; man kann sich die Geräte auch im Dokumentationszentrum ausleihen.

Bernauer Str. 111; Tel. 0 30/ 4 67 98 66 66; www.berliner-mauer-gedenkstaette.de; Mo geschl. (nur Dokuzentrum)

Berlin gibt an

Berliner Unterwelten
Mitte

207

Der Trick mit dem Gespenst kommt immer besonders gut, darum wird er an dieser Stelle auch nicht verraten. Nur soviel: Er hat mit giftiger Leuchtfarbe und einem Stabblitzgerät in einem finstern Betonbunker zu tun … An den Ort der unheimlichen und (das sei verraten!) unheimlich lustigen Erscheinung gelangt man nur im Rahmen von Führungen des Vereins Berliner Unterwelten. Der widmet sich der »Erforschung und Dokumentation unterirdischer Bauten« in der Hauptstadt. Direkt beim U-Bahnhof Gesundbrunnen, zwischen den Gleisen und der Oberfläche, hat er in ehemaligen Zivilschutzräumen aus dem Zweiten Weltkrieg sein Unterwelten-Museum eingerichtet. Was man dort zu hören und zu sehen bekommt, ist in der Regel nicht lustig. Offiziell sollten hier 1348 Menschen auf insgesamt 1400 Quadratmetern Fläche Schutz vor den Luftangriffen alliierter Bomberverbände finden. In der Praxis sah das oft anders aus. Zum Beispiel in Raum 3, eingerichtet für 20 Personen: Hier standen in kalten Winternächten bis zu 80 Menschen, eng an eng in dicker Kleidung, und von den Wänden und Decken tropfte das Kondenswasser. Der Alltag im Ausnahmezustand, vom Kochen bis zum Toilettengang, ist aber nur ein Aspekt der eindrucksvollen Führung. Auch das Überleben im zerbombten Berlin nach Kriegsende ist gut dokumentiert. Andere Touren der Berliner Unterwelten führen in den teilweise zerstörten Flakturm im Volkspark Humboldthain und durch die Relikte des Kalten Krieges zur Zeit der Berliner Mauer, durch Flucht- und Spionagetunnel oder den Geisterbahnhof am Oranienplatz. Übrigens, weil immer wieder danach gefragt wird: Hitlers »Führerbunker« unter dem Garten der alten Reichskanzlei gibt es nicht mehr. Er wurde nach mehreren vergeblichen Sprengungen in den 1980er-Jahren abgetragen, mit Schutt aufgefüllt und mit einem Parkplatz überbaut. Auch so kann man Gespenster bannen.

Brunnenstr. 105 (südl. Vorhalle des U-Bahnhofs Gesundbrunnen); Tel. 0 30/49 91 05 17; www.berliner-unterwelten.de

Hackesche Höfe
Mitte

Das größte geschlossene Hofareal in Deutschland zieht seit seiner Rundum-Sanierung in den 1990er-Jahren die Besucher geradezu magisch an. Ihre besondere Attraktivität verdanken die acht Höfe der Mischnutzung: Hier wird gewohnt, gearbeitet und bewirtet, Kunst gemacht und Kultur geschaffen.

208

Rosenthaler Str. 40/41;
Tel. 0 30/28 09 80 10;
www.hackesche-hoefe.de

Reichstagsgebäude
Tiergarten

209

Das neue Deutschland hat sich eine transparente Mütze aufgesetzt. Unter der Glaskuppel von Norman Foster beschließt der Deutsche Bundestag seit 1999 die Gesetze des Landes. Der mächtige Neorenaissance-Bau beherbergte schon die Reichstage des Deutsches Kaiserreichs und der Weimarer Republik. 1945 wurde er schwer beschädigt, in den 1960er-Jahren wiederhergestellt und in den 1990er-Jahren grundlegend umgestaltet. Im Sommer 1995 packte ihn das Künstlerpaar Cristo und Jeanne-Claude in silberglänzendes Gewebe ein. Wer Kuppel und Dachterrasse besichtigen möchte, muss sich anmelden (online, per Fax oder amtsdeutsch per Analog-Post), braucht aber keinen Eintritt zu bezahlen.

Platz der Republik 1; Fax 0 30/22 73 64 36; www.bundestag.de

Berlin checkt ein

210 Sofitel Berlin
Charlottenburg

New York an der Spree: Zwischen Ku'damm und KaDeWe schiebt das schmucke Hotel seinen breiten, runden Bug mit der Natursteinfassade aus Muschelkalk 17 Stockwerke hoch in die Berliner Luft. Innen herrschen klare Linien und rechte Winkel, weiße Wände, dunkles Holz und grauer Stoff – ganz im klassisch-modernen Stil der 1920er-Jahre.

Augsburger Str. 41;
Tel. 0 30/8 00 99 90; www.sofitel-berlin-kurfuerstendamm.com; €€€€

211 Honigmond Garden Hotel
Mitte

Nicht nur für Frischvermählte. Hinter der Fassade (1845) an der lauten Invalidenstraße in Berlin-Mitte liegt ein stiller, geradezu paradiesischer Garten. Mit Vögeln, Fröschen und Goldfischen, mit alten Bäumen, Efeu und einem plätschernden Brunnen. Die Gartenzimmer in den ehemaligen Geräteschuppen haben Blick ins Grüne. Im schön sanierten Haupthaus bieten Stuck und Holzdielen zusammen mit alten Bildern und Antiquitäten ein retro-urbanes Ambiente.

Invalidenstr. 122;
Tel. 0 30/28 44 55 77;
www.honigmond-berlin.de; €€

212 Lux 11
Mitte

Größter Trumpf dieses trendigen Design-Hotels ist seine Lage in Berlin Mitte: Zu Alexanderplatz, Museumsinsel und den Hackeschen Höfen kommt man bequem zu Fuß. Die Apartments sind »stylish«: Böden und Wände in hellem, warmem Grau, hohe Fenster, begehbare Schränke und einer kleinen Küchenzeile. Toll sind die geräumigen Duschen im Raum (hinter einer Glasscheibe). Vorwiegend junges und schickes Publikum, das sich im angeschlossenen Spa und Friseurstudio ayurvedisch verwöhnen und hauptstädtisch ausgehfein machen lässt.

Rosa-Luxemburg-Str. 9–13;
Tel. 0 30 / 9 36 28 00;
www.lux-eleven.com;
€€€

Berlin checkt ein

Waldorf Astoria
Charlottenburg

Bestlage West, neben Zoo, Ku'damm und Gedächtsniskirche. Die neue Luxusherberge ist 118 m hoch, bietet 182 Zimmer, 50 Suiten, ein Gourmetrestaurant, das Romanische Café, eine eindrucksvolle Lobby, die Lang Bar im Art-Déco-Stil, Räume für Tagungen und natürlich ein Spa mit allen Schikanen.

Hardenbergstr. 28; Tel. 0 30/ 8 14 00 00, www.waldorfastoria berlin.com; €€€€

ackselhaus & blue home
Prenzlauer Berg

Die beiden restaurierten Mietskasernen aus der Gründerzeit mit den stadtbekannten Aquarien in den Wänden der Hofdurchfahrt bieten keine Zimmer, sondern »Wohnwelten«: höchst individuell nach verschiedenen Themen eingerichtet, immer ausgesprochen gemütlich. Wer Kairo bucht, bekommt sozusagen den »Englischen Patienten«, muss dankenswerterweise aber nicht auch dessen Schicksal teilen. Im »blue home« logiert man balinesisch, im »club del mar« gibt es Frühstück. Das Dschungelambiente im Hinterhofgarten lädt zum Faulenzen ein.

Belforter Str. 21; Tel. 0 30/44 33 76 33; www.ackselhaus.de; €€

Berlin tischt auf

Facil
Tiergarten

Im Atrium des Mandala Hotels sitzt man wie im Aquarium und genießt, was Michael Kempf zubereitet: den St. Pierre mit Bulgur, Falafel und Harissa oder das Bisonfilet mit Selimspfeffer und Bamberger Hörnchen – originell, nie verkünstelt.

Potsdamer Str. 3;
Tel. 0 30/5 90 05 12 34,
www.facil-berlin.de;
Sa, So geschl. €€€€

Tim Raue
Kreuzberg

Was der Star-Koch aus dem Kiez (»Koch des Jahres 2011« im *Feinschmecker*) in seinem Restaurant anstellt, ist so radikal, dass es in der deutschen Spitzengastronomie kein Gegenstück hat. Kohlehydrate in Form von Kartoffeln, Nudeln, Reis oder Brot? Gibt's nicht. Alles andere wie Kaisergranat, blauer Hummer, Pekingente und Jasmintaube, wird nie heißer als mit 48 Grad serviert. Raue versteht seine Küche als Verbindung von »japanischer Produktperfektion, thailändischer Aromatik und chinesischer Küchenphilosophie«. Das Etikett »Cross-over« ist zu schlicht. Eine Erfahrung.

Rudi-Dutschke-Str. 26;
Tel. 0 30/25 93 79 30,
www.tim-raue.com;
So, Mo geschl. €€€€

Die Quadriga
Wilmersdorf

Im Gourmet-Restaurant des Dormero-Hotels Berlin Ku'damm ist seit 2015 der junge André Haufler Chef am Herd. Zusammen mit seinem ebenfalls jungen Team zelebriert er eine Crossover-Küche, die »mediterrane Elemente mit asiatischen und regionalen Einflüssen und einem Touch internationalem Chaos« verbindet. Bei der Hummersuppe kommen die Schalen vor dem Rösten in Vanille, abgeschmeckt wird mit Süßwein. Und sonst? Ente mit Mohn, Spargel und Stachelbeere, Languste mit Eiszapfen, Spargel und Olivenöl. Toll.

Eislebener Str. 14; Tel. 0 30/
21 40 50; www.dormero.de/
hotel-berlin-kudamm;
So, Mo geschl. €€€€

Berlin tischt auf

Aigner
Mitte

Geht doch. Andreas Klitschs Interpretation von »klassisch-deutsch« bringt auch hartnäckige Nörgler zum Verstummen. Wobei das, was er in schönem Kaffeehaus-Interieur am Gendarmenmarkt auftischt, eher neoklassisch ist und einen starken österreichischen Akzent besitzt. Aber ob man nun zu den Königsberger Klopsen mit Kapernsoße und Kartoffel-Schnittlauchpüree greift oder zu Tafelspitz vom Jungbullen, Wiener Schnitzel oder Backhendl vom Paderborner Bio-Huhn – man kann sicher sein, frische und saisonale Rohstoffe auf dem Teller zu haben.

Französische Str. 25; Tel. 0 30/2 03 75 18 50; www.aignergendarmenmarkt.de; €€€

218

Cookies Cream
Mitte

Wo funktioniert ein vegetarisches Restaurant, wenn nicht in der Hauptstadt? Diese Location bietet zum szenigen Ambiente (und Publikum) viele Argumente, warum der Verzicht auf Fleisch viel Spaß machen kann. Ausgesprochen fein und kreativ wird hier gekocht. Beispiele: Gebackene Aubergine mit Maispüree, grünen Bohnen und Erdnuss, ein Wachtelei im Brioche mit Kartoffelschaum, die Sellerieessenz mit Apfelgyoza, Walnuss, Thymian und Chili …

Behrenstr. 55; Tel. 0 30/27 49 29 40; cookiescream.com/cream; So, Mo geschl. €€€

Herz & Niere
Kreuzberg

»Nose to tail« liegt voll im Trend. Das heißt: Wenn man schon totes Tier verarbeitet, dann von vorne bis hinten und möglichst ohne etwas wegzuschmeißen. Küchenchef Christoph Hauser demonstriert in seinem schönen Souterrain-Restaurant beispielhaft, dass alle etwas davon haben (okay, das Tier noch am wenigsten). Zuerst kauft er nur ganze oder halbe Tiere ein, die, wie übrigens auch das Gemüse, aus der Region stammen. Und dann wird höchst gekonnt und kreativ damit gearbeitet. Hier gilt die volle Aufmerksamkeit des Chefs nicht nur den sogenannten edlen Teilen, sondern auch zum Beispiel den Innereien – wobei Stopfleber natürlich nicht auf den Teller kommt – und (Mark-)Knochen. Man kann natürlich auch Fisch und vegetarisch essen. Und zu all den Köstlichkeiten genießt man eine feine Auswahl passender Weine.

Fichtestr. 31; Tel. 0 30/69 00 15 22; www.herzundniere.berlin; Mo geschl. €€€

Berlin tischt auf

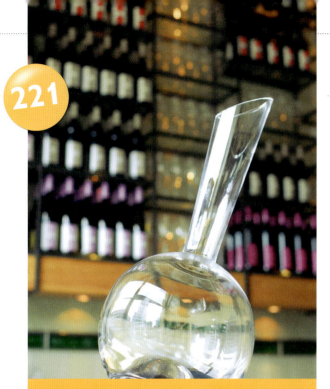

221

Rotisserie Weingrün
Mitte

Sehr leckeres Essen zu fairen Preisen. Vom Flammenwand-Grill kommen Köstlichkeiten wie das halbe Paderborner Masthähnchen, die Brandenburger Bauernente aus kontrollierter Aufzucht oder Spareribs vom Havelländer Apfelschwein mit Barbecue-Soße. Weine vom eigenen Gut Horcher in der Pfalz sowie von weiteren Gütern in Deutschland und Österreich.

Gertraudenstr. 10–12; Tel. 030/20 62 19 00, www.rotisserie-weingruen.de; So geschl. €€

Honça
Wilmersdorf

222

Türkische, oder besser gesagt: anatolische Küche bekommt man in Berlin ja fast an jeder Ecke. So gute wie im Honça aber nicht. Klar, dass so etwas mehr kostet als der Döner in die Hand. Aber es lohnt sich. Im sehr gemütlichen Ambiente reist man kulinarisch über Kleinasien, probiert Lammleber mit karamellisierten Zwiebeln oder Rotbarbe mit einem Püree aus Mandarinen, Zitronen und Süßmais. Es wird schon klar, mit einfacher Bauernküche hat das nichts zu tun. Zum Beispiel die in Salbeibutter geschwenkten Jakobsmuscheln mit Çökelek, einem Magermilchkäse, und einem Salat aus Biotomaten: Sie verraten einerseits das Können der Köche, sie stehen andererseits für eine zeitgemäße Interpretation der überlieferten osmanischen Küchentradition.

Ludwigkirchplatz 12;
Tel. 0 30/23 93 91 14;
www.honca.de;
Mo geschl. €€€

Berlin geht aus

Radialsystem V
Friedrichshain

223 Kenner schwärmen vom aufregendsten Tanztheater der Welt. Und sie nennen den Namen: Sasha Waltz. Die 1963 geborene Choreographin zeigt ihre hohe Kunst der Bewegung auf der ganzen Welt – und immer wieder in den Räumen eines alten Pumpwerks am Spreeufer.

Holzmarktstr. 33;
Tel. 0 30/28 87 88 50;
www.radialsystem.de

Berliner Philharmonie 224
Tiergarten

Die Berliner Philharmoniker sind laut Eigenauskunft »128 Instrumentalisten von Weltklasse« und nicht weniger als das Aushängeschild der deutschen E-Musik. Mit Wilhelm Furtwängler und Herbert von Karajan hatten sie zwei legendäre Leiter. Letzterer, der das Orchester bis kurz vor seinem Tod im Jahr 1989 leitete, gab der von Hans Scharoun 1960–1963 gebauten Philharmonie am Kemperplatz in Berlin-Tiergarten ihren Spitznamen: »Zirkus Karajani«. Aktueller Chef ist der Engländer Sir Simon Rattle – auch ein sehr, sehr Guter.

Herbert-von-Karajan-Str. 1; Tel. 0 30/25 48 89 99;
www.berliner-philharmoniker.de

Berliner Ensemble
Mitte

Von Bertolt Brecht bis Claus Peymann: Seit seiner Gründung (1949) und dem Umzug nach Berlin-Mitte (1954) hat das Thater am Schiffbauerdamm die größten Autoren und Regisseure gesehen. Dies ist eine der wichtigsten Bühnen im Land – mutig, frech, rücksichtslos, relevant. Und mit großem Abstand zum populären Zeitgeist.

Bertolt-Brecht-Platz 1;
Tel. 0 30/28 40 80;
www.berliner-ensemble.de

Friedrichstadtpalast
Mitte

Man(n) kommt wegen der Beine hierher. Früher waren sie die schönsten Beine des Sozialismus, heute sind sie nur noch schön und trotz Kapitalismus nicht länger. Die »Girl-Reihe« ist Legende, die mitreißenden Choreographien und phantasievollen Kostüme sind es nicht minder. Das größte Revuetheater Europas ist ein Muss.

Friedrichstr. 107;
Tel. 0 30/23 26 23 26;
www.friedrichstadtpalast.de

Oper
Berlin

Vier Opernhäuser hat Berlin: Die Deutsche Oper in Charlottenburg (Bismarckstr. 35) hat sich mit ihrer 1960er-Jahre-Architektur zur »plüschfreien Zone« erklärt – im Kontrast zur »plüschigen« Staatsoper (derzeit im Schillertheater, Bismarckstr. 110). Gute Kritiken bekommt auch die Komische Oper (Behrenstr. 55), besondere Beachtung verdient die Neuköllner Oper (Karl-Marx-Str. 131) mitten im Kiez – sie pendelt undogmatisch zwischen E und U.

Deutsche Oper:
Tel. 0 30/34 38 43 43;
Staatsoper:
Tel. 0 30/20 35 45 55;
Komische Oper:
Tel. 0 30/47 99 74 00;
Neuköllner Oper:
Tel. 0 30/68 89 07 77;
www.berlin-bühnen.de

Lebensstern
Tiergarten

Es kann passieren, dass man mal allein vor dem Barchef sitzt. Es kann passieren, dass man vor dem Tresen stehen muss (»Selten, das ist eigentlich nicht unser Stil«). Es ist auch schon passiert, dass Männer in Wehrmachtsuniformen mit SS-Runen am Kragen und schweren Stiefeln hinaufgekommen sind und mit ihren Gegnern einen »Suffering Bastard« getrunken haben. Ein weißes Schild mit einer krakeligen Handschrift erinnert an den seltsamen Besuch: »To the wonderful crew of Lebensstern from the wonderful crew of Inglorious Basterds – Love, Quentin.« Quentin Tarantino war hier. Jetzt ist er weg. Auch gut. »Namedropping ist nicht unser Ding«, sagt man vor Ort. Manchmal würden die Leute gar nicht wissen, wer gerade da sei. Und wüssten sie es – was wäre dann anders? In einer guten Bar ist In-Sein keine Kategorie. Und der »Lebensstern«, im ersten Stock der schönen Villa, die im Erdgeschoss das berühmte Café Einstein beherbergt, ist eine gute Bar. Mit drei Räumen, einer schönen Einrichtung und einer entspannten Atmosphäre. Mit knapp 200 Sorten Gin und rund 600 verschiedenen Sorten Rum, was weltweit ohne Beispiel ist. Mit einer kompetenten Beratung, tadellosem Handwerk und einer Experimentierfreudigkeit, die sprichwörtlich nicht ins Blaue schießt. Mit Kräutern aus eigenem Anbau.

Eine Happy Hour gibt es nicht, und den Swimming Pool muss man woanders bestellen – Discounttrinken, Blue Curaçao und Sahne sind tabu. Und wenn mal ein »Caipi« geordert wird? Ja, das passiere hin und wieder mal, heißt es an der Bar. »Wir haben eine Sorte Cachaça, 25 Jahre alt, Einkaufspreis 68 Euro. Da können Sie sich ausrechnen, was der Drink am Ende gekostet hätte.«

Kurfürstenstr. 58;
Tel. 0 30/26 39 19 22;
www.lebens-stern.de

Ku'Damm
Charlottenburg

2011 wurde er 125 Jahre alt: der Boulevard, der Berlin zur Weltstadt macht. Die repräsentative Shopping-Meile führt über mehr als 3,5 km vom Rathenauplatz im Westen bis zur symbolträchtigen Gedächtniskirche im Osten. Nach Osten hin werden die Geschäfte exklusiver.

www.kurfuerstendamm.de

Lunge
Charlottenburg

Ausgezeichnete Laufschuhe, made in Germany: Aus der Manufaktur im brandenburgischen Düssin kommt Schuhwerk, das der Konkurrenz aus Übersee qualitativ meilenweit davonläuft. Die Teile sind *no-nonsense*, sehr haltbar, sie passen fantastisch, und sie können wiederbesohlt werden. Dazu gibt's im Laden Video-Analysen und eine Indoor-Laufbahn.

Bismarckstr. 101;
Tel. 0 30/91 55 59 59;
www.lunge.de

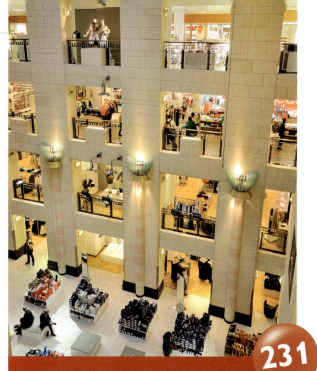
KaDeWe
Schöneberg

Viele fahren gleich in den 6. Stock. Nirgendwo sonst in Deutschland dürfte es mehr Käsesorten (über 1300) und verschiedene Weine (ca. 3400) auf einer Etage geben als hier. Legendär ist auch das Angebot an exotischem Obst und feinstem Gemüse sowie an Fisch und Meeresfrüchten. Natürlich bekommt man auch jede Menge Mode im 1907 gegründeten **Ka**ufhaus **Des We**stens, das im Kalten Krieg die kapitalistische Staatsräson besonders schön verkörperte.

Tauentzienstr. 21-24; Tel. 0 30/2 12 10; www.kadewe.de

Berlin sucht aus

Respectmen
Mitte

Sportlich und elegant soll sie sein, die Mode für den Mann von heute. Klingt abgedroschen, ist aber deshalb nicht falsch. In diesem nicht sehr großen Laden in Berlin Mitte kann mann sich so sportlich und so elegant einkleiden, dass Mann überall eine gute Figur abgibt – beim Geldverdienen ebenso wie beim Geldausgeben. Im Angebot sind viele Teile internationaler Top-Label. Die Beratung ist sehr gut, und wer nicht das Richtige von der Stange findet, nimmt gern den Service der eigenen (Maß-)Schneiderei in Anspruch.

Neue Schönhauser Str. 14; Tel. 0 30 / 2 83 50 10, www.respectmen.de

Platten Pedro
Charlottenburg

Schallplatten: wer verwendet heute noch dieses Wort – und wer verwendet überhaupt noch die großen, schwarzen Scheiben? Es sind gar nicht wenige. Sie geben tausende Euro für moderne High-End-Plattenspieler aus und bekommen von Peter Patzek alias Pedro, was ihnen die CD nicht gibt: lebendige Obertöne, die der digitale Datenträger unterschlägt. Dafür rennt ihm die Kundschaft seit rund 40 Jahren die Bude ein.

Tegeler Weg 102; Tel. 0 30/ 3 44 18 75, www.platten-pedro.de

Türkenmarkt
Neukölln

Rund 115 000 Türken leben in Berlin – die größte türkische Gemeinde jenseits von Bosporus und Ararat. Darum geht es auf dem Maybachufer in Neukölln jeden Dienstag und Freitag von 11 bis 18.30 Uhr auch besonders laut und bunt zu. Hier gibt es alles, was man zum Leben braucht: von Kleidung über Haushaltsgeräte bis zu Lebensmitteln. Guter Imbiss!

Maybachufer; www.tuerkenmarkt.de

Berlin lädt ein

236 Silvesterparty
Tiergarten

Dass man in der Bundeshauptstadt zu feiern weiß, sollte sich herumgesprochen haben. Ob sie nun die beste Party in Berlin ist, sei dahingestellt, mit Sicherheit ist sie aber die größte: Immer am Abend des 31. Dezember kann man sich auf der Straße des 17. Juni zwischen Brandenburger Tor und Siegessäule mit ein paar anderen Menschen treffen, um mit ihnen gemeinsam Sekt zu trinken. Die Zahl der Mitfeiernden bewegt sich dabei im sechsstelligen Bereich. Deutschland umarmt sich und wünscht sich »ein gutes Neues«. Das Feuerwerk am Berliner Himmel ist natürlich auch das größte. Es ist legendär.

www.silvester-berlin.de

235 Grüne Woche
Charlottenburg

Die »weltgrößte Messe für Ernährung, Landwirtschaft und Gartenbau«, 1926 erstmals veranstaltet, ist spätestens in den Nachkriegsjahren 1948/49 in der Stadt der Luftbrücke zum Mythos geworden – zur legendären Fressmesse. Wer wissen will, was wo gegessen wird und wie es woanders schmeckt, hat gute Chancen, es hier zu erfahren. Immer im Januar.

www.gruenewoche.de

Berlinale
Berlin

Die Internationalen Filmfestspiele Berlin sind der größte Kultur-Event der Hauptstadt, ein Fixtermin der weltweiten Filmindustrie und nebenbei mit rund 325 000 verkauften Eintrittskarten das größte Publikumsfestival überhaupt. Zwei Wochen lang werden im Februar rund 400 Filme gezeigt, darunter zahlreiche Welt- und Europapremieren. Hauptspielstätte ist das Theater am Potsdamer Platz mit 1800 Sitzplätzen. Bemerkenswert und spannend ist die ausgewogene Bilanz zwischen industriellen Großproduktionen und Independent-Werken.

237

www.berlinale.de

238 Berlin Marathon
Berlin

Der Fixtermin der Szene – und mit etwa 50 000 Teilnehmern aus aller Welt die größte Laufveranstaltung in Deutschland. Wer wissen will, wie groß sie ist, muss zuschauen oder selbst mitlaufen. Wer die 42,195 km lange Runde durch Berlin schneller schafft als der Kenianer Dennis Kimetto, der am 28. September 2014 nach 2 Stunden, 2 Minuten und 57 Sekunden als Erster durchs Ziel lief, ist vermutlich Sieger und sicher Weltrekordhalter.

www.bmw-berlin-marathon.de

239 Christopher Street Day
Mitte/Tiergarten

Ganz schön bunt hier. Spätestens seit der Regierende Ex-Bürgermeister Klaus Wowereit sein Coming-out mit den berühmten Worten »Und das ist gut so!« kommentierte, ist die quietschfidele Party der Schwulen und Lesben – die größte in Deutschland – absolut massenkompatibel und mittlerweile längst auch eine Touristenattraktion.

www.csd-berlin.de

Berlin fährt raus

Jagdschloss
Grunewald

Sehr schön ist ein Bummel durch das feine Wohn- und Villenquartier am Rand des Waldes. Ausgangspunkt ist die S-Bahn-Station Grunewald. Im großen Waldgebiet östlich der Havel war schon zu Renaissancezeiten gut jagen: Das Jagdschloss Grunewald – von Friedrich I. barockisiert und von Kaiser Wilhelm II. zwischen 1901 und 1909 modernisiert – zeugt von dieser Zeit.

240

Hüttenweg 100 (am Grunewaldsee); Tel. 0 30/8 13 35 97; www.spsg.de

Havel-Kreuzfahrt
Wannsee und Pfaueninsel

241

Es gibt viele verschiedene Touren, viele verschiedene Anbieter – und ein gemeinsames Ziel: »Nüscht wie raus nach Wannsee« (Conny Froboess, 1951). Dazu startet man am besten am Lindenufer in Spandau, unweit der Einmündung der Spree in die Havel. Auf der Fahrt zum berühmten, 1300 m langen Strandbad Wannsee sieht man viel grüne Natur und im Wasser (Sport) treibende Berliner. Ein Highlight ist auch der Besuch der idyllischen Pfaueninsel im Wannsee. Zwischen den uralten Eichen entdeckt man das weiße Schloss (1794), Kavaliershaus, Schweizerhaus, die alte Meierei, Skulpturen und Springbrunnen.

Verkaufsbüro Stern und Kreis Schifffahrt, Hafen Treptow; Tel. 0 30/5 36 36 00; www.sternundkreis.de

Brandenburg

»Janz viel Jejend!« Wo die Preußen herkommen, ist die Szenerie nicht zackig, sondern sehr sanft, rund und friedlich. Die Potsdamer Parklandschaft mit dem Rokoko-Juwel Sanssouci, alte Alleen und Herrenhäuser, die Wasserwege zwischen Havel und Spreewald, das neue Seenland in der Lausitz: Land Art, wohin man schaut.

Auf dem Linken steht man besser. Vor der Orangerie im Park von Sanssouci hat sich ein Preuße locker gemacht.

Brandenburg gibt an

Branitzer Park
Cottbus

Pyramiden sind nicht unbedingt typisch für die Architektur der Niederlausitz, aber Hermann Fürst von Pückler-Muskau (1785–1871) war auch kein typischer Niederlausitzer. Der verhaltensauffällige Adelige, der die letzten 25 Jahre seines Lebens in Schloss Branitz verbrachte, hat der Nachwelt neben seinem Gesamtkunstwerk in Bad Muskau (siehe Seite 364) auch den Park in Cottbus geschenkt: das vergleichsweise intime, doch um nichts weniger bezaubernde Idealbild einer künstlerisch gestalteten Landschaft mit einer Land- und eine Seepyramide. In letzterer wurde das Herz des Fürsten beigesetzt – neben dem Körper seiner Gattin. Auch das Schloss ist zu besichtigen (im Winter Mo geschl.).

Robinienweg 5; Tel. 03 55/7 51 50; www.pueckler-museum.de;

Sanssouci
Potsdam

Hier bezog Friedrich der Große seine Sommerresidenz, »ohne Sorge« *(frz. sans souci)* und ohne Frauen. Selbst die Königin bekam das Schloss auf dem eigens terrassierten Weinberg nur von außen zu sehen. Friedrichs Villa Sorgenfrei, 1745–1747 entstanden, ist das schönste Beispiel für luftig-leichte Rokoko-Architektur.

Maulbeerallee;
Tel. 03 31/9 69 42 00;
www.spsg.de; Mo geschl.

Brandenburg gibt an

244 Altmarkt
Cottbus

Die zweitgrößte Stadt Brandenburgs hat nicht nur ein attraktives Herz, sondern auch eine grüne Seele. Im vorwiegend barocken Bauensemble des Altmarkts ist die Löwenapotheke von 1586 – heute ein Museum – besonders sehenswert. Auch die Oberkirche, größte Kirche der Niederlausitz, und der Spremberger Turm, das Wahrzeichen der Stadt, sind fotogene Baudenkmäler.

Cottbus Service, Berliner Platz 6;
Tel. 03 55/7 54 20;
www.cottbus.de

245 Filmpark Babelsberg
Potsdam

Seit 1911 wird auf dem Gelände des ältesten Großfilmstudios der Welt Kino gemacht. Legendäre Filme entstanden hier: »Nosferatu«, »Metropolis« oder »Der Blaue Engel«. Babelsberg ist aber nicht (nur) Museum, sondern immer noch eines der großen europäischen Film- und Fernsehzentren. Roman Polanskis Oscar-prämierter »Pianist« (2002) stand hier vor der Kamera, Tom Cruise in »Operation Walküre« (2007) und Brad Pitt in »Inglorious Basterds« (2008). Während der Führung durch den Filmpark sieht man dagegen die Sets der neuen deutschen Film- und Fernsehwelt (GZSZ). Es gibt die obligatorische Stuntshow und ein »4D-Actionkino«, und man sieht die »Berliner Straße«, bekannteste Außenkulisse der Filmstadt, in der etwa die DDR-Klamotte »Sonnenallee« spielte. Sehenswert ist auch das Filmmuseum Potsdam mit seiner Dauerausstellung über die 100-jährige Geschichte der Filmproduktion in Potsdam-Babelsberg (Breite Straße 1A, Tel. 03 31/2 71 81 12,).

Großbeerenstr.;
Tel. 03 31/7 21 27 50;
www.filmpark-babelsberg.de

Biosphäre
Potsdam

246

Heute ist die Landeshauptstadt Brandenburgs ein Teil der europäischen Metropolregion Berlin/Brandenburg und als Gartenstadt immer noch Avantgarde: Die »Biosphäre« im Volkspark zwischen dem Park Sanssouci und dem Neuen Garten bringt mit über 20 000 exotischen Pflanzen die Tropen nach Brandenburg. Auch exotische Tiere wie Leguane, Schlangen, Spinnen, Frösche, Gottesanbeterinnen und Geckos sind zu sehen. Schade: Die Naturerlebniswelt wird Ende 2017 schließen. Wie es mit dem Gebäude weitergeht, ist noch nicht klar.

Georg-Hermann-Allee 99;
Tel. 03 31/55 07 40,
www.biosphaere-potsdam.de

Brandenburg gibt an ....

Welterbe Parklandschaft
Potsdam

247

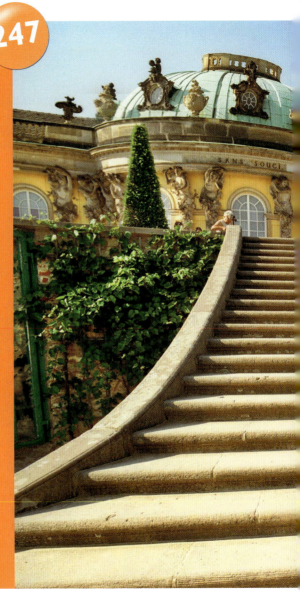

Sanssouci – im Bild rechts – ist nur ein kleines, wenngleich besonders schönes Element eines weitaus größeren Gesamtkunstwerks. Der Schlosspark umfasst 300 Hektar. Man kann ihn auf fast 70 km Wegen durchwandern und dabei weitere große (Neues Palais, Orangerie) und kleine Gebäude (Drachenhaus, Chinesisches Teehaus) besichtigen. Sanssouci wirkt im Ganzen. Das erkannte auch die UNESCO, die 1990 gleich die gesamte Potsdamer Parklandschaft zum Welterbe erklärte. Seitdem gehören auch der Neue Garten mit Schloss Cecilienhof, dem Ort der »Potsdamer Konferenz« von 1945, Babelsberg, Glienicke und die Pfaueninsel mit ihren Schlössern dazu, 1992 und 1999 wurde noch mal aufgestockt. Heute umfasst das Potsdamer Welterbe rund 500 Hektar Parkflächen mit nicht weniger als 150 Gebäuden.

Zur Historischen Mühle; Tel. 03 31/ 9 69 42 00; www.spsg.de

Brandenburg gibt an

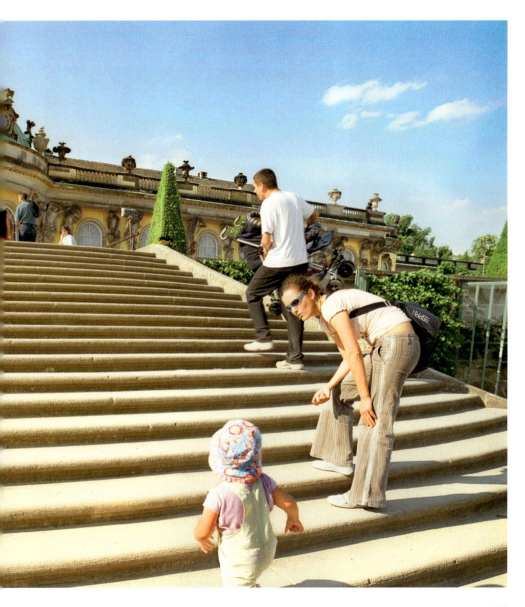

Brandenburg gibt an

Kloster
Lehnin

1180 wurde es gegründet, jahrhundertelang prägte es die Entwicklung der ganzen Region. Heute ist Kloster Lehnin eine eigene Gemeinde mit der Klosteranlage (um 1260 fertiggestellt) als herausragender Sehenswürdigkeit; sie ist im Besitz der evangelischen Kirche Berlin-Brandenburg. Schon in den 1870er-Jahren begann man, die mittlerweile verfallenen Gebäude zu rekonstruieren. Lohnend ist heute auch ein Rundgang durch den Kräutergarten, in dem Ute Werdin Klosterkräuter, Tee, Färbe-, Duft- und Räucherpflanzen, Heilkräuter und Blütenstauden anbaut (www.kraeuter-werdin.de).

Tel. 0 33 82/70 44 80; www.klosterlehnin.de

248

249 Schloss
Rheinsberg

Mit der Erzählung »Rheinsberg – ein Bilderbuch für Verliebte« schrieb der brillante Journalist, Feuilletonist und Publizist Kurt Tucholsky 1912 ein Kultbuch. Wolfgang und Claire reisen aus Berlin in die Mark Barndenburg, genauer: nach Rheinsberg. Sie sind nicht verheiratet, dafür witzig und subversiv. Schloss Rheinsberg, das entzückende Rokokoschloss am Ostufer des Grienericksees, ist immer noch eine Augenweide. Friedrich der Große verlebte hier die glücklichste Zeit seines Lebens, ehe er 1740 den preußischen Thron bestieg. Hinfahren, anschauen – und Tucholsky lesen.

Mühlenstr. 1; Tel. 03 39 31/ 72 60, www.spsg.de; Mo geschl.

250 Freilandmuseum Spreewald
Lübbenau/Lehde

Als einer der schönsten Orte im Spreewald gilt Lehde, das erst seit 1929 auch über Land erreichbar ist. Hier erhält man im Freilichtmuseum einen authentischen Eindruck vom Leben im Spreewald. Nach wie vor kommen Post und Müllabfuhr mit dem Kahn; viele Höfe sind nur über Wasser zu erreichen.

Am Topfmarkt; Tel. 0 35 42/ 24 72; www.museum.kreis-osl.de

Neuer Markt und Kutschstall
Potsdam

Preußens Gloria strahlte nirgends heller als in Potsdam. Vater Friedrich Wilhelm I., der »Soldatenkönig« (1688–1740), machte die Stadt zur Garnison. Sein Sohn Friedrich II., der »Große« (1712–1786), besser bekannt als der »Alte Fritz«, gestaltete sie danach zu einem Zentrum der Aufklärung. Zur weltberühmten Sommerresidenz Sanssouci besitzt Potsdam mit dem Neuen Markt aus dem 17. und 18. Jh einen der am besten erhaltenen Barockplätze Europas. Hier steht auch der ehemalige Kutschstall, in dem heute das Haus der Brandenburg-Preußischen Geschichte einquartiert ist.

Am Neuen Markt 9;
Tel. 03 31/6 20 85 50;
www.hbpg.de; Mo geschl.

Förderbrücke F60
Lichterfeld-Schacksdorf

Den 1991 stillgelegten Tagebau Klettwitz-Nord füllt heute der Bergheider See. Den Luftraum über seinem Ufer füllt die Abraumförderbrücke mit dem kurzen Namen F60. Sie ist 502 m lang (182 m länger als der Eiffelturm hoch ist) und 11 000 Tonnen schwer. Sie war nur von März 1991 bis Juni 1992 in Betrieb. Dass man sie nach dem Vorruhestand zunächst sprengen wollte – ein Abbau war bei der Größe nicht möglich –, erscheint aus heutiger Sicht beinahe verrückt. Aber wer damals in der Lausitz gelebt und gearbeitet hatte, konnte sich eben nicht vorstellen, dass Menschen, die nur noch Werkzeuge in der Größe von Laptops oder Handys und Bauelemente in Chip-Format kennen, genau das sehen wollen: einen Dinosaurier. Eindrucksvolle Licht- und Toninstallationen am Abend.

Bergheider Str. 4;
Tel. 0 35 31/6 08 00;
www.f60.de

Gartenstadt
Prenzlau

Prenzlau rief die »grüne Wonne« aus: Vom 13. April bis zum 6. Oktober 2013 war die »grüne Stadt am Uckersee« die Heimat der Landesgartenschau in Brandenburg. Das große Ereignis zog viele Gäste an, die aber nicht nur Augen für die Blumen hatten. Rundgänge durch die Stadt mit ihren zahlreichen Kirchen und dem großartigen Dominikanerkloster lohnen sich. Mit 1416 m ist knapp die halbe Prenzlauer Stadtmauer erhalten. Darüber bilden der Mittelturm und die Marienkirche gemeinsam die bekannteste Stadtansicht Prenzlaus.

Stadtinformation, Marktberg 2;
Tel. 0 39 84/83 39 52;
www.prenzlau-tourismus.de

Brandenburg gibt an

IBA-Terrassen
Großräschen

Von 2000 bis 2010 lenkte die Internationale Bauausstellung (IBA) Fürst-Pückler-Land die Umwandlung des Bergbau- und Industrieriviers der Niederlausitz in eine Erholungslandschaft. In Großräschen werden die Dimensionen der gigantischen Landschaftsbaustelle (ca. 100 x 80 km) begreifbar. Unter dem Besucherzentrum (Mo, Di geschl.) auf den IBA-Terrassen füllt sich die riesige Grube des ehemaligen Tagebaus Meuro mit Wasser. Bis 2018 soll der »Großräschener See« geflutet sein. Schon jetzt wachsen an seinen Steilhängen Weinreben.

Seestr. 100; Tel. 03 57 53/2 61 11; www.iba-terrassen.de

254

255 Wendisches Museum
Cottbus

Seit Jahrhunderten leben Wenden in der Region: Stämme, die im Zug der Völkerwanderung Land zwischen der Ostsee und den Mittelgebirgen besiedelten, wovon tausende slawische Ortsnamen zeugen – wie Potsdam, Dresden, Cottbus und Berlin. Zwischen dem 10. und 12. Jh. unterworfen und christianisiert, gingen die Wenden im deutschen Volk auf. Nur in der Lausitz leben noch Teile, die sich selbst Serby (Sorben) nennen. Um Cottbus waren sie bis 1945 noch Bevölkerungsmehrheit. Das Wendische Museum, 1994 in einem klassizistischen ehemaligen Wohn- und Handelshaus in der Cottbuser Altstadt unweit des Altmarkts eingerichtet, dokumentiert ihre Geschichte. Wann es nach dem Umbau 2016 wiedereröffnet wird, ist aber ungewiss.

Mühlenstr. 12; Tel. 03 55/79 49 30, www.wendisches-museum.de; Mo, Di geschl.

256 Holländisches Viertel
Potsdam

Das Holländische Viertel ist ein hübscher Fremdkörper in der barocken und klassizistischen Innenstadt von Potsdam: 134 Häuser aus rotem, unverputztem Backstein, zwischen 1732 und 1742 in vier Karrees erbaut. Es ist das größte geschlossene holländische Bauensemble außerhalb der Niederlande. Bis in die 1970er-Jahre hinein war das Ensemble verfallen, dann wurde mit der Rekonstruktion begonnen – sie ist noch nicht abgeschlossen. Heute gibt es hier viele Cafés, Kneipen, Kunstgewerbe- und Antiquitätengeschäfte.

Tourist-Information, Im Hauptbahnhof; Tel. 03 31/27 55 88 99; www.potsdamtourismus.de; www.hollaendischesviertel-potsdam.net

Brandenburg gibt an

257 Biotürme
Lauchhammer

Seit 1952 war in Lauchhammer aus Braunkohle Koks hergestellt worden: der Treibstoff für die Schwerindustrie der DDR. 1991 wurde die Kokerei stillgelegt und abgerissen. In den großen Teichen ist der Biber heimisch geworden. Aber nicht er ist heute die Attraktion, sondern das Ensemble aus 24 hohen, schlanken Türmen, 22 m hoch und zu sechs Gruppen mit jeweils vier Türmen zusammengefasst. In ihnen waren die phenolhaltigen Abwässer der Kokerei gereinigt worden – biologisch, mithilfe von Bakterien, was nicht heißt, dass der Gestank nicht bestialisch gewesen ist. Bis Ende 2002 waren die Türme in Betrieb, dann sollten auch sie abgerissen werden. Dass sie heute noch stehen, ist ein Glücksfall. Am 17. Juli 2008 wurde das mit EU-Mitteln sanierte Baudenkmal, ergänzt durch zwei gläserne Aussichtskanzeln, eröffnet. Längst sind die Biotürme ein Besuchermagnet, darüber hinaus eine gefragte Location für Konzerte und Theateraufführungen, für Partys und Open-Air-Veranstaltungen, für Film- und Fotoaufnahmen.

Finsterwalder Str. 57;
Tel. 01 72/4 11 42 14;
www.bioturme.de

Altstadt
Brandenburg

Die 73 000-Einwohner-Stadt Brandenburg liegt 30 km westlich von Potsdam und besitzt neben dem sehenswerten Dom eine hübsche Altstadt. Wobei »alt« tatsächlich mehr als 1000 Jahre alt meint: Schon 948 wurde die Stadt, die bald dem ganzen Land seinen Namen gab, urkundlich erwähnt. Unter den vielen sakralen und profanen Baudenkmälern sind die St.-Katharinen-Kirche und das Altstädtische Rathaus zu nennen, beide feine Beispiele der Backsteingotik. Nicht vergessen: Auch die Neustadt Brandenburgs ist schon ziemlich alt.

258

Tel. 0 33 81/79 63 60;
www.brandenburgferien.de

Seehotel
Großräschen

Im Herzen des neuen Lausitzer Seenlands, direkt an den IBA-Terrassen über dem neuen Ilse-See bei Großräschen, wurde 2007 in einem schön restaurierten, ehemaligen Wohnheim der Ilse-Bergbau AG das komfortable 4-Sterne-Hotel eröffnet. In ruhiger, aussichtsreicher Lage ist es ein guter Ausgangspunkt für Rad- und Autotouren in die Umgebung. Kurios ist das »Fälschermuseum« im Haus, das meisterhafte Kopien berühmter Gemälde zeigt. Auch eine echt falsche Mona Lisa ist dabei.

259

Seestr. 88; Tel. 03 57 53/ 69 06 60; www.seehotel-grossraeschen.de; €€

NH Voltaire
Potsdam

260

Das schmucke Stadtpalais steht unmittelbar gegenüber dem Holländischen Viertel. Auch Sanssouci ist zu Fuß erreichbar. Die Zimmer (zum größten Teil im modernen Anbau) bieten viel Platz und ein stilvoll-preußisches Interieur. Im Restaurant regional-mediterrane Küche.

Friedrich-Ebert-Str. 88;
Tel. 03 31/2 31 70;
www.nh-hotels.de; €

Schloss
Neuhardenberg

261

Gebaut wurde das Anwesen noch zur Zeit des »Alten Fritz«. Schloss, Kirche und Park bilden ein einzigartiges Gesamtkunstwerk, an dem Karl Friedrich Schinkel, Peter Joseph Lenné und Hermann Fürst von Pückler-Muskau mitgewirkt haben. Die Zimmer sind modern und sehr elegant eingerichtet, es gibt eine Sauna und ein Dampfbad. Klassische, mediterrane Gourmetküche im Restaurant »Lenné« im Ostflügel, neu interpretierte brandenburgische Spezialitäten in der »Brennerei«. Sommerliches Kulturprogramm mit Ausstellungen, Konzerten, Theateraufführungen und Lesungen.

Schinkelplatz 1-8; Tel. 03 34 76/ 60 00, www.schlossneuhardenberg.de; €€€

Brandenburg checkt ein

Sorat Hotel
Cottbus

262

Schick renoviert, ruhig gelegen und mitten in der Cottbuser Altstadt – mit diesen Vorzügen empfiehlt sich das angenehme Hotel in dem Gründerzeithaus unmittelbar an der Fußgängerzone Geschäftsreisenden ebenso wie Stadturlaubern, die abends vielleicht ins schöne Staatstheater gehen möchten.

Schlosskirchplatz 2; Tel. 03 55/ 7 84 40; www.sorat-hotels.com/ de/hotel/cottbus; €

Zur Bleiche
Burg/Spreewald

263

Wellness im Spreewald. Der Hotelkomplex erstreckt sich über einen grünen Landschaftspark. Herzstück ist die Landtherme mit Innen- und Außenbecken, mit stillem und sprudelndem Wasser, mit Sauna und Hamam und Ruheräumen, in denen man vor prasselndem Kaminfeuer die Welt vergisst. Es gibt auch einen »Jungbrunnen« – und ein Damen-Spa. Die architektonische Linie ist einheitlich-uneinheitlich, irgendwo zwischen alter Scheune und schickem Loft. Naturstein, offene Dachkonstruktionen, schöne Holzvertäfelungen, viele Kissen, viel Platz und viel Licht. Großartige gehobene Regionalküche!

Bleichestr. 16; Tel. 03 56 03/6 20; www.hotel-zur-bleiche.com; €€€€

Brandenburg tischt auf

Gasthof Reuner
Glashütte

Erlebnisgastronomie im Museumsdorf der Baruther Glashütte im Landkreis Teltow-Fläming südlich von Berlin. Wo der Glastechniker Reinhold Burger (1866–1954) zu Beginn des 20. Jh. die Thermoskanne erfand – sie wurde 1903 patentiert und 1904 als Warenzeichen geschützt –, genießt man im Sommer die Speisen am besten im netten Biergarten. Es sind deftige Speisen wie der Golmberger Kartoffel-Pilz-Topf, das gebackene Filet vom Wels aus dem Teupitzer See oder das Rumpsteak vom Märkischen Jungbullen. Daneben hat man im angeschlossenen Shop Gelegenheit, die heimischen Vorräte zu ergänzen: mit Kräuterrauchwurst und Wildknacker aus der eigenen Räucherkammer und Schwarzbrot aus dem historischen Steinbackofen.

264

Hüttenweg 18;
Tel. 03 37 04/ 6 70 65,
www.gasthof-reuner.de;
Mo geschl., im Winter eingeschränkter Betrieb; €

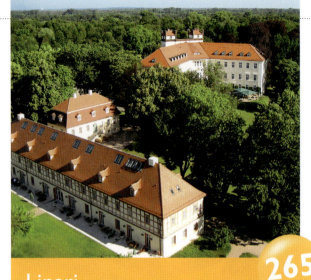

Linari
Schloss Lübbenau

265

Essen in einem der schönsten Schlossensembles Brandenburgs – mit angeschlossenem Landschaftspark. Im Linari kultiviert Dirk Lehmann die moderne Regionalküche, Motto: »Unsere Speisekarte schreibt die Natur!« Ideales Beispiel dafür ist das Spreewaldmenü: Kuhmilchkäse vom Biohof und Ziegenkäse aus Jüterbog mit Roter Beerengrütze-Vinaigrette und grünem Salat, danach ein Filet vom Saalower Kräuterschwein. Apropos, die Kräuter kommen natürlich aus dem hauseigenen Garten. Besondere Highlights im Herbst sind die Gänse- bzw. Fischmenüs. Wer danach noch in Rocco's Linari Bar absacken will, sollte im Schlosshotel ein Zimmer buchen.

Schloßbezirk 6; Tel. 0 35 42/87 30;
www.schloss-luebbenau.de; €€€

Brandenburg tischt auf

Specker's Landhaus
Potsdam

»Gänseleber in Jeans« – so umschrieb die Berliner Morgenpost das Konzept der bezahlbaren Gourmet-Gastronomie. Hinter dezentem Fachwerk verarbeitet Steffen Specker für seine zeitgenössische Landküche am liebsten saisonale Produkte. Auf der Karte stehen Eisbein mit Kräuter-Senf-Kruste ebenso wie die Nanteser Flugente mit karamellisierten Rübchen oder der Norwegische Saibling mit Rauchsalzflocken, Blumenkohlcreme, Kapernäpfeln, Salbei und sautierten Salatherzen.

Jägerallee 13; Tel. 03 31/ 2 80 43 11, www.speckers.de; So, Mo geschl. € € €

Friedrich Wilhelm
Potsdam

Im Gourmet-Restaurant des Hotels Bayerisches Haus kocht Chefkoch Alexander Dressel zeitgemäß deutsch – regional, saisonal, biologisch. Und hier und dort ergänzt er, was ihm in Italien auch gut schmeckt. Sehr schönes Ambiente zwischen holzvertäfelten Wänden.

Im Wildpark 1; Tel. 03 31/ 5 50 50; www.bayerisches-haus.de; So, Mo geschl. € € € €

Goldener Hahn
Finsterwalde

Ein Gourmet-restaurant in der Niederlausitz – kann das funktionieren? Es funktioniert. Frank Schreiber entwirft essbare Skulpturen, die ihn zu einem der höchstdekorierten Köche im Land gemacht haben. Dabei verarbeitet auch er so oft wie möglich Produkte aus der Umgebung, nachzuschmecken etwa im »Menü Regional«, das unter anderem Lachsforelle, Niederlausitzer Heidelamm, Tafelspitz vom Rind, Pfifferlinge sowie Eis und Mousse von der Holunderblüte schlüssig kombiniert. Viele Weine aus Deutschland.

Bahnhofstr. 3; Tel. 0 35 31/ 22 14, www.goldenerhahn.com; Mo, So geschl. € € € €

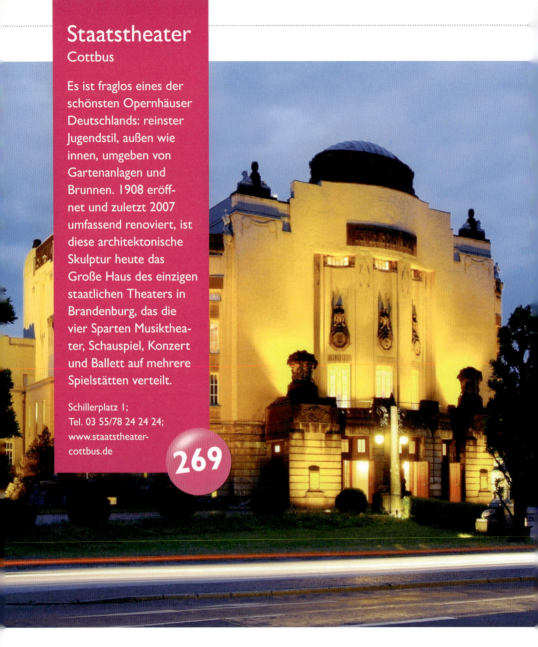

Staatstheater
Cottbus

Es ist fraglos eines der schönsten Opernhäuser Deutschlands: reinster Jugendstil, außen wie innen, umgeben von Gartenanlagen und Brunnen. 1908 eröffnet und zuletzt 2007 umfassend renoviert, ist diese architektonische Skulptur heute das Große Haus des einzigen staatlichen Theaters in Brandenburg, das die vier Sparten Musiktheater, Schauspiel, Konzert und Ballett auf mehrere Spielstätten verteilt.

Schillerplatz 1;
Tel. 03 55/78 24 24 24;
www.staatstheater-cottbus.de

269

Brandenburg geht aus

Hans-Otto Theater
Potsdam

1952 erhielt das Theater der Stadt Potsdam seinen Namen (nach dem kommunistischen Schauspieler und Gewerkschafter Hans Otto, den die Nazis 1933 ermordeten), und 2006 bezog das Ensemble seine neue Arbeitsstätte mit den drei auffälligen roten Dachschalen über dem Ufer des Tiefen Sees (Havel). Auch die historische Reithalle auf dem Gelände der Schiffbauergasse wird bespielt. Im Theater- und Konzertverbund des Landes Brandenburg besteht ein reger Austausch mit den Bühnen der Städte Frankfurt an der Oder (Kleist-Forum), Brandenburg an der Havel und Cottbus.

Schiffbauergasse 11;
Tel. 03 31/9 81 18,
www.hansottotheater.de

Brandenburger Theater
Brandenburg

Bloß keinem Streit aus dem Weg gehen. Dieser Devise folgt das Brandenburger Theater nur zu gern. Wiederholt arbeitete man etwa mit dem Dramatiker Rolf Hochhuth zusammen, dessen bekanntes Skandalstück »McKinsey kommt« 2004 am Brandenburger Theater uraufgeführt wurde. Und acht Jahre später war es dann Zeit für die nächste Hochhuth-Uraufführung: »Molières Tartuffe«. Natürlich bieten die Brandenburger Theaterleute ihrem Publikum noch viel mehr: zum Beispiel musikalische Lesungen mit René Kollo und Ben Becker oder ein Theater-Talk mit Andreas Dresen und Dieter Moor. Das Jugendtheater im Haus inszeniert derweil »Punk Rock« über Gewalt unter Jugendlichen oder »Die Geschichte vom Soldaten« von Igor Strawinsky.

Grabenstr. 14;
Tel. 0 33 81/51 11 11;
www.brandenburgertheater.de

Waschhaus
Potsdam

In der Königlichen Garnisons-Dampfwaschanstalt von 1880/82 wird heute Musik und Party gemacht. Immerhin war der Schornstein am Waschhaus schon vor 130 Jahren dazu gebaut worden, Dampf (aus den Kesseln der Wäscherei) abzulassen. Bis 1988 war tatsächlich noch eine Großwäscherei hinter den Backsteinmauern aktiv. 1992 besetzten Künstler das verwahrloste Gebäude, und seit 1993 wurde auf zwei Ebenen ein ungemein vielseitiger Veranstaltungsbetrieb aufgebaut – mit Clubnächten, Kino, Theater, Kabarett und diversen Kursprogrammen.

Schiffbauergasse 6; Tel. 03 31/27 15 60, www.waschhaus.de

Brandenburg sucht aus

Klosterbruder
Jüterbog/Zinna

Hochgeistliches aus der Stadt Jüterbog im Fläming. Die schöne Anlage des 1170 gegründeten ehemaligen Zisterzienserklosters ist allein schon einen Besuch wert. Erhalten geblieben sind die spätromanische Pfeilerbasilika, die Neue Abtei – heute das Heimatmuseum –, das alte Zollhaus und das ehemalige Siechenhaus. Dort kann man in einer Schaudestille zusehen, wie der »Klosterbruder« entsteht, ein süßer Kräuterlikör oder, genauer: ein Halbbitter mit 35 Volumenprozent Alkoholanteil. Hergestellt wurde er schon anno 1759 von dem Gastwirt Johann Christian Falckenthal in Luckenwalde. Das Originalrezept soll jedoch auf einen kräuterkundigen Mönchsbruder namens Lukas zurückgehen. Aktuell zu haben sind übrigens auch noch der »Zinnaer Kloster Kirsch« und der »Zinnaer Abtei«.

273

Kloster Zinna;
Tel. 0 33 72/43 95 05;
www.kloster-zinna.de

274

Wein vom Wachtelberg
Werder/Havel

Zugegeben, mit der Mosel können sie nicht konkurrieren. Doch wo im Westen der beste Riesling mindestens der Republik gedeiht, haben die Brandenburger Winzer auch einen Superlativ auf ihrer Seite: nämlich das nördlichste Anbaugebiet für Qualitätsweine in Europa – möglicherweise auch weltweit. 1985 haben sie auf dem 52. nördlichen Breitengrad bei der Havel-Stadt Werder, 8 km westlich von Potsdam, den Wachtelberg auf 6,2 Hektar Fläche aufgerebt. Neu kam im Jahr 2012 der Werderaner Galgenberg dazu, vorerst mit 1,4 Hektar. Gekeltert werden weiße (Müller-Thurgau, Kernling, Saphira, Sauvignon blanc) und rote Weine (Dornfelder und Regent).

Am Plessower Eck 2; Tel. 0 33 27 / 74 14 10;
www.wachtelberg.de

Brandenburg sucht aus

275 Wochenmarkt
Potsdam

Obst, Gemüse und Blumen, Kirschen aus Werder, frischer Fisch aus der Havel, Teltower Rübchen, Beelitzer Spargel: Auf dem Wochenmarkt vor der Kirche St. Peter und Paul liegt aus, was die Saison hergibt. Und natürlich steigert die Kulisse des holländischen Viertels die Kauflaune ungemein. Marktzeiten sind, unabhängig vom Wetter, immer montags bis freitags von 7–16 Uhr und samstags von 7–13 Uhr (April bis Oktober) bzw. 7–12 Uhr (November bis März). Der andere große Potsdamer Wochenmarkt findet immer mittwochs und samstags von 9–16 Uhr am Nauener Tor statt.

Tourist-Information,
Im Hauptbahnhof;
Tel. 03 31/27 55 88 99;
www.potsdamtourismus.de

Gut Kerkow
Angermünde

276

Nahe der polnischen Grenze, im Biosphärenreservat Schorfheide-Chorin, kauft man in einem alten Getreidespeicher das Beste vom Land und vom Tier. In seinem Bauernmarkt bietet das Gut Kerkow eigene Fleisch- und Wurstwaren und andere uckermärkische Spezialitäten – alles in Bio-Qualität. So packt man zum hausgeschlachteten Geräucherten noch Klimmek-Obstsäfte aus Angermünde, Zimmermann-Senf aus Niederfinow, Honig aus Templin und Uckerkaas aus Bandelow ein. Im angeschlossenen Steakhaus isst man gut und billiger als in Berlin.

Greiffenberger Str. 8;
Tel. 0 33 31/2 62 90;
www.gut-kerkow.de

Brandenburg lädt ein

Pyrogames
Lichterfeld

Wie bei einem Rammstein-Konzert, nur viel, viel größer. Wer schon als Kind gern gezündelt hat, muss sich das natürlich (mit seinen eigenen Kindern) auch anschauen. Über dem Stahlskelett der gigantischen Förderbrücke F 60 steigen Feuerbälle und Lichtfontänen auf; Sternenregen gehen über den Zuschauern nieder, Böllerschläge lassen den Himmel beben. Wer lässt es am schönsten krachen? Vier Teams treten mit ihren Feuerwerksinszenierungen gegeneinander an. Dazu gibt es in der Halbzeit eine spektakuläre Licht- und Lasershow.

www.pyrogames.de

278 Musikwochen
Uckermark

Jedes Jahr im Hochsommer, seit 1992: Ensembles und Solisten aus Deutschland, Italien, Estland, Polen, der Türkei, Tschechien und China musizieren in Stadt- und Dorfkirchen, Gutshäusern, Marställen und Schafställen, Schulen, Gutsscheunen, Kartoffellagerhallen, Ruinen und Klostergärten. Mit anderen Worten: Der ganze Landkreis zwischen Schwedt, Angermünde, Templin und Prenzlau wird gewissermaßen zur Bühne für die rund 20 Konzerte der Uckermärkischen Musikwochen mit ihrem spannenden Programm zwischen Mittelalter und Moderne.

www.uckermaerkische-musikwochen.de

279 Kammeroper
Rheinsberg

Dam »Alten Fritz« wär das sicher zu viel Spektakel gewesen: ein internationales Opernfestival in seinem geliebten Schloss Rheinsberg. Seit 1991 findet das Festival, eines der kulturellen Highlights in Brandenburg, jährlich zwischen Juni und August statt. Die Idee: Große Dirigenten (Daniel Barenboim, Kurt Masur, Christian Thielemann u.a.) und Regisseure erarbeiten mit jungen Nachwuchssängern Opernpartien unter professionellen Bedingungen. Auch große Klangkörper wie das RIAS-Symphonie-Orchester und der Rundfunkchor Berlin, die Brandenburgische Philharmonie Potsdam und das Staatsorchester Braunschweig machen mit. Musiziert wird im 2000 restaurierten Schlosstheater, in der Laurentiuskirche und im Spiegelsaal – oder »Open Air« im Heckentheater des Schlossparks sowie im Schlosshof.

www.kammeroper-schloss-rheinsberg.de

Brandenburg lädt ein

Baumblütenfest
Werder

Rings vom Wasser der Havel umgeben, ist die Stadt Werder an sich schon eine Reise wert – besonders aber an den zehn Tagen Ende April/Anfang Mai, wenn in der Stadt das Baumblütenfest gefeiert wird, eines der großen traditionellen Volksfeste in Deutschland. Der Blütenball am Vorabend der offiziellen Eröffnung bildet den Auftakt für die Festtage. In ganz Werder reihen sich die Weinstände und Imbissbuden und überall stehen Musikbühnen, die größten auf dem Markt der Werderaner Insel und der naheliegenden Regattastrecke. Die Obstbauern kommen aber nicht nur in die Stadt, sie laden auch zum Besuch ihrer Plantagen und Obsthöfe in den umliegenden Gemeinden ein. Denn wo könnte man die Pracht der blühenden Bäume tatsächlich schöner erleben – und wo ließe sich der elementare Treibstoff der zehn bunten Tage, der Obstwein, besser genießen?

www.werder-havel.de

Schlössernacht
Potsdam

Der Park ist ein Blumenmeer, und auf dem Maschinenteich singt ein Tenor im Ruderboot. Märchenerzähler wandeln, lebende Statuen stehen herum. Barock gewandete Studenten der Musikhochschule Berlin musizieren. Seit 1997 geht das so, einmal im Jahr zur Potsdamer Schlössernacht im August. Parks und Gärten von Sanssouci werden beleuchtet, ein paar hundert Künstler treten auf Bühnen und im Park auf. Und am Ende gibt es, aber na klar, ein richtig tolles Feuerwerk. Die Besucherzahl ist auf 32 000 begrenzt. Das soll die Parkanlagen schonen, ist aber eigentlich schon zu viel.

www.schloessernacht.de

Brandenburg fährt raus

282 Burg Rabenstein
Rabenstein/Fläming

Die Höhe von 153 m ist für Brandenburg als schwindelerregend zu bezeichnen. Dort oben auf dem Steilen Hang liegt Burg Rabenstein. Die mittelalterliche Anlage bietet eine tolle Aussicht, eine rustikale Herberge samt Gaststätte sowie eine Falknerei mit regelmäßigen Flugvorführungen im Sommer. Auch regelmäßige Mittelalterspektakel und zur Adventszeit ein Weihnachtsmarkt stehen auf dem Burgkalender. Rabenstein ist außerdem ein guter Ausgangspunkt für Touren im Naturpark Hoher Fläming (Infozentrum in der Alten Brennerei; Tel. 03 38 48/6 00 04; www.flaeming.net).

Zur Burg 49; Tel. 03 38 48/ 6 02 21; www.burgrabenstein.de

283 Flusswandern auf der Havel
Havelland

Ihre reizvolle Lage an der Havel, besser gesagt: inmitten eines weit verzweigten Systems von Havelseen, Wasserarmen und Kanälen, macht die Stadt Brandenburg zum Ausgangspunkt für ausgedehnte Wasserwanderungen. Insgesamt warten rund 80 km Wasserwege auf Freizeitkapitäne und Badegäste. Weder Schleusen noch Brücken hindern Segler und Surfer daran, auf Breitling-, Plauer- und Quenzsee sowie auf dem Möserschen See zu kreuzen. Auf den stillen Emster Gewässern Richtung Lehnin kann man mit etwas Glück Eisvögel beobachten.

Havelland Tourismus, Nauen/Schloss Ribbeck, Theodor-Fontane-Str. 10; Tel. 03 32 37/85 90 30; www.havelland-tourismus.de

284 Schwielowsee-Rundfahrt
Schwielowsee/Caputh

Vom Hafen Potsdam aus startet man ins Havelland, die Obstkammer der Mark Brandenburg. Es ist eine Reise zu schönen Badeplätzen und zu einer ganzen Reihe idyllischer Orte. Man sieht das Sommerhaus Albert Einsteins und das wunderbar eingerichtete kurfürstliche Schloss in Caputh – heute ein Museum –, das klassizistische Dorfensemble in Petzow mit dem Schloss und der Kirche von Karl Friedrich Schinkel und den von Peter Joseph Lenné gestalteten Park sowie den historischen Stadtkern der Inselstadt Werder. Und man bestellt sich natürlich auch ein Bier in der Forsthausbrauerei Templin. Alternativ zur Rundfahrt kann man auch nur einzelne Stationen ansteuern.

Schwielowsee-Tourismus, Straße der Einheit 3; Tel. 03 32 09/7 08 99; www.schwielowsee-tourismus.de

Lausitzer Seenland
Senftenberg

285

Diese Landschaft ist noch nicht fertig. 21 Seen, alle in aufgelassenen Braunkohlegruben eingerichtet, sollen einmal die größte künstliche Seenlandschaft Europas bilden. 13 Kanäle erschließen Wassersportlern und Fahrgastschiffen große Rundfahrten. Schon 1973 wurde der große Senftenberger See der Öffentlichkeit übergeben. Die Lausitzer und Mitteldeutsche Bergbau-Verwaltungsgesellschaft (LMBV) leitet die Rekultivierung der Tagebaue, sichert die Uferbereiche und überwacht die Flutung. Sie hat auch die asphaltierten Wirtschaftswege rund um die Seen für Radfahrer und Skater freigegeben. Die neuen Wasserflächen neben den noch aktiven Tagebauen kann man bei Rundflügen (www.flugplatz-welzow.de) überqueren.

Tourismusverband, Galerie am Schloss, Steindamm 22; Tel. 0 35 73/7 25 30 00; www.lausitzerseenland.de

Brandenburg fährt raus

286

Nationalpark Unteres Odertal
Schwedt

Brandenburgs einziger Nationalpark erstreckt sich auf einer Breite von nur 2 bis maximal 8 km entlang der Oder. Auf diesem schmalen Streifen bietet er Lebensraum für viele seltene oder geschützte Pflanzen und Tiere. Zu den Vögeln, die sich hier beobachten lassen, zählen der Singschwan und seltene Wiesenbrüter wie Wachtelkönig, Pirol und Eisvogel. Weißstörche brüten auf den Dächern der umliegenden Dörfer, Schwarzstörche sind weniger leicht zu sehen – es gibt sie aber! Daneben sind hier auch wieder Fischotter, Biber, Wiesenweihe und Seeadler zu Hause. Der Nationalparkförderverein bemüht sich außerdem um die Rückzucht der ausgestorbenen Auerochsen. Zusammen mit Pferden, die dem ebenfalls ausgerotteten europäischen Wildpferd (Tarpan) verwandt sind, kann man sie auf einer großen Weidefläche im Süden des Nationalparks beobachten. Wisente bevölkern ein großes Gehege in Criewen, und auf verschiedenen Weiden stehen Wasserbüffel. Regelmäßig werden geführte Exkursionen in das Naturparadies angeboten.

Tourismusverein, Berliner Str. 46/48; Tel. 0 33 32/2 55 90; www.unteres-odertal.de

Brandenburg fährt raus

Durch das Biosphärenreservat
Spreewald

Die Heimat der Spreewaldgurke ist eine beinahe unverschämt idyllische Natur- und Kulturlandschaft nordwestlich von Cottbus. Sie ist Naherholungsgebiet der Berliner und eine der beliebtesten Ferienregionen in Brandenburg. Natürliche Flussmäander der Spree haben die hier seit Jahrhunderten lebenden Sorben durch künstliche Kanäle erweitert und so eine Auenlandschaft von einzigartiger Schönheit geschaffen. Mehrere 100 km umfasst das Netz der Wasserwege auf engstem Raum. Kultureller und touristischer Mittelpunkt im Biosphärenreservat ist Lübbenau, wo man sich im Haus für Mensch und Natur (Schulstr. 9; Mo geschl.) über die Region informieren kann. Jede Menge Kahnfahrten für Gruppen und Bootsverleihe für Individualisten.

Tourismusverband Spreewald, Vetschau/Raddusch, Lindenstr. 1; Tel. 03 54 33/7 22 99; www.spreewald.de

287

Tagebau 4WD
Brieske/Lausitz

288

Wer sich nicht in polierten SUVs, sondern in echten Geländewagen durch den 1991 stillgelegten Tagebau Welzow-Süd fahren lässt oder dort selbst ein Fahrertraining absolviert, macht nichts kaputt. Stattdessen bekommt er Bilder einer Landschaft zu Gesicht, die mit »bizarr« nur unzureichend beschrieben ist. Besonders eindrucksvolle Bilder vermitteln Jeep-Touren durch die stillgelegten Gruben, in denen Sanddünen, Erosionsflanken, Canyons, Steppenwildnis und grüne Biotope in einer Weise abwechseln, wie man sie in der deutschen Landschaft kein zweites Mal erlebt.

Briesker Str. 30a; Tel. 0 35 73/ 66 99 13; www.allradtouren.de

Bremen

Das kleinste Bundesland spielt in der ersten Liga – beim Fußball knapp, im Tourismus locker. Das liegt am Rathaus, am Roland und am Kulturleben in der alten Hansestadt. Das liegt auch am neuen Bremerhaven mit seinem Überseehafen und den »Havenwelten«, einer der aufregendsten Museumsmeilen Deutschlands.

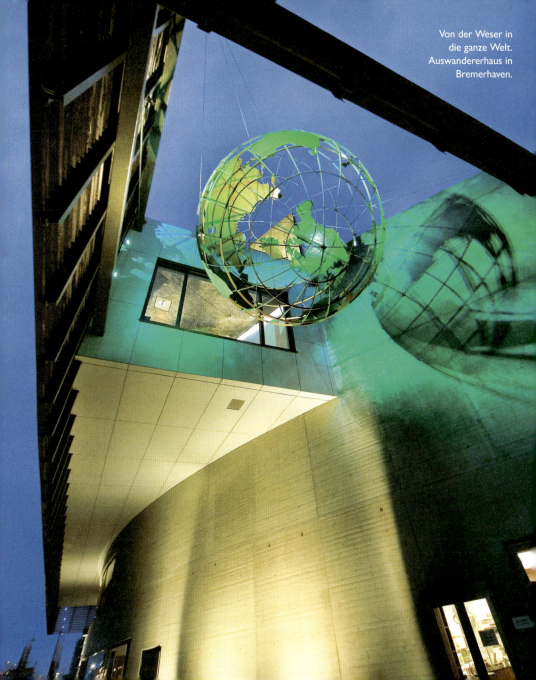

Von der Weser in die ganze Welt. Auswandererhaus in Bremerhaven.

Bremen gibt an

Klimahaus
Bremerhaven

289

»Nach Sardinien, das geht hier lang. Da durch, und dahinter kommen Sie in den Niger.« Der freundliche junge Mann kennt sich aus. Für den kürzesten Weg rund um den Globus muss er die Besucher nicht mal ins Freie schicken, geschweige denn aus der Stadt. Die Welt ist 125 m lang, fast 30 m hoch, und sie sieht aus wie eine sehr große, glasig schimmernde Amöbe. Sie entstand im Jahr 2009, mitten in Bremerhaven. Schon vor seiner Eröffnung war das »Klimahaus 8° Ost« das am meisten beachtete deutsche Wissenschaftsmuseum der letzten Jahre. Alle Ausstellungsbereiche

Bremen gibt an

widmen sich den Phänomenen des Klimas. Im Mittelpunkt steht die virtuelle Reise auf dem 8. Längengrad rund um die Welt. Dabei wird, das ist der Trick, ganz analog an neun Stationen Halt gemacht. In der Schweiz riecht man Almwiesen (und Kuhfladen) und darf gegen Alm-Öhi anjodeln; in Sardinien wird man auf Insektengröße geschrumpft und tastet sich durch eine duftende Wiese; im Niger brütet man meditativ vor einem leeren, von einem dürren Bäumchen überragten Sandquadrat; in Kamerun schleicht man schwitzend durch einen finsteren Regenwald; in der Antarktis bibbert man mit aufgestellten Zehen in den Sandalen über blankes Eis; in der Nordsee hockt man auf einer grünen Hallig und sieht die Flut um sich herum steigen; und in Bremerhaven begegnet man den Bürgern der Stadt und ihrem Bild vom Klima – als Tonspur, auf alten Fotos und neuen Kinderzeichnungen. Überall erfährt man, wie das eine mit dem anderen zusammenhängt, und überall erzählen Menschen auf Bildschirmen, wie sie dort leben. Das ist Infotainment auf der Höhe der Zeit, mehr sinnlich als vordergründig technisch, mit jeder Menge Interaktion und Überraschungen und einer politisch korrekten Botschaft, die nicht den Zeigefinger ausfährt, sondern ein smartes Lächeln aufsetzt.

Am Längengrad 8;
Tel. 04 71/9 02 03 00;
www.klimahaus-bremerhaven.de

Auswandererhaus
Bremerhaven

Gegenüber der organischen Glasblase des Klimahauses steht das kantige Auswandererhaus. Zwischen 1830 und 1974 haben rund 7 Mio. Menschen von Bremerhaven aus die Alte Welt verlassen. Vom stimmungsvollen Abschied an der Gangway in einem Gewirr von Stimmen und Geräuschen über die Passage unter Deck bis zu den gnadenlosen Einreiseformalitäten auf Ellis Island in New York und bis zum Leben ihrer Nachkommen in der Neuen Welt folgt man den Auswanderern mit einem elektronischen »Boarding Pass«. Dazu gibt es zwei wunderbare Kurzfilme und die Möglichkeit zur eigenen Familienforschung. In einem 2012 eröffneten Erweiterungsbau werden 300 Jahre Einwanderungsgeschichte nach Deutschland beleuchtet – anhand von gut 30 authentischen Familiengeschichten.

290

Columbusstr. 65;
Tel. 04 71/90 22 00;
www.dah-bremerhaven.de

143

Bremen gibt an

Kunsthalle
Bremen

Im August 2011 wurde sie wiedereröffnet. Links und rechts erweitern nun zwei kubische Anbauten die Ausstellungsfläche eines der großen Museen für Kunst vom 14. bis zum 21. Jh. – getragen vom gemeinnützigen Kunstverein Bremen.

Am Wall 207; Tel. 04 21/ 32 90 80; www.kunsthalle-bremen.de; Mo geschl.

Weserburg
Bremen

Wie ein Schiffsbug schieben sich die alten Speicherhäuser der Weserburg in den Fluss – eine Arche für die Kunst ab 1960. Bei seiner Eröffnung 1991 war es das erste Museum Europas, das nur Bilder und Objekte aus privaten Sammlungen zeigte. Viel Gerhard Richter, darunter der »Schädel mit Kerze«!

Teerhof 20;
Tel. 04 21/59 83 90;
www.weserburg.de; Mo geschl.

Universum
Bremen

Wie ein silberner Wal taucht das Science Center zwischen Uni und Bürgerpark auf. Es vermittelt Besuchern eine Expedition durch die »Kontinente« Mensch, Erde und Kosmos. Man darf anfassen und experimentieren, fühlen und entdecken. Architektonischer Gegenpol und Ausgangspunkt für den Besuch ist die sehr eckige SchauBox mit ihrer Sonderausstellungsfläche. Als »wissenschaftliche Erlebnislandschaft« zum Thema Bewegung ist der umliegende Park mit seinem hohen Blickfang konzipiert: Im Turm der Lüfte dreht sich alles um atmosphärische Phänomene.

Wiener Str. 1a; Tel. 04 21/3 34 60;
www.universum-bremen.de

Rathaus und Roland
Bremen

Es verdient besondere Erwähnung: Die beiden Wahrzeichen der alten Hansestadt haben den Krieg fast unbeschadet überstanden. Das innen wie außen eindrucksvolle Rathaus ist das einzige nie zerstörte spätmittelalterliche Rathaus Europas. Von 1405 bis 1410 erbaut, erhielt es 1608 seine prachtvolle Fassade und gilt heute als das Hauptwerk der Weser-Renaissance. Gut 200 Jahre älter, nämlich aus dem Jahr 1404, ist die hohe Steinfigur des Roland, Markgraf der Bretagne und Paladin Karls des Großen. Noch mal: Rathaus und Roland sind keine Rekonstruktionen, sondern Originale – und seit 2004 UNESCO-Welterbe. Führungen durch das Rathaus nach Anmeldung:

Tourist-Informationen am Marktplatz und am Hauptbahnhof;
Tel. 04 21/3 08 00 10;
www.bremen-tourismus.de

Schiffahrtsmuseum
Bremerhaven

Im Gegensatz zu Klimahaus und Auswandererhaus erscheint die Keimzelle der modernen »Havenwelten« vergleichsweise konventionell: Das von Hans Scharoun geplante und 1975 eröffnete Deutsche Schiffahrtsmuseum ist nicht nur Ausstellung, sondern zugleich ein Forschungsinstitut, und es zeigt viel mehr als die historische Bremer Hansekogge von 1380. Die Räume sind hell und geräumig, die Präsentation ist spürbar modernisiert worden, und das Gedränge ist nicht so groß wie in den beiden Nachbarhäusern. Außerdem kann »Oldschool« sehr erholsam sein nach den interaktiven Sinnesreizen der »Newschool« nebenan.

Hans-Scharoun-Platz 1;
Tel. 04 71/48 20 70;
www.dsm.museum; im Winter Mo geschl.

Überseemuseum
Bremen

296

Der Ansatz ist größenwahnsinnig, dabei inhaltlich vollkommen stimmig und für die Besucher sehr spannend. Bringen sie die nötige Zeit mit, können sie nämlich »erleben, was die Welt bewegt«. So heißt die Dauerausstellung, die nicht weniger als die globalisierte Gesellschaft und ihren natürlichen Lebensraum thematisiert. Dazu gehören der Klimawandel und die Weltwirtschaft ebenso wie Menschenrechte, Migration, Kommunikation, Sex & Gender. Das alles ist selbstredend modern inszeniert, mit zahlreichen interaktiven Stationen.

Bahnhofsplatz 13; Tel. 04 21/16 03 80; www.ueberseemuseum.de; Mo geschl.

Bremen checkt ein

Parkhotel
Bremen

Man wandelt durch filmkulissenartige Säle und Salons, schaut in der Lobby staunend zur hohen Decke hinauf und genießt im großen »Spa'rks« das ganze zeitgenössische Wellness-Repertoire. Danach geht es ins Gourmetrestaurant »La Terrasse«: Die beste Küche der Stadt spannt den Bogen von mediterran zu asiatisch. Lieber von französisch zu deutsch? Dann geht man eben ins alte Park-Restaurant. Spezialisten aufgepasst: Es gibt einen eigenen Keller mit Sauternes-Weinen!

Im Bürgerpark;
Tel. 04 21/3 40 80;
www.park-hotel-bremen.de;
€€€€

297

298 Überfluss
Bremen

Holz, Schwarz, Weiß; dazwischen dezentes Bunt und diverse Objekte; Bäder im Raum bzw. mit Blick ins Zimmer. So sieht ein modernes Designhotel aus. Wer ein Zimmer mit Blick auf die Weser bucht, darf sich auf ein besonderes Duscherlebnis freuen.

Langenstr. 72; Tel. 04 21/32 28 60; www.hotel-ueberfluss.de; €€€

299 Sail City
Bremerhaven

Mit den »Havenwelten« hat Bremerhaven eine der spannendsten Museumslandschaften in Deutschland, mit dem Atlantic Hotel Sail City darüber hinaus seit 2008 ein neues Wahrzeichen: »Burj al Weser« – die Ähnlichkeit mit dem, zugegeben, noch deutlich spektakuläreren Hotel in Dubai ist unübersehbar. Zwischen Neuem Hafen, Museumshafen und der Weser schwingt sich der Bogen aus Stahl und Glas bis zur Aussichtsplattform in 90 m Höhe auf und noch mal 50 m höher bis zur obersten Spitze. Zimmer werden aber nur bis zur 8. Etage angeboten. Auf den noch aussichtsreicheren Stockwerken 9 bis 18 wird weniger aus dem Fenster, sondern mehr auf den Computerbildschirm geguckt. Die Welt ist ein seltsamer Ort.

Am Strom 1; Tel. 04 71/30 99 00;
www.atlantic-hotels.de; €€€

Bremen tischt auf

300 Ratskeller
Bremen

Vor 600 Jahren gab es nur den »Gemeinen« und den »Besseren«. Heute ruhen im legendären Weinkeller 650 verschiedene Gewächse und manche Preziose wie der Rüdesheimer Rosé aus dem Jahr 1653. Die Küche in den alten Gewölben gibt sich herzhaft-rustikal: Sehr gut sind Seemannslabskaus oder Bremer Knipp, kross gebratene Hafergrützwurst vom Schwein mit Bratkartoffeln und Apfelmus.

Am Markt; Tel. 04 21/32 16 76; www.ratskeller-bremen.de; €

Natusch Fischereihafen-Restaurant
Bremerhaven

Zu den Auktionshallen im Fischereihafen von Bremerhaven sind es nur 200 m. Hier ersteigert Lutz Natusch frühmorgens Seezungen und Schollen, Steinbutt, Seeteufel, Dorsch, Lachs, Rochen, Seewolf und Hai. Und weil der Weg in die Küche nicht weit ist, und weil man bei Natusch mit frischen Fängen auch umzugehen versteht, schmecken sie ausgezeichnet. Das Ambiente? Wie auf hoher See unter Deck – Gott sei Dank schaukelt es nicht.

Am Fischbahnhof 1; Tel. 04 71/7 10 21, www.natusch.de; Mo geschl. €€€

Das Kleine Lokal
Bremen

302

Klein ist es tatsächlich: Gerade mal 30 Gäste passen in das intime und sehr gemütliche Ecklokal, und damit man auf einem der roten Stühle Platz nehmen kann, sollte man vorher reservieren. Dann darf man sich auf Rochenflügel, Meeräsche und Seezunge freuen, auf Kalbsrücken und »Dreierlei vom Lamm«. Die Küche »lässt sich keinen Stempel aufdrücken«, stellte die »Feinschmecker«-Redaktion fest, und sie meinte das positiv. Verarbeitet werden überwiegend Lebensmittel aus regionaler (Bio-)Produktion.

Besselstr. 40; Tel. 04 21/7 94 90 84; www.das-kleine-lokal.de; So, Mo. geschl. €€€

Bremen geht aus

303 Die Glocke
Bremen

Für Herbert von Karajan war sie einer der drei besten Konzertsäle Europas. Ihre Akustik genießt eine beinahe legendären Ruf. Im denkmalgeschützten Art-Déco-Ambiente der Glocke, erbaut zwischen 1926 und 1928 gleich neben dem Dom, lauschen 1400 Zuhörer (im Großen Saal) den Konzerten der Bremer Philharmoniker. Zweites Stammensemble ist die Deutsche Kammerphilharmonie. Sie hat seit 1992 ihren Sitz in Bremen und gilt als eines der bedeutendsten Kammerorchester weltweit. Größte Beachtung hat der Beethoven-Zyklus gefunden, den das Orchester unter seinem Leiter Paavo Järvi in den letzten Jahren erarbeitet hat. Darüber hinaus spielen die Musiker mit den größten Solisten des internationalen Klassik-Betriebs zusammen. Aber es ist nicht alles Klassik in der Glocke. Im Rahmen der Reihe Jazz Nights trat schon die NDR-Bigband zusammen mit Al Jarreau auf.

Domsheide 6-8; Tel. 04 21/ 33 66 99; www.glocke.de

304 Kulturzentrum Schlachthof
Bremen

Vier Gebäude des ehemaligen Schlachthofs auf der Bürgerweide beim Hauptbahnhof haben 1981 die Abrissbirne überlebt. Seitdem sind sie eine feste Größe im Nachtleben der Stadt. Im Publikum tummeln sich Headbanger, Hopper, Kunststudenten und viele ganz normale Menschen. Von Hardcore bis Chormusik kann hier alles gehört werden. Es gibt auch eine Skaterbahn, eine Open-Air-Bühne und den Sommergarten.

Findorffstr. 51; Tel. 04 21/37 77 50; www.schlachthof-bremen.de

Bremen sucht aus

305 Schnoorviertel
Bremen

Es ist Bremens ältester Stadtteil und so etwas wie die gute Stube der Stadt. Darum hat der Tourismus, zugegeben, auch schon seine Spuren hinterlassen zwischen den kleinen, pittoresken Häusern, die sich wie Perlen auf einer Schnur aneinanderreihen: »Snoor« ist das niederdeutsche Wort für Schnur. In früheren Zeiten wohnten hier vor allem Fischer und Seeleute – gleich nebenan verlief die Balge, ein Nebenarm der Weser. Heute bestimmt ein Mix aus Wohnungen, Ateliers, Galerien und Gastronomie das Bild. Es gibt Läden für Schmuck und Juwelen, Bücher und Bilder, Tee und Design. Immer gut für einen Bummel, wenn man nach nichts Bestimmtem sucht.

Schnoor;
www.bremen-schnoor.de

Wilhelm Holtorf Colonialwaren
Bremen

Gleich hinter der Weser beginnt die ausgedehnte Shoppingtour. Es sind nicht die großen, sondern die besonderen Läden, die dem Viertel seinen Charme verleihen – zum Beispiel der Colonialwarenladen Holtorf mit seiner schönen, denkmalgeschützten Jugendstil-Einrichtung. Hier werden die stadtbekannten Müslis individuell gemischt und viele Gewürze verkauft, daneben, wie schon zur Gründungszeit 1874, Lebensmittel aus aller Welt und natürlich auch aus der Umgebung.

Ostertorsteinweg 6;
Tel. 04 21/70 05 22

306

Bremen lädt ein

308

Freimarkt
Bremen

Schon anno 1035 feierten die Bremer die »Marktgerechtigkeit«, und sie haben bis heute nicht damit aufgehört. Keine andere Stadt hat eine längere Volksfesttradition. 17 Tage lang kann man sich im Oktober schwindlig fahren lassen in den modernsten Fahrgeschäften. Es gibt auch das obligatorische mittelalterliche Marktdörfl.

www.freimarkt.de

307 Sail
Bremerhaven

Leider erst wieder 2020: Das spektakuläre Hafenfest in Bremerhaven, das nur alle fünf Jahre stattfindet, kontert die Kultur des schnellen Klicks mit seiner besonderen Exklusivität aus. Also abwarten und die Vorfreude steigern, bis die alten und die neuen, die großen und die ganz großen Segelschiffe wieder den Weg die Weser hinauf nehmen und das große Volksfest beginnt.

Zwischen 1840 und 1926 waren mehr als 250 große Tiefwasser-Segler auf den Werften von Rickmers und Tecklenborg in Bremen gebaut worden, darunter der Viermaster »Krusenstern«, der auch heute immer wieder in der alten Heimat anlegt. Maritime Kultur und maritimes Erbe sind kaum eindrucksvoller zu erleben.

www.bremerhaven.de

AM LIEBSTEN MITTENDRIN UND *live!* DABEI.

Von Abu Dhabi bis Zypern: **MERIAN live!** bringt Ihnen mit über 150 Ausgaben die schönsten und spannendsten Reiseziele der ganzen Welt näher, die wichtigsten Sehenswürdigkeiten, topaktuelle Adressen und außergewöhnliche Empfehlungen.

MERIAN
Die Lust am Reisen

Hamburg

Vorne die »Queen Mary 2«, dahinter der Michel mit seinem hohen Turm und der grünen Kupfermütze: Die schönste Ansicht Hamburgs ändert sich ständig, denn täglich dampfen neue Pötte in den riesigen Hafen. Landratten entdecken zwischen alten Backsteinkulissen und neuen Spiegelfassaden einen coolen Mix von Kiez, Kunst und Kult.

Nicht das Rathaus, sondern die Jacke macht den Unterschied. Im Café unter den Alsterarkaden ist man der Nordsee merklich näher als der Adria.

Hamburg gibt an ....

Hafen
St. Pauli – HafenCity

309

Kunst und Kirchen hin oder her: Am Ende dreht sich in Hamburg alles um den größten Seehafen in Deutschland (und den drittgrößten in Europa). Mehr als 8 Millionen Container werden hier jährlich umgeschlagen. Auf 75 Quadratkilometern Fläche wird gearbeitet, 24 Stunden am Tag; rund 10 000 Schiffe aus aller Welt machen pro Jahr fest. Immer sind andere Pötte zu sehen. Zur obligatorischen Hafenrundfahrt startet man an den Landungsbrücken in einer der kleinen Barkassen. Dann kann man auch in die schmalen Kanäle zwischen den bis zu sieben Stockwerken hohen Ziegelgebäuden der berühmten Speicherstadt einfahren. Nebenan entsteht seit 2003 die HafenCity. Das größte innerstädtische Bauprojekt Europas lässt sich vom orangeroten »View Point« überblicken. Weitere Attraktionen im Hafen sind natürlich die fotogenen Museumsschiffe wie der Riesenfrachter »Cap San Diego«, der Windjammer »Rickmer Rickmers«, das knallrote Feuerschiff oder zahlreiche alte Dampf- und Segelschiffe. Die Website bietet unter anderem eine Schiffsdatenbank und eine ständig aktualisierte Schiffsankunftsliste.

Hafen Hamburg Marketing, Pickhuben 6; Tel. 0 40/37 70 90; www.hafen-hamburg.de

Hamburg gibt an

Elbphilharmonie
HafenCity

Gute Planung und Effizienz am Bau sehen anders aus – aber nicht unbedingt besser. Darum war das Konzerthaus am Westende der HafenCity schon als Rohbau »fertig«. Technische Probleme, steigende Kosten, Verzögerungen, Baustopps und das Schwarze-Peter-Spiel der Verantwortlichen nervten, verärgerten und unterhielten die Bürgerschaft seit Baubeginn im Jahr 2007. Ursprünglich für 2010 geplant, fand die Eröffnung am 11. Januar 2017 statt. Die Elbphilharmonie ist mit 26 Geschossen, einer Gesamthöhe von 110 m und dem Konzertsaal mit 2150 Plätzen das neue Hamburger Wahrzeichen.

310

Platz der Deutschen Einheit 1;
Tel. 0 40/35 76 66 66;
www.elbphilharmonie.de

311 Kunstsammlung Falckenberg
Harburg

Harald Falckenberg, Jurist, Unternehmer und Mäzen, mag radikal moderne Kunst so gern, dass er sie anderen Menschen zeigt. Ungefähr 2000 Arbeiten von zeitgenössischen Künstlern hat er seit 1994 gesammelt. Seit 2008 zeigt er sie in den umgebauten Fabrikhallen der Phoenixwerke in Hamburg-Harburg: Ausstellungen mit Künstlern wie Paul Thek, Jon Kessler oder Robert Wilson. Auch Themenausstellungen und multimediale Projekte sind zu sehen. Besichtigung nur im Rahmen von Führungen oder am 1. Sonntag im Monat von 12–17 Uhr.

Wilstorfer Str. 71;
Tel. 0 40/32 50 67 62;
www.sammlung-falckenberg.de

Miniatur-Wunderland
Speicherstadt

Noch so eine Hamburger Großbaustelle. 2300 Quadratmeter soll die ganze Modelllandschaft im Jahr 2020 einmal umfassen, heute kann man den Verkehr immerhin schon auf mehr als der Hälfte des Plangebiets rollen sehen, genauer: durch Mitteldeutschland, Knuffingen und Österreich, Hamburg, Amerika, Skandinavien und die Schweiz. Zwischenbilanz (Herbst 2016): 15,4 km Schienen, 1300 Züge, 1380 Signale, 3050 Weichen, 215 000 Figuren, 9250 Autos und 130 000 Bäume. Die größte Modelleisenbahn der Welt, die seit dem Jahr 2000 in Hamburg entsteht, ist ein riesiger Große-Jungen-Traum und schon deshalb unwiderstehlich.

Kehrwieder 2, Block D;
Tel. 0 40/3 00 68 00,
www.miniatur-wunderland.de

Hagenbecks Tierpark
Stellingen

Vor 100 Jahren war er der erste Zoo ohne Gitter, und zwar weltweit. Heute leben hier rund 1850 Tiere von 210 Arten in einer Art Landschafts-WG, die zugleich auch als eine wunderschöne Parkanlage »funktioniert«. 300 weitere Arten, darunter Nilkrokodile, Rochen und Korallenfische, sind in dem erst 2007 eröffneten Tropen-Aquarium zu sehen. 14 m lang und drei Stockwerke hoch ist die gewölbte Panoramascheibe, hinter der Riffhaie ihre Kreise ziehen. Seit 2009 leben übrigens auch Menschen bei Hagenbeck, und zwar im Lindner Park-Hotel Hagenbeck, dem ersten Tierpark-Themen-Hotel der Welt (Tel. 040/8 00 80 81 00; www.lindner.de).

Lokstedter Grenzstr. 2;
Tel. 0 40/5 30 03 30;
www.hagenbeck.de

Kunsthalle
St. Georg

Caspar David Friedrichs »Wanderer über dem Nebelmeer« ist nur eines der Vorzeigestücke in den Sammlungen von Gemälden aus der Zeit zwischen 1800 und 1914, die in der Kunsthalle ausgestellt werden. Auch die klassische Moderne ist mit Beckmann und Kokoschka, aber auch mit verschiedenen »Brücke«-Malern und »Blauen Reitern« gut vertreten. In der Galerie der Gegenwart entdeckt man neben den obligatorischen Bacons und Warhols viel hochkarätige Kunst aus deutschen Landen.

Glockengießerwall;
Tel. 0 40/4 28 13 12 00;
www.hamburger-kunsthalle.de;
Mo geschl.

Maritimes Museum
Speicherstadt

Erstaunlich: Sein großes Maritimes Museum bekam die alte Hafenstadt Hamburg erst im Jahr 2008 – und zwar nicht vom Bürgermeister, sondern von einem privaten Sammler. Peter Tamm, langjähriger Chef des Axel-Springer-Verlags, erhielt dafür vom Senat die Räumlichkeiten im prächtigen, teuer renovierten Kaispeicher B der HafenCity zur Verfügung gestellt. Dort zeigt er nun, was er mit sechs Jahren zu sammeln begonnen hat: Gemälde und Konstruktionspläne, Uniformen, Waffen, nautische Geräte, Karten – und Schiffsmodelle bis zum Abwinken. Doch keine Angst: Als Besucher stolpert man nicht durch eine vollgestopfte Rumpelkammer, sondern wird didaktisch geschickt von »Deck« zu »Deck« gelotst – wo man beispielsweise auch Spannendes aus der Tiefseeforschung erfährt.

Kaispeicher B, Koreastr. 1;
Tel. 0 40 /30 09 23 00;
www.internationales-maritimes-museum.de

315

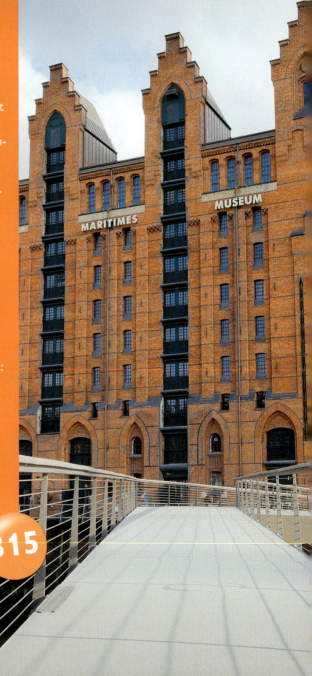

Hamburg checkt ein

Atlantic
St. Georg

Die große alte Dame an der Außenalster ist wieder flott. Nach ziemlich langen Renovierungsarbeiten leuchtet die legendäre Weltkugel auf dem Dach so schön wie seit vielen Jahren nicht mehr. Alles atmet Luxus, nichts wirkt dabei aufdringlich. Mit Sicherheit die traditionsreichste und stilvollste und selbstverständlich nicht die billigste Herberge in Hamburg.

An der Alster 72–79;
Tel. 0 40/2 88 80;
www.kempinski.com/hamburg; €€€€

Louis C. Jacobs
Nienstedten

Charaktervolle Holzdielen, begehbare Kleiderschränke, Marmor und geschliffener Granit in den Bädern. Eine Schau sind die Elbzimmer und -suiten direkt über der Elbe, auf der die Pötte vorbeiziehen. An den Fenstern stehen Ferngläser! Jacobs Restaurant ist eine stadtbekannte Gourmet-Adresse, im »Kleinen Jacob« wird mediterrane Landküche serviert.

Elbchaussee 401–403;
Tel. 0 40/82 25 50;
www.hotel-jacob.de;
€€€€

Wedina
St. Georg

Eine sehr originelle und empfehlenswerte Alternative zu den berühmten Nobelherbergen Kempinski Atlantic und Le Royal Meridien im angesagten Viertel St. Georg an der Alster. In den Zimmern der fünf Häuser (rot, gelb, grün, blau, pink) steht mal modernes, mal klassisches, mal mediterran inspiriertes Mobiliar auf Holzfußböden. Viele bekannte Musiker und Schriftsteller checken im »Wedina« ein – regelmäßig werden Lesungen veranstaltet. Das (Bio-) Frühstücksbüffet ist klasse und wird bei schönem Wetter im Garten hinter dem Haupthaus genossen.

Gulittstr. 23;
Tel. 0 40/2 80 89 00;
www.wedina.de; €€

Hamburg checkt ein

Gastwerk
Ottensen

Schicke Design-Hotellerie in atmosphärischer Industriearchitektur: Im ehemaligen Gaswerk in Ottensen beeindruckt schon die hohe, offene Lobby. In den Zimmern, pardon, Lofts stehen schöne Möbel vor zum Teil unverputzten Backsteinwänden, das Farbspektrum bewegt sich im erdigwarmen Bereich. Dazu entdeckt man Detail über Detail – und ein Spa mit orientalisch grundierten Wellness-Anwendungen. Feine, frische »World Cuisine« im Restaurant Mangold.

319

Beim alten Gaswerk 3;
Tel. 0 40/89 06 24 98;
www.gastwerk.com;
€€€

Empire Riverside
St. Pauli

320

Wer sein Zimmer im Empire Riverside Hotel am Hamburger Hafen nimmt, vorzugsweise in den oberen Etagen, hat das volle Programm. Kühl und steil ragt der Bau von Star-Architekt David Chipperfield zwischen den Landungsbrücken und der Reeperbahn in St. Pauli auf, gleich neben dem Kiez: In zwei Minuten ist man am Eingang der Herbertstraße. Noch viel lohnender als diese, aber auch nicht jugendfrei (Alkohol) ist die Bar »20up« mit ihrem Traumpanorama: der Hamburger Hafen aus 90 m Höhe!

Bernhard-Nocht-Str. 97;
Tel. 0 40/31 11 90;
www.hotel-hamburg.de;
€€€

Hamburg tischt auf

Oberhafenkantine
HafenCity

321 Dass sie überhaupt noch steht, verdankt sie dem Denkmalschutz, der diese wortwörtlich schräge Hamburger Institution im Jahr 2000 vor dem Abriss bewahrte. Das Haus kippt, doch die Tradition (seit 1925) lebt weiter: mit den berühmten Frikadellen, mit Labskaus, mit Matjes, mit Bratkartoffeln.

Stockmeyerstr. 39; Tel. 0 40/ 32 80 99 84; www.oberhafen kantine-hamburg.de; €

Vlet
Speicherstadt

322

Die historische Speicherstadt bildet einen faszinierenden Kontrast zur modernen HafenCity gleich nebenan. Im Vlet sitzt man in einem der restaurierten Speicher zwischen beiden Welten und genießt norddeutsche Küche der neuen Art, etwa »Beer, Bohn un Speck« (Bohnenragout, Wildschweinbauch, Birnenkompott, Kartoffelperlen, Bohnenkrautschaum) oder »Old Eeten« (Apfelschweinerippe, Sauerfleisch, Brühwurstsoße, Salzkartoffeln, gepickeltes Kürbispüree, Gurkenkompott). Hinterher eine friesische Holundersuppe. Das Fleisch kommt von Höfen im Umland, die Krabben sind fangfrisch vom Kutter.

Am Sandtorkai 23; Tel. 0 40/3 34 75 37 50; www.vlet.de; So geschl. €€€

Hamburg tischt auf

Haerlin
Neustadt

Mit 19 Gault-Millau-Punkten die erste Gourmetadresse in der Hansestadt. Im Fairmont Hotel Vier Jahreszeiten lässt Christoph Rüffer die Aromen tanzen. Mit traumhafter Sicherheit umspielt der Meister seine stets dominanten Grundprodukte mit mal mehr, mal weniger exotischen Akzenten. Beispiel: Kaisergranat mit Verveine und jungen Möhren aus Syke und Yuzu oder Bar de ligne mit Rüben, Muscheln und Garam masala. In den raumhohen Weinklimaschränken harren viele erstklassige Tropfen (1200 Posten!) ihrer Verkonsumierung.

Neuer Jungfernstieg 9–14; Tel. 0 40/34 94 33 10; www.restaurant-haerlin.de; So, Mo geschl. €€€€

323

Seven Seas und Süllberg-Terrassen
Blankenese

324

Zur fabelhaften Sicht auf die Elbe genießt man im Restaurant »Seven Seas« des Blankeneser Süllberg-Hotels klassische französische Gourmetküche. Neben Delikatessen aus den sieben Meeren gibt es auch Fleisch in bester Qualität. Das tolle Elbpanorama vom 75 m hohen Süllberg kann man für (viel) weniger Geld auch von den Süllberg-Terrassen genießen, einem der schönsten Hamburger Biergärten.

Süllbergstr. 12; Tel. 0 40/8 66 25 20; www.karlheinzhauser.de; Mo, Di geschl. €€€€

east
St. Pauli

Im Kellergewölbe unter dem East Hotel nahe der Reeperbahn trifft sich die Szene zum Sushiessen und Cocktailtrinken. Die ehemalige Eisengießerei bietet mit ihren vier hohen weißen Säulen den schick gestylten Rahmen zum Sehen und Gesehenwerden – und für allerlei kulinarische Genüsse irgendwo in den weiten Gewässern zwischen Mittelmeer und Pazifik. Ein bisschen Nordsee ist auch dabei ... Am Sushitresen kann man den Messerkünstlern bei der Arbeit zusehen.

Simon-von-Utrecht-Str. 31; Tel. 0 40/30 99 33, www.east-hamburg.de; €€€

Musical
Altona, St. Pauli

326

Hamburg ist die deutsche Musical-Hauptstadt. Gleich drei Bühnen spielen Großproduktionen von Stage Entertainment. Die Neue Flora in Altona zeigt »Aladdin« und das Stage Theater am Hafen gegenüber den Landungsbrücken in St. Pauli den Dauerbrenner »König der Löwen«. Und im Operettenhaus am Spielbudenplatz über der Reeperbahn läuft »Hinterm Horizont«, das Musical über Udo Lindenberg.

Tel. 0 18 05/44 44;
www.stage-entertainment.de

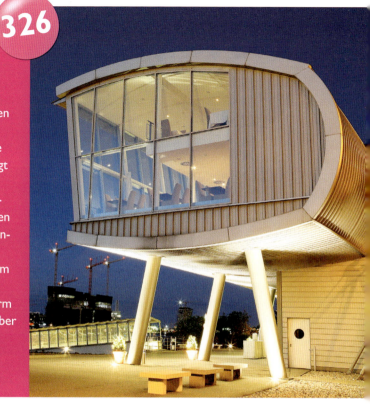

327 Thalia Theater
Altstadt

Bis zu 1000 Zuschauer können im großen Haus verfolgen, was auf der Bühne abläuft: ganz großes Theater. 2003 und 2007 war das Thalia »Theater des Jahres« im deutschsprachigen Raum, daneben sammelt das Ensemble eifrig Auszeichnungen zum »besten Schauspieler« und zur »besten Inszenierung des Jahres«. Besonderes Renommee erwarb sich die gefeierte Truppe mit modern inszenierten Klassikern.

Alstertor; Tel. 0 40/32 81 44 44;
www.thalia-theater.de

Hamburg geht aus

Staatsoper
Altstadt

Die Glasfassade aus den 1950er-Jahren ist eines der Aushängeschilder im Hamburger Kulturbetrieb. Seit seiner Gründung anno 1678 versteht sich das erste öffentliche Musiktheater Deutschlands ausdrücklich als eine Volks-Oper. Dabei gilt es als eine der führenden Musikbühnen weltweit. Die Intendanz der Australierin Simone Young hat dem Haus seit 2005 viel Zuspruch von Kritik und Publikum eingetragen. Seit der Spielzeit 2015/2016 steht mit Kent Nagano ein neuer Chefdirigent am Pult der Staatsoper.

Große Theaterstr. 25; Tel. 0 40/35 68 68; www.hamburgische-staatsoper.de

328

329 Le Lion – Bar de Paris
Altstadt

Eine »nostalgische Bar, die Trend setzt«, so lautet das Konzept. Hier haben Prominente keinen Bonus, und alle Gäste wissen sich zu benehmen. Das ist nicht altmodisch, sondern zeitlos und darum angesagt. Das Wort Lounge ist tabu, statt auf Coolness setzt Barchef Jörg Meyer, in Deutschland einer der besten seines Fachs, auf Behaglichkeit. Die Cocktails? Sind klassisch ... und ausgezeichnet!

Rathausstr. 3; Tel. 0 40/3 34 75 37 80; www.lelion.net

330 Schmidt's Tivoli
St. Pauli

Die legendäre Adresse auf der Reeperbahn. Mitten im Rotlichtviertel wird auch jugendfrei unterhalten – mit köstlichen Revuen, schmerzfreier Comedy und natürlich mit dem Dauerbrenner »Heiße Ecke – das St. Pauli Musical«. Die Kiez-Show ist eine echte Alternative zu den Hochglanzmusicals der großen Bühnen. Im Glanz & Gloria wird donnerstags zu Musik von Benny Goodman geswingt, und Angie's Nightclub im ersten Stock erstrahlt nach der Rundumerneuerung 2011 im neuen Glanz: in Dunkelblau und Gold.

Spielbudenplatz 27-28; Tel. 0 40/31 77 88 99; www.tivoli.de

Kaufrausch
Eppendorf

331

Shoppen im schicken Stadtteil Eppendorf. Kleine Räume in einem großen alten Haus enthalten eine ganze Menge von dem, was Frauen wirklich wollen: von Lederwaren über Dessous, Oberbekleidung und Schmuck bis zu Wohnaccessoirs. Insgesamt sieben Händler und Designer erzeugen den Kaufrausch. Ein Café gibt es auch.

Isestr. 74; www.kaufrausch-hamburg.de

Hamburg sucht aus

Land & Karte
Altstadt

Hamburg ist Deutschlands Tor zur Welt und damit auch der beste aller möglichen Standorte für die beste aller möglichen Landkarten- und Reisebuchhandlungen der Republik. Es gibt bei Dr. Götze ganz neue und sehr alte Karten, man hat die Wahl zwischen Globen und Atlanten, und weil sich die Zeiten ändern, bekommt man am Alstertor natürlich auch alles Nötige, um sich vom Satelliten sagen zu lassen, wo man seinen Platz auf der Welt findet. Der Werkstattservice bietet individuelle Kartenausschnitte, Rahmungen, Reprints und mehr.

Alstertor 14–18;
Tel. 0 40/3 57 46 30;
www.landundkarte.de

333 Heinrich Steier Fischräucherei
Altona

Nachtschwärmer haben mehr vom Leben. Zum Beispiel, wenn sie am sehr frühen Morgen nach ein Uhr am Hafen Makrelenfilets und Stremellachs genießen, frisch aus dem Rauch. Den sagenhaften Geschmack bekommt der Fisch durch das Holzfeuer, das in den sechs Altonaer Eisenöfen brennt.

Große Elbstr. 133;
Tel. 0 40/38 73 35

334 Harrys Hafenbasar
St. Pauli

Ist das ein Geschäft oder ein Völkerkundemuseum? Als Harry Rosenberg, geb. 1925, im Jahr 2000 starb, hinterließ er seiner Tochter Karin ein ebenso eindrucksvolles wie unübersehbares Erbe: Kunstgegenstände und Souvenirs aus aller Welt, die er von seinen Reisen über die Weltmeere selbst mitgebracht oder anderen Seefahrern abgekauft und in seinem Hafenbasar angeboten hatte. Karin Rosenberg starb 2011, und Gereon Boos übernahm den labyrinthischen und durchaus unheimlichen Laden in der Erichstraße. Im Jahr 2013 ist Harrys Hafenbasar ins neue Quartier umgezogen, nämlich in den Schwimmkran Greif am Ponton 5 in der HafenCity. Und was keiner, der den Laden davor gesehen hatte, glauben konnte: Der Hafenbasar machte dabei tatsächlich Inventur! Die berühmt-berüchtigte Ethnofundgrube hatte danach gezählte 332 428 Objekte in 33 themenbezogenen Kammern: Masken und Stabfiguren aus Afrika, Masken und Buddhas aus Asien, Masken und Kultobjekte aus Südamerika, auch Schrumpfköpfe und ausgestopfte Affen. Geöffnet am Wochenende (Sa, So) von 11–15 Uhr.

Sandtorkai 60, Sandtorhafen,
Ponton Nr. 5; Tel. 01 71/
4 96 91 69; www.hafenbasar.de

Hamburg lädt ein

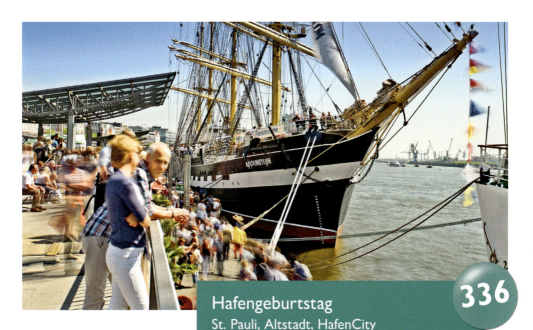

Alstervergnügen
Altstadt

335 Der Höhepunkt des Hamburger Sommers. Zwischen dem Rathausmarkt und der Lombardsbrücke reihen sich die Bühnen, Veranstaltungszelte und Schlemmerbuden. Man sieht Sportlern und Akrobaten zu, lauscht der Musik, lässt es sich schmecken und gut gehen – seit mehr als 30 Jahren.

www.alstervergnuegen.info

Hafengeburtstag **336**
St. Pauli, Altstadt, HafenCity

1189 wurde er gegründet, und nun feiern die Hamburger und jede Menge anderer Jahr für Jahr an Christi Himmelfahrt vier Tage lang seinen Geburtstag. Über dem bunten Volksfesttreiben ragen die Masten der größten und schönsten Windjammer auf. Mindestens ebenso wichtig wie die verschiedenen Bühnenprogramme sind natürlich die Schiffe, die zum Gratulieren kommen. Sieben Hafen-Webcams gewähren den großen Überblick, der Schiffsradar zeigt die aktuellen Positionen aller Schiffe im Hafen. Mehr als eine Million Besucher pro Jahr!

www.hamburg.de/hafengeburtstag

Hamburg fährt raus

In die Heide
Lüneburg

Reich geworden durch die Salzvorkommen unter der Stadt, begeistert die Hansestadt Lüneburg mit bestens erhaltenen gotischen Backsteinfassaden und einer enormen Kneipendichte.

Gute 50 km südöstlich von Hamburg bietet der Naturpark Lüneburger Heide außerdem wunderbare Landschaftsbilder und schier endlose Kilometer an Wander- und Radwegen. Und wem das alles noch nicht genügt oder wem es zu still ist, der findet in der Region außerdem jede Menge Freizeitparks, Tierparks, Reitställe, Badelandschaften und Golfplätze.

Tourist-Info, Rathaus; Tel. 08 00/ 2 20 50 05; www.lueneburg.de, www.lueneburger-heide-attraktionen.de

337

338 Tagesfahrt nach Helgoland
St. Pauli

Mit dem Katamaran »Halunder Jet« von Hamburg nach Helgoland: Das ist die ungewöhnlichste Fahrt zur einzigen Hochseeinsel Deutschlands. Um 9 Uhr geht's an der Landungsbrücke 3/4 in St. Pauli los. Die Elbe hinab (mit Zwischenstopps in Wedel und Cuxhaven), hinaus in die Nordsee und nach ca. 3.45 Stunden hinein in den Helgoländer Südhafen. Zollfrei (und ohne Mehrwertsteuer!) shoppen und abends wieder zurück in Hamburg.

St. Pauli Landungsbrücke 3/4; Info-Tel. 04 61/8 64 44; www.helgoline.de

Hamburg fährt raus

Elbuferweg
Blankenese – St. Pauli

Die Route ist einfach: Man fährt mit dem Bus hinaus und geht an der Elbe zurück. Der Startpunkt ist beliebig, das Ziel an den Landungsbrücken in St. Pauli steht fest. Wer gut zu Fuß ist, bricht in Blankenese auf. Alternative ist der Start in Teufelsbrück. In jedem Fall sollte man mit Pausen und Schauen einen ganzen Tag einplanen. In der Dämmerung ist die Stimmung fantastisch: Der Blick vom postkartenschönen Övelgönne mit seinem Museumshafen zum hell beleuchteten Containerterminal ist toll! Drei Verpflegungsmöglichkeiten seien besonders empfohlen: das rundum verglaste Restaurant Engel auf dem Schiffsanleger Teufelsbrück, die Elbkate mit ihrem schönen Biergarten nahe Schröders Elbpark und die bekannte Strandperle in Övelgönne.

339

Tourist-Info Hamburg, St. Pauli Landungsbrücke 4/5;
Tel. 040/30 05 13 00;
www.hamburg-tourism.de

340

In den Nationalpark Wattenmeer
Insel Neuwerk

Die Inseln Neuwerk (berühmter, imposanter Leuchtturm) und Scharhörn liegen rund 100 km westlich von Hamburg mitten im Watt vor Cuxhaven und sind bei Niedrigwasser von dort zu Fuß oder mit Pferdewagen zu erreichen. Um nicht von der Flut überrascht zu werden, sollte man vor der Tour unbedingt den Gezeitenkalender studieren oder am besten gleich an einer geführten Wanderung teilnehmen. Dabei erfährt man auch viel Wissenswertes über den 117 Quadratkilometer kleinen Nationalpark Hamburgisches Wattenmeer.

Nationalpark-Haus, Insel Neuwerk 6;
Tel. 0 47 21/2 86 81; www.nationalpark-wattenmeer.de/hh

Hessen

In der Mitte ist Deutschland recht bucklig, ziemlich grün und ganz schön schlau – es gibt hier tatsächlich ein Museum für Mathematik. Wer ausgerechnet hat, warum die Häuser in Frankfurt schneller und höher wachsen als die Bäume zwischen Westerwald und Rhön, darf sich Worscht und Ebbelwoi bestellen. Rheingau-Riesling ist auch gut.

Sieht aus wie Kyoto, ist aber Kassel. Kirschblüte im Schlosspark Karlsaue.

Hessen gibt an

Rokoko und Jugendstil
Darmstadt

Um 1710 entstand das Prinz-Georg-Palais, ein Rokoko-Schmuckstück, das eine wunderbare Porzellansammlung enthält und von einem herrlichen Garten umgeben ist. Damals erlebte Darmstadt als großherzogliche Residenz seine große Blütezeit. »Blühen« tat es später noch mal: Auf den Ornamenten der Gebäude, die 1899 nach Gründung einer Künstlerkolonie auf der Mathildenhöhe entstanden. Wahrzeichen dieser Jugendstil-Ikone ist der 48 m hohe »Hochzeitsturm«. Interessantes Rahmenprogramm.

Prinz-Georg-Palais,
Schlossgartenstr. 10; Tel. 0 61 51/71 32 33;
www.porzellanmuseum-darmstadt.de; nur Fr–So
Mathildenhöhe, Olbrichweg 13;
Tel. 0 61 51/13 33 85;
www.mathildenhoehe.info; Mo geschl.

341

342 Naturmuseum Senckenberg
Frankfurt

Wer nur die Dinosaurier sieht, verpasst die eigentliche Sensation. Die Stiftung des Frankfurter Arztes Johann Christian Senckenberg ist nämlich nicht nur Museum, sondern auch Forschungsinstitut, und sie umfasst die gesamte Naturgeschichte. Unter den unzähligen Exponaten gibt es riesengroße und mikroskopisch kleine. Manche sind so selten, dass die Sammlung Weltruhm genießt. Zum Beispiel ist das Skelett der Pflasterzahnechse das einzige bisher gefundene. Es gibt auch Kindermumien und Mineralien zu bestaunen. Und die Dinos sind wirklich toll...

Senckenberganlage 25; Tel. 0 69/7 54 20; www.senckenberg.de

Museum für moderne Kunst
Frankfurt

Es ist das »Tortenstück« der Frankfurter Museumslandschaft – auf einem dreieckigen Grundstück neben dem Dom. Zusätzlich zum MMK 1 (amerikanische Pop Art, Francis Bacon, Joseph Beuys, Gerhard Richter …) gibt es seit 2014 auch das MMK 2 im Taunusturm und das MMK 3 gegenüber dem Haupthaus.

MMK 1, Domstr. 10; Tel. 0 69/ 21 23 04 47; www.mmk-frankfurt.de; Mo geschl.

Fridericianum
Kassel

Als es 1779 eröffnet wurde, war es der erste öffentliche Museumsbau auf dem europäischen Festland. Seit ihrer Premiere 1955 hat die documenta hier ihren zentralen Ausstellungsort, und seit 1993 finden auch Ausstellungen mit Gegenwartskunst statt. 2017 steht das Fridericianum jedenfalls ganz im Zeichen der documenta 14.

Friedrichsplatz 18; Tel. 05 61/7 07 27 20; www.fridericianum.org

Neroberg
Wiesbaden

Auf dem Neroberg, den man mit einer wasserbetriebenen Zahnstangenbahn, Baujahr 1888, »besteigt«, genießen die Wiesbadener ihre Freizeit im neuen Hochseilgarten (www.kletterwald-neroberg.de) oder im wunderschönen, denkmalgeschützten Opelbad – bei prächtiger Aussicht über die Dächer der Stadt.

Nerotal 66; Tel. 06 11/2 36 85 00; www.nerobergbahn.de

Altes Schloss
Gießen

1944 wurde das nach 1330 errichtete Alte Schloss zusammen mit dem größten Teil der Stadt von Bomben zerstört. 36 Jahre später stand es wieder. Heute beherbergt das neu-alte Gemäuer die Abteilung Gemäldegalerie und Kunsthandwerk des Oberhessischen Museums. 400 Jahre alt und knapp 4 Hektar groß ist der Botanische Garten der Justus-Liebig-Universität, der direkt ans Alte Schloss angrenzt. Er ist die grüne Oase in der Mitte Gießens, dient aber immer noch in erster Linie der Lehre und Forschung.

Brandplatz 2; Tel. 06 41/96 09 73 16; www.giessen-entdecken.de; Mo geschl.

Hessen gibt an

347 Dialogmuseum
Frankfurt

Wie nehmen Blinde die Welt war? Alle, die sich ihrer Augen selbstverständlich bedienen, können hier eine ungewöhnlich spannende Erfahrung machen. Beim »Dialog im Dunkeln« führen Blinde die sehenden Besucher durch lichtlose Räume voller Gerüche und Geräusche. Beim alljährlichen Sommer-Special »Blinder Passagier« reisen Daheimgebliebene durch ein unsichtbares Land. Für das Restaurant »Taste Of Darkness«, in dem die Augen eben nicht mitgegessen haben, hat man bisher leider keinen Ersatz gefunden.

Hanauer Landstr. 145; Tel. 0 69/90 43 21 44; www.dialogmuseum.de; Mo geschl.

348 Kloster und Königshalle
Lorsch

»Während der Regierungszeit von König Pippin gründeten der fränkische Gaugraf Cancor und seine Mutter Williswinda die Abtei Lorsch.« Das verrät die Website, und nicht nur wegen dieser Namen muss man kommen. Die Königshalle in der 764 gegründeten Benediktinerabtei, ein Musterbeispiel karolingischer Baukunst, ist seit 1991 als Welterbe gelistet.

Nibelungenstr. 35; Tel. 0 62 51/5 14 46; www.kloster-lorsch.de; Mo geschl.

349 Deutsches Architekturmuseum
Frankfurt

»Von der Urhütte zum Wolkenkratzer« heißt die Dauerausstellung im zweiten Stock, in der Modellpanoramen die deutsche Baugeschichte illustrieren. Dazu sind regelmäßig Sonderausstellungen zu sehen: etwa über Fernsehtürme oder über zeitgenössische Architektur in China. Das Museum ist mit seinem faszinierenden Haus-im-Haus-Konzept in einer entkernten Gründerzeitvilla am Mainufer selbst ein Architekturdenkmal.

Schaumainkai 43; Tel. 0 69/21 23 88 44; www.dam-online.de; Mo geschl.

Bergpark Wilhelmshöhe
UNESCO-Welterbe in Kassel

350

238 m Höhenunterschied liegen zwischen dem Schloss und dem höchsten Punkt der Anlage, der Herkulesstatue. Damit gilt die Wilhelmshöhe als größter Bergpark Europas. Schloss Wilhelmshöhe beherbergt hinter seiner klassizistischen Fassade die Antikensammlung sowie die Galerie Alte Meister (Rembrandt, Rubens, Breughel), die Graphische Sammlung und den Weißensteinflügel mit prächtig eingerichteten Wohn- und Repräsentationsräumen. Daneben ist das neugotische Lustschloss der Löwenburg zu sehen. Ursprünglich von barocker Geometrie, wurde der Bergpark (den man von hinten mit dem Bus »besteigen« kann) am Ende des 18. Jh. in einen Landschaftsgarten nach englischer Prägung umgestaltet. Großartig sind die Wasserspiele mit ihren Seen, Aquädukten, Wasserfällen, Fontänen und mit den berühmten, 250 m langen Kaskaden unter dem Riesenschloss (von Mai bis Anf. Okt. an Mi, So und Fei ab 14.30 Uhr ab Riesenkopfbecken).

Schlosspark 1; Tel. 05 61/31 68 01 23; www.weltkultur-kassel.de; Mo geschl. (Museum)

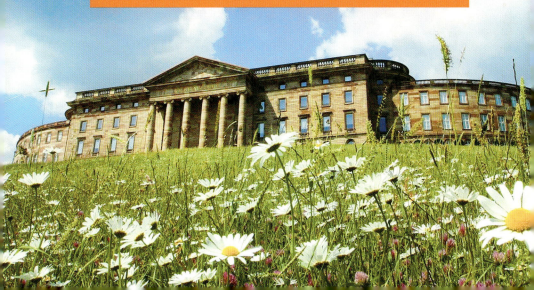

Altstadt
Wetzlar

Gießens Nachbarstadt Wetzlar punktet mit ihrer hübschen Altstadt und dem Dom (12. bis 16. Jh.) sowie mit einer romantischen Literaturvorlage: Im bildschönen Fachwerkhaus am Schillerplatz Nr. 5, dem »Jerusalemhaus« – heute eine Gedenkstätte (Mo. geschl.) –, lebte der Legationssekretär Karl Wilhelm Jerusalem, der sich 1772 das Leben nahm. Er war das Vorbild für den »jungen Werther« von Johann Wolfgang Goethe, der im selben Jahr am Reichskammergericht als Rechtspraktikant arbeitete.

Tourist-Information, Domplatz 8; Tel. 0 64 41/99 77 55; www.wetzlar.de

352 Städel
Frankfurt

Eines der großen deutschen Kunstmuseen! Seit 1878 steht es auf dem südlichen Mainufer, dem »Museumsufer«. Die Sammlung geht auf die Stiftung des Bankiers Johann Friedrich Städel im Jahr 1816 zurück, sie umfasst heute 2700 Gemälde vom Mittelalter bis zur Moderne, von denen nur etwa ein Drittel ständig zu sehen ist. Die 100 000 (!) Zeichnungen und Drucke der Graphischen Sammlung sind im Präsenzsaal zugänglich. Als nach 2006 der Sammlungsbereich Moderne Kunst erweitert wurde, war man im Museum für Moderne Kunst auf der anderen Mainseite »not amused«. Seit 2011 bietet ein unterirdischer Erweiterungsbau weitere 3000 Quadratmeter Ausstellungsfläche.

Schaumainkai 63;
Tel. 0 69/6 05 09 82 00;
www.staedelmuseum.de;
Mo geschl.

353 Stadt, Schloss, Museum
Marburg

Im idyllischen Städtchen am Fuß des steilen Schlossberges studierten schon die Gebrüder Grimm. Die Marburger Uni war im Jahr 1527 als erste protestantische Hochschule Deutschlands gegründet worden, die Elisabethkirche (1235–1283) gilt zusammen mit der Liebfrauenkirche in Trier als der früheste gotische Kirchenbau in Deutschland; ihre Ausstattung ist nahezu komplett erhalten. Sehenswert sind das Museum für Kulturgeschichte im Ostflügel des Marburger Schlosses sowie das (wohl erst 2018 wieder geöffnete) Museum für Bildende Kunst (deutsche Maler des 19. und 20. Jh.; beide Museen: www.uni-marburg.de/uni-museum; Mo geschl.).

Tourist Info, Biegenstr. 15;
Tel. 0 64 21/9 91 20;
www.marburg.de

Dommuseum
Fulda

354

Links vom Portal des barocken Doms (1704–1712) steht verborgen hinter einer Mauer und einem kleinen Garten das Gebäude der Domdechanei, das heute als Museum dient (Mo geschl.). Reliquiare, sakrale Gewänder und liturgische Geräte illustrieren die beinahe 1000-jährige Geschichte des Bistums Fulda. Zur Landesgartenschau wurde der Domdechaneigarten 1994 neu gestaltet. Besonders schön ist die Sammlung alter Rosensorten.

Domdechaneigarten;
Tel. 06 61/8 72 07;
www.bistum-fulda.de

Stadtschloss
Fulda

355

Hier ist zu sehen, welchen Reichtum die Klostervorsteher besaßen, nachdem sie auch Landesherren geworden waren. Von 1607 bis 1612 entstand die vierflügelige Anlage, rund 100 Jahre später wurde sie barock erweitert. Die prächtigen historischen Räume der geistlich-weltlichen Herren und eine schöne Porzellansammlung können besichtigt werden.

Brandplatz 2; Tel. 06 61/1 02 18 14; www.kultur-fulda.de; Mo geschl.

Hessen gibt an

356

Dom und Diözesanmuseum
Limburg

Hoch über den Fachwerkhäusern der Altstadt ragt der großartige Dom auf – für Autofahrer auf der nahen A3 zumeist nur ein Sekunden-Hingucker. Schade, denn die markante Silhouette mit den sieben unterschiedlich hohen Turmspitzen kennzeichnet eines der schönsten spätromanischen Baudenkmäler Deutschlands (mit Fresken aus dem 13. Jh.). Domschatz und Diözesanmuseum, gleich nebenan, enthalten wertvolle sakrale Kunst und als größte Kostbarkeit die Staurothek, ein Reliquienbehältnis aus dem 10. Jh. mit Holz vom Kreuz Christi und Goldverzierungen.

Domstr. 12; Tel. 0 64 31/5 84 72 00; staurothek.bistumlimburg.de; Mo geschl.

Mathematikum
Gießen

357

Mathe macht Spaß. Dieser fantastischen Behauptung brauchen große und kleine Menschen nicht sofort Glauben schenken, sie sollten sich aber mal furchtlos darauf einlassen – etwa mit (Zahlen-)Spielen und Experimenten. Hier knackt man außerdem Geheimcodes und erkennt das Prinzip des Goldenen Schnitts am eigenen Körper.

Liebigstr. 8; Tel. 06 41/9 69 79 70; www.mathematikum.de

Karlsaue und Orangerie
Kassel

Direkt an der Fulda liegt der Staatspark Karlsaue, eine der größten barocken Parkanlagen in Deutschland. In der hübschen Orangerie (Mo geschl.) kann man das luxuriöse Marmorbad bestaunen, vor allem aber das astronomisch-physikalische Kabinett. Weil anno 1560 in Kassel die erste stationäre Sternwarte Europas eingerichtet wurde, enthält die Sammlung eine Fülle interessanter Objekte zur Himmelskunde – zum Beipiel einen kostbaren metallenen Himmelsglobus aus dem 16. Jh.

An der Kalrsaue 20 C;
Tel. 05 61/31 68 05 00;
www.museum-kassel.de

Kurviertel
Wiesbaden

Das historische Herz Wiesbadens schlägt sehr lebhaft in den engen Gassen der Altstadt mit ihren Fachwerkhäusern und Weinlokalen neben dem Schlossplatz, wo Stadtschloss, Altes und Neues Rathaus sowie die Marktkirche ein beeindruckendes Ensemble bilden. Weltberühmt ist das Wiesbadener Kurviertel. Von der ersten Hälfte des 19. Jh. bis zur Belle Epoque gaben sich im »Nizza des Nordens« gekrönte und ungekrönte Häupter aus Kunst, Politik und Wirtschaft die Klinken in die Hand. An diese Zeit erinnern das Kurhaus mit dem Casino, die Kurhaus Kolonnade von 1827, längste (129 m) Säulenhalle Europas, und der Kurpark, der 1852 im Stil eines englischen Landschaftsgartens angelegt wurde. Die 2000 Jahre alte »Wellness«-Tradition lebt am schönsten in der Kaiser-Friedrich-Therme fort, einem sorgfältig restaurierten Jugendstilbau aus dem Jahr 1913 in der Langgasse 38.

Tourist-Information, Marktplatz 1;
Tel. 06 11/1 72 99 30;
www.wiesbaden.de/tourismus

Grube Messel
Messel

»Ida« wurde das älteste, vollständig erhaltene Fossil eines Primaten und das vermeintliche »Missing Link« in der Entwicklung vom Affen zum Menschen getauft. Gefunden hatte man es in der Grube Messel nordöstlich von Darmstadt. Seit 1995 zählt das Gelände offiziell zum UNESCO-Welterbe. Mehr als 10 000 Fossilien sind hier bereits im Ölschiefer geborgen worden, darunter auch das bekannte »Messeler Urpferdchen« und – »Ida«. Schon jetzt ist klar, dass der sensationelle Fund vom Mai 2009 nicht der letzte gewesen sein wird.

Rossdörfer Str. 108;
Tel. 0 61 59/71 75 90;
www.grube-messel.de

Opelvillen
Rüsselsheim

361

Das Ensemble der Opelvillen aus den 1930er-Jahren ist heute ein Kunst- und Kulturzentrum. Historische und moderne Architektur verbinden sich mit dem Ziel der Stiftung Opelvillen, moderner Kunst (Malerei und Fotografie) einen angemessenen Raum zu bieten.

Ludwig-Dörfler-Allee 9;
Tel. 0 61 42/ 83 59 07;
www.opelvillen.de; Mo, Di geschl.

Festung
Rüsselsheim

362

Bis ins Jahr 1399 datieren die Ursprünge der gewaltigen Festungsanlage zurück. Hinter den Wallanlagen ist das tolle, von 2010 bis 2017 sanierte und neu konzipierte Stadt- und Industriemuseum untergebracht.

Hauptm.-Scheuermann-Weg 4;
Tel. 0 61 42/83 29 50;
www.museum-ruesselsheim.de;
Mo geschl.

363

Point Alpha
Geisa/Rhön

»Fulda Gap« nannte die NATO den Landstrich in der Rhön, wo das Gebiet des Warschauer Pakts während des Kalten Krieges am weitesten in den Westen hineinragte. Dort, so glaubte man, sei ein Angriff am wahrscheinlichsten. Heute ist der ehemalige US-Stützpunkt »Point Alpha« eine Gedenkstätte. Die spannende Dokumentation stellt dem »großen« Weltgeschehen den »kleinen« Alltag der Wachsoldaten gegenüber. Der ehemalige Kolonnenweg mit rekonstruierten Sperranlagen führt zum »Haus auf der Grenze«, in dem das Grenzregime der DDR dargestellt wird.

Platz der Deutschen Einheit 1; Tel. 0 66 51/91 90 30;
www.pointalpha.com

Hessen checkt ein

364 Radisson SAS Schwarzer Bock
Wiesbaden

Dass in den Zimmern heute Hosenbügler stehen, sagt schon etwas aus über die Gäste eines der traditionsreichsten deutschen Hotels: Schon 1486, sechs Jahre vor der Entdeckung Amerikas, checkten (damals noch ungebügelte) Reisende hier ein. Auch wenn die Zimmer nicht mehr das alte Mobiliar enthalten und größere Korrekturen am ursprünglichen Hygienestandard vorgenommen wurden, kommen Nostalgiker auf ihre Kosten.

Kranplatz 12; Tel. 06 11/15 50; www.radissonblu.de/hotel-wiesbaden; €€€

365 Hessischer Hof
Frankfurt

Zwischen teuren Antiquitäten sind in der berühmten Herberge auch moderne Gegenstände auszumachen. Weil man sich so viel Luxus erst verdienen muss, hat jedes Zimmer einen Arbeitsplatz mit allen erforderlichen Anschlüssen. »Jimmy's Bar« hat bis 4 Uhr geöffnet und wurde durch Barkeeper Andrès Amador (seit 2016 im Ruhestand) zur Legende des Frankfurter Nachtlebens.

Friedrich-Ebert-Anlage 40; Tel. 0 69/7 54 00; www.hessischer-hof.de; €€€€

366 Drei Lilien
Wiesbaden

Es ist ziemlich klein (20 Betten), es ist sehr hübsch und ungemein stilvoll, und es steht mitten in der City. Das restaurierte Jugendstil-Schmuckstück steht im historischen Quellenviertel unweit von Casino, Theater, Kurhaus und Thermen. Drinnen gibt es viel Stuck, hohe Decken, Kirschbaummöbel und eine Fülle wunderschöner Details. Die Zimmer sind sehr individuell eingerichtet, mal mit Antiquitäten, mal maßvoll modern. Das Frühstück mit hausgemachten Marmeladen und Eiern von Freilaufhühnern wird persönlch serviert.

Spiegelgasse 3; Tel. 06 11/99 17 80; www.dreililien.com; €€

Hessen checkt ein

367 Hotel Gude
Kassel

All die Prominenz, die hier schon genächtigt hat, ist Ralf Gude nicht in den Kopf gestiegen. Er führt den Familienbetrieb schon in der dritten Generation. Von der Lobby bis in die Zimmer verrät die moderne Ausstattung ebenso viel Geschmack wie Kreativität. Die Küche im Restaurant »Pfeffermühle« ist prima. Hotelgäste können das hauseigene Schwimmbad und die Sauna benutzen, und dass sie auch noch kostenlos Fahrräder ausleihen können, ist eine gute Sache: Das »Gude« liegt nämlich ein gutes Stück außerhalb des Zentrums.

Frankfurter Str. 299; Tel. 05 61/4 80 50; www.hotel-gude.de; €€

368 The Pure
Frankfurt

Weiß leuchtet die Fassade des ehemaligen Fabrikgebäudes, weiß strahlen die Wände im Inneren. Rezeption, Lobby, Frühstücksraum und Bar erscheinen wie eine einzige Lounge. Parkett und dunkles Holz schaffen in den kleinen, aber hohen Zimmern schöne Kontraste und bewahren das Ambiente vor Unterkühlung.

Niddastr. 86; Tel. 0 69/7 10 45 70; www.the-pure.de; €€€€

369 Romantik Hotel Goldener Karpfen
Fulda

In der Mitte Fuldas bietet das schöne Haus seinen Gästen die Wahl: Biedermeier-Interieur oder Japan-Design? Auch der klassische US-Look ist zu haben. Die Küche im Hotelrestaurant ist sehr gut und am besten mit bürgerlich-asiatisch-mediterran zu beschreiben. Das heißt, die Rhönforelle wird auf Zucchinigemüse mit Tandoori-Sauce serviert. Es gibt aber auch Rehrücken.

Simpliziusbrunnen 1; Tel. 06 61/ 8 68 00; www.hotel-goldener-karpfen.de; €€

370 Nassauer Hof
Wiesbaden

Der pure Luxus. Alle Schnörkel und Antiquitäten dieser deutschen Hotelinstitution zeugen von erlesenem Geschmack. Das Thermalwasser im Panoramapool auf der 5. Etage kommt aus der eigenen Quelle. Gegessen wird natürlich im Gourmetrestaurant des Hotels – und zwar das, was man dort schon seit bald 35 Jahren isst: Ente.

Kaiser-Friedrich-Platz 3–4; Tel. 06 11/13 30; www.nassauer-hof.de; €€€€

 Mehr Informationen finden Sie in unserer Rüsselsheim-App!

Kontakt Stadt Rüsselsheim am Main:
Telefon: 06142 83-2347
Mail: tourismus@ruesselsheim.de
Web: www.ruesselsheim.de

Hessen tischt auf

Medenbach Ost
Frankfurt

Es ist und bleibt eine der besten Frankfurter Gourmetadressen. Im herrlich gelegenen Gesellschaftshaus am Palmengarten waltet 2-Sterne-Koch Andreas Krolik seines Hochamts. Wobei seine Expertise in Sachen Fisch (Glattbutt, Räucheraal, Donau-Waller…) in ganz Deutschland kaum ihresgleichen haben dürfte. Bemerkenswert sind auch Kroliks meisterhafte Interpretationen veganer Küche, bei denen einem das Wort »Verzicht« nun wirklich nicht in den Sinn kommt. Sein veganes 6-Gänge-Menü ist eine Offenbarung.

Palmengartenstr. 11; Tel. 069/90 02 91 00, www.restaurant-lafleur.de; So, Mo geschl. €€€€

371

Müller & Müller
Darmstadt

Die beiden Müllers haben ihre ökologisch korrekte Hausmannsküche geografisch etwas ausgedehnt. Immer noch schmeckt es ausgezeichnet: Oberwälder Texel-Lamm mit Blumenkohl, Nussbutterpüree und Olivenmarmelade oder Island-Rotbarsch mit schwarzem Reis – alles sehr fair kalkuliert.

Mühlstr. 60; Tel. 0 61 51/15 38 63; www.mueller-und-mueller.de; So, Mo geschl. €€

Erno's Bistro
Frankfurt

Sieht aus wie eine gemütliche Kneipe, nur öfter gewienert und mit fein gedeckten Tischen. Valéry Mathis behauptet sich mit französisch-mediterraner Küche in der Spitzengruppe der Frankfurter Gourmetgastronomie. Seine Vorliebe für alles Meeresgetier schmeckt man den handwerklich perfekten Kompositionen immer an.

Liebigstr. 15; Tel. 0 69/72 19 97; www.ernosbistro.de; Sa, So geschl. €€€€

Gutshof
Kassel

Dass VIPs vom Studio des Hessischen Rundfunks nebenan rüberkommen, ist nicht das Beste an dem gemütlichen Landhaus mit Biergarten. Am Fuß der Wilhelmshöhe kocht Jens Richter hessisch, bayerisch, elsässisch und italienisch – täglich frisch und gern bio.

Wilhelmshöher Allee 347 A; Tel. 05 61/3 25 25; www.restaurant-gutshof.de; €€

Kronenschlösschen

Eltville

Das Künstlerhaus aus der Mitte des 19. Jh., ein architektonisches Juwel, beherbergt ein traumhaftes Landhotel mit ebensolchem Restaurant. Statt hessischer »Worscht« gibt es Juvenilferkel mit Spitzkohl, Ras el-Hanout, Blutwurst und Liebstöckel. Berühmte Weinkarte.

375

Rheinallee; Tel. 0 67 23/6 40; www.kronenschloesschen.de; Mo geschl. €€€€

Weisser Schwan

Darmstadt

Im nördlichen Stadtteil Arheiligen kommt allerlei Frisches aus dem Umland auf die Teller: vom kalten Roastbeef mit Bratkartoffeln bis zu den in (italienischem ...) Barolo geschmorten Rinderbäckchen. Klasse auch die argentinischen Steaks!

376

Frankfurter Landstr. 190; Tel. 0 61 51/37 17 02; www.weisser-schwan.com; Mo geschl. €€

Heimat

Frankfurt

377

Willkommen in den 1950er-Jahren. Der ovale Glaspavillon mitten in der Innenstadt überzeugt aber nicht nur mit seinem umwerfenden Retrocharme. Die ambitionierten Bistrogerichte werden unter den Augen der Gäste an der Theke zubereitet und schmecken ausgezeichnet. Es gibt daneben Tapas, Käse, Wurst und hervorragendes Brot. Auch die Weinkarte und der Service überzeugen.

Berliner Str. 70; Tel. 0 69/29 72 59 94; www.heimat-frankfurt.com; €€€

22nd Lounge
Frankfurt

378

Frankfurt by night – aus dem 22. Stock des Innside-Hotels. Der Holzfußboden ist edel, die Sessel sind schick und schwarz, die Wände kupferfarben. Zum Blick durch die raumhohen Fenster muss man nichts weiter sagen. Dazu feine Cocktails und Live-Musik.

Neue Mainzer Str. 66; Tel. 0 69/
21 08 80; www.innside.com/de/
22nd-barlounge-frankfurt.html;

Staatstheater
Wiesbaden

379

Oper, Schauspiel und Ballett im neobarocken Prachtbau am Kurpark. Höhepunkte sind im Frühsommer die Internationalen Maifestspiele und gleich danach die Theaterbiennale, das weltweit größte Festival der Gegenwartsdramatik.

Christian-Zais-Str. 3;
Tel. 06 11/1 32 1;
www.staatstheater-wiesbaden.de

380

Dresden Frankfurt Dance Company
Frankfurt

Mit klassischem Tanztheater hatte es nichts mehr zu tun, was der New Yorker William Forsythe als Leiter des städtischen Balletts 20 Jahre lang in Frankfurt praktizierte. 2004 gründete er ein unabhängiges Ensemble, die Forsythe Company. Heute kann man im Bockenheimer Depot in Frankfurt (und in Dresden, der zweiten Spielstätte der Company) sehen, was modernes Tanztheater ist: eine multimediale Verbindung von Performance, bildender Kunst und Architektur.

Schmidtstr. 12; Tel. 0 69/9 07 39 91 00;
www.dresdenfrankfurtdancecompany.de

Literaturhaus
Frankfurt

Es ist die Nähe zur Buchmesse, es ist das Erbe der Frankfurter Schule um Adorno und Horkheimer, es ist die Tradition der Stadt als intellektuelles Zentrum: Hier zählt das geschriebene (und gesprochene) Wort. In der Alten Stadtbibliothek, 2000 bis 2005 wiederaufgebaut, veranstaltet das Literaturhaus Ausstellungen, Foren und Lesungen – natürlich auch mit Nobelpreisträgern.

Schöne Aussicht 2;
Tel. 0 69/7 56 18 40;
www.literaturhaus-frankfurt.de

Staatstheater
Kassel

Wer weiß schon, dass in Kassel das älteste Theatergebäude nördlich der Alpen stand? Anno 1605 war das, und das Staatsorchester Kassel, Nachfolgerin der Landgräflichen Hofkapelle, feierte in der Saison 2002/03 sogar 500. Geburtstag. 2007 wurde der nach dem Krieg errichtete Neubau des Staatstheaters nach langer Sanierung wiedereröffnet – mit »Tristan und Isolde«. Fast 500 feste Mitarbeiter liefern das volle Programm: Oper, Schauspiel, Ballett, Kinder- und Jugendtheater, Konzerte …

Friedrichsplatz 15;
Tel. 05 61/1 09 40;
www.staatstheater-kassel.de

Oper
Frankfurt

Ausgezeichnete Kritiken und die mehrfache Wahl zum »Opernhaus des Jahres« unterstreichen die Bedeutung dieser Institution des deutschen Kulturlebens. Unter der Intendanz von Bern Loebe hat sich die moderne Frankfurter Oper – Achtung: nicht zu verwechseln mit der Alten Oper am Opernplatz! – mit ihren Inszenierungen auch im internationalen Vergleich auf einen Spitzenplatz gespielt. Dem Publikum gefällt, dass im Programm die großen Klassiker von Mozart über Verdi und Wagner bis Richard Strauss dominieren.

Willy-Brandt-Platz;
Tel. 0 69/21 24 94 94;
www.oper-frankfurt.de

Hessen sucht aus

Feinkost Rohde
Kassel

Schlemmertempel von überregionalem Ruf, eine echte Kasseler Institution. Würste in Manufaktur-Qualität, in echter Handarbeit aus besten Zutaten hergestellt. Zu kaufen gibt es Kasseler Ahle Worscht und Weckewerk und andere Culinaria aus Nordhessen – wie den Pfaffenberger Rohmilch-Hartkäse in Demeter-Qualität. Dass Dieter Rohde nicht nur Hesse, sondern auch Slowfood-Anhänger ist, verraten die eingeglasten Blut- und Leberwürste und Sülzen von Mangalitza-Freilandschweinen sowie von Bunten Bentheimern.

Frankfurter Str. 67;
Tel. 05 61/20 06 80;
www.feinkost-rohde.de

ECHT Wiesbaden
Wiesbaden

»Lieber lokal statt global«: Mit diesem für viele Großstädter attraktiven (und, nebenbei, verkaufsfördernden) Motto ist die Initiative »ECHT Wiesbaden« angetreten, um Jungunternehmern, Manufakturen, Facheinzelhändlern und Gastronomen mit einem Faible für die heimische Scholle eine Plattform zu bieten. Darauf findet man Produzenten, die Wiesbaden mit »Ideen und Individualität« bereichern – und die ihre guten Stücke im Idealfall vor Ort gestalten, herstellen und verkaufen. Das Spektrum der »ECHTEN« Wiesbadener reicht von Naturtextilien für Kinder (Glückskinder) über handgefertigte Taschen jeder Größe (Burning Love), ausgefallene Schuhe und Accessoires (Stil Carrée) und individuell gefertigte Luxuslingerie (Ruth und Sofia) bis hin zu witzigen Schleifen zum Selbstbinden (Schleifenmanufaktur).

www.echt-wiesbaden.de

Das Rhön-Dorf
Thann/Wendershausen

Es ist kein Dorf, sondern ein »Erlebniskaufhaus«, das nordöstlich der Wasserkuppe und also mitten im Naturpark Hessische Rhön steht. Neben dem Verkauf regionaler Spezialitäten – von Schafsmilch über Beerenwein, Lamm- und Wildwurst, Bienenseife und -kosmetik bis hin zu Keramik und Drechselwaren, Bierspezialitäten (Apfelbier!), Wildschweinspezialitäten, Wolldecken, Honig und Honigbonbons – möchte man auf die gewachsene Qualität der Kulturlandschaft aufmerksam machen. Die angeschlossene Galerie bietet heimischen Künstlern und Kunsthandwerkern ein Forum.

Hauptstr. 6;
Tel. 0 66 82/9 70 89 11;
www.rhoen-dorf.de

Hessen sucht aus

Affentor 387
Frankfurt

Der Trend von unten. Im Mai 2001 begann die Designerin Eve Merceron Taschen aus Alttextilien unter dem Label »Affentor« zu entwerfen. Angeregt hatte sie Christian Jungk von der gemeinnützigen Werkstatt Frankfurt. Die Taschen werden von Nachwuchsdesignern entworfen und von qualifizierten Näherinnen produziert, die mit diesem Job oft aus der Langzeitarbeitslosigkeit gefunden haben. Jedes Stück ist ein Unikat. Im Dezember 2006 wurde der Showroom eröffnet. Er ist zugleich der Affentor-Laden.

Fahrgasse 23; Tel. 0 69/29 80 19 75;
www.facebook.com/affentor

Brückenstraße
Frankfurt

Sachsenhausen hat mehr zu bieten als Ebbelwoi-Kneipen – die Boutiquen-Szene in der Brückenstraße zum Beispiel: Die Läden und Label heißen »Ketchup & Majo«, »Frauenkluft« oder »Ich war ein Dirndl« und machen richtig Spaß. Auch wenn eingeborene Frankfurter über zu viele Touristen stöhnen. 388

Sachsenhausen, Brückenstr.

Hessen lädt ein

Wäldchestag
Frankfurt

Der »Weldschesdaach« ist der Dienstag nach Pfingsten und wurde, weil an diesem Tag die meisten Frankfurter Arbeitnehmer ab 12 Uhr frei und die Geschäfte nachmittags geschlossen hatten, als »Frankfurter Nationalfeiertag« bezeichnet. Der Mythos bröckelt, aber für ein anständiges Freiluftevent mit Erlebnisgastronomie, Sommergärten, Live-Musik, Unterhaltungsprogrammen sowie einer Kirmes mit High-Tech-Fahrgeschäften, Schießständen, Spielbuden und Verkaufsständen rund um das Oberforsthaus im Stadtwald reicht es locker noch.

389

www.frankfurt.de

390 Museumsuferfest
Frankfurt

Drei Millionen Besucher flanieren am letzten Augustwochenende über die 8 km lange Partymeile auf beiden Seiten des Mains. Die Hochhaus-Skyline ist vom Südufer besser zu sehen. Es gibt Kleinkunst, Open-Air-Ausstellungen, Musik und gut zu essen. Höhepunkte sind das Drachenbootrennen und das abschließende Feuerwerk.

www.museumsuferfest.de

391 Zissel
Kassel

»Fullewasser, Fullewasser, hoi hoi hoi!« Mit diesem Ruf beginnt das fröhliche Planschen am ersten Wochenende im August. Kassel »zisselt«, und die ganze Region freut sich auf vier Tage Volksfest rund um die Fulda mit einem bunten Programm für die ganze Familie. 1926 feierten Ruder- und Schwimmvereine sowie die Stadtverwaltung zum ersten Mal den Zissel. Heute begeistern die beiden Festzüge zu Wasser mit ihren phantasievollen Illuminationen die mehr als 100 000 Gäste am Fuldaufer. Dazu Sport, Musik und viel zu essen.

www.zissel.de

Hessen lädt ein

documenta
Kassel

Sie ist ein Mythos des zeitgenössischen Kunstbetriebs. Und seitdem sie 1955 anlässlich der Bundesgartenschau zum ersten Mal stattfand, ist sie zuverlässig für Aufreger gut: damals demonstrativ mit »entarteter« Kunst im mühsam sich entnazifizierenden Nachkriegsdeutschland, 2007 mit dem 9500 Quadratmeter großen Aue-Pavillon vor der Orangerie und der Frage, warum 3,5 Millionen Euro in eine gewächshausähnliche Ausstellungshalle gesteckt werden müssen, die nach 100 Tagen wieder abmontiert wird. Provokationen in der Kunst werden zunehmend schwerer, gelingen Ausstellungsmachern und Künstlern aber zuverlässig. Mehrere Außenarbeiten von documenta-Künstlern sind heute im Kasseler Stadtbild fest verankert, zum Beispiel der »Himmelsstürmer« vor dem Hauptbahnhof, der »Rahmenbau« am Staatstheater und die berühmte »Spitzhacke« in der Fulda-Aue. Die documenta findet alle fünf Jahre statt – das nächste Mal von 10. Juni bis 17. September 2017.

392

www.documenta.de

Rheingau-Riesling-Route
Flörsheim – Lorch

70 km misst die Rheingau-Riesling-Route von Flörsheim am Main bis Lorch am Rhein. Um Wiesbaden herum geht es von Weinort zu Weinort an den Hängen des Taunus entlang. Neben Weinbergen gibt es auch viel Kultur zu sehen: etwa die Brömserburg in Rüdesheim, eine der ältesten Burgen am Rhein (um 1000), das 1883 eingeweihte und hoch patriotische »Niederwald-Denkmal« mit der Germania, die das Schwert immerhin gesenkt hält, außerdem das großartige Kloster Eberbach und die Kurfürstliche Burg Eltville.

Rheingau-Taunus Tourismus, Rheinweg 30, Oestrich-Winkel; Tel. 0 67 23/60 27 20; www.rheingau.de

393 Die zwei Türme
Greifenstein/Westerwald

An Heidelberg ist kein Vorbeikommen. Aber ins Rennen um die zweitschönste und -romantischste Burgruine Deutschlands schickt Greifenstein im hessischen Westerwald ein ganz heißes Gemäuer. Hoch über der Gemeinde ragt die sagenhafte Kulisse zweier Türme auf, einer spitz, der andere rund. Seit 1693 verfällt die 1160 erstmals erwähnte Burg, seit 1995 ist sie offiziell ein Denkmal von nationaler Bedeutung. In der faszinierenden Burganlage ist auch noch das Dorfmuseum, die eindrucksvolle Glockensammlung und eine der wenigen (barocken) Doppelkapellen in Deutschland zu sehen. Badespaß und aktive Erholung bieten danach der Badestrand an der Ulmbachtalsperre und das Outdoor-Zentrum-Lahntal mit Kanutouren, Bogenschießen und Eselwandern (www.outdoor-zentrum-lahntal.de). Unter den großartigen Wanderwegen ragt die Greifenstein-Schleife heraus, eine spannende Variante zu den ersten beiden Etappen des Westerwald-Steigs: landschaftliche und kulturelle Highlights auf 36 km Länge.

Gäste-Information, Herborner Str. 38; Tel. 0 27 79/9 12 40; www.greifenstein.de

394

Hessen fährt raus

395 Zum Edersee
Naumburg

Nordhessen ist mit fast 50 Verleih- und Akkuwechselstationen ein Dorado für E-Biker, die mühelos durch die idyllische Landschaft schnurren. Sehr schön ist die Tour von Naumburg durch schöne Buchenwälder und über aussichtsreiche Höhen zum Edersee.

Tourist-Info, Hattenhäuser Weg 10–12; Tel. 0 56 25/79 09 73; www.naumburg.eu, www.nordhessen.de

396 Wasserkuppe
Gersfeld/Rhön

Der höchste Berg der Rhön (950 m) östlich von Fulda ist das Revier der Segelflieger – und damit der richtige Ort für das größte Segelflugmuseum der Welt. Zu sehen ist der originalgetreu nachgebaute, hölzerne »Vampyr« von 1921 ebenso wie der moderne High-Tech-Gleiter aus Glasfaserkunststoff. Wer auf dem Boden bleibt, sieht auch sehr viel. Die Wasserkuppe bietet eine fantastische Fernsicht (etwa vom Radom, der großen Radarkuppel), neuzeitliche Vergnügungen wie die Sommerrodelbahn und den »Rhönbob« sowie das Infozentrum Rhön.

Wasserkuppe 2; Tel. 0 66 54 /77 37; www.segelflugmuseum.de; www.wasserkuppe-rhoen.de

Mecklenburg-Vorpommern

Das blaugrüne Wunder im Nordosten. Wasser gibt es süß und salzig und von beidem reichlich – an der Ostseeküste zwischen Usedom, Rügen und Warnemünde ebenso wie auf dem blauen Band der Seenplatte. Hat man genug vom Planschen und Paddeln, bummelt man durch alte Hansestädte, Schlösser, Parks und Gutshöfe.

Miles & More für Mensch und Möwe. Wer kein wirklicher Vielflieger ist, schwenkt zu Fuß auf den Landekorridor zum Darßer Ostseestrand ein.

Mecklenburg-Vorpommern gibt an ....

»Circus«
Putbus/Rügen

Die »weiße Stadt« im Biosphärenreservat Südostrügen ist ein Gesamtkunstwerk. Alle Straßen laufen auf den grünen »Circus« zu, einen riesigen, kreisrunden Platz, der von klassizistischen Gebäuden (erbaut zwischen 1808 und 1823) eingefasst ist. Putbus war 1816 das erste Seebad auf Rügen. Sehenswert sind auch der englische Landschaftspark mit seinen Mammutbäumen, Zedern, Rosskastanien und Tulpenbäumen, die Orangerie – seit 1996 das künstlerische Ausstellungszentrum von Rügen –, der Marstall sowie das wunderschöne Residenztheater, in dem auch außerhalb der bekannten Festspiele im Mai Veranstaltungen stattfinden (www.theater-vorpommern.de).

Tourismus-Service; Tel. 03 83 01/4 31; www.putbus.de

Marienkirche
Stralsund

Dass Stralsund fast vollständig von Wasser umgeben ist, erkennt man am besten vom Turm der Marienkirche: Der Rundblick ist phänomenal. Innen schönste Gotik – und der farbenprächtige Marienkrönungsaltar aus der Mitte des 15. Jh.

Marienstr. 10;
Tel. 0 38 31/29 89 65;
www.st-mariengemeinde-stralsund.de

Mecklenburg-Vorpommern gibt an

399 Dom und Marienkirche
Greifswald

Caspar David Friedrich (1774–1840) ist der berühmteste Sohn der alten Hanse- und Universitätsstadt gute 30 km östlich von Stralsund. Sehenswert sind vor allem der Dom St. Nikolai und die großartige Marienkirche. Das romantische Kloster Greifswald in Eldena, war schon eine Ruine, als der Meister es 1824 malte.

Stadtinformation, Rathaus;
Tel. 0 38 34/85 36 13 80;
www.greifswald.info

400 Ozeaneum und Meeresmuseum
Stralsund

Ein Highlight an der Ostseeküste! Sehr aufwendig und ästhetisch ansprechend wird hier ein Streifzug durch die nordischen Meere inszeniert und mit einer ökologisch korrekten Botschaft verknüpft. Unter den teilweise riesigen Aquarien sind das 2,6 Millionen Liter Wasser fassende Schwarmfischbecken und das Tunnelaquarium, das die Unterwasserwelt vor Helgoland darstellt, die spektakulärsten. Im Rahmen des Jahresthemas »Kraken und Konsorten« war 2016 ein Pazifischer Riesenkrake zu Gast; immer zu sehen sind Humboldt-Pinguine und im Deutschen Meeresmuseum am Katharinenberg 14–20 bunte Tropenfische (Kombitickets erhältlich).

Hafeninsel; Tel. 0 38 31/
2 65 06 10; www.ozeaneum.de

Münster
Bad Doberan

Auf dem Weg nach Wismar sollte man unbedingt in Bad Doberan einen Zwischenstopp einlegen. Die ehemalige Sommerresidenz der Mecklenburger Herzöge bietet am Alexandrinenplatz und am Kamp schöne Gebäudeensembles und mit dem Münster (1294–1368) des ehemaligen Zisterzienserklosters eine der schönsten Backsteinkirchen im ganzen Ostseeraum: Hier ist noch die ganze mittelalterliche Ausstattung erhalten. Der Hochaltar gilt als der älteste erhaltene Flügelaltar der Kunstgeschichte (um 1300).

401

Klosterstr. 2;
Tel. 03 82 03/6 27 16;
www.muenster-doberan.de

Mecklenburg-Vorpommern gibt an ....

Kaiserbäder 402
Usedom

Von der guten alten Zeit in den »Kaiserbädern« Ahlbeck, Heringsdorf und Bansin zeugen die Strandpromenaden mit ihren wunderschönen Villen und Hotelbauten aus der Zeit um 1900, über die man sich bei Bäderarchitektur-Rundgängen informieren kann. Wahrzeichen der Insel sind die Seebrücken in Ahlbeck und Heringsdorf. Letztere ist mit einer Länge von mehr als einem halben Kilometer die längste Seebrücke auf dem Kontinent, erstere aber sicher etwas berühmter: Hier drehte Loriot 1991 die Schlusssequenz seines Kinofilms »Pappa ante Portas«.

Touristinformationen: Ahlbeck, Dünenstr. 45; Tel. 03 83 78/49 93 50; Heringsdorf, Kulmstr. 33; Tel. 03 83 78/24 51; Bansin, An der Seebrücke; Tel. 03 83 78/4 70 50; www.kaiserbaeder-auf-usedom.de

Mecklenburg-Vorpommern gibt an

Mecklenburg-Vorpommern gibt an

Müritzeum
Waren

Das touristische Zentrum der Müritz-Region hat zu seinen schönen alten Gebäuden – zum Beispiel den beiden Pfarrkirchen, der Löwenapotheke und dem Rathaus – im Jahr 2007 ein ganz neues bekommen. Im futuristischen Müritzeum werden Umweltbildung und Naturwissenschaft spektakulär inszeniert. Größter Hingucker ist das Süßwasseraquarium, das über zwei Stockwerke reicht. Hinter der 6 mal 6 m großen Scheibe kann man sehen, was unter den Wasserspiegeln der Mecklenburger Seen so alles geschieht.

403

Zur Steinmole 1; Tel. 0 39 91/63 36 80; www.mueritzeum.de

404 Jagdschloss Granitz
Binz/Rügen

154 Stufen hat die freitragende, eiserne Wendeltreppe, auf der man hinaufsteigt zur Aussichtsterrasse des großen Turms. Oben angekommen, genießt man den ganz großen Rundblick über Rügen. Mitte des 19. Jh. erbaut, ist Granitz heute das meistbesuchte Schloss in Mecklenburg-Vorpommern. Anstatt vom Parkplatz im Shuttle hinaufzufahren, wie es die meisten Besucher machen, sollte man zu Fuß durch den großen Buchenwald zum Schloss auf dem Tempelberg steigen. In den wunderschön ausgestatteten Räumen ist eine Dauerausstellung zu besichtigen, das Wirtshaus »Alte Brennerei« bietet Erlebnisgastronomie.

Jagdschloss Granitz;
Tel. 03 83 93/6 67 10;
www.granitz-jagdschloss.de;
Nov.–März Mo geschl.

405 Historisch-Technisches Museum
Peenemünde/Usedom

Der Ort am Nordwestende der Insel verdankt seine Berühmtheit einem dunklen Erbe. Hier errichtete Wernher von Braun mit seinem Team nicht nur die Wiege der Raumfahrt, sondern er entwickelte auch Vernichtungswaffen wie die V2-Rakete. Produziert wurde mithilfe von Zwangsarbeitern und KZ-Häftlingen. Das Historisch-Technische Museum ist unbedingt einen Besuch wert – nicht nur wegen der Attrappe der V2. Anschließend kann man sich im Haupthafen durch die engen Schotte und Gänge der 86 m langen sowjetischen U-461 zwängen. Das Boot wurde 1961 gebaut und gehört zur Juliett-Klasse, den größten konventionellen U-Booten der Welt (Tel. 03 83 71/8 90 54; www.u-461.de).

Im Kraftwerk; Tel. 03 83 71/50 50; www.peenemuende.de;
Nov.–März Mo geschl.

Mecklenburg-Vorpommern gibt an

 406 Wiecker Holzklappbrücke
Greifswald

Den schönsten Caspar-David-Friedrich-Blick auf Greifswald erschließt der alte Treidelweg, auf dem die Schiffe früher vom Vorort Wieck mit Pferden bis in die Stadt gezogen wurden. Fotogenes Schmuckstück am Weg ist die 1887 erbaute hölzerne Klappbrücke. Sie ist noch voll funktionsfähig – und seit 2001 für den allgemeinen Autoverkehr gesperrt.

Yachtweg, Stadtteil Wieck; www.greifswald.info

 407 Der »Koloss von Prora«
Prora/Rügen

Ein Haus, das sechs Stockwerke und 10 000 Zimmer hat, muss ziemlich lang sein. Tatsächlich misst der Häuserriegel an der Küste nördlich von Binz 4,5 km. Er entstand zwischen 1936 bis 1940 als »Bad der Zwanzigtausend« – und sollte ebenso vielen Volksgenossen der Nazi-Organisation »Kraft durch Freude« (KdF) ein Feriendomizil bieten. Heute kann man sich im Dokumentationszentrum über die NS-Freizeitmaschine informieren, die neue Nutzer gefunden hat. Einzelne Blöcke wurden verkauft, in Block 5 ist eine Jugendherberge mit 400 Betten eingezogen.

Objektstr., Block 3; Tel. 03 83 93/ 1 39 91; www.proradok.de

Schiffbaumuseum
Rostock

Richtung Warnemünde liegt im IGA-Park am Warnowufer der 10.000-Tonnen-Frachter »Dresden« vor Anker. Heute heißt er politisch korrekt, aber umständlich »Traditionsschiff Typ Frieden«. In seinem Bauch befindet sich das Schiffbau- und Schifffahrtsmuseum. Dort sieht man, wie sie gebaut wurden und werden, die Einbäume und Stahlschiffe. Sehr schön sind das Diorama einer Stralsunder Segelschiffswerft und die Schiffszimmermannswerkstatt aus dem 18. Jahrhundert.

408

Schmarl-Dorf; Tel. 03 81/12 83 13 64; www. schifffahrtsmuseum-rostock.de; Sep.–März Mo geschl.

409 Schloss und Schlossgarten
Schwerin

Von seriöser Stilistik keine Rede. Die letzte Residenz der mecklenburgischen Herzöge, 1845–1857 erbaut, folgt mit ihren vielen Türmchen und Spitzchen einer zuckrigen Spritzgebäckästhetik, und die traumhafte Lage auf einer Insel zwischen Burgsee und Schweriner See verleiht ihr Märchenschloss-Status. Heute tagt der Landtag darin, Besucher bekommen aber auch zahlreiche Prunkräume zu sehen, von denen der Thronsaal und die Ahnengalerie mit ihren vergoldeten Stuckverzierungen und kunstvollen Intarsienböden am spektakulärsten sind. Eine Brücke führt in den Schlossgarten, der den vollkommenen Postkartenblick zurück aufs Schloss gewährt. Jeden Sommer wird der Alte Garten vor dem Schloss zu einer der schönsten Freilichtbühnen Deutschlands: Das Mecklenburgische Staatstheater gibt große Opernklassiker wie »Carmen«, »Rigoletto« oder den »Freischütz«. 2016 standen bei Verdis »Aida« ein Elefant und Lamas im Alten Garten, und 2017 hat das Publikum die schwierige Aufgabe, in der Schlosskulisse die Skyline von Manhattan zu erkennen: Gezeigt wird die »West Side Story«.

Lennéstr. 1;
Tel. 03 85/5 25 29 20;
www.schloss-schwerin.de;
Mo geschl.

Mecklenburg-Vorpommern gibt an

Strandpromenade
Binz/Rügen

Zusammen mit der Wilhelmstraße in Sellin ist die Strandpromenade in Binz der beste Ort, um die sogenannte wilhelminische Bäderarchitektur zu studieren: Eins an das andere reihen sich die hellen Zuckerbäckerhäuschen, ehemals Villen betuchter Großbürger und Adeliger, die ab den 1880er-Jahren hier hochgezogen wurden. Das alles ist sehr niedlich anzusehen, und wenn man den Eindruck durch einen Himbeer-Mojito verstärkt, den die Binzerin und der Binzer gerne zu sich nehmen, wird es doppelt süß.

Haus des Gastes,
Heinrich-Heine-Str. 7;
Tel. 03 83 93/14 81 48;
www.ostseebad-binz.de

Haustierpark
Lelkendorf

Was ist exotischer als eine Giraffe? Eine sizilianische Girgentanaziege. Besonders schön ist der Girgentanabock mit seinen senkrecht stehenden Schraubenhörnern. Er ist das Wappentier des Haustierparks Lelkendorf, der außerordentlich schön am Rand des Naturparks Mecklenburgische Schweiz – Kummerower See liegt. Hier leben alte und in ihrem Bestand akut gefährdete Haus- und Nutztierrassen, die teilweise zu den ältesten Haustierrassen der Welt gehören. Seit 2011 gibt es auch eine Jungtier-Aufzuchtstation. Was dort alles geschieht, können Besucher durch ein Fenster beobachten. Bemerkenswert auf dem Gelände, das durch einen Waldlehrpfad erschlossen wurde, sind auch die etwa 600 Jahre alten Eichen – und die prächtige Aussicht über die herrliche Hügellandschaft und zum Kummerower See.

Peeneweg 26;
Tel. 03 99 56/2 95 09;
www.haustierpark-lelkendorf.de

Altstadt
Stralsund

Trotz Weltkriegsbomben und DDR-Stadtplanung ist in Stralsund so viel Altstadt übrig geblieben, dass sie 2002 zum Welterbe erklärt wurde. Großartige Zeugnisse der norddeutschen Backsteingotik sind das um 1400 errichtete Rathaus mit seiner Zierfassade und die ein halbes Jahrhundert ältere Nikolaikirche am alten Markt. Besonders in den westlich angrenzenden Straßen kann man auch die typische Architektur der alten Giebelhäuser bewundern. Ebenso sind Teile der Stadtmauer und zwei Stadttore zu sehen.

Tourismuszentrale,
Alter Markt 9;
Tel. 0 38 31/2 46 90;
www.stralsundtourismus.de

Mecklenburg-Vorpommern gibt an

Hafen
Rostock

Über rund 20 km erstreckt sich die alte Hansestadt an den Ufern der Warnow entlang bis zur Ostsee. 1218 erhielt sie das Stadtrecht und schon 200 Jahre später eine Universität. Heute besitzt Rostock den einzigen deutschen Tiefwasserhafen an der Ostsee. Darum kann man hier bei Hafenrundfahrten auf der Unterwarnow auch die dicken Pötte (Frachter, Tanker, Autofähren) mit bis zu 13 m Tiefgang sehen. Die großen Kreuzfahrtschiffe legen am Passagierkai des Neuen Stroms in Warnemünde an.

413

Blaue Flotte;
Tel. 03 81/6 86 31 72;
www.blaue-flotte.de,
www.rostock-port.de

Nationalpark Jasmund und Königsstuhl
Sassnitz/Rügen

Caspar David Friedrichs berühmtes Gemälde »Kreidefelsen auf Rügen« ist längst Geschichte: 2005 stürzten die weißen Klippen der Wissower Klinken in sich zusammen. Aber auch ohne sie ist die Steilküste der Halbinsel Jasmund mit ihren Kreidefelsen eine der spektakulärsten Naturlandschaften Deutschlands. Man erlebt sie am schönsten zu Fuß auf der 11,5 km langen Wanderung von Sassnitz/Wedding auf dem Hochuferweg zum Königsstuhl (kurz vorher Abstieg über 486 Stufen und 110 Höhenmeter zum Strand möglich) und weiter nach Lohme. Die Rückfahrt nach Sassnitz per Bus ist schon vom Königsstuhl möglich.

Stubbenkammer 2; Tel. 03 83 92/6 61 70; www.koenigsstuhl.com

414

204

Mecklenburg-Vorpommern gibt an

415 Schloss
Ludwigslust

Das »mecklenburgische Versailles« steht 40 km südlich von Schwerin. 1772–1776 erbaut, ist es der Fluchtpunkt einer Stadtanlage aus dem 18. und 19. Jh. Sandstein verkleidet das Schlossgebäude, dessen Mittelpunkt der Goldene Saal ist. Die scheinbar massiven Dekorationen bestehen zum größten Teil aus »Ludwigsluster Carton« – Pappmaché, in dessen Verarbeitung die örtlichen Manufakturen eine große Meisterschaft entwickelten. Viele Prunkräume können besichtigt werden. Mehrere Stunden lang könnte man dann noch den fantastischen Schlosspark durchstreifen. Die ursprünglich barocke Anlage wandelte Peter Joseph Lenné Mitte des 19. Jh. in einen englischen Landschaftspark um: mit zwischen Bäumen versteckten Gebäuden, kleinen Teichen, Kanälen und Brücken und einer künstlichen Ruine.

Schlossfreiheit; Tel. 0 38 74/ 57 19 15; www.schloss-ludwigs lust.de; Mo geschl.

416 Nikolaikirche
Wismar

Von der Marienkirche, der einst größten Wismarer Kirche, ist nur der Turm erhalten geblieben; er beherbergt heute eine sehenswerte kleine Ausstellung über mittelalterlichen Kirchenbau. Eine Art Sammelbecken für die Kunstschätze aus den von Fliegerbomben zerstörten Gotteshäusern Wismars ist dagegen die Nikolaikirche mit ihrem gewaltigen, 37 m hohen Mittelschiff, dem vierthöchsten in Deutschland (hinter dem Kölner Dom, dem Ulmer Münster und der Lübecker Marienkirche). Bemerkenswert ist der spätbarocke Hauptaltar.

Spiegelberg 14;
Tel. 0 38 41/21 36 24;
www.kirchen-in-wismar.de

Marktplatz
Wismar

Das Schmuckstück der alten Hanse- und neuen Industriestadt Wismar ist ihr großer Marktplatz. Um das annähernd quadratische Geviert – Seitenlänge 100 m – reihen sich historische Gebäude, unter ihnen der »Alte Schwede« von 1380, der daran erinnert, dass Wismar von 1648 bis 1803 schwedisch war (und der seit 1878 ein Restaurant beherbergt). Viele Häuser wurden nach dem Krieg rekonstruiert. Mitten auf dem Platz steht der Brunnen-Pavillon der »Wasserkunst« den Fotografen geduldig Modell.

417

Tourismuszentrale,
Lübsche Str. 23a;
Tel. 0 38 41/1 94 33;
www.wismar.de

Mecklenburg-Vorpommern gibt an ....

418 Altstadt
Rostock

Die im Krieg zerstörte historische Altstadt Rostocks wurde in Teilen wiederaufgebaut. Architektonisch kurios erscheinen Versuche aus DDR-Zeiten, die alte Giebelarchitektur mit den Mitteln des Plattenbaus zu imitieren. Dankenswerterweise plattenfrei sind der Neue Markt, die Petrikirche – schöner Blick von der Aussichtsebene des Turms! – und vor allem die großartige Marienkirche mit dem Taufbecken der »Bronzefünte«, (1290) und der weitaus berühmteren Astronomischen Uhr von 1472.

Tourist-Information, Universitätsplatz 6;
Tel. 03 81/3 81 22 22;
www.rostock.de

419 Welterbe Buchenurwald
Serrahn/Nationalpark Müritz

Der 322 Quadratkilometer große Nationalpark Müritz zerfällt in zwei Teile. Der größere grenzt ans Ostufer der Müritz, des zweitgrößten Sees in Deutschland. Im Teilgebiet Serrahn, östlich von Neustrelitz, kann man auf ausgewiesenen Wander- und Radwegen (am besten mit Nationalparkrangern) durch die Buchenurwälder streifen, die seit 2011 UNESCO-Weltnaturerbe sind.

Forsthaus Serrahn;
Tel. 03 98 21/4 15 00;
www.mueritz-nationalpark.de

420 Alter Hafen
Wismar

Langsam treibt der Schoner in den Hafen von Wismar, ihm entsteigt der Fürst der Finsternis mit seinem Sarg… so gesehen im Kino-Klassiker »Nosferatu« (1921 und, als Remake, 1979). Tatsächlich hat man vom Schiff aus den schönsten Blick auf die Backsteinkulisse der Stadt. Nur noch Fischkutter und Ausflugsschiffe legen hier an, und die Szenerie ist so malerisch wie im Film. Ohne jeden Schrecken.

Tourist-Information,
Lübsche Str. 107;
Tel. 0 38 41/1 94 33;
www.wismar.de

Mecklenburg-Vorpommern checkt ein

Neptun
Warnemünde

Im Hochhaus an der Strandpromenade hat jedes Zimmer einen Balkon mit Blick aufs Meer (wahlweise Sonnenauf- oder Sonnenuntergang). Das Neptun ist Partnerhotel der Golfanlage Warnemünde (27-Loch-Platz) und bietet TÜV-zertifizierte Wellness auf 2400 Quadratmetern.

Seestr. 19; Tel. 03 81/77 70; www.hotel-neptun.de; €€€€

Schloss Spyker
Spyker/Rügen

Rot leuchtet das Schloss zwischen den Bäumen auf der grünen Parklandschaft am Jasmunder Bodden. Das hübsche Gemäuer aus dem 14 Jh. wurde sehr ansprechend renoviert: Das Farbspektrum in Zimmern und Salons bewegt sich im warmen Bereich, die Einrichtung ist wohnlich-modern. Prachtvolle barocke Stuckdecke!

Schlossallee 1; Tel. 03 83 02/7 70; www.schloss-spyker.de; €€

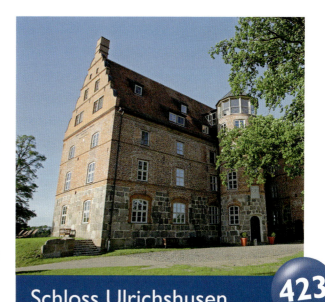

Schloss Ulrichshusen
Ulrichshusen

Direkt am kleinen Ulrichshuser See, 15 km nördlich von Waren, liegt diese fantastische Anlage aus den Jahren 1624–26. Nachdem es 1987 bis auf die Grundmauern abbrannte, wurde das Schloss von seinen neuen Eigentümern wiederaufgebaut und zusammen mit den umliegenden Gebäuden 2001 als Hotel neu eröffnet. Man nächtigt entweder im Herrenhaus aus der Renaissance oder in zwei anderen historischen Dependancen. Tolles Ambiente und schöne Regionalküche im Restaurant »Am Burggraben« (traditionelle Krebsessen).

Seestr. 14; Tel. 03 99 53/79 00; www.ulrichshusen.de; €€

Mecklenburg-Vorpommern checkt ein

Wilhelmshöhe
Diedrichshagen

Hotel und Ausflugsgasthof am Küstenweg von Warnemünde durch das Naturschutzgebiet Stolteraa – direkt am Ostseestrand. Die Zimmer gehen zur See- oder zur Waldseite hinaus, man schläft bei Wellen- oder bei Waldrauschen ein. Gute Fischgerichte; der kaltgeräucherte Lachs kommt aus dem eigenen Räucherofen.

424

Wilhelmshöhe 1; Tel. 03 81/ 54 82 80; www.ostseehotel-wilhelmshoehe.de; 🅒🅒

Kurhaus
Binz

425

Das Flaggschiff der Bäderarchitektur nahm 1908 den Betrieb auf. Heute erstrahlt es mit moderner Infrastruktur im alten Glanz. Lichtgelbe Wände und blaue Böden holen Sonne, Sand und Meer in die klassisch-schönen Zimmer, aus den Turmsuiten blickt man in alle vier Himmelsrichtungen hinaus. Erstklassiges Wellnessangebot mit Innen- und Außenpool, Saunalandschaft, Beauty-Anwendungen und Massagen. Nachmittags auf die Kurhaus-Terrasse zur Tortenschlacht, abends ins Steakhaus zu Rib-Eye, Burger und Salaten. Und am nächsten Morgen auf eine der drei eigens eingerichteten Laufstrecken (4, 6 und 8 km)…

Strandpromenade 27; Tel. 03 83 93/1 40 81; www.travelcharme.com; €€€€

Mecklenburg-Vorpommern checkt ein

Villa Auguste Viktoria
Ahlbeck/Usedom

Unweit des Ahlbecker Strands ist das um 1900 erbaute Sommerdomizil der deutschen Kaiserin ein absoluter Blickfang. Hinter der Zuckerbäckerfassade genießt man modernen 4-Sterne-Komfort (mit kostenlosem WLAN) und einen schönen Innenhof. Unbedingt probieren: Kuchen und Torten aus der eigenen Konditorei.

Bismarckstr. 1;
Tel. 03 83 78/24 10;
www.auguste-viktoria.de;

Niederländischer Hof
Schwerin

Am Pfaffenteich erwartet den Gast hinter der Gründerzeitfassade englisch möblierte Wohnlichkeit, Marmorbäder inbegriffen. Im Restaurant könnte man das Rauwollige Pommersche Landschaf probieren, das ohne Wolle, aber dafür mit Bärlauchkruste und Bohnengemüse serviert wird.

Alexandrinenstr. 12–13;
Tel. 03 85/59 11 00; www.niederlaendischer-hof.de;

Landhaus Müritzgarten
Röbel/Müritz

Urlaub im Grünen – in Röbel an der Müritz. Gewohnt wird inmitten eines großen Landschaftsgartens. Die Zimmer und Suiten verteilen sich auf das Haupthaus, eine Gästevilla und vier Blockhäuser. Ein guter Ausgangspunkt für Wanderungen und Radtouren (Leihräder im Haus) im Nationalpark oder für Rundfahrten auf der Müritz.

Seebadstr. 45;
Tel 03 99 31/88 10; www.landhaus-mueritzgarten.de;

Panoramahotel
Lohme/Rügen

Die Lage ist phänomenal: Hoch über der Steilküste mit weitem Blick übers Meer und zum Kap Arkona, ganz nahe den berühmten Kreidefelsen im Jasmund-Nationalpark. Den Sonnenuntergang auf der Seeterrasse zu erleben, ist eine Schau und überhaupt nicht kitschig, sondern echt. Die Zimmer im Haupthaus und in den vier Nebengebäuden sind klassisch-modern, besonders schön im alten »Grey's Hotel«. Gleich hinter dem Hotel beginnt der traumhafte Weg durch den Buchenwald zu den Kreidefelsen der Stubbenkammer.

An der Steilküste 8;
Tel. 03 83 02/91 10;
www.lohme.com;

Mecklenburg-Vorpommern checkt ein

Hotel Haferland
Wieck am Darß

Auf der stillen Boddenseite logiert man unterm Reetdach in komfortablen Zimmern. Man badet im schönen Hallenbad, entspannt im Tepidarium und genießt die Fingerfertigkeit des Sporttherapeuten. Wunderschön ist der große Landschaftsgarten. Wer ihn auf den angelegten Wegen durchstreift, sieht und riecht (!), was er abends vielleicht auf seinem Teller wiederfindet: bei feiner Regionalküche in der »Guten Stube«. Hier wie beim (Langschläfer-)Frühstück bekommt man beste Bio-Qualität nach den Richtlinien der Institution »ländlich fein«.

430

Bauernreihe 5a; Tel. 03 82 33/6 80; www.hotelhaferland.de; € €

431 Hohe Düne
Warnemünde

120 Millionen Euro Investitionen stecken in der luxuriösen Hotelstadt mit mehreren dreistöckigen Gebäuden auf 30 Hektar Land, und den besten Blick aufs Meer haben die, die ihn eigentlich gar nicht richtig genießen können: Die Tagungsgäste im Kongresszentrum, ganz vorne an der Ausfahrt. Herzstück der »Hohen Düne« ist der Yachthafen, wenngleich die Segler nur einen Teil der gut situierten Klientel stellen. Mit einem riesigen Wellnessbereich umwirbt man Gesundheitstouristen. Und dann gibt es noch die Familien. Der Spagat zwischen den Geschäftsleuten an der Mole, den lärmempfindlichen Gästen im Spa und den munter tobenden Kindern auf dem 30 m langen Käpt'n-Blaubär-Schiff gelingt – auch weil die Wege zwischen den verschiedenen Habitats im Resort weit sind. Der kilometerlange Strand gleich hinter der Anlage zählt zu den schönsten an der Ostseeküste.

Am Yachthafen 1; Tel. 03 81/ 5 04 00; www.hohe-duene.de; € € € €

Mecklenburg-Vorpommern tischt auf

Wulflamstuben
Stralsund

432 Hinter der Backsteinfassade eines der ältesten noch erhaltenen Bürgerhäuser im Norden Deutschlands (um 1370) wurde sehr ansprechend modernisiert. Hier serviert man Mecklenburger Spezialitäten, darunter natürlich viel frischer Fisch – Scholle, Dorsch und Zander.

Alter Markt 5;
Tel. 0 38 31/29 15 33;
www.wulflamstuben.de; €€

433 Butt
Warnemünde

Die feinste Adresse in Warnemünde liegt auf der Ostseite des Seekanals ganz vorn. Von den sechs Restaurants in der Hohen Düne ist der Butt das beste: Mathias Stolze hat mit seiner französisch-mediterranen Ostseeküche einen Michelin-Stern erkocht.

Warnemüne, Am Yachthafen 1;
Tel. 03 81/5 04 00;
www.hohe-duene.de;
So, Mo geschl. €€€

Alter Schwede
Wismar

434

Im ältesten Bürgerhaus von Wismar isst das Auge natürlich in besonderem Maß mit. Das Ambiente macht mit historischen Fenstern, gotischem Mauerwerk, Schiffsmodellen, stilvollem Mobilar und einem offenen Kamin schwer auf Mittelalter. Natürlich kann man »Original Schwedenhappen« haben (mit Rollmops, Dillmatjes und Shrimps), aber auch eine Mecklenburger Ente (mit Backpflaumen, Äpfeln und Rosinen gefüllt) und, nanu, ein argentinisches Rumpsteak. Der Alte Schwede hat auch schöne Gästezimmer.

Am Markt 20/22; Tel. 0 38 41/28 35 52,
www.alter-schwede-wismar.de; €€

Seeblick
Prerow/Darß

Bestlage in Prerow auf der Ferieninsel Darß: Direkt an der Seebrücke steht das denkmalgeschützte Holzhaus. Der Blick von der Veranda oder – bei schönem Wetter nicht zu toppen – von den kleinen Dachterrassen auf die Dünen und auf das Meer ist fantastisch. Um ihn zu genießen, sollte man vorher reservieren. Dann steigen die Chancen auf ein wunderbares Sonnenuntergangs-Diner, bei dem allerlei frischer Ostseefisch auf den Tellern die kulinarische Hauptrolle spielt. Auch Wildbret vom Darß ist zu haben: Hier jagt der Chef selbst.

435

Ladenstr.; Tel. 03 82 33/3 48; www.wolff-prerow.de; €€

Rock – das Restaurant
Neubrandenburg

Axel Fülla macht in seinem modern eingerichteten Restaurant am Kurpark gleich südlich des Altstadtrings ein sehr attraktives kulinarisches Angebot: Seine Küche ist regional, sie gibt allerlei globale Migrationshintergründe zu erkennen, und sie kostet wirklich nicht viel. In seinem Drei-Gang-Menü kombiniert er eine Mecklenburger Kartoffelsuppe (mit Muskatnuss und Räucherlachs) mit einem von Trüffel und Nuss umkrusteten Schweinefilet und einer Mecklenburger Kirschklütensuppe.

436

Schwedenstr. 23; Tel. 03 95/36 96 33 19; www.rock-restaurant.de; Mo geschl. €

Kulm Eck
Heringsdorf/Usedom

Eine der besten und originellsten Küchen der Insel. Gekonnt wird eine starke regionale Basis international interpretiert und variiert. Weil nur die besten Zutaten gut genug sind, kommen zum Beispiel die Kräuter aus dem eigenen Garten – was dem Wildkräutersalat oder dem Rehfilet aus dem Rosmarinrauch neben ihrem guten Geschmack die richtige Authentizität verleiht. Sehr lecker ist auch das Joghurt-Sauerklee-Sorbet.

Kulmstr. 17; Tel. 03 83 78/ 2 25 60; www.kulm-eck.de; Mo geschl. €€€

Mecklenburg-Vorpommern geht aus

Volkstheater
Rostock

Am 26. März 2011 sahen mehr als 300 000 Zuschauer weltweit die Internet-Aufführung von »Effi Briest« am Volkstheater Rostock. Mit der Online-Inszenierung wollte das Ensemble auf die drohende Schließung des Großen Hauses aufmerksam machen. Was ist uns Kultur wert? Was darf sie kosten? Am Rostocker Volkstheater, einem klassischen Vierspartentheater mit Ballett-, Opern- und Schauspielensemble sowie mit der Norddeutschen Philharmonie Rostock, dem größten Klangkörper in Mecklenburg-Vorpommern, waren vor der politischen Wende 1989 noch 700 Mitarbeiter beschäftigt, heute sind es nicht mehr halb so viele. Bis zum Sommer 2012 wurde das Große Haus dann doch renoviert; auch das Ateliertheater und die Kleine Komödie Warnemünde werden weiterhin bespielt.

Patriotischer Weg 33;
Tel. 03 81/3 81 46 00;
www.volkstheater-rostock.de

Mecklenburgisches Staatstheater
Schwerin

Bei seiner Eröffnung am 3. Oktober 1886 war das Große Haus einer der modernsten Theaterbauten der Welt – mit elektrischer Beleuchtung und Strom aus dem eigenem E-Werk. Heute ist es das staatliche Fünfspartentheater in der Landeshauptstadt, und die Schweriner lieben es. Die Besucherzahlen liegen bei ca. 250 000 Personen im Jahr. Neben zahlreichen Neuinszenierungen sind die Schlossfestspiele Schwerin einer der alljährlichen Höhepunkte des Spielbetriebs.

Alter Garten 2; Tel. 03 85/5 30 00;
www.mecklenburgisches-staatstheater.de

Compagnie de Comédie
Rostock

Die alternative Kulturinstitution in Rostock und überhaupt eine gute Adresse für einen unterhaltsamen Abend. Die Compagnie de Comédie inszeniert Shakespeare, veranstaltet Kabarettabende, Musiktheater, Klezmer-, Jazz- und Metal-Konzerte und weitere (vermeintlich) ernste und unernste Programme mehr. Unter den verschiedenen Spielorten ist die Bühne am Stadthafen die wichtigste. Im Sommer wird auch unter freiem Himmel im Kloster Zum Heiligen Kreuz gespielt.

440

Warnowufer 55;
Tel. 03 81/2 03 60 84;
www.compagnie-de-comedie.de

Hochschule für Musik und Theater
Rostock

441

Ausbildungs- und Veranstaltungsstätte in einem: Die 1994 gegründete Hochschule für Musik und Theater Rostock im ehemaligen Katharinenkloster organisiert zusammen mit 17 Hochschulen aus dem Ostseeraum Ausbildungs- und Austauschprogramme sowie Künstlerprojekte. Die etwa 550 Studenten kommen aus 42 Nationen. Auch Nichtstudierende haben etwas davon: Die Hochschule veranstaltet nämlich zahlreiche Aufführungen und Konzerte – über 250 Vorstellungen im Jahr. Dem Hochschulrat gehört unter anderen der Schauspieler und Schriftsteller Armin Mueller-Stahl an.

Beim St.-Katharinenstift 8;
Tel. 03 81/5 10 80;
www.hmt-rostock.de

Deutsche Tanzkompanie
Neustrelitz

442

»Keine Spitzenschuhe, keine klassischen Pirouetten. Weder heimattümelnder Volkstanz noch Modern Dance oder Showtanz.« Mit dieser klaren Ansage hat sich die Deutsche Tanzkompanie seit 1992 ein unverwechselbares Profil erarbeitet. Und das Publikum ist begeistert. Traditionelle Tänze, Musiken und Stoffe transportieren die Neustrelitzer auf expressive Weise in die Gegenwart: vom Dschungelbuch über das Märchen von Schneewittchen bis zur Nibelungen-Sage und von den Carmina Burana bis zum Sacre du Printemps. Die tollen Auftritte der Tanzkompanie finden zu Hause statt – das heißt im Landestheater Neustrelitz –, und darüber hinaus in den Konzertmuscheln von Ahlbeck und Heringsdorf, im Schauspielhaus Neubrandenburg und in der ganzen Welt.

Wilhelm-Riefstahl-Platz 7;
Tel. 0 39 81/20 33 34;
www.deutsche-tanzkompanie.de

Mecklenburg-Vorpommern sucht aus

Die Scheune
Bollewick

Bei der Anfahrt von Röbel an der Müritz kann man das riesige Gebäude fast übersehen. Kommt man dagegen aus der Gegenrichtung, ist die Stirnseite der Scheune links neben der Straße ein Blickfang.

125 mal 35 m auf zwei Etagen: Für eine Shopping Mall am Beginn des 21. Jh. ist das bescheiden. Doch was 1881 der Baron von Langermann zu Dambeck und Spitzkuhn am Ortsrand von Bollewick – Betonung auf dem »e«! – auf die grüne Wiese setzen ließ, ist etwas Besonderes: die größte Feldsteinscheune Deutschlands. Noch bis 1991 waren hier 650 Kühe zu Hause. Dann drohte das imposante Bauwerk zu verfallen. Dass es schließlich zum Veranstaltungsort wurde, zum regionalen Messestandort und schließlich zum Einkaufszentrum, ist ein Glück für die Menschen, Einheimische wie Urlaubsgäste.

»Die Scheune«, wie sie heute in zeitgemäßem Understatement heißt, hat sich längst zum Zentrum der Direktvermarktung entwickelt. Einheimische Erzeuger bieten Lebensmittel, Textilien, Kosmetik und Kunsthandwerk an. Es gibt Mecklenburger Traditionswerkstätten, eine Leinenweberei und einen Kürschnerbetrieb, dazu eine Tischlerei, ein Antiquariat, einen Friseur und Gastronomiebetriebe. Der sehenswerten Regionalausstellung im Obergeschoss ist ein touristisches »Welcome Center« der Müritz-Region angegliedert. In der Tenne werden Konzerte und Ausstellungen veranstaltet, und auch ein Bio-Hotel mit 28 Zimmern (www.landhotel-zur-scheune.de) ist eingezogen unter dem Dach, das natürlich eine Photovoltaik-Anlage trägt.

Dudel I;
Tel. 03 99 31/5 20 09;
www.diescheune.de

443

Mecklenburg-Vorpommern sucht aus

444

Korbwerk
Heringsdorf

Ein nettes Souvenir, nur leider etwas zu groß zum Mitnehmen. Wer sich einen Strandkorb in den Garten stellen möchte, kann aber trotzdem bei der ältesten Strandkorbfabrik Deutschlands bestellen. Dort werden jedes Jahr mehr als 4000 »echte Heringsdorfer« im Manufakturbetrieb produziert. Das Design, kann man sagen, ist zeitlos, und das Korbwerk weist darauf hin, dass es seine Produkte bereits seit 1925 »im Windkanal« der Ostseeküste teste.

Waldbühnenweg 3; Tel. 03 83 78/46 50 50; www.korbwerk.de

Fischerteppiche
Freest

Im alten Zollhaus des Fischerdorfs Freest, nahe Peenemünde, ist heute das Heimatmuseum untergebracht. Hier kann man neben der umfangreichen Sammlung zur Geschichte des kleinen Fischerdorfes mit allerlei historischen Geräten aus Fischerei- und Landwirtschaft auch die bekannten Fischerteppiche bewundern. Von Hand aus reiner Schurwolle geknüpft, mit hübschen maritimen Motiven, ist jeder der mit Naturfarben eingefärbten Teppiche ein echtes Unikat. Für einen Quadratmeter Teppich werden 57 600 Knoten verknüpft. Man sieht also, die Teile halten etwas aus. In Freest, Lubmin und anderen Dörfern an der Ostseeküste, wo sie seit 1928 geknüpft werden, heißt es, Fischerteppiche würden erst dann richtig schön, wenn ein ganzes Regiment Soldaten rübermarschiert sei. In diesem Sinn: Marsch, Marsch nach Freest.

445

Heimatstube, Dorfstr. 67; Tel. 03 83 70/2 03 39

Mecklenburg-Vorpommern lädt ein

Hafentage
Wismar

Bei der dreitägigen Hafensause im Juni mit Bühnenprogrammen und Sportwettkämpfen (Fassregatta und Drachenbootrennen) gibt es auch die Gelegenheit zu Törns auf alten Segelschiffen wie der Kogge »Wissemara«, dem größten Nachbau einer Kogge aus dem 13. Jh., oder dem 112 Jahre alten Lotsenschoner »Atalanta«. Sehr schöne Kulisse im UNESCO-Welterbe-Hafen.

446

www.hafenfest-wismar.de

Hanse Sail
Rostock/Warnemünde

447

Das Rahmenprogramm der vier turbulenten Augusttage im Rostocker Stadthafen, am Warnowufer und am Warnemünder Passagierkai bietet die obligatorischen Shanty-Chöre und Fischverkäufer, buntes Markttreiben und jede Menge Live-Unterhaltung auf mehreren Bühnen. Aber im Mittelpunkt der Hanse Sail stehen die bis zu 300 Schiffe, vornehmlich älterer Bauart. Es ist das größte jährliche Treffen von Traditionsseglern weltweit: Windjammer, Hansekoggen, Vintage-Yachten und betagte Museumsdampfer schaukeln um die Wette. Den besten Blick auf das bunte Treiben unter hohen Segeln hat man von den beiden Hafenmolen in Warnemünde.

www.hansesail.com

Mecklenburg-Vorpommern lädt ein

Gaffelrigg
Wieck

Knapp 2 km misst die Festmeile beim dreitägigen Fischerfest Mitte Juli, das sich zu einem der größten Feste an der deutschen Ostseeküste entwickelt hat. Auf drei Bühnen und in der Alten Räucherei des Fischerdörfchens Wieck bei Greifswald tanzt der Seebär, und die wassersportlichen Wettbewerbe versprechen großen Spaß: Auf dem Programm stehen die Weltmeisterschaft im Ryckhangeln, das Boddenschwimmen (auch für Kinder), der Gaffel-Cup im Kuttersegeln und ein Drachenbootrennen. Und natürlich kann man auf Traditionsschiffen mitsegeln.

www.greifswald.de

448

Festspiele Mecklenburg-Vorpommern
… im ganzen Land

Es ist oft der kleine Rahmen, der den Auftritten von internationalen Klassik-Stars wie Hilary Hahn, Martha Argerich, Anne-Sophie Mutter oder Hélène Grimaud eine besondere Intimität verleiht. Wer das erleben möchte, sollte im Sommer für ein paar Tage in den Nordosten der Republik fahren. Der Terminplan der Festspiele listet von Juni bis September rund 125 Konzerte in mehreren Dutzend Spielstätten zwischen Warnemünde, Rügen, Usedom und Müritz auf. Die Bühnen stehen in malerischen alten Schlössern und Gutshäusern, aber auch in Scheunen, Kirchen, Industriehallen und unter freiem Himmel. Zu den verschiedenen Reihen und Themen im Festspielprogramm zählen unter anderem Kammermusikprojekte und Preisträgerkonzerte.

www.festspiele-mv.de

449

NEUBRANDENBURG ...

Mehr als 200 Geschäfte in der Innenstadt | Sport treiben in der Natur
Aufregendster Konzertsaal im Norden | Moderne Kunst in alten Mauern

© Thomas Oppermann

... eine Reise wert!

NEUBRANDENBURG
Stadt der vier Tore am Tollensesee

Touristinfo Neubrandenburg
Marktplatz 1 | 17033 Neubrandenburg
Tel. 0395 19433 | touristinfo@neubrandenburg.de

Zu den schönsten Ostseestränden

Darßer Ort und Pramort

Die schönsten Stellen der Inselkette Fischland-Darß-Zingst erreicht man nicht mit dem Auto, sondern nur zu Fuß oder mit dem Fahrrad. Besonders beliebt und ungemein lohnend ist die Wanderung bzw. Radtour von Prerow zum 160 Jahre alten Leuchtturm am Darßer Ort – hin und zurück etwa 10 km. Im Leuchtturm befindet sich das »Natureum«, eine Außenstelle des Meeresmuseums in Stralsund (von Nov. bis April Mo, Di geschl.). Auch Turmbesteigungen sind möglich. Ein schöner Rundweg durch die Dünenlandschaft ist ausgeschildert. Der unberührte Darßer Weststrand erstreckt sich vom Leuchtturm noch viele Kilometer nach Süden, zum Land hin geschützt durch den Darßer Urwald.

Sehr lohnend ist auch die Radtour von Zingst über die Sundische Wiese (Einkehr im Restaurant des Hotels) bis zum Ende der Insel bei Pramort. Hier ist eine eindrucksvolle Dünenlandschaft zu bestaunen. Hin und zurück ist man 43 km unterwegs.

Tourismus Fischland-Darß-Zingst, Löbnitz; Tel. 03 83 24/64 00; www.tv-fdz.de

Mecklenburg-Vorpommern fährt raus

Der »Rasende Roland«
Rügen

Mit seiner bizarren Küstenlinie ist die größte deutsche Insel eines der beliebtesten Urlaubsziele der Nation. Trotz kilometerlanger Sandstrände – klassisch zwischen Prora/Binz und Thiessow im Osten, am schönsten auf der schmalen Landzunge der Schaabe im Norden zwischen Glowe und Kap Arkona – ist Rügen aber nicht nur eine Badeinsel. Fast 300 km Alleen, meist im 19. Jh. angelegt, führen durch die liebliche Landschaft. Man erlebt sie sehr schön bei Eisenbahnfahrten mit dem »Rasenden Roland« zwischen Lauterbach, Putbus, Binz, Sellin und Göhren. Und wie der Roland rast: Die Höchstgeschwindigkeit beträgt 30 km/h.

Tel. 03 83 01/88 40 12;
www.ruegensche-baederbahn.de

Insel im Bodden
Hiddensee

Die lange, dünne Insel vor der Westküste Rügens sieht ein bisschen aus wie Sylt – aber nur auf der Karte. Hiddensee liegt mitten im Nationalpark Vorpommersche Boddenlandschaft, zeigt nach Nordwesten eine beeindruckende Steilküste und ist längst kein Geheimtipp mehr. Oft tritt die vielgerühmte Ruhe erst am Abend ein – dann nämlich, wenn die Ausflügler von Rügen (Schaprode) und Stralsund, die am Tag über die wellige, von Büschen bestandene Heide zum Leuchtturm Dornbusch (eines *der* Postkartenmotive an der Ostseeküste) spaziert sind, wieder die Schiffe besteigen. Hauptort der Insel ist Kloster, das nördlichste der drei Inseldörfer. Hier befinden sich auch das Sommerhaus und das Grab des Schriftstellers Gerhart Hauptmann.

Vitte/Achtern Diek 18a;
Tel. 03 83 00/60 86 85;
www.seebad-hiddensee.de

Weiße Flotte
Schwerin

Unmittelbar gegenüber dem Schloss, an der Werderstraße, legen die netten Schiffe der Weißen Flotte ab. Schöner Standard sind die Rundfahrten auf dem Schweriner (Innen-)See bei Kaffee und Kuchen auf dem Oberdeck. Man kann die Fahrt auch unterbrechen – etwa zum Baden am Zippendorfer Strand oder zu einem kleinen Spaziergang über die idyllische, unter Naturschutz stehende Wald- und Wieseninsel Kaninchenwerder. Regelmäßige Sonderfahrten über Heiden- und Ziegelsee zum Seehotel nach Frankenhorst.

Anleger Schloss, Werderstr. 140;
Tel. 03 85/55 77 70;
www.weisseflotteschwerin.de

221

Hausbootferien
Röbel/Müritz

Mehrere Abschnitte des gigantischen Wasserstraßennetzes von Seen, Flüssen und Kanälen stehen auch Gelegenheits-Skippern ohne Führerschein auf Hausbooten offen, solange diese maximal 15 m lang und 12 km/h schnell sind. Nach einer Einweisung durch den Vermieter kann es losgehen: über die Mecklenburgischen Großseen einschließlich der Müritz (Westufer) und über die Kleinseenplatte in Brandenburg und Mecklenburg bis zur Schleuse Liebenwalde. Alle wichtigen Infos in der Broschüre »Das blaue Paradies« beim Tourismusverband.

454

Tourismusverband, Turnplatz 2; Tel. 03 99 31/53 80; www.mecklenburgische-seenplatte.de

455 Unterwegs mit der »Molli«
Bad Doberan – Kühlungsborn

Kühlungsborn ist der größte Badeort Mecklenburg-Vorpommerns, er besitzt auch die längste Strandpromenade (3150 m). Man kann, nein, man sollte ihn erreichen wie schon seit 1886: mit der »Molli«. Die dampfgetriebene Schmalspurbahn braucht ungefähr 40 Minuten für die 15 km lange Strecke. Dabei hält sie auch in Heiligendamm. Im ersten deutschen Seebad überhaupt (gegründet 1793) schotteten sich im Juni 2007 beim Weltwirtschaftsgipfel die Regierungschefs der G8-Staaten im luxussanierten alten Kurhaus vor protestierenden Globalisierungsgegnern ab. Heute darf man auch mal wieder »nur mal gucken« herkommen. Das Grand Hotel ist schlicht und einfach eine Augenweide, und seine Lage an der Ostsee ist toll.

Am Bahnhof; Tel. 03 82 93/ 43 13 31; www.molli-bahn.de

Niedersachsen

Vom Nordseestrand in Ostfriesland bis zum Bergwald im Harz ist es ungefähr so weit wie vom Westfälischen Frieden in Osnabrück bis zur gesamtdeutschen Automobilisierung in Wolfsburg. Auf diesem großen und meistens flachen Land hat eine Menge Geschichte Platz. Die Menschen sprechen verständlich. Nur nicht in Ostfriesland.

Schiffbau im 21. Jh. Die Meyer-Werft in Papenburg schraubt mal wieder an der Firmenbilanz.

Niedersachsen gibt an

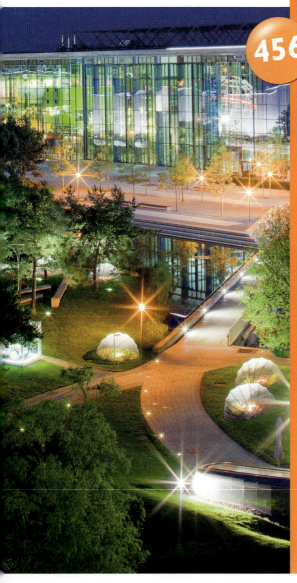

Autostadt
Wolfsburg

456

Der touristische Ableger des VW-Werks ist Museum, Erlebniszentrum und, welch schöne Dialektik, Fußgängerzone. 2000 wurde die Autostadt eröffnet, als dezentrales Projekt der EXPO in Hannover, und schon in den ersten zwei Jahren besuchten etwa 5 Millionen Menschen das 25 Hektar große Gelände. Verstreut in einer großen Garten- und Teichlandschaft, wie gemacht für Teletubbies, liegen hinter dem großen »KonzernForum« am Mittellandkanal das »ZeitHaus«, die Marken-Pavillons und schließlich die beiden 48 m hohen, nachts beleuchteten Autotürme, Wahrzeichen der Anlage. Plätze zur Werksführung an Produktionstagen (Mo–Fr) ab 9 Uhr werden nach Verfügbarkeit vergeben. Dazu gibt es neun Restaurants, die Besuchern »die besten Naturprodukte« bieten: »regionale Erzeugnisse, vorwiegend nach ökologischen Grundsätzen produziert«. Ob die Autostadt demnächst auch durch ein Mausoleum für den Dieselmotor erweitert wird, stand bei Redaktionsschluss nicht fest.

Stadtbrücke; Tel. 08 00/2 88 67 82 38; www.autostadt.de

Niedersachsen gibt an

 457

Herzog-August-Bibliothek
Wolfenbüttel

Mit seinem heilen Fachwerk-Stadtbild begeistert Wolfenbüttel, 12 km südlich von Braunschweig gelegen, die Besucher. Weltberühmt ist die Herzog-August-Bibliothek, in der die Geisteswelt des Mittelalters und der beginnenden Neuzeit beispielhaft konserviert ist. Größte Kostbarkeit ist das Evangeliar Heinrichs des Löwen aus dem Jahr 1188. Auch wertvolle Globen und alte Karten sind zu sehen.

Lessingplatz 1; Tel. 0 53 31/ 80 80; www.hab.de; Mo geschl.

 458

Die Fachwerkstadt
Hann. Münden

Folgt man der Fulda von Kassel 25 km abwärts, erreicht man den Ort, wo sie mit der Werra zusammenfließt und zur Weser wird: die Drei-Flüsse-Stadt Hann(oversch) Münden. Auch wenn man es instinktiv bezweifeln möchte, ist das Ensemble aus rund 700 Fachwerkhäusern, das sich um die dicke St.-Blasius-Kirche ausbreitet, garantiert echt. Das älteste Haus datiert ins Jahr 1457 zurück.

Tourist-Information, Rathaus, Lotzestr. 2; Tel. 0 55 41/7 53 13; www.hann.muenden-tourismus.de

Altstadt
Göttingen

459

In der gut 1000-jährigen Geschichte Göttingens spielt die 1737 eröffnete, hochberühmte Universität eine vergleichsweise kurze, dafür aber umso eindrucksvollere Rolle: Mehr als 40 Nobelpreisträger haben hier schon gelernt und/oder gelehrt. Nach wie vor bestimmt die Uni das öffentliche Leben in der Stadt, mit vielen Bauwerken prägt sie auch die Architektur Göttingens, das mit dem Alten Rathaus und der Johanniskirche zwei schöne Bauwerke aus dem 14. Jh. vorzuweisen hat. Im östlichen Altstadtbereich stehen viele schöne Fachwerkhäuser.

Tourist-Information, Markt 9; Tel. 05 51/49 98 00; www.goettingen-tourismus.de

Niedersachsen gibt an

Schloss
Jever

Die fernsehbekannte Bierstadt (»friesisch-herb«) besitzt mit ihrer Brauerei und dem prächtigen Schloss zwei Sehenswürdigkeiten. Letzteres erhielt seine heutige Gestalt im 16. Jh. Das Schlossmuseum vermittelt einen sehr originellen Zugang zur Geschichte des reichen friesischen Bauernlandes: Hier sind nicht nur alte Kleider und Wohnstuben zu sehen – und im Audienzsaal eine fantastische Renaissance-Kassettendecke! –, sondern auch Zeugnisse der neueren Geschichte und Sonderausstellungen.

460

Schlossplatz 1;
Tel. 0 44 61/96 93 50;
www.schlossmuseum.de;
im Winter Mo geschl.

Nordwolle
Delmenhorst

461

24 Hektar umfasst diese Stadt in der Stadt, eines der herausragenden Industriedenkmäler in Europa. Die 1884 gegründete »Norddeutsche Wollkämmerei & Kammgarnspinnerei« ist nach der Stilllegung 1981 zum Glück nicht abgerissen worden. Wohnungen, Bildungsstätten, Gastronomie- und Kulturbetriebe bilden heute einen eigenen Stadtteil von Delmenhorst. Im Turbinenhaus, der »Kathedrale der Arbeit«, wurde das Museum für Industriekultur eingerichtet.

Am Turbinenhaus 10–12;
Tel. 0 42 21/2 98 58 20;
www.delmenhorst.de/nordwolle; Mo, Sa geschl.

Schloss
Celle

462

Das Celler Schloss ist eine Architektur gewordene Zeitreise vom frühen 14. bis in die Mitte des 19. Jh.: So lange wurde an der großartigen Residenz gebaut, und man erkennt heute noch, wie aus der mittelalterlichen Ritterburg der Renaissancepalast wurde und schließlich das vierflügelige Barockschloss mit seinen prächtigen Staatsgemächern, das heute den Gesamteindruck bestimmt. Besondere Sehenswürdigkeiten der Anlage sind auch das Residenzmuseum (Mo geschl.) und das älteste, heute noch bespielte Barocktheater Deutschlands.

Schlossplatz 1; Tel. 0 51 41/9 09 08 50; www.schloss-celle.de

Niedersachsen gibt an

463 Kunsthalle
Emden

Kulturelles Highlight der westlichsten deutschen Hafenstadt ist die Kunsthalle, gestiftet vom ehemaligen Stern-Verleger Henri Nannen (1913–1996), der viele deutsche Expressionisten der »Brücke« und des »Blauen Reiter« neben Vertretern der Neuen Sachlichkeit sammelte. Malerei aus der zweiten Hälfte des 20. Jh. steuerte der Galerist Otto van de Loo mit seiner Sammlung bei.

Hinter dem Rahmen 13; Tel. 0 49 21/97 50 50; www.kunsthalle-emden.de; Mo geschl.

464 Jade Weser Port
Wilhelmshaven

Am 21. September 2012 ging es richtig los im Terminal für die größten Containerschiffe der Welt mit gut 400 m Länge, mehr als 16 m Tiefgang und einer Transportkapazität von über 11 000 Containern. Terminal für Besucher ist ein Betoncontainer mit einer kleinen, aber gut gemachten Ausstellung über das Projekt und über das Containerwesen im großen Runden und eckigen Ganzen. Man scannt einen Container auf Schmuggelware, man übt am Simulator das Anlegen mit so einem dicken Pott – oder man schaut anderen dabei auf der Riesenleinwand zu.

Am tiefen Fahrwasser 11; Tel. 0 44 21/7 71 90 91; www.jadeweserport-infocenter.de

Stadtbummel
Bad Essen

Bad Essen ist nicht nur ein bekanntes Thermalsole-Heilbad. Das bald 1000 Jahre alte Städtchen östlich von Osnabrück besitzt auch einen ungemein fotogenen Kirchplatz und die vielleicht schönste Apotheke Deutschlands (an der Nikolaistraße) sowie zahlreiche schmucke Fachwerkbauten. Lohnend ist auch der 2-km-Abstecher in die Ortschaft Harpfenfeld: Dort sind das Wasserschloss Hünnefeld mit seinem Privatmuseum (Anmeldung: Tel. 0 54 72/44 28; www.schloss-huennefeld.de) und – nur an Wochenenden im Sommer – der Schlosspark zu besichtigen.

465

Tourist-Info, Lindenstr. 39; Tel. 0 54 72/9 49 20; www.badessen.info

Niedersachsen gibt an

Kaiserdom
Königslutter

466

Er ist der kleinste der deutschen Kaiserdome und eines der großartigsten romanischen Baudenkmäler im Land. Bemerkenswert sind die Steinmetzarbeiten und der wunderschöne Kreuzgang. Unweit des Doms steht die eindrucksvolle Kaiser-Lothar-Linde, die 1135, im Jahr des Baubeginns, gepflanzt worden sein soll.

Vor dem Kaiserdom;
Tel. 0 53 53/91 21 29;
www.koenigslutter-kaiserdom.de

Herrenhäuser Gärten
Hannover

467

1943 ging die Sommerresidenz des hannoverschen Herrscherhauses nach Luftangriffen in Flammen auf. Bis 1966 war immerhin der berühmte Park mit der höchsten Gartenfontäne Europas wiederhergestellt. Die Anlage entstand ursprünglich zwischen 1696 und 1714. Wie am Computer entworfen, bilden die akkurat beschnittenen Hecken geometrische Muster. Ihre Länge summiert sich auf mehr als 35 km. Runde und bunte Kontraste schuf die französisch-schweizerische Künstlerin Niki de Saint Phalle in einer dreiräumigen Grotte mit Glas- und Spiegelmosaiken (2001–2003).

Herrenhäuser Str. 4; Tel. 05 11/16 83 40 00;
www.hannover.de/herrenhausen

Niedersachsen gibt an

468 Hüttenwerk
Salzgitter-Watenstedt

Es gibt sie noch, die deutsche Schwerindustrie. In Salzgitter wird nicht Kunst oder Kultur produziert wie in der Völklinger Hütte, sondern harter Flachstahl für den Fahrzeug- und Röhrenbau. Wer sich (sehr) frühzeitig anmeldet, erlebt bei der dreistündigen Führung über das riesige Werksgelände sehr sinnlich, wie das so ist, wenn 1600 Grad heißes Eisen aus dem Hochofen zischt.

Eisenhüttenstr. 99;
Tel. 0 53 41/9 00 99 40;
www.salzgitter-flachstahl.de

469 Dom und Dommuseum
Hildesheim

Eigentlich ist es der dritte Hildesheimer Dom, den die UNESCO zum Welterbe erklärt hat. Der erste, 872 erbaut, stand knappe 200 Jahre. Der zweite, auf den Grundmauern des ersten zwischen 1054 und 1079 errichtet, hielt bis zum Bombenangriff am 22. März 1945. Was Besucher heute bewundern, ist ein »Neubau« aus den Jahren 1950 bis 1960 – mit allen unangenehmen Eigenschaften eines Neubaus: von 2010 bis 2014 musste er bereits gründlich saniert werden. Heute sind Besichtigungen wieder möglich. Grandios ist auch der Domschatz im erst 2015 eröffneten Neubau des Dommuseums. Hier wird bedeutende sakrale Kunst aus dem 11. bis 13. Jh. gezeigt. Was man am Dom außerdem zu sehen bekommt, ist ein besonderer Schatz an der Außenseite der Apsis, im Innenhof des Kreuzgangs: den »Tausendjährigen Rosenstock«, der das Kriegsende als verkohlter Stumpf überlebte und neu austrieb. Sein genaues Alter ist unklar, die Legende führt ihn sogar bis ins Jahr 815 zurück.

Domhof 18–21; Tel. 0 51 21/ 30 77 60; www.dommuseum-hildesheim.de; Mo geschl.

470 Oker-Rundfahrt
Braunschweig

Die schönste Stadtrundfahrt macht man mit dem Boot. Auf der Oker kann man zuerst rundherum schippern – gern mit einem Zwischenstopp am Beachclub der »Okercabana«. Hinterher zu Fuß in die Altstadt: Nach dem Krieg wurden die wichtigsten Straßen und Plätze der ehemals größten, von Bomben fast völlig zerstörten Fachwerkstadt Deutschlands wiederaufgebaut. Burgplatz und Dom (ursprünglich 12. Jh.) sowie der Altstadtmarkt mit dem gotischen Rathaus präsentieren sich heute so prächtig, als wäre nichts geschehen.

Kurt-Schumacher-Str.;
Tel. 05 31/2 70 27 24;
www.okertour.de

Niedersachsen gibt an ....

Meyer-Werft 471
Papenburg

Meyers haben einen Hang zum Größeren: 335,35 m lang und 39,7 m breit ist der Luxusliner »Genting Dream«, der ihre Montagehalle am 18. September 2016 verließ. Die Halle ist 504 m lang, 125 m breit und 75 m hoch – das größte überdachte Baudock der Welt. Es gibt noch ein zweites Baudock, dazu weitere große und sehr große Hallen. Und es gibt seit 2007 ein Besucherzentrum. Hier erfährt man die unglaubliche Geschichte von der Werft im Moor, die Wilm Rolf Meyer 1795 gründete. Bis in die 1970er-Jahre wurden die Schiffe mitten in der Stadt gebaut, das neue Werftgelände liegt etwas außerhalb. Besuch nur nach Anmeldung.

Industriegebiet Süd;
Tel. 0 49 61/ 81-0;
www.papenburg-tourismus.de
www.meyerwerft.de

Niedersachsen gibt an

472 Mühlenmuseum
Gifhorn

13 Wind- und Wassermühlen stehen im Landschaftspark beim Welfenschloss: von der Tiroler Wassermühle über das windbetriebene Modell Mykonos bis zur Wassermühle aus Korea. Dazu sind 45 Modelle zu sehen, eine russisch-orthodoxe Holzkirche und der einem altrussischen Klosterbau nachempfundene Glockenpalast – ein europäisches Kunsthandwerker-Institut.

Bromer Str. 2;
Tel. 0 53 71/5 54 66;
www.muehlenmuseum.de

473 Sprengel-Museum
Hannover

Wer war Kurt Schwitters? Ein 1887 in Hannover geborener, romantischer, impressionistischer und expressionistischer Dada-Konstruktivist und -Collagist, der seine Kunst »Merz« nannte (nach der zweiten Silbe von Commerzbank). Sein Werk steht im Mittelpunkt der Sammlung. Doch auch (fast) alle anderen großen Namen der bildenden Kunst des 20. Jh. sind vertreten. Ohne Frage eines der wichtigsten modernen Kunstmuseen Deutschlands – ganz besonders nach der Eröffnung des anthrazitfarbenen Erweiterungsbaus im Herbst 2015.

Kurt-Schwitters-Platz; Tel. 05 11/ 16 84 38 75; www.sprengel-museum.de; Mo geschl.

474 Zoo
Hannover

Schon bei seiner Eröffnung am 4. Mai 1865 hatte der Hannoveraner Zoo eher den Charakter eines Landschaftsgartens mit Tieren. Nach seiner Modernisierung – einem Projekt der Expo 2000 – heißt das Motto nun »Mittendrin statt nur davor«: Käfighaltung ist out, die Tiere leben in sieben offenen »Themenwelten« (von Sambesi über die Yukon Bay und den Dschungelpalast bis zu Meyers Hof mit seinen Haustierrassen), es gibt verschiedene Shows und Schaufütterungen und überhaupt alle Inszenierungen, die ein Tierpark im 21. Jh. seinen anspruchsvollen Besuchern bieten muss.

Adenauerallee 3;
Tel. 05 11/28 07 40;
www.zoo-hannover.de

Niedersachsen gibt an ....

Altstadt
Goslar

475

Wenn eine Stadt mehr als 1000 Jahre alt, in dieser Zeit nie wirklich kaputt gegangen und früher auch mal sehr bedeutend gewesen ist, dann kann die UNESCO gar nicht anders. Das Welterbe der Goslarer Altstadt ist tatsächlich eine Augenweide – und eben keine Rekonstruktion, sondern sorgfältig renovierte Kontinuität. Blickfang ist die Marktkirche mit ihren beiden unterschiedlichen Turmspitzen, weitere schöne Gebäude um den Marktplatz sind das gotische Rathaus, die ehemalige Kämmerei und die Kaiserworth.

Tourist-Information, Markt 7; Tel. 0 53 21/7 80 60; www.goslar.de

476 ## Bergwerk Rammelsberg
Goslar

Das Bergwerk hat genau genommen schon mehr als 1000 Jahre in den Gesteinen, aber »erst« seit 968 klopfen Menschen darin herum. Sie klopften bis ins Jahr 1988, ohne Unterbrechung. Welterbe! Den riesigen Erzlagerstätten im Rammelsberg verdankte Goslar seinen frühen Reichtum – und nach der endgültigen Stilllegung ein phantastisches Schau- und Museumsbergwerk, wie es kein zweites gibt, weltweit.

Bergtal 19; Tel. 0 53 21/75 00; www.rammelsberg.de

477 ## Riddagshausen
Braunschweig

Wohnort, Kulturdenkmal, Naturschutz- und Naherholungsgebiet. 1934 wurde das hübsche Dorf im Osten von Braunschweig eingemeindet. Heute leben die rund 700 Riddagshausener wie in einem Landschaftspark. Von den 28 Teichen, die Mönche des ehemaligen Zisterzienserklosters angelegt hatten, sind elf Teiche übrig geblieben. Eisvögel leben dort. Eindrucksvoll ist die Klosterkirche mit ihrer schlichten Architektur. 1275 geweiht, gehört sie nach dem Magdeburger Dom zu den ältesten gotischen Bauwerken in Deutschland.

Tourist-Info Braunschweig, Kleine Burg 14; Tel. 05 31/4 70 20 40; www.riddagshausen.de

Niedersachsen gibt an

Felix-Nussbaum-Haus
Osnabrück

1904 kam Felix Nussbaum in Osnabrück zur Welt, 1944 starb der jüdische Maler in den Gaskammern von Auschwitz. Besonders beeindruckend sind seine späten Werke wie das »Selbstbildnis mit Judenpass« oder »Soir«, das ihn neben seiner Frau zeigt. Beeindruckend ist auch das Museum selbst: mehr Raumskulptur als Haus, mit schiefen Böden, Fensterzacken und Wandkeilen – entworfen von Daniel Libeskind.

Lotter Str. 2; Tel. 05 41/ 3 23 22 07; www.osnabrueck.de/fnh; Mo geschl.

Kunstmuseum
Wolfsburg

1994 entstand diese durchsichtige »Stadtloggia« mit ihrem weit überspannenden Glasdach. Um die 40 x 40 m große und 16 m hohe zentrale Halle liegen auf drei Seiten die Ausstellungsräume – und in denen wird kompromisslos zeitgenössische Kunst ausgestellt – etwa von Anselm Kiefer und Thomas Schütte.

Hollerplatz 1; Tel. 0 53 61/2 66 90; www.kunstmuseum-wolfsburg.de; Mo geschl.

Niedersachsen gibt an

480

Maritime Meile
Wilhelmshaven

Mit der Kaiser-Wilhelm-Brücke (1907) besitzt Wilhelmshaven die größte Drehbrücke Europas – und auf seiner Maritimen Meile neben dem schönen Aquarium und dem Wattenmeerhaus, dem offiziellen Zentrum des Nationalparks, zwei sehr sehenswerte Museen. Das moderne, interaktive Küstenmuseum zeigt das Leben der Menschen mit Sturmfluten und Deichbauten, mit rebellierenden Matrosen, zwei Kaisern und einem vor Baltrum gestrandeten Pottwal. »Oldschoolig«, im besten Sinn, ist das Marinemuseum: Hier geht man über die Decks des Lenkwaffenzerstörers »Mölders«, des größten Museumsschiffs der Deutschen Marine, und windet sich durch die klaustrophobische Enge der U 10. Hafenrundfahrten mit den museumseigenen Barkassen führen zum Marinearsenal, wo die grauen Riesen im vormusealen Zustand liegen.

Wilhelmshaven Touristik,
Ebertstr. 110;
Tel. 0 44 21/91 30 00;
www.maritimemeile.de

Niedersachsen gibt an

Altstadt
Hameln

481

Der Rattenfänger, na klar. Bunt kostümiert geht er mit seiner Flöte voran, dahinter die nicht ganz so bunte Schar der Besucher ... Das übliche Touristenprogramm kann man mitmachen. Muss man nicht mitmachen. Hameln hat viel mehr zu bieten als die Sage aus dem Jahr 1284, als der Papageno die Stadt zuerst von den Ratten befreite und dann, da man es ihm nicht dankte, auch von den Kindern. Schönste Weserrenaissance ist neben den Straßen zu sehen, ein Haus prächtiger als das andere.

Tourist-Info, Deisterallee 1;
Tel. 0 51 51/95 78 23;
www.hameln.de

Phaeno Wissenschaftsmuseum
Wolfsburg

482

Anfassen und mitmachen ist ausdrücklich erwünscht. »Deutschlands größtes Science Center« bietet Erlebnisdidaktik pur: Da stehen beim Griff an die Silberkugel die Haare zu Berge, da wandern Feuertornados und Nebelringe. Und der Spaß kommt nicht zu kurz: Man veranstaltet schon mal ein Seifenblasenfestival. Eine Schau ist natürlich auch die futuristische Architektur von Zaha Hadid.

Willy-Brandt-Platz 1;
Tel. 0 53 61/89 01 00;
www.phaeno.de; Mo geschl.

Knochenhauer Amtshaus
Hildesheim

483

Am *schönsten* Marktplatz zumindest Deutschlands steht das Knochenhauer Amtshaus, das *schönste* Fachwerkhaus der Welt. Die Superlative mögen ja einen gewissen Wahrheitsgehalt besitzen, doch sollte man auch bedenken, dass die *schönste* Kulisse in Hildesheim ebendas ist: eine Kulisse. Nach seiner Zerstörung 1945 wurde das ehemalige Gildehaus der Fleischer, Baujahr 1529, von 1986 bis 1990 in alter Technik rekonstruiert. Heute ist es ein Restaurant.

Rathausstr. 20; Tel. 0 51 21/
1 79 80; www.hildesheim.de

Niedersachsen gibt an

Michaeliskirche
Hildesheim

Ihr größter Schatz ist die in Europa nahezu einzigartige bemalte Holzdecke aus der Zeit um 1200. Sie zeigt den Stammbaum Christi. Nicht ganz sicher ist, ob die berühmten bronzenen Bernwardstüren von 1015, die bereits 20 Jahre später am Dom angebracht waren, nicht ursprünglich für die Michaeliskirche bestimmt waren. So oder so gilt der Kirchenbau, von 1010 bis 1033 auf einem kleinen Hügel am Westrand der Innenstadt errichtet, als eines der wichtigsten deutschen Baudenkmäler aus vorromanischer Zeit.

Michaelisplatz 2;
Tel. 0 51 21/1 79 80;
www.hildesheim.de/unesco

485 Landesmuseum
Braunschweig

Eines der größten historischen Museen in Deutschland. Es zeigt einen Querschnitt durch alle Bereiche des alten Lebens: Wohnen und Arbeiten, Kunsthandwerk und Technik, Volkskunde und Kulturgeschichte.

Burgplatz 1; Tel. 05 31/1 21 50;
www.landesmuseum-bs.de;
Mo geschl.

486 Hafen
Greetsiel

Nahezu alle Insel-, Küsten- und Wattflächen gehören zum Nationalpark Niedersächsisches Wattenmeer, der seit 2009 UNESCO-Welterbe ist und gleichzeitig Mittelpunkt einer der klassischen deutschen Ferienregionen. Hinter der Kette der Ostfriesischen Inseln liegen am Festland die »Sielhäfen« wie Greetsiel, das einen der schönsten Fischerhäfen an der ganzen Nordsee besitzt.

Tourist-Info, Zur Hauener Hooge 11; Tel. 0 49 26/9 18 80;
www.greetsiel.de

487 Dom und Domschatz
Osnabrück

Seine Ursprünge liegen im 8 Jh. – bei Karl dem Großen. Zur Ausstattung gehören das riesige Triumphkreuz (1230), das etwa zur selben Zeit entstandene Bronzeaufbecken und der Flügelaltar. Kostbare Reliquiare und liturgische Geräte sind im Diözesanmuseum zu sehen, darunter ein mit Edelsteinen reich verziertes Kapitelkreuz aus der Mitte des 11. Jh. (Mo geschl.).

Domhof 12; Tel. 05 41/31 84 81;
www.bistum-osnabrueck.de

Niedersachsen gibt an

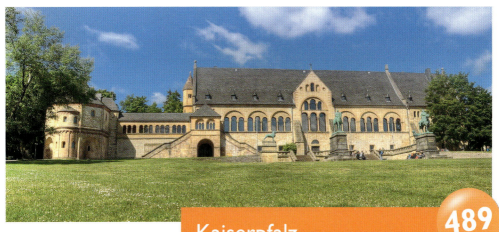

Iberger Höhlen
Bad Grund

Die Tropfsteinhöhle ist weniger spektakulär als die hochmoderne Inszenierung außen rum: Das »Museum im Berg« erzählt die Geschichte der ältesten genetisch nachgewiesenen Familie der Welt. DNA-Analysen von Knochenfunden in der Lichtensteinhöhle belegen die ununterbrochenen Familienbande der Lichtensteiner über die letzten 3000 Jahre.

488

An der Tropfsteinhöhle 1; Tel. 0 53 27/82 93 91; www.hoehlen-erlebnis-zentrum.de; Nov.–Juni und Sep. Mo geschl.

Kaiserpfalz
Goslar

489

Kaiser müssen reisen, und früher konnten solche Reisen dauern. Quartier nahmen die Herrscher in »Pfalzen«, die prächtig ausgebaut waren. In Goslar stand eine der wichtigsten. Und sie steht immer noch – etwa seit 950 Jahren. Am Fuß des Rammelsberges erbaut, war sie ungefähr 200 Jahre lang der Brennpunkt der deutschen Geschichte. Heute gilt das 54 m lange und 18 m tiefe Kaiserhaus mit seinen beiden übereinander liegenden Sälen als der größte Profanbau der deutschen Romanik. Im unteren Saal steht der Kaiserthron aus der zweiten Hälfte des 11. Jh. Weitere erhalten gebliebene Gebäude auf dem Areal sind die Vorhalle der ehemaligen Stiftskirche (um 1150) und die Ulrichskapelle.

Kaiserbleek 6; Tel. 0 53 21/3 11 96 93; www.goslar.de

Niedersachsen gibt an

490 Freilichtmuseum
Papenburg

Papenburg ist ein Phänomen: die längste und älteste Moorkolonie Deutschlands. Heute leben hier 35 000 Einwohner entlang der 15 km langen Hauptstraße. Kanäle prägen das Stadtbild Papenburgs. Ursprünglich angelegt, um Landwirtschaft zu ermöglichen, wurden sie später als Transportwege genutzt. Heute flaniert man am Hauptkanal entlang, fotografiert Zugbrücken, historische Zweimaster und alte Frachtschiffe. Und kann es kaum glauben: 1850 gab es hier, 40 km von der Nordsee entfernt, 23 Werften – mehr als in Bremen!

Papenburg Tourismus, Ölmühlenweg; Tel. 0 49 61/8 39 60; www.papenburg-tourismus.de

491 Museum und Park
Bramsche-Kalkriese

War er »Deutscher« oder Römer? Schwer zu sagen. Hermann oder eben Arminius, Fürst vom Stamm der Cherusker, war wohl beides: ein moderner Mensch, der zwischen den Kulturen pendelte. Er besaß das römische Bürgerrecht und leistete dem Imperium als Führer einer Auxiliareinheit wahrscheinlich sogar Militärdienste. Im Jahre 9 n. Chr. stand er jedenfalls auf der Seite der Germanen, die unter seiner Führung nahe dem heutigen Osnabrück, nördlich des Teutoburger Waldes, drei Legionen unter Führung des römischen Statthalters Varus niedermetzelten. Es war ein großer Sieg, der später zum deutschen Nationalmythos umgedeutet wurde. Der ganz große Rummel – 2000 Jahre »Varusschlacht« – war 2009. Jetzt ist man im Museumspark in Kalkriese längst wieder zum Alltag zurückgekehrt: zum Blick auf das ehemalige Schlachtfeld und auf rund 3000 Fundstücke in der neu konzipierten Ausstellung. Sehr eindrucksvoll und lohnend.

Venner Str. 69;
Tel. 0 54 68/9 20 40;
www.kalkriese-varusschlacht.de;
Nov.–März Mo geschl.

Horst Janssen Museum
Oldenburg

Er war einer der eigenwilligsten und genialsten deutschen Zeichner und Graphiker im 20. Jh. – und er trank zuviel. Horst Janssen (1929–1995), in Oldenburg aufgewachsen, lebte und arbeitete exzessiv. Traditioneller Techniken bediente er sich mit größter Könnerschaft und Virtuosität. Seine eindrucksvollen Werke sind (neben bedeutenden Sonderausstellungen) seit 2000 in einem avantgardistischen Neubau zu sehen.

Am Stadtmuseum 4–8; Tel. 04 41/2 35 28 91; www.horst-janssen-museum.de; Mo geschl.

Landesmuseum Natur und Mensch
Oldenburg

Hier wird gezeigt, wie Mensch und Natur zusammen (Kultur-)Landschaft gestalten. Geologie, Biologie und Geschichte werden wie Kunst vermittelt – so, dass sie überraschen, Spaß machen und auch noch sehr gut anzusehen sind.

Damm 38–44; Tel. 04 41/9 24 43 00; www.naturundmensch.de; Mo geschl.

Niedersachsen gibt an ....

494 Kloster
Walkenried

Das Zisterzienser-Kloster am Harzer Südrand wurde 1127 gegründet und war bis ins 14. Jh. eine wirtschaftliche Großmacht in Norddeutschland. Von der großen Klosterkirche sind nur noch stimmungsvolle Mauerreste erhalten geblieben, im wunderbar restaurierten Kreuzgang finden Konzerte statt. Interessantes, modern konzipiertes Museum.

Steinweg 4a; Tel. 0 55 25/ 9 59 90 64; www.klosterwalkenried.de; Mo geschl.

Windstärke 10 — 495
Cuxhaven

Cuxhaven ist nicht nur eine wichtige Hafenstadt, wie der Blick von der Aussichtsplattform der »Alten Liebe« auf Fischtrawler und Containerschiffe verrät, sondern seit 1816 Seebad mit mehreren Sand- und Grünstränden. Die Sehenswürdigkeiten sind natürlich maritim: das Feuerschiff »Elbe 1«, der Fischereihafen und die »Windstärke 10« in der Ohlroggestr. 1, in dem das frühere Wrack- und Fischereimuseum eine neue Heimat gefunden hat. In zwei historischen Fischpackhallen wird multimedial vom Leben mit Wind und Wellen, von Seenot und Fischerei erzählt (www.windstaerke10.net, Mo geschl.).

CUX-Tourismus, Cuxhavener Str. 92; Tel. 0 47 21/40 42 00; tourismus.cuxhaven.de

Niedersachsen checkt ein

496 Der Achtermann
Goslar

Die klassischen Hotelzimmer im großen Tagungshotel an der Fußgängerzone sind komfortabel und eher nüchtern eingerichtet, die Suiten bieten dagegen eine außergewöhnliche Optik zwischen Fachwerk und Design. Ansprechender Wellnessbereich und leckere Regionalküche in den schönen »Altdeutschen Stuben«.

Rosentorstr. 20;
Tel. 0 53 21/7 00 00;
www.der-achtermann.de; €€

497 Atlantic Hotel
Wilhelmshaven

Von der riesigen Terrasse der Kaiser-Wilhelm-Suite genießt man ein 270-Grad-Panorama über Häfen, Watt und Wasser. Wem die (zugegeben) tolle Suite zu teuer ist, bekommt für deutlich weniger Geld immer noch eine Menge Aussicht. Die Lage des hellen Hotelriegels ist fabelhaft, der Südstrand ist schnell erreicht, zu den Museen der Maritimen Meile geht man etwas länger.

Jadeallee 50; Tel. 0 44 21/77 33 80; www.atlantic-hotels.de/hotel-wilhelmshaven; €€€

498 Sheraton Pelikan
Hannover

Industrieanlagen zu Designhotels: Hier, im nördlichen Ortsteil List, ist die Umwandlung ausgezeichnet gelungen. Von außen ein gründerzeitliches Schmuckstück, ist die ehemalige Pelikan-Schreibgerätefabrik von der Lobby über die Zimmer und Suiten bis hin zum Restaurant »5th Avenue« (euro-asiatische Küche) und zur eleganten »Harry's New York Bar« überzeugend-modern umgestaltet worden. Zum schicken Hotelambiente gibt es einen 24-Stunden-Service und Fitness satt im angeschlossenen »Physical Park«.

Pelikanplatz 31; Tel. 05 11/9 09 30; www.sheraton.de/hannover; €€€

Niedersachsen checkt ein

Kastens Luisenhof
Hannover

Seine 150 Jahre stehen dem Grandhotel neben Hauptbahnhof und Oper sehr gut zu Gesicht. Schon die einfachen Komfortzimmer bieten ein unaufdringlich-elegantes Interieur, die Suiten dagegen puren Luxus. Im Wellness- und Fitness-Bereich auf dem Dach kann man in Saunen und bei Massagen entspannen.

499

Luisenstr. 1–3; Tel. 05 11/ 3 04 40; www.kastens-luisenhof.de; €€€

The Ritz-Carlton
Wolfsburg

500

Moderner Luxus und Service satt in einem der besten deutschen Hotels. Das Design verrät allerbesten Geschmack. Von der Lobby Lounge bis in die Zimmer und Suiten: Nichts ist cool, alles klar. Im Wintergarten wird ein ausgezeichnetes Frühstück serviert. Absoluter Hit im tollen Wellnessbereich ist der schwimmende 40-m-Outdoor-Pool im Hafenbecken vor der VW-Skyline. Gutes Restaurant »Terra« (saisonal-regionale Küche, auch vegetarisch und vegan), sehr stimmungsvolle »Newman's Bar« – und im »Aqua« mit Sven Elverfeld einer der besten Köche Europas.

Parkstr. 1; Tel. 0 53 61/60 70 00; www.ritzcarlton.com; €€€€

Niedersachsen checkt ein

Van der Valk Hotel
Hildesheim

Außen Fachwerk und innen etwas Rokoko – jedenfalls keine Inszenierung des Mittelalters, sondern angenehm zeitloser Komfort mit einem Wellnessbereich, der diesen Namen tatsächlich verdient (Massagen und Kosmetikbehandlungen). Im Restaurant »Gildehaus« werden internationale Klassiker serviert.

Markt 4; Tel. 0 51 21/30 00;
www.vandervalk.de; €€€

Romantik Hotel Walhalla
Osnabrück

320 Jahre hat es auf dem Fachwerk, das schöne Haus gegenüber dem Rathaus. Altes Gebälk und modernes Design halten sich im Inneren die Waage. Ansprechend ist die Wellness-Mansarde mit Bio-Sauna, Dampfbad, hautschonendem Solarium sowie fachkundigen Massagen und Anwendungen. Feine internationale Küche mit regionalen Noten im Restaurant.

Kleine Gildewart 11;
Tel. 05 41/3 49 10;
www.hotel-walhalla.de; €€

Ritter St. Georg
Braunschweig

Die helle Fassade eines der ältesten Braunschweiger Fachwerkhäuser verbirgt ein schön renoviertes Inneres. Barock ist der Eingang, barock ist auch die Holztreppe, die zu den Zimmern führt – in denen man trotz knorriger Deckenbalken natürlich kostenloses WLAN hat.

Alte Knochenhauerstr. 12;
Tel. 05 31/39 04 50;
www.centro-hotels.de; €

Altera
Oldenburg

Mitten in der Fußgängerzone steht das moderne Hotel. Hier wird beispielhaft gezeigt, dass ein Design der »klaren Linie« keineswegs unterkühlt, sondern sehr behaglich wirken kann. Sehr schön ist der neue Wellnessbereich (mit Gym), wo man mit Hot-Stone-, Aromaöl- und Fußreflexzonenmassagen, Lymphdrainagen und anderen Anwendungen bestens bedient wird. Die Tagungsräume sind »Denkräume« und »magische Orte«. Na gut. Flammkuchen, Pasta und Dry Aged Beef in der Brasserie & Vinothek Michael Schmitz.

504

Herbartgang 23;
Tel. 04 41/21 90 80;
www.altera-hotels.de; €€

Vitalis
Greetsiel

2004 wurde die Wohlfühloase im schönen Hafenort Greetsiel eröffnet. Hier dreht sich alles um Thalasso – angefangen bei den (optionalen) Wasserbetten. Man kann unter verschiedenen Wellness-Anwendungen wählen – zum Beispiel mit individuell abgestimmten Algenmischungen –, ehe man zum abendlichen Gaumen-Thalasso im Hotelrestaurant »Mangold« einläuft. Wirklich wahr: Der frische Seefisch vom Greetsieler Fischmarkt tut Körper und Seele sehr gut. Vegan beommt man auch.

Hafenstr. 2;
Tel. 0 49 26/9 26 20;
www.vitalis-greetsiel.de;
€€€

Strandhotel Kurhaus
Juist

Groß, weiß und prächtig, so steht es seit 1898 auf den Dünen. Unter der hohen Glaskuppel befinden sich großzügige und sehr komfortabel eingerichtete Zimmer, überwiegend Suiten und Apartments. Bestens ausgestattet ist auch der Wellnessbereich. Wunderschönes Ambiente beim Dinner im »Weißen Saal« des Kurhauses.

Strandpromenade 1;
Tel. 0 49 35/91 60;
www.kurhaus-juist.de; €€€

Badhotel Sternhagen
Cuxhaven

Am Watt gelegen und in den besten Zimmern auch mit Blick auf dieses. Nach Erwerb des Nachbargrundstückes ist das Hotelareal noch weitläufiger, mit Sonnen- und Kaffeegarten am Meer. Schöne Zimmer, Suiten und Apartments, großes Wellnessangebot. Marc Rennhacks Restaurant »Sterneck« hat zwei Michelin-Sterne.

Cuxhavener Str. 86; Tel. 0 47 21/43 40, www.badhotel-sternhagen.de; €€€€

Niedersachsen tischt auf

508 Banter Ruine
Wilhelmshaven

Kultige Location am Hafen, gleich neben dem Atlantic Hotel. Hier isst man am besten Fisch, zum Beispiel Scholle Müllerin oder nach Finkenwerder Art. Oder tagesfrische Nordseekrabben, ganz klassisch mit Schwarzbrot und Spiegelei.

Jadeallee 61; Tel. 0 44 21/ 4 14 84; www.banter-ruine.de; Di geschl. €€

509 La Vie
Osnabrück

Seit 2012 hütet Thomas Bühner seine drei Michelin-Sterne. Das Feuerwerk der verschiedensten Düfte, Aromen und Texturen, das er in seinem Restaurant mit höchster Akribie entfesselt, verlangt natürlich ein fortgeschrittenes Publikum. Testesser des *Feinschmecker* entdeckten hier auf ihren Tellern »vier stecknadelkopfkleine Kleckse« von etwas, das ihnen nach Olive, Knoblauch (Chip), Sardine und würziger Mayonnaise zu schmecken schien. Sehr interessant.

Krahnstr. 1–2; Tel. 05 41/33 11 50; www.restaurant-lavie.de; So, Mo geschl. €€€€

Niedersachsen tischt auf

Fährhaus
Neßmersiel

Auf halber Strecke der ostfriesischen Nordseeküste, gegenüber der Insel Baltrum, liegt dieses Hotel mit seinem Fischrestaurant, in dem Chef Gerold Janssen und sein fünfköpfiges Team grandios aufkochen. Man genießt Küstenfisch-Bouillabaisse, allerlei Variationen von Nordseekrabben oder »nur« die Greetsieler Kutterscholle, man ist begeistert über die feinen Abstecher aufs Land (Deichlammrücken mit Gewürzkruste auf Speckbohnen-Tomaten-Gemüse), angetan von der ungezwungenen Atmosphäre und erfreut über die fairen Preise.

Dorfstr. 42;
Tel. 0 49 33/3 03;
www.faehrhaus-nessmersiel.de; €€

510

Das kleine Museum
Hannover

Der Name trifft es schon ganz gut – nur ist nicht ganz klar, um was für eine Art Museum es sich hier handelt. Unter der Decke baumeln zwei ausgestopfte Krokodile, weitere Ausstellungsstücke sind ein Schifferklavier und ein Flugzeugpropeller. In diesem kuriosen Ambiente werden Besucher mit richtig guter französischer Bistroküche verwöhnt, die fein schmeckt und nicht zu viel kostet.

Grotestr. 10;
Tel. 05 11/2 15 39 79;
www.facebook.com/KleineMuseum; €€

511

Ahrenshof
Bad Zwischenahn

Das Reetdach-Bauernhaus aus dem Jahr 1688 ist eine Schau, aber fast noch besser ist der riesige Garten davor. Egal ob drinnen oder draußen – hier isst man Ammerländer Klassiker wie den Sniertjebraten oder Aal – in Salbeibutter gebraten, gedünstet oder geräuchert.

Oldenburger Str.;
Tel. 0 44 03/47 11;
www.der-ahrenshof.de; €€

Niedersachsen tischt auf

Aqua
Wolfsburg

513

Sven Elverfeld ist einer der Stars der deutschen 3-Sterne-Riege und in Europa einer der besten Köche überhaupt. »Einen feinsinnigen Künstler« nannte ihn der »Feinschmecker«. Wer seine Kunst essen möchte, sollte darin geübt und in der Lage sein, den sicher angemessenen Preis zu ignorieren. Das Besondere liegt bei Elverfeld in der raffinierten Interpretation des Alltäglichen – zum Beispiel bei seiner legendären Seezunge Finkenwerder Art.

Parkstr. 1; Tel. 0 53 61/60 60 56; www.restaurant-aqua.de; So, Mo geschl. € € € €

Brauhaus Ernst August
Hannover

514

Sehr rustikal und nicht überaus leise geht es hier zu, ganz nah beim historischen Marktplatz. Zur leckeren Hausmannskost lässt man sich das naturtrübe Hanöversch aus Bio-Rohstoffen schmecken. Und wer will, kann dann noch in der Disco oder zu Live-Musik abtanzen. Freitag und Samstag hat man bis 5 Uhr geöffnet, sonst nur bis 3 Uhr.

Schmiedestr. 13; Tel. 05 11/36 59 50; www.brauhaus.net; €

Oltmanns
Friedeburg

Es ist so ein Wort, das in Gourmetdeutschland nur mit spitzen Lippen ausgesprochen wird: Gutbürgerlich. Das klingt nach Fett, nach Knödeln und nach Sauerkraut. Das klingt nach totem Schwein, dem anzusehen und anzuschmecken ist, dass es mal ein lebendes Schwein gewesen ist. Doch statt dies als ein Zeichen höchster Qualität anzusehen, wendet sich der mit »Schäumen«, »Lüften« und »Texturen« sozialisierte Feinschmecker mit Grausen. Satt werden ist Unterschicht. In der urgemütlichen Gaststube seines Landhotels zwischen Wilhelmshaven und Wiesmoor sagt der Koch Udo Schumacher sehr ruhig: »Ich koche gutbürgerlich.« Und hat kein Problem damit, wenn seine Gäste »was Vernünftiges auf dem Teller« haben wollen. Als Schumacher den Traditionsgasthof 1999 übernahm, hatte er schon viele Stationen durchlaufen. Hatte auf Kreuzfahrtschiffen in der Karibik gearbeitet und in der berühmten »Traube Tonbach« im Gourmet-Mekka Baiersbronn. Und am Ende entschied er sich für den Landgasthof in Ostfriesland. Für Rinderrouladen und Rumpsteak, für Matjes und Scholle (»Fisch ist eher was für die Touristen.«) Seine Spezialität ist der sagenhafte Ammerländer Sniertjebraten: mit Senf geschmorte Stücke vom Schweinenacken. Fleisch von Schwein und Lamm bezieht er von lokalen Metzgern, Kartoffeln und Spargel aus den Nachbarorten, die traditionellen Uppdrögt-Bohnen liefert ihm eine Bäuerin aus der Umgebung. Was Schumacher daraus macht, verrät nicht nur großes handwerkliches Können, sondern auch viel Respekt – vor den Zutaten ebenso wie vor dem legitimen Hunger der Gäste. Wer tatsächlich nicht satt geworden ist, bekommt kostenlos Nachschlag. Schwein gehabt! Schumacher weiß, worauf es ihm ankommt: »Wenn alte Gäste sich verabschieden und sagen: Danke, es war so gut wie beim alten Oltmanns, dann weiß ich, dass ich es richtig mache. Das ist mehr wert als ein Stern.«

Friedeburger Hauptstr. 79;
Tel. 0 44 65/97 81 50;
www.landhotel-oltmanns.de;
Mo geschl.

Niedersachsen tischt auf

Grüne Gans
Osnabrück

Unter den vielen Kneipen in Osnabrück eine der beliebtesten. Das liegt zum einen an der urigen Atmosphäre, zum anderen am deftigen und unkomplizierten Essen. Wer das »Pfefferstück« bestellt, macht nichts falsch. Vor allem nicht, wenn er es an einem schönen Abend im Biergarten genießt.

Große Gildewart 15; Tel. 05 41/2 39 14; €

Clichy
Hannover

Feine französische Küche im Edelbistro: Bei Ekkehard Reimann heißt das »Luxus ohne Firlefanz«. Darum widmet sich der Chef auch gern der Ausbildung des Gourmet-Nachwuchses in Hannover: Sein Menu du marché – vier marktfrische Gänge mit korrespondierenden Weinen – kostet pro Person 58 Euro. Getränke eingeschlossen.

Weißekreuzstr. 31; Tel. 05 11/31 24 47; www.clichy.de; So geschl. €€€

Das Alte Haus
Braunschweig

Gourmets haben es in Braunschweig leicht. Sie müssen nicht suchen, sondern dürfen gleich zu Enrico Dunkel ins Alte Haus, in dem alles recht neu aussieht. Unter den schönen, internationalen Gerichten finden sich bisweilen alpine Schmankerl wie die Räucherforelle vom Königssee oder der Tiroler Kaspressknödel. Faire Preise.

Knochenhauerstr. 11; Tel. 05 31/6 18 01 00; www.altehaus.de; So, Mo geschl. €€€€

Beefclub
Wolfsburg

Direkt am Mittellandkanal stilvoll zu Abend essen – für weniger Geld als im Gourmet-Heiligtum »Aqua«, aber auch sehr gut und ohne Schwellenangst. Der Beefclub ist eines von insgesamt neun Restaurants in der Autostadt. Hier sieht sieht man rot – bei der Betrachtung der Sitzpolster und beim Blick auf den Teller. Das auf einem Lavasteingrill gegarte Bio-Rindfleisch kommt zu 80 Prozent aus Deutschland und wird in fünf verschiedenen Garstufen zubereitet. Hinterher Bio-Eis mit Zutaten aus der Region.

Stadtbrücke; Tel. 08 00/6 11 66 00; www.moevenpick-restaurants.com; €€

Niedersachsen geht aus

Theater
Osnabrück

Nur 642 Zuschauer haben Platz im Jugendstiltheater am Domhof, der Hauptspielstätte der Städtischen Bühne. Sie sehen in diesem intimen Rahmen ausgezeichnetes Musiktheater: 2009 wählten Kritiker im Rahmen einer Umfrage der Opernwelt Mario Wiegands »Operette«, eine Auftragskomposition des Theaters, zur Uraufführung des Jahres. Und 2015 erhielten die Städtischen Bühnen den Theaterpreis des Bundes – für ein »qualitativ bemerkenswertes und stringentes Programm« mit allen Sparten.

Domhof 10/11;
Tel. 05 41/76 00 00;
www.theater-osnabrueck.de

520

521 ## Staatstheater
Oldenburg

Seit der Spielzeit 2014/15 gibt es hier sogar eine siebte Sparte: Sie dient der »Demokratisierung« des Theaters, dem Kontakt zwischen Akteuren und Zuschauern, und ist den anderen sechs Sparten gewissermaßen übergeordnet. Die Oldenburger lieben ihr Theater nicht zuletzt deshalb – und weil sie schätzen, was auf den Bühnen geschieht.

Theaterwall 28;
Tel. 04 41/2 22 50;
www.staatstheater.de

 ## Alexander
Hannover

Eine Institution im Hannoveraner Nachtleben – genauer: bis 3 Uhr morgens – ist diese Kneipe gegenüber dem Schauspielhaus. Weder schick noch teuer, dafür mit viel Charme und einer ausgesprochen freundlichen Atmosphäre. Die Küche ist deftig, das Mobiliar urig. Auch nach der Geisterstunde bekommt man im »Alex« noch eine warme Mahlzeit. So muss Kneipe.

Prinzenstr. 10;
Tel. 05 11/32 58 26;
www.alexander-hannover.de

Niedersachsen geht aus

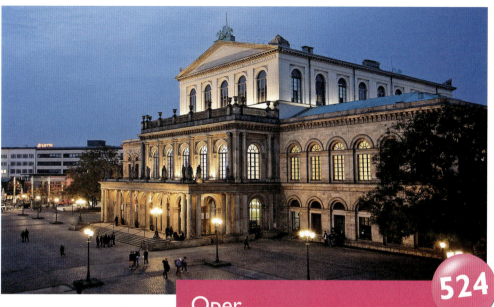

523 Staatstheater
Braunschweig

Goethe schrieb den »Faust«. Und wer hat ihn zuerst gespielt? Die Braunschweiger – am 19. Januar 1829 (wenn auch leicht gekürzt). Auch Lessings »Emilia Galotti« erlebte hier ihre Uraufführung. Das Staatstheater setzt die Tradition heute fort, mit vier Sparten an vier Spielstätten.

Am Theater; Tel. 05 31/
1 23 45 67; www.staatstheater-braunschweig.de

524 Oper
Hannover

Mit ihrem prächtigen Opernhaus besitzt die Landeshauptstadt einen kulturellen Mittelpunkt. Das Königliche Hoftheater, das 1852 mit Mozarts »Hochzeit des Figaro« eröffnet worden war, zerfiel 1943 bei einem der Luftangriffe auf Hannover in Schutt und Asche. Nach dem Krieg wurde es im historischen Stil wiedererrichtet und 1970 zum Niedersächsischen Staatstheater. Es hat Uraufführungen moderner Werke von Hans Werner Henze und Wolfgang Rihm erlebt.

Opernplatz 1; Tel. 05 11/99 99 00,
www.staatstheater-hannover.de

Niedersachsen sucht aus

Seefischmarkt
Cuxhaven

525 Touristen spielen hier nicht die Hauptrolle, und das ist gut so. Cuxhaven ist einer der großen europäischen Umschlagplätze für Fisch – was man beim Bummel durch den Fischereihafen sehr lebhaft vor Augen hat. Das Fischbrötchen in der Hand, kann man zusehen, wie die kleinen Krabbenkutter und die großen Hochseefischdampfer ihre Ladung löschen. Der Hafenbummel wird zum Erlebnis-Shopping, denn außer Aal, Rollmops und Krabben für den kleinen Hunger zwischendurch bieten viele Betriebe auch fangfrische Seezungen, Schollen und Kabeljau für die Pfanne am Abend in der (Ferien-)Wohnung. Ein- bis zweimal pro Monat – jeweils am Sonntag – findet im Alten Fischereihafen das große Fischmarkt-Spektakel statt – mit den aus Hamburg bekannten Marktschreiern.

Alter (Nordseekai) und Neuer Fischereihafen (Niedersachsenkai); Tel. 0 47 21/40 42 00; tourismus.cuxhaven.de

Schinkenmuseum
Apen

526 Die besten Stücke reifen nach der Räucherung mehr als zwei Jahre. In Apen, westlich von Westerstede, wird der Ammerländer Schinken seit neun Generationen nach der altbewährten Methode hergestellt. Das kann man sich im Museum erklären lassen. Und man kann die feinen Souvenirs natürlich auch käuflich erwerben.

Hauptstr. 212; Tel. 0 44 89/65 01; www.schinkenmuseum.de; So, Mo, Di geschl., Herbst und Winter nach Vereinbarung

Niedersachsen sucht aus

Fruchtleder
Braunschweig

Dieses Leder kann man essen. Es besteht aus püriertem Obst und ist kein Material für bunte Designerschuhe, sondern zarter und wohlschmeckender. Geschmacksverstärker und Konservierungsmittel sind tabu. Verkauft wird auf dem Braunschweiger Markt sowie in den Edeka-Märkten Dinter (Hopfengarten 13) und Brawo-Park (Willy-Brandt-Platz 12).

Tel. 05 31/61 54 83 60;
www.fruchtleder.de

Kunsthandwerk
Goslar

In acht Stübchen des anno 1254 erbauten Hospizes Großes Heiliges Kreuz werden Heimtextilien, Goldschmiedekunst, Woll- und Filzkreationen, Glas, Porzellan, Keramik und Steinzeug produziert und verkauft. Jedes Jahr am ersten Augustwochenende ist das Hospiz Mittelpunkt des Kunsthandwerkermarkts von Goslar.

Hoher Weg 7;
Tel. 0 53 21/2 18 00;
www.kunsthandwerk-goslar.de

Bergbauernmarkt
Zellerfeld

Im Oberharzer Luftkurort duftet es ganz verführerisch, und zwar jeden Donnerstagabend zwischen 18 und 22 Uhr. Dann liegen in der Bornhardtstraße in Zellerfeld nicht nur Blumen, sondern auch Würste und Käse, Obst und Gemüse, Fisch und Fleisch aus der Umgebung zum Verkauf aus.

Bornhardtstr.;
www.clausthal-zellerfeld.de

Kräuterpark
Altenau

Nüchtern betrachtet ist das eine Verkaufsausstellung östlich von Clausthal-Zellerfeld im Harz. Aber was hier verkauft und wie es ausgestellt wird! Auf schönen Pfaden spaziert man durch ein duftendes Blätter- und Blütenparadies. Kräuter aus aller Welt wachsen hier, bestens dokumentiert und mit Informationen über die Anwendung in Küche und Hausapotheke versehen. Das saisonal wechselnde Angebot von Küchenkräutern, Heilkräutern und exotischen Stauden ist überwältigend – und defintiv nicht beim Discounter am Stadtrand zu haben.

Schultal 11;
Tel. 0 53 28/91 16 84;
www.kraeuterpark-altenau.de

Niedersachsen lädt ein

Sehusafest
Seesen

Die Stadt Seesen am Harz ist mehr als 1000 Jahre alt, das Sehusafest gibt es seit 1975. Seitdem spielen die Seesener jedes Jahr am ersten Septemberwochenende Mittelalter – in den entsprechenden Gewändern, in Spielen und Tänzen. Beim größten Historienfest in Norddeutschland nehmen Ackerbürge und Herolde teil, Kaiser Otto samt Gefolge, jede Menge Gaukler, Quacksalber und Ritter, Brauer und Brater. Und immer gibt es zünftige Schlacht- und Belagerungsszenen sowie die Aufführung der Sage vom Silberhohl vor den Kulissen der Burg Sehusa zu sehen.

531

www.sehusafest.de

532 Gartenfestival
Ippenburg

Die »Mutter der deutschen Gartenfestivals« steigt in der Kulturlandschaft des Artlands zwischen Bersenbrück und Quakenbrück, genauer: im märchenhaften Schloss Ippenburg, das nur einmal im Jahr, zu den Gartentagen im Frühsommer, seine Tore öffnet. Auf dem sechs Hektar großen Gelände sind viele Schau- und Künstlergärten zu sehen und als Highlight der größte (3000 Quadratmeter) und vielfältigste Küchengarten Deutschlands. Daneben wird hier im April das Narzissenfest und im September das ländliche Herbstfest gefeiert.

www.ippenburg.de

533 Media Art Festival
Osnabrück

Medienkunst ist mehr als Video und Computeranimationen. Zum 30-jährigen Jubiläum des Festivals werden Ende April 2017 wieder sehr viele spannende Arbeiten zu sehen sein, von Experimentalfilmen über Raum- und Lichtinstallationen bis zu Performances. Es ist eines der wichtigsten Foren für Medienkünstler, Kuratoren und Galeristen in Europa – und ein Publikumsmagnet.

www.emaf.de

Niedersachsen lädt ein

Hurricane Festival
Scheeßel

534

Seit 1997 gibt es dieses Festival, und es ist gewachsen, gewachsen, gewachsen. Über 70 000 Besucher kommen mittlerweile auf das Gelände der Motorrad-Sandrennbahn, schon im Frühjahr sind in der Regel die Tickets ausverkauft. Hier spielen die ganz Großen. David Bowie etwa hatte hier seinen letzten Live-Auftritt.

www.hurricane.de

Schoduvel
Braunschweig

535

Die größte Party Braunschweigs steigt im Februar: Der Schoduvel am Sonntag vor Rosenmontag ist hinter den Großevents am Rhein der viertgrößte Karnevalsumzug in Deutschland – und seine Tradition geht bis ins Jahr 1293 zurück. Mit Lärm, bunten Verkleidungen und entsprechendem Auftreten legte bzw. legt man sich mit den bösen Geistern der Winterkälte an: »scho« meint verscheuchen, »duvel« steht für den Teufel. Im Mittelpunkt stehen die närrischen Dreigestirne von Till, Bauer und Prinz sowie von Schoduvel, Erbsenbär und Frühling.

www.braunschweiger-karneval.de

Niedersachsen lädt ein

Duhner Wattrennen
Cuxhaven

Das ist etwas ganz Besonderes und weltweit einzigartig: Schon seit 1902 treffen sich jedes Jahr im Juli ungefähr 150 Traber und Galopper, um auf dem feuchten Geläuf des Watts vor Cuxhaven die Sieger auszumachen. Der Seedeich wird während der sechs Stunden zur Tribüne für die rund 30 000 Zuschauer, denen zwischen den einzelnen Rennen ein umfangreiches Rahmenprogramm geboten wird.

536

www.duhner-wattrennen.de

Internationaler Feuerwerkswettbewerb
Hannover

Wenn die besten Pyrotechniker der Welt loslegen, staunt man mit offenem Mund. An fünf Abenden steigt das Spektakel im prachtvollen Ambiente der Herrenhäuser Gärten. Bis es richtig dunkel geworden ist, gibt es ein Rahmenprogramm mit Kleinkunst und Musik.

hannover.feuerwerk.net

537

Niedersachsen fährt raus

538 Ausfahrten mit der »Wega II«
Fedderwardersiel

Zwischen Jadebusen und Wesermündung liegt Fedderwardersiel, Heimathafen der 20 m langen »Wega II«. In ihrem knuffigen Flachbodenschiff bringen Reinhild und Ole Nießen ihre Passagiere auf Tagesfahrten zu den interessantesten Zielen im weiten See- und Wattgebiet zwischen Wilhelmshaven und Bremerhaven: zur Seehundbank Tegeler Plate, zum alten Leuchtturm Unterversand – heute eine Kormorankolonie –, zum Containerterminal von Bremerhaven oder zum Leuchtturm auf der Sandbank Hoher Weg, wo man eine Wattwanderung unter kundiger Führung macht.

Am Hafen 8;
Tel. 0 47 36/10 33 02;
www.wega2-info.de

539 Weserradweg per E-Bike
Hameln

Es muss nicht immer nur der (zu Recht) bekannte und beliebte Weserradweg sein. Wer elektrisch ein bisschen nachhilft, darf sich auch mit normalem Lungenvolumen und Oberschenkelumfang ins Weserbergland wagen. Mit einem flächendeckenden Netz aus Verleih- und Akkuwechselstationen empfiehlt sich die Region allen E-Bikern. Eine spezielle E-Bike-Tourenkarte mit 14 ausgewählten Tourentipps verrät die schönsten Routen.

Weserbergland Tourismus,
Deisterallee 1;
Tel. 0 51 51/9 30 00; www.weserbergland-tourismus.de

540 Piesberg
Osnabrück

Jahrhundertelang wurden am Piesberg im Norden der Stadt Kohle und Sandsteine abgebaut – bis 2004. Heute ist der Steinbruch mit seinen über 100 m hohen Karbonquarzit-Wänden als Kultur- und Landschaftspark zugleich ein tolles Freizeitrevier – mit Wegen zum Wandern, Radeln und Paddeln, mit geführten Fossilien-Expeditionen, dem Museum Industriekultur, einer kleinen Feldbahn und der attraktiven Möglichkeit, vom Hafen an der Römereschstraße in Osnabrück mit dem Schiff zum Piesberger Hafen zu fahren.

Museum Industriekultur (Fürstenauer Weg 171; Tel. 05 41/ 12 24 47; www.industriekulturmuseumos.de; Mo, Di geschl. www.osnabrueck.de/piesberg

Niedersachsen fährt raus

Ostfriesische Inseln

Es sind Ferieninseln für Leute, die im Urlaub nicht Auto fahren wollen – Norderney ausgenommen, ist das auch auf keiner der Inseln erlaubt –, die aber viel Platz brauchen und niemand, der ihn mit »Attraktionen« füllt. Sehenswertes gibt es genug: endlose Strände, sanfte Dünen, Wellen, Wind und Wolken und einen weiten Horizont. Alle Inseln liegen im Nationalpark Niedersächsisches Wattenmeer, und jede hat ihre treuen Fans.

WG Ostfriesische Inseln, Wangerooge, Obere Strandpromenade 3; Tel. 0 44 69/9 90; www.das-gelbe-vom-eiland.de

541 Borkum
Die größte und am weitesten vom Festland entfernte Insel. Hat einen richtigen Wald, ausgeprägte touristische Infrastrukturen und ein echtes Hochseeklima.

www.borkum.de

542 Juist
Seebad seit 1840. Elegant, mit unverbauten Stränden und dem größten Süßwassersee der Ostfriesischen Inseln. Die Insel ist beachtliche 17 km lang und an einigen Stellen nur 500 m breit. Ihr vorgelagert ist die Vogelschutzinsel Memmert, die nur von einem Mitarbeiter des Nationalparks Wattenmeer bewohnt wird.

www.juist.de

543 Norderney
Das älteste deutsche Nordseebad (seit 1797) – sehr klassisch, mit elegantem Kurhaus, Spielbank und Theater. 14 km lang und bis zu 2 km breit.

www.norderney.de

544 Baltrum
Die kleinste der Inseln. Im 17. Jh. lag das Westende von Baltrum dort, wo jetzt das Ostende von Norderney ist. Zwi-

schen 1650 und 1873 wurde die Insel im Westen um knapp 4 km kürzer, im Osten dafür länger. Dorf und Kirche wurden mehrere Male verlegt.

www.baltrum.de

545 Langeoog
Sehr sportlich, ja sogar etwas für Bergsteiger: Die Melkhorndüne, über 20 m, ist der höchste Punkt Ostfrieslands. Der 14 km lange Strand hat keine Buhnen (Steindämme, die von der Küste ins Meer gezogen werden, um den Sandabtrag zu verhindern).

www.langeoog.de

546 Spiekeroog
Urig, ursprünglich. Es gibt hier weder Nobelhotels noch Einkaufszentren. Es gibt nicht mal eine Strandpromenade, aber immerhin eine 1-PS-Inselbahn für 16 Personen.

www.spiekeroog.de

547 Wangerooge
Sehr vielseitig und gut erschlossen, natürlich autofrei, aber dafür mit einer motorisierten Inselbahn, die 3 km weit vom Hafen bis in den Ort fährt. In der Friedrich-August-Str. 18 steht das Nationalparkhaus (www.nationalparkhaus-wangerooge.de), im Ortsteil Westen der 80 Jahre alte und 56 m hohen Westturm – das Wahrzeichen der Insel.

www.wangerooge.de

Obst und Orgeln
Altes Land/Stade

548

Gleich westlich von Hamburg, links der Elbe, beginnt das Alte Land, berühmt für den Obstbau und bilderbuchschöne Siedlungen – und seit 2012 auf der deutschen Liste für zukünftige UNESCO-Welterbeanträge. Bekannteste Stadt ist das malerische Stade, nach Gründung der Hanse Mitte des 12. Jh. bedeutender als Hamburg. Größter Kunstschatz der Stadt ist die Barock-Orgel von Arp Schnitger (1648–1719). Insgesamt acht Instrumente des Orgelbaumeisters sind in Kirchen zwischen Elbe und Weser erhalten.

Tourismusverein, Osterjork 10, Jork; Tel. 0 41 62/91 47 55; www.tourismus-altesland.de

549

Künstlerkolonie
Worpswede

In der 120 Jahre alten Künstlerkolonie im Teufelsmoor, etwa 25 km nördlich von Bremen, leben und arbeiten heute etwa 130 Künstler. Dass in den Ateliers weit mehr entsteht als ein Moorbild nach dem anderen, sehen Besucher in den Werkstätten und Galerien. Viele Gäste kommen aber auch nur, um die mystische Leere der Landschaft mit den phantastischen Wolkenformationen – Vorlage für ungezählte Gemälde – sinnlich zu erleben: zu Fuß, mit dem Rad oder im Torfkahn.

Gästeinformation, Bergstr. 13; Tel. 0 47 92/93 58 20; www.worpswede.de

550

Naturpark TERRA.vita
Osnabrück

Weite Bereiche der Landschaft um Osnabrück – vom Teutoburger Wald bis zur Ankumer Höhe – gehören zum Geopark TERRA.vita. Wie spannend so ein 1120 Quadratkilometer großes, begehbares Lehrbuch zum Thema Boden und Geologie sein kann, wird an vielen Orten deutlich, und nicht zuletzt in Barkhausen östlich von Osnabrück, wo in einem anderen Steinbruch 150 Millionen Jahre alte Saurierspuren zu sehen sind.

Information, Am Schölerberg 1; Tel. 05 41/5 01 42 17; www.naturpark-terravita.de

Niedersachsen fährt raus

Steinhuder Meer
Wunstorf/Steinhude

Wassersport und Erholung vor den Toren Hannovers: Das Steinhuder Meer ist der größte See Nordwestdeutschlands – und ein wahres Paradies für Segler und Kiter. Ruder-, Elektro- und Segelboote können in Steinhude und Mardorf gemietet werden. Die schönsten und beliebtesten Strände sind die »Weiße Düne« am Nordufer in Mardorf und die 35 000 Quadratmeter große, aufgeschüttete Badeinsel in Steinhude (Parken im Hermann-Löns-Weg oder Bus 710/711 ab Wunstorf). Hinter dem Ufer gibt es aber auch weite Flächen mit Wäldern und Wiesen, Dünen und Mooren und viele, viele Wanderwege. Schließlich ist der See nur das Kernstück des gleichnamigen, 310 Quadratkilometer großen Naturparks. Der Besuch des Infozentrums im denkmalgeschützten Steinhuder Scheunenviertel (Am Graben 3-4) lohnt sich.

551

Tourist-Info; Meerstr. 15–19;
Tel. 0 50 33/9 50 10;
www.steinhuder-meer.de

Wildeshauser Geest
Wildeshausen

Mit dem Kanu auf der Hunte oder auf dem Rad an ihrem Ufer entlang durch den Naturpark der Wildeshauser Geest: Die weite Landschaft südlich von Oldenburg verströmt mit ihren Altmoränen, Feuchtwiesen, Moor- und Heideflächen eine starke und eigentümliche Atmosphäre. Mehrere prähistorische Gräberfelder wurden hier gefunden, am bekanntesten ist das Pestruper Gräberfeld südlich von Wildeshausen.

552

Zweckverband Naturpark, Delmenhorster Str. 6;
Tel. 0 44 31/8 53 51; www.wildegeest.de

Niedersachsen fährt raus

Elmwald
Helmstedt

Weit im Osten von Niedersachsen liegt im Bereich der ehemaligen innerdeutschen Grenze der 470 Quadratkilometer große Naturpark Elm-Lappwald. Dort sind neben dem größten Buchenwald Norddeutschlands auch Kulturschätze wie das Scriptorium im Kloster Mariental und die grandiose Klosteranlage St. Ludgeri zu sehen. Wer sich bewegen will, kann das auf dem aussichtsreichen Heeseberg am Großen Bruch und an anderen Orten im Verbund des Freilicht- und Erlebnismuseums Ostfalen (FEMO) tun.

553

Tourismusgemeinschaft, Südertor 6; Tel. 0 53 51/1 21 14 44; www.elm-lappwald.de

Garten-Kult in Ammerland
Westerstede

554

Westlich von Oldenburg beginnt das Ammerland. Hier liegt die Baum- und Blumenschule der Nation, und unter den vielen Grünanlagen ist der »Park der Gärten« auf dem Gelände der Landesgartenausstellung 2002 in Bad Zwischenahn sicherlich der vielseitigste: Heidegärten, Schulgärten, Bauerngärten, japanische Gärten und viele mehr auf 14 Hektar Fläche (www.park-der-gaerten.de).

Im Rhododendronpark der Familie Hobbie in Westerstede-Petersfeld (www.hobbie-rhodo.de) begeistern im Mai rd. 2000 verschiedene Rhododendren- und Azaleenarten mit einer atemberaubenden Blütenpracht. Und es gibt noch viel mehr Gärten zu entdecken. Näheres bei:

Tourist-Info, Ammerlandallee 12; Tel. 0 44 88/56 30 00; www.ammerland-touristik.de

Oberharzer Wasserregal
Clausthal-Zellerfeld

555

Um 1200 hatten Zisterziensermönche begonnen, das einzigartige System von 107 Teichen, 310 km Gräben und 31 km Wasserläufen anzulegen. Die Wasserenergie diente dazu, Pumpen und Wasserräder in den verschiedenen Bergwerken anzutreiben. Im Gebiet von Clausthal-Zellerfeld kann man sich die Bauwerke zeigen und erklären lassen.

Erlebnisführungen von C. Barsch, Nonnenstieg 28, Göttingen; Tel. 05 51/48 99 38 03; www.ohwr.de

Die Holiday Reisebücher zum Schmökern, Lachen und Entdecken:

Erhältlich beim Buchhändler Ihres Vertrauens und unter www.holiday-reisebuecher.de

Holiday

Nordrhein-Westfalen

Das Land für Menschenfreunde: Nirgends trifft man mehr Deutsche als hier. Und man wundert sich, wie ihnen das Kunststück gelang, alte Industrie zu neuer Kultur zu machen. Längst hat die Zeche Zollverein in Essen ihren Platz gefunden neben dem Dom in Köln, der Kunst in Düsseldorf oder dem Fußball in Dortmund (und auf Schalke).

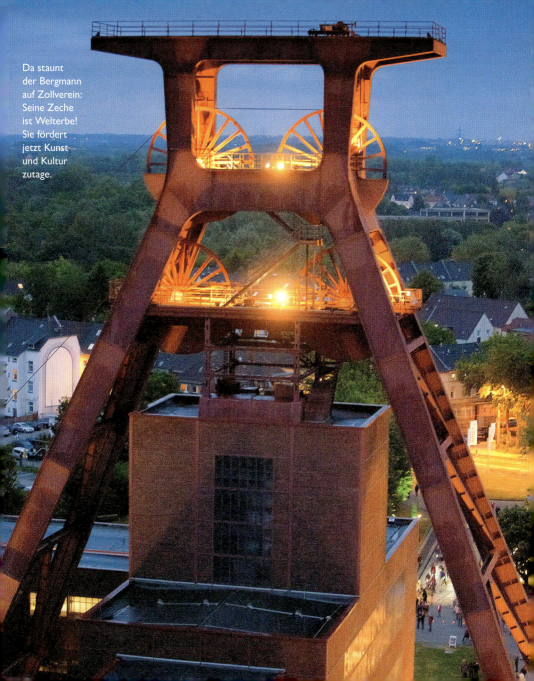

Da staunt der Bergmann auf Zollverein: Seine Zeche ist Welterbe! Sie fördert jetzt Kunst und Kultur zutage.

NRW gibt an

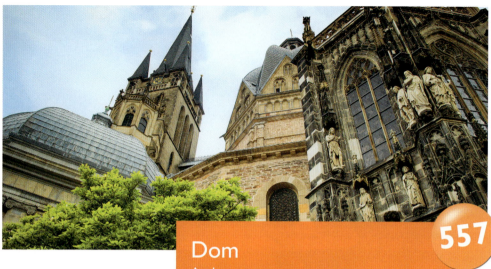

Villa Hügel
Essen

Es ist kein größerer Kontrast denkbar: Dort die rostenden Hochöfen, Kokereien und Fördertürme, hier das weiße Schloss der Chefs. Längst ist der Familiensitz der Krupp-Dynastie zu einem Museum der dramatischen Unternehmergeschichte und der deutschen Industrie schlechthin geworden – mit einem traumhaften Park.

Hügel 1; Tel. 02 01/61 62 90; www.villahuegel.de; Mo geschl. (Park tgl. geöffnet)

557

Dom
Aachen

1978 wurde dieses einzigartige Zeugnis karolingischer Baukunst als erstes deutsches Baudenkmal in die Liste des Weltkulturerbes aufgenommen. Seine Errichtung geht auf Karl den Großen zurück, der am Ende des 8. Jh. in Aachen seine Pfalz errichten ließ und ein »Neues Rom« manifestieren wollte. 799/800 war der achteckige Zentralbau, die Pfalzkapelle, vollendet. Als der Kaiser 814 starb, setzte man ihn hier in einem antiken Sarkophag bei. Zwischen 935 (Otto I.) und 1531 wurden mehr als 30 deutsche Könige auf dem beeindruckend schlichten Marmorthron Karls des Großen gekrönt. Die Domschatzkammer enthält einen der bedeutendsten Kirchenschätze Europas.

Münsterplatz; Tel. 02 41/47 70 90; www.aachenerdom.de

558 Weg der Demokratie
Bonn

Seit Berlin die Hauptstadt des wiedervereinigten Deutschlands ist, erlebt der Mittelpunkt der »Bonner Republik« von 1949 bis 1990 einen tiefgreifenden Strukturwandel. Der Weg der Demokratie, auf dem man durch das ehemalige Regierungsviertel spaziert, weckt Erinnerungen an den guten Neustart nach 1945 – und vielleicht auch nostalgische Gefühle. Dass Bonn mit seiner über 2000-jährigen Geschichte aber schon ganz andere Zeiten überstanden hat, bezeugen unter anderem das Rokoko-Rathaus und das großartige romanische Münster.

Bonn-Information, Windeckstr. 1; Tel. 02 28/77 50 00;
www.wegderdemokratie.de

559 Ludwig Forum für Internationale Kunst
Aachen

In schönster Bauhaus-Architektur wird grenz- und spartenübergreifend moderne Kunst von den 1960er-Jahren bis heute gezeigt. Ein Glanzstück der Sammlung ist die berühmte, vor ein paar Jahren aufwendig restaurierte »Supermarket Lady« von Duane Hanson. Daneben sind weitere Ikonen der Moderne zu bewundern: Andy Warhols Campbell's-Suppendosen, A. R. Pencks Strichmännchen beim »Übergang« oder Allen Jones' Fetisch-Möbel. Bedeutend ist auch die Sammlung von Film- und Videokunst aus den 1960er- und 1970er-Jahren. Tolles Veranstaltungsprogramm mit Tanztheater, Multimedia-Performances und neuer Musik. Großartig ist auch der LUFO-Park hinter dem Gebäude: eine grüne Insel mit wuchernder Natur, hölzernen Plattformen, schattigem Wald und freien Wiesen.

Jülicher Str. 97-109;
Tel. 02 41/1 80 71 04;
www.ludwigforum.de

560 Unperfekthaus
Essen

Schwer einzuordnen, dieses Haus. Es ist Galerie, Atelier, Einkaufszentrum, Wohnhaus, Café, Kneipe, Hotel, Theater-, Tanz- und Konzertbühne und bietet allen, die das brauchen, kostenlos die Infrastruktur zum Malen, Schreiben, Gestalten, Firmengründen, Besprechen, Feiern, Essen, Kaffeetrinken, Entspannen. Im Eintrittspreis von 6,90 Euro sind beliebig viel nichtalkoholische Getränke eingeschlossen. Konsumierte Speisen und Alkohol werden in eine Verzehrkarte eingetragen und beim Verlassen des Hauses bezahlt.

Friedrich-Ebert-Str. 18;
Tel. 02 01/4 70 91 60;
www.unperfekthaus.de

NRW gibt an

Zeche Zollverein
Essen

561

Führung auf Zollverein: Die Zeche leuchtet rot, die junge Führerin tritt strahlend zu ihrer Gruppe. Gleich zu Beginn fragt sie, ob »echte« Kumpel anwesend seien. Eine Hand hebt sich. Die junge Frau lächelt und nickt. Sie darf sich keinen Fehler erlauben. Ihr gegenüber steht die Vergangenheit mit grauen Haaren, aber immer noch sehr rüstig, mitten in der Gegenwart, wo die Leute Schlange stehen, um zu sehen, wo der Mann früher schwer gearbeitet und sich dreckig gemacht hat.

Seit 1847 war auf Zollverein in Essen Steinkohle gefördert worden, um damit die Hochöfen zwischen Ruhr und Emscher zu befeuern. 1986 wurde die Zeche stillgelegt. Diese Geschichte kann die junge Führerin mit keiner persönlichen Erinnerung verbinden. Was sie mit der überwältigenden Mehrheit ihrer Gäste teilt, ist das Bewusstsein, an einem Ort zu stehen. Noch vor einer Generation als dreckig und hässlich angesehen, gilt er jetzt als phantastisches Baudenkmal, als eine der großen deutschen Sehenswürdigkeiten, ja sogar als Weltkulturerbe der UNESCO – und als schön. Die einzigartige, fast sakrale Bauhaus-Architektur hat Kreative angezogen, die sich hinter den roten Mauern eingerichtet haben. Zollverein ist nur eine von insgesamt 55 Stationen auf der Route der Industriekultur durch das Ruhrgebiet. Die Industrie hat sie ausgemustert, die Kultur hat sie übernommen: Schlote, Hochöfen und Maschinenhallen sind heute Konzertsäle, Ausstellungs- und Museumsobjekte. Nutzlos geworden, regen die langsam verwildernden Land-Art-Monumente die Phantasie aufs Schönste an. Da sie wegen ihrer Größe nicht vollständig zu sanieren sind, belässt man sie in einem Stadium des kontrollierten Verfalls. Das heißt, man sichert die Treppen und Besuchergänge und überlässt das Terrain ansonsten der Natur.

Fritz-Schupp-Allee 14;
Tel. 02 01/24 68 10;
www.zollverein.de

NRW gibt an

Gasometer
Oberhausen

Das Ding ist wirklich groß: 117 m hoch, Durchmesser 68 m. Der Gasometer in Oberhausen ist an sich schon ein Objekt zum Staunen – weil man von oben nicht nur hinabschauen kann auf den Pott, sondern weil man auch nach innen hineinschauen kann in die sakrale Leere, die regelmäßig zu einem der spektakulärsten Ausstellungsräume der Republik wird. Bis Ende 2017 werden noch die »Wunder der Natur« zu sehen sein: mit fantastischen, großformatigen Fotografien und mit einer frei im Raum schwebenden Erdkugel – Durchmesser: 20 m.

Arenastr. 11; Tel. 02 08/8 50 37 30; www.gasometer.de

562

563 Max-Ernst-Museum
Brühl

Nur drei Gehminuten von Schloss Augustusburg entfernt bilden die Werke des Groß-Dadaisten und Surrealisten einen netten Kontrast zum rheinischen Rokoko. Gezeigt werden Werke aus sieben Jahrzehnten, darunter die 36 »D-Paintings«, die Ernst seiner Frau Dorothea Tanning zu jedem ihrer Geburtstage schenkte. Darüber hinaus besitzt das Museum nahezu das gesamte grafische Werk des Künstlers. In seinem Geburtshaus in der Schlossstr. 21 wurden 2012 die Kreativräume des »Fantasie Labors« eingerichtet.

Comesstr. 42; Tel. 0 22 32/5 79 30; www.maxernstmuseum.lvr.de; Mo geschl.

564 Osthaus Museum
Hagen

Die Stadt am südöstlichen Rand des Ruhrgebiets hat eine lange Geschichte mit einer vergleichsweise kurzen, dafür umso nachhaltigeren Blütezeit vor dem Ersten Weltkrieg – einerseits als wichtiger Eisenbahnknotenpunkt und Industriestandort, andererseits als Zentrum für neue Architektur. Henry van de Velde, Walter Gropius und andere begründeten damals den »Hagener Impuls«, der vom Jugendstil in die Moderne führte. Van de Velde zeichnet für den Hohenhof und das Karl-Ernst-Osthaus-Museum verantwortlich, zwei der schönsten deutschen Jugendstilbauten überhaupt. Im Hohenhof ist das Museum des Hagener Impulses untergebracht, das Werke von van de Velde und Matisse zeigt (Stirnband 10; nur Sa und So). Im kürzlich sanierten Karl-Ernst-Osthaus-Museum ist Kunst des 20. Jh. zu sehen.

Museumsplatz 1; Tel. 0 23 31/2 07 31 38; www.osthausmuseum.de; Mo geschl.

NRW gibt an

 565

Landschaftspark Duisburg Nord
Duisburg

Wer seine Kinder nicht für Bergwanderungen in den Alpen begeistern kann, sollte mit ihnen mal den »Gipfel« des 70 m hohen Hochofens Nummer 5 erklimmen. Auf dem riesigen Areal der 1985 stillgelegten Meidericher Eisenhütte gibt es auch noch einen Kletterpark in den alten Erzbunkern und einen wassergefüllten Gasometer für postindustrielle Tauchgänge. Abends wird das Hüttenwerk zur faszinierend-bunten Lichtinstallation.

Emscherstr. 71;
Tel. 02 03/4 29 19 19;
www.landschaftspark.de

 566

Schiffshebewerk Henrichenburg
Waltrop

Am 11. August 1899 von Kaiser Wilhelm II. eingeweiht, hob die riesige Anlage bis 1970 die Schiffe am Dortmund-Ems-Kanal über eine 14 m hohe Kanalstufe hinweg. Wie war man damals bemüht, nicht nur zweckmäßig, sondern auch schön und geradezu filigran zu bauen! Das angeschlossene Museum informiert über die Geschichte der Binnenschifffahrt und des Kanalwesens.

Am Hebewerk 26; Tel. 0 23 63/ 9 70 70; www.schiffshebewerk-henrichenburg.de; Mo geschl.

Museum Ludwig
Köln

Am 5. Februar 1976 schenkten Peter und Irene Ludwig der Stadt Köln 350 Werke moderner Kunst – und die Stadt verpflichtete sich, dafür ein Museum zu bauen. Seit 1986 steht es gleich neben dem Kölner Dom. Was man dem fein gegliederten Baukörper nicht ansieht: Er besitzt dasselbe Raumvolumen wie die größte Kirche Deutschlands! Mit seiner Sammlung und den Sonderausstellungen hat sich das Museum als eine der ersten Adressen in Sachen Kunst des 20. und 21. Jh. etabliert.
900 Werke von Picasso!

567

Heinrich-Böll-Platz;
Tel. 02 21/22 12 61 65;
www.museum-ludwig.de;
Mo geschl.

Dom
Köln

Die Wunden, die Fliegerbomben 1945 geschlagen haben, sind noch nicht alle geschlossen, doch die größte Kirche Deutschlands – und eine der berühmtesten weltweit – steht da wie für die Ewigkeit gebaut. Eine gotische Kathedrale in Vollendung, die aber (nach Baubeginn im Jahr 1248) erst 1880 fertig war. Geht man von Westen darauf zu, hat man die größte Kirchenfassade der Welt vor sich: 7000 Quadratmeter Türme, Türmchen und Spitzbögen, in den beiden Haupttürmen 157 m hoch. Im Innenraum tragen über 100 Säulen und Pfeiler die bis zu 43 m hohen Gewölbe von Langhaus, Querhäusern und Chor. Etwa 10 000 Quadratmeter Fläche nehmen die Glasfenster ein. Die fast vollständig erhaltenen Fenster im Hochchor gelten als der größte Glasmalereizyklus des 14. Jh. Im südlichen Querhaus wurde 2007 das aus 11.250 farbigen Quadraten geschaffene Glasfenster des Malers Gerhard Richter eingesetzt. Zu den weiteren Kunstschätzen zählen der goldene Dreikönigenschrein (1181–1225), das Dombild »Anbetung der Heiligen Drei Könige« (1445), das hölzerne Gerokreuz (um 980), das Chorgestühl, die Mailänder Madonna (1270–1290) – und die Kostbarkeiten in der Domschatzkammer.

Domkloster 4;
Tel. 02 21 / 17 94 01 00;
www.koelner-dom.de

NRW gibt an

569 Dom und Domschatzkammer
Essen

Man vergisst es so leicht: Kohle und Stahl haben nur einen kurzen Abschnitt der Essener Geschichte geprägt. Schon im 9. Jh. stand hier ein Damenstift und 1051 eine Basilika; ihre Gestalt ist auch nach den Neu- und Umbauten im Lauf der Jahrhunderte noch heute im Westbau zu erkennen. Größte Sehenswürdigkeit ist die Goldene Madonna (um 990), älteste plastische Mariendarstellung der Welt. In der Domschatzkammer (Mo geschl.) ist kostbare sakrale Kunst des 10. und 11. Jh. zu sehen.

Burgplatz 2; Tel. 0201/22 67 66; www.essener-dom.de, www.domschatz-essen.de

570 KölnTriangle
Köln

Das Bürohochhaus (103 m) neben der Messe in Köln-Deutz sieht eher rund als (drei)eckig aus, sein Grundriss hat aber die Gestalt eines Dreiecks mit bogenförmigen Kanten – daher der Name … Von der verglasten Aussichtsplattform hat man den besten Blick auf den Dom und die Stadt. Die Gastronomie des Hauses überrascht mit mongolischen Grill-Spezialitäten (Mongo's).

Ottoplatz 1; Tel. 02 21/3 55 00 41 00; www.koelntriangle.de

Museum Hombroich
Neuss

571

Auf dem Gelände der Erftaue ist ein wunderbar geglücktes Experiment zu bewundern: begehbare Skulpturen, moderne Architektur und eine beeindruckende Sammlung von Kunstwerken in einem verwildernden Landschaftspark. Am Rand der ehemaligen Raketenstation, die seit dem Jahr 1994 zum Gesamtkunstwerk Hombroich gehört, wird in einem tollen Gebäude des Architekten Tadao Ando die Sammlung der Langen Foundation gezeigt (Werke der japanischen Kunst und klassischen Moderne; www.langenfoundation.de).

Minkel 2; Tel. 0 21 82/8 87 40 00; www.inselhombroich.de

NRW gibt an ....

Museumsmeile
Bonn

Sie erstreckt sich zwischen Bundesbank und Bundeskartellamt, hat eine eigene U-Bahn-Haltestelle und verbindet fünf Museen. Das architektonisch wegweisende Kunstmuseum hat sich der Moderne verschrieben (Expressionismus und deutsche Künstler nach 1945). Die drei spitzen Glaszipfel nebenan gehören zur Kunst- und Ausstellungshalle der Bundesrepublik, in der parallel bis zu fünf Wechselausstellungen zu bildender Kunst, Architektur, Wissenschaft und Technik zu sehen sind. Das Haus der Geschichte dokumentiert Teilung und Wiedervereinigung Deutschlands; sein Besuch ist Bürgerpflicht und darum kostenlos. Im Deutschen Museum widmet man sich moderner Forschung und Technik, im Museum Koenig der Naturkunde: Die »schönste Leichenhalle der Republik« zeigt viele Tierpräparate.

572

Kunstmuseum: Friedrich-Ebert-Allee 2, Tel. 02 28/77 62 60, www.kunstmuseum-bonn.de, Mo geschl.; Kunsthalle: Friedrich-Ebert-Allee 4, Tel. 02 28/9 17 12 00, www.bundeskunsthalle.de, Mo geschl.; Haus der Geschichte: Willy-Brandt-Allee 14, Tel. 02 28/9 16 50, www.hdg.de/bonn, Mo geschl.; Deutsches Museum: Ahrstr. 45, Tel. 02 28/30 22 55, www.deutsches-museum.de/bonn, Mo geschl.; Museum Koenig: Adenauerallee 160, Tel. 02 28/9 12 20, www.zfmk.de, Mo geschl.

573 Julia Stoschek Collection
Düsseldorf

Julia Stoschek, Jahrgang 1975, sammelt seit vielen Jahren in einem ehemaligen Fabrikgebäude die Kunst ihrer Generation. Und die setzt vor allem auf Foto und Video. In der großen Ausstellung »Flaming Creatures« wurde zum Beispiel der gleichnamige Film des Underground-Künstlers Jack Smith aus dem Jahr 1962/63 gezeigt, der großen Einfluss auf das Werk von Andy Warhol, Robert Wilson oder Cindy Sherman hatte.

Schanzenstr. 54; Tel. 02 11/5 85 88 40; www.julia-stoschek-collection.net; Sa/So 11–18 Uhr

574 Schloss und Park Benrath
Düsseldorf

Das barocke Jagdschloss gilt zusammen mit dem quadratischen Schlosspark als eines der schönsten Gartenschlösser Europas – und als das am besten erhaltene. Auf den acht sternförmig zusammenlaufenden Alleen kann man nachempfinden, woher das Wort »lustwandeln« kommt. Wer schon da ist, sollte auch noch das Museum für Europäische Gartenkunst im Ostflügel besuchen.

Benrather Schlossallee 100–106; Tel. 02 11/8 92 19 03; www.schloss-benrath.de; Mo geschl.

575 Museum Folkwang
Essen

Kunst ist kostbarer als Industrie: So in etwa das ursprüngliche, erzieherische Motto dieser weltbekannten Sammlung für moderne Kunst des 19., 20. und 21 Jh. Helden der deutschen Romantik (Caspar David Friedrich) sind ebenso zu sehen wie französische Avantgardisten (zum Beispiel Cézanne) und amerikanische »Farbfeldmaler« (Rothko, Stella). 1978 richtete man die fotografische Sammlung ein, die bis heute größtes Ansehen genießt. Im Januar 2010 wurde nach zweijähriger Bauzeit der von David Chipperfield entworfene Neubau eingeweiht.

Museumsplatz 1; Tel. 02 01/8 84 54 44; www.museum-folkwang.de; Mo geschl.

NRW gibt an

576

Red Dot Design Museum
Essen

Wie eine Kathedrale der Industriekultur sieht das ehemalige Kesselhaus auf dem Gelände der Zeche Zollverein aus. Architektur-Superstar Norman Foster machte aus der Bauhaus-Ikone ein aufregendes Museum. Darin werden etwa 1000 Objekte ausgestellt, deren Design den begehrten »Red Dot« des Design-Zentrums NRW gewonnen haben: Möbel, Badeinrichtungen, Sportgeräte, Autos, Werkzeuge, Kommunikationsmittel … Die Teile werden auf eingezogenen Ebenen und Galerien vor weißen Wänden präsentiert, sie hängen von der Decke oder stehen schick zwischen den alten Anlagen.

Gelsenkirchener Str. 181, Kesselhaus; Tel. 02 01/3 01 04 60; www.red-dot-design-museum.de; Mo geschl.

577

Zoo
Köln

Schmuckstücke sind der große Elefantenpark, das Tropenhaus mit frei fliegenden Vögeln, das Urwaldhaus mit den Menschenaffen und die 70 Aquarien zwischen Rhein und (Korallen-)Riff. Die Kombination aus alten Bauten, die teils noch aus den Gründungsjahren nach 1860 stammen, und neuen Häusern macht den besonderen Charme des Zoos aus.

Riehler Str. 173;
Tel. 02 21/56 79 91 00;
www.koelnerzoo.de

278

Dechenhöhle
Iserlohn

578

Nur mit Führer darf man die Dechenhöhle bei Iserlohn betreten, auf die Eisenbahnarbeiter im Jahr 1868 stießen. Auch hier stehen Besucher vor einer Wunderwelt aus Sintervorhängen und Tropfsteinen. Prunkstück ist die 2,80 m hohe »Palmensäule«, ein ebenmäßiger, schlanker Stalagmit. Neben der Höhle befindet sich das Deutsche Höhlenmuseum Iserlohn

Dechenhöhle 5; Tel. 0 23 74/ 7 14 21; www.dechenhoehle.de

Graphikmuseum Pablo Picasso
Münster

579

Das einzige deutsche Picasso-Museum besitzt über 800 Grafiken des Jahrhundertkünstlers, darunter fast alle Lithografien. Dazu viel Druckgrafik von Georges Braque. Das Sammlerkunststück gelang dem Ehepaar Huizinga und seiner Stiftung. 1997 wurde das Museum im klassizistischen Druffelschen Hof eröffnet.

Picassoplatz 1; Tel. 02 51/ 4 14 47 10; www.kunstmuseum-picasso-muenster.de; Mo geschl.

Attahöhle
Attendorn

580

Bei Sprengungen in einem Kalksteinbruch bei Attendorn im Sauerland wurde 1907 ein mit bizarren Tropfsteinen geschmücktes Labyrinth von Gängen und Hallen entdeckt. Heute ist die Attahöhle eine der meistbesuchten Tropfsteinhöhlen in Deutschland. Etwa 1,8 km Gänge sind zugänglich.

Finnentroper Str. 39; Tel. 0 27 22/ 9 37 50; www.atta-hoehle.de

---

Diözesanmuseum
Köln

581

Baukünstler Peter Zumthor errichtete von 2003 bis 2007 an der Stelle der im Krieg zerstörten Kirche St. Kolumba einen eindrucksvoll-kantigen Bau. In ihm führen alte und neue Kunst einen unaufhörlichen Dialog: Spätantike und Gegenwart, romanische Skulptur und moderne Rauminstallation, mittelalterliche Tafelmalerei und Radical Painting, gotisches Ziborium und Gebrauchsgegenstände des 20. Jh. Nur wenige Hauptwerke haben ihren festen Ort, ansonsten wechseln Auswahl und Präsentation der Exponate ständig.

Kolumbastr. 4; Tel. 02 21/9 33 19 30; www.kolumba.de; Di geschl.

NRW gibt an

Augustusburg und Falkenlust
Brühl

Auch sie zählen zum Weltkulturerbe wie der Kölner Dom: die Rokoko-Preziose Augustusburg und das nur 1,5 km entfernte Jagdschlösschen Falkenlust. Die unfassbare Schnörkeligkeit und Farbigkeit des Treppenhauses von Augustusburg, geschaffen von Balthasar Neumann, muss man mit eigenen Augen gesehen haben. Ebenso wie die weitläufigen, französischen Gartenanlagen. Augustusburg ist gut zu erreichen mit der Bahn von Köln (300 m Fußweg vom Bahnhof Brühl).

Max-Ernst-Allee;
Tel. 0 22 32/4 40 00;
www.schlossbruehl.de;
Mo geschl.

582

583 K20/21
Düsseldorf

Diese zwei Häuser für die moderne Kunst sind längst eine Institution der deutschen Museumslandschaft. Für »Aspekte der Kunst nach der postmodernen Wende«, also etwa seit 1980, ist das K21 zuständig. Hier zeigt man vor allem Skulpturen (zum Beispiel von Thomas Schütte), Objektkunst und Video-Installationen. Ein zweiter Schwerpunkt liegt auf der Fotografie, wo mit Andreas Gursky, Thomas Ruff, Jeff Wall und vielen anderen die großen Namen der Szene vertreten sind. International noch bedeutender ist die Sammlung des K20. Sie präsentiert die großen Maler der amerikanischen und westeuropäischen Moderne: von den Expressionisten und Dadaisten über Paul Klee, Pablo Picasso, Joseph Beuys und Markus Lüpertz bis, natürlich, zu Gerhard Richter. Große Einzelausstellungen waren unter anderen Max Ernst und Francis Bacon gewidmet. Zwischen beiden Häusern gibt es einen kostenlosen Bus-Shuttle.

Grabbeplatz 5 (K20) bzw. Ständehausstr. 1 (K21);
Tel. 02 11/8 38 12 04;
www.kunstsammlung.de;
Mo geschl.

Wallraf-Richartz-Museum und Fondation Corboud
Köln

Malerei und Grafik von Mittelalter und Renaissance (Dürer und Cranach) bis zur frühen Moderne. Besonders stolz ist man auf die größte Sammlung von Impressionisten und Postimpressionisten in Deutschland. Sehr schön die Hängung auf farbigen Wänden, wegweisend das Beleuchtungskonzept.

584

Obenmarspforten 3;
Tel. 02 21/22 12 11 19;
www.wallraf.museum; Mo geschl.

NRW gibt an

585 Rund um den Rheinturm
Düsseldorf

Die früheren Einwohner hießen nicht Düsseldorfer, sondern Neandertaler, aber das ist 40 000 Jahre her. Heute ist Düsseldorf demonstrativ modern, was man beim Gang aus der netten Altstadt über die wunderbare, großzügige Rheinuferpromenade zum MedienHafen mit seiner aufregenden Architekturmeile (Neuer Zollhof von Frank Gehry; Stromstr. 26) sehen kann. Wahrzeichen der Landeshauptstadt ist der 240 m hohe Rheinturm (Stromstr. 20), der an seiner Außenseite die größte Digitaluhr der Welt trägt: 39 übereinander angeordnete Bullaugen-Lampen zeigen an, wie spät es ist. Über der Aussichtsplattform (166 m) gibt es eine Cafeteria und ein Drehrestaurant.

Tourist-Information, Marktstr.; Tel. 02 11/17 20 20; www.duesseldorf-tourismus.de

586 Römisch-Germanisches Museum
Köln

Direkt neben dem Dom, errichtet auf den Fundamenten einer römischen Stadtvilla aus dem 3. Jh., birgt das Museum ein großartiges Mosaik aus dem 2. Jh., ein rekonstruiertes Legionärsgrab (um 40 n. Chr.), Schmuck, Möbel, Skulpturen und die weltweit größte Sammlung von römischen Glasgegenständen.

Roncalliplatz 4;
Tel. 02 21/22 12 44 38;
www.museenkoeln.de; Mo geschl.

Innenhafen und Binnenhafen
Duisburg

587

Das alte, noch vor 20 Jahren verwaiste Gelände am Duisburger Innenhafen wurde im Zuge der Internationalen Bauausstellung Emscher Park zu einem wahren Schmuckstück umgewandelt: alte und neue Architektur im aufregenden Wechsel, Museen, Gastronomie, eine spektakuläre Hängebrücke, Wohn- und Bürogebäude (www.innenhafen-portal.de). Der Binnenhafen an der Mündung der Ruhr in den Rhein ist dagegen der größte in Europa: Auf einer Fläche von etwa 1000 Hektar befinden sich 22 Hafenbecken und 40 km Ufer, teilweise mit Gleisanschluss – ein Logistikstandort von weltweiter Bedeutung. Auf einer Hafenrundfahrt mit der Weißen Flotte lässt sich das beeindruckende Areal besonders gut erleben – Start am Anleger Schifferbörse am Gustav-Sander-Platz 1. Sehr empfehlenswert ist auch der Abstecher ins schöne Museum der Deutschen Binnenschifffahrt.

Weiße Flotte Duisburg: Calaisplatz 3; Tel. 02 03/7 13 96 67; www.hafenrundfahrt.nrw
Museum der Deutschen Binnenschifffahrt: Apostelstr. 84; Tel. 02 03/8 08 89 40; www.binnenschifffahrtsmuseum.de; Mo geschl.

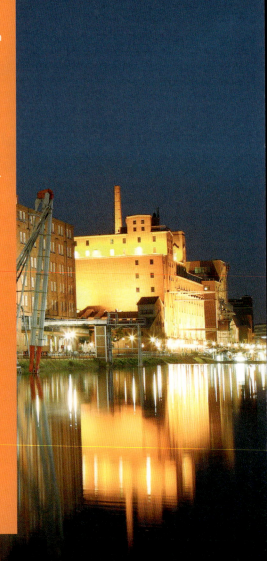

NRW checkt ein

588 Pullman Quellenhof
Aachen

Der beeindruckende Belle-Epoque-Bau passt prima zum nahen Casino. Auch drinnen sieht alles sehr edel und englisch aus, mit Holzvertäfelungen, Blümchensofas, Streifenvorhängen und Marmorplatten. Nur die Fit und Spa Lounge gibt sich modisch-asiatisch. Sehr schön ist der koloniale Look der Elephant Bar.

Monheimsallee 52;
Tel. 02 41/9 13 20;
www.accorhotels.com; €€€

589 Nikko
Düsseldorf

Schlafen und aufwachen wie im Land der aufgehenden Sonne. Die große, moderne und sehr zentral gelegene Luxusherberge bietet aber nicht nur Japan-Fans und Geschäftsleuten Platz, sondern generell allen, die ihren Besuch in Düsseldorf in luxuriösem Ambiente genießen wollen. Zimmer in warmen, hellen Erdtönen und ausgestattet mit allem, was multimediale Menschen zum Dasein brauchen, dazu ein schicker Spa-Bereich in den obersten zwei Etagen mit toller Aussicht (und offen bis 22 Uhr). Traditionelle japanische Küche wird im Restaurant »Benkay« serviert.

Immermannstr. 41; Tel. 02 11/ 83 40; www.nikko-hotel.de; €€

590 Fischerhaus
Düsseldorf

Eine wunderbare und preisgünstige Alternative zu den Innenstadt-Hotels. Der hübsche Klinkerbau steht auf der ruhigen Rheinseite, gegenüber der Altstadt und mitten im Grünen: Über den nahen Deich sind Jogger frühmorgens schnell in den Rheinauen – und nach dem Frühstück, urban gekleidet, in nur 10 Minuten auf der Kö. Für Gourmets ist das Fischerhaus nach dem Ende des berühmten »Hummer-Stübchens« immer noch eine Top-Adresse – weil man nun im »Nöthel's« sagenhafte Bistroküche bekommt.

Bonifatiusstr. 35;
Tel. 02 11/59 79 79;
www.fischerhaus-hotel.de; €

NRW checkt ein

Landhaus Eggert
Münster

Rote Klinkerfassaden, teilweise mit Fachwerk, rings umgeben von sehr viel Grün: Der Gutshof im wunderschönen Landschaftspark vor der Stadt geht bis ins 13. Jh. zurück. Wem die hübsch eingerichteten Zimmer nicht romantisch genug sind, der bezieht mit seiner/seinem Liebsten das 150 m entfernte Wersehäuschen. Im Landhaus Restaurant genießt man eine feine Frischeküche mit westfälischen Wurzeln – am schönsten auf der traumhaften Gartenterrasse. Ein Ableger des Hauses ist das Fischrestaurant »Sylt am Bült« im Zentrum.

Zur Haskenau 81;
Tel. 02 51/32 80 40;
www.landhaus-eggert.de; €€

591

Schlosshotel Hugenpoet
Essen-Kettwig

592

Hugenpoet heißt »Krötenpfütze« – pures Understatement für eines der »Leading Small Hotels of the World«. Das barocke Wasserschlösschen in Essen-Kettwig bietet Ruhe und Entspannung zwischen Plüsch, Stuck und Antiquitäten, dazu Wellness und zwei sehr gute Restaurants: das »Laurushaus« für Gourmets und das »Hugenpöttchen« für Freunde feiner Landhausküche.

August-Thyssen-Str. 51;
Tel. 0 20 54/1 20 40;
www.hugenpoet.de; €€€€

Steigenberger Grandhotel Petersberg
Königswinter

Im ehemaligen Gästehaus der Bundesregierung auf dem Petersberg – ursprünglich im Jahr 1824 erbaut – gaben sich Könige und Staatspräsidenten die Klinke in die Hand. Heute ist das Relikt der Bonner Republik ein Nobelhotel für das nicht ganz arme Volk. Von der Café-Terrasse hat man den schönsten Blick über das Rheintal.

593

Petersberg; Tel. 0 22 23/7 40;
www.steigenberger.com; €€€

NRW checkt ein

594 Mintrops Margarethenhöhe
Essen

Außen 90 Jahre alt und denkmalgeschützt, innen modern, mit hellem Holz, Naturstein und kräftigen Farben. Das Hotel in der großartigen Kruppschen Wohnsiedlung am Markt bietet individuell eingerichtete Zimmer, kostenlose Internet-Nutzung im Atrium und das Hotel-Kombiticket für die freie Benutzung aller Öffis im Pott.

Steile Str. 46; Tel. 02 01 / 4 38 60; www.mintrops-stadthotel.de; €€€

595 Alte Lohnhalle
Essen

In der ehemaligen Lohnhalle auf Bonifacius übernachtet man nicht nur in stilsicher renoviertem Zechen-Ambiente, sondern dazu auch mit viel Platz und ausgesprochen günstig. Der hohe Frühstücksraum ist wunderschön, das Restaurant »Über Tage« bietet eine mediterran verfeinerte Hausmannsküche zu fairen Preisen.

Rotthauser Str. 40; Tel. 02 01 / 85 76 57 70; www.alte-lohnhalle.de; €

Breidenbacher Hof
Düsseldorf

Schon die Standardzimmer sind sehr groß, dazu gibt's natürlich WLAN und sogar Laptops, Flachbild-TV und Touchscreen-Steuerungen für Licht, Klima und Vorhänge. Aber das 2008 neu eröffnete Traditionshaus profiliert sich nicht nur mit seiner Technik und dem klassisch-edlen Interieur, sondern vor allem auch mit dem Service: Der »Personal Assistant« ist nie weit. Flexible Check-in- und Check-out-Zeiten.

596

Königsallee 11; Tel. 02 11 / 16 09 00; www.capellahotels.com/ dusseldorf; €€€€

NRW checkt ein

Excelsior Hotel Ernst
Köln

Immer noch das erste Haus am (Dom-)Platz. Es präsentiert sich heute als eine sehr ansprechende Symbiose aus Alt und Neu. Über der Lobby hängt ein Lüster, hinter der eleganten Empore geht es in den Wintergarten, es gibt eine Piano-Bar, einen ruhigen Innenhof und einen kleinen Wellness- und Fitness-Bereich. Feine asiatische Küche serviert man im Restaurant »taku« – es hat schon einen Michelin-Stern.

Domplatz/Trankgasse 1–5; Tel. 02 21/27 01; www.excelsior-hotel-ernst.de;
€€€€

597

Hotel im Wasserturm
Köln

Brücken überspannen den Raum zwischen den hohen Ziegelwänden der Halle. Stararchitektin Andrée Putman hat den 1872 errichteten, denkmalgeschützten Wasserturm Ende der 1980er-Jahre zu einem außergewöhnlichen Luxushotel umgebaut. In den Zimmern und Suiten herrscht klassische Modernität, das Wellnessangebot ist gut, engagiert und einigermaßen überschaubar – mehr Platz gibt das alte Gemäuer einfach nicht her. Eine echte Empfehlung verdient das Restaurant »Himmel un Äd« im 11. Stock mit rheinisch-regionaler Gourmetküche.

Kaygasse 2; Tel. 02 21/2 00 80; www.hotel-im-wasserturm.de;
€€€

598

NRW tischt auf

Bistro Petit Charlemagne
Aachen

Die frühere Feinschmeckeradresse »Charlemagne« ist umgezogen und dabei zum Bistro geworden. Auch die Preise haben abgenommen: Ein Drei-Gänge-Menü ist nun schon für 30 Euro zu haben – vielleicht nicht mehr so raffiniert, dafür immer noch mit ausgesprochen frischen Zutaten und regionaler Note. Die Lage (nur gute 100 m zum Dom) ist klasse, das Interieur auf zwei Etagen sehr ansprechend: unten das Bistro, oben ein schicker Saal zum Feiern und Tagen.

Hartmannstr. 12–14;
Tel. 02 41/51 56 07 85;
www.petit-charlemagne.de;
So geschl. €€

Halbedel's Gasthaus
Bonn

Das Ambiente der hübschen Jugendstilvilla in Bad Godesberg verspricht nicht zuviel: Rainer-Maria Halbedel, Bonns bester Koch, verwöhnt die anspruchsvollsten Gaumen. Seine klassisch-französische Küche hat in den letzten Jahren trendgerecht ein paar (dezente) fernöstliche Noten bekommen.

Rheinallee 47;
Tel. 02 28/35 42 53;
www.halbedels-gasthaus.de;
Mo geschl. €€€€

Kikaku
Düsseldorf

601

Hier schmeckt es traditionell auch den vielen Japanern am Rhein. 2012 feierte die beliebteste Sushi- und Sashimi-adresse in Düsseldorf ihren 35. Geburtstag. Aber nicht nur rohe Fische machen hier Freude, sondern auch gegrillte Hühner und Rinder, Shiitake- und Eringi-Pilze, Lotuswurzeln, Reisschüsseln und Nudelsuppen. Das Interieur zeigt klare Kante und erscheint etwas kantinenhaft, alles in allem aber freundlich (wie der Service) und authentisch japanisch (wie auch die Website). Immer gut besucht.

Klosterstr. 38;
Tel. 02 11/35 78 53;
www.kikaku.de;
Sa geschl. €€

NRW tischt auf

Dampfe – Borbecker Brauhaus
Essen

Bei schönem Wetter im Biergarten, bei schlechtem in einer der urigen Stuben: Die »Dampfe« im Stadtteil Borbeck ist eine Essener Institution. Gegessen wird alles, was satt macht (Currywurst, Ofenkartoffeln, Steaks) und/oder saisonal gerade zu haben ist (zum Beispiel Pfifferlinge), getrunken wird das ausgezeichnete Bier – hell oder dunkel, klar oder trüb. Sehr zu empfehlen sind etwa das bernsteinfarbene Salonbier oder das naturtrübe Zwickelbier. Auch Saisonbiere werden gebraut.

Heinrich-Brauns-Str. 9–15; Tel. 02 01/ 63 00 70; www.dampfe.de; €

602

Drübbelken
Münster

Draußen Fachwerk, drinnen Hausmannskost. Wer den berühmten Backofenschinken haben möchte, muss vorbestellen. Immer zu haben sind Schinkenschnittchen, Pfefferpotthast (eine Art Rindergulasch) und viele Pfannengerichte. Dazu gibt's das gute Münsteraner Pinkus-Bier.

Buddenstr. 14–15; Tel. 02 51/4 21 15; www.druebbelken.de; € €

Päffgen
Köln

Hinter der schmalen Fassade öffnen sich ungeahnte Tiefen. Das traditionsreiche Brauhaus ist die letzte der einst zahlreichen Hausbrauereien in der Domstadt und natürlich eine der besten Adressen, um Kölsch zu trinken, das hier noch unpasteurisiert von Holzfässern gezapft wird, die im Keller lagern. Wunderbarer Biergarten mit 120 Plätzen unter zwei Kastanien, die Brauereigründer Hermann Päffgen 1884 selbst gepflanzt hat.

Friesenstr. 64–66; Tel. 02 21/13 54 61; www.paeffgen-koelsch.de; €

NRW tischt auf

605 Sassella
Bonn

Von der Adda an den Rhein: Die Brüder Giorgio und Francesco Tartero haben den Sprung über die Alpen gemacht: aus ihrer Heimat im norditalienischen Valtellina-Tal an den Fuß des Bonner Venusberges. Dort haben sie ein Restaurant eröffnet, das ziemlich alpin aussieht. Zwischen den unverputzten Steinwänden wird serviert, was man in der Lombardei kaum besser bekommt: zum Beispiel Involtini, Kalbsröllchen mit Bresaolaschinken und Alpenkäse gefüllt in Steinpilzsauce. Italien hat aber mehr zu bieten als die Alpen, und so bereiten die Tarteros auch Pasta zu – etwa die weißen und schwarzen Tagliarini mit Garnelen-Safransauce – ebenso wie ein wunderbares Vitello tonnato oder einen feinen Petersfisch auf Gemüse. Und die Auswahl von Weinen erstreckt sich gleichfalls vom Valtellina aus über ganz Italien.

Karthäuserplatz 21;
Tel. 02 28/53 08 15;
www.ristorante-sassella.de;
Mo geschl. €€

606 Berens am Kai
Düsseldorf

Die beste Gourmet-Adresse in Düsseldorf: Chefkoch Holger Berens begeistert vor allem mit seinen exzellenten Fischgerichten. Was nicht bedeutet, dass nicht auch Maisschwein, Lamm und Baskisches Rind unter seinen Händen zu kleinen Offenbarungen gerieten. Schön, dass man hier auch mal eine »ungestopfte«, traditionelle Gänseleber bekommt. Das Ambiente hinter der großen Glasfront ist eher kühl.

Kaistr. 16; Tel. 02 11/3 00 67 50; www.berensamkai.de;
So geschl. €€€€

NRW tischt auf

Vendôme
Bergisch-Gladbach

Dies ist einer der drei besten Küchen Deutschlands. Chefkoch Joachim Wissler hat sich mit seinen Handwerkskünsten drei Michelin-Sterne und 19,5 Gault-Millau-Punkte (von 20) verdient. Im barocken Schloss Bensberg in Bergisch-Gladbach präsentiert er mit seinen »Entdeckungsreisen« eine ganz und gar nicht barocke Kulinarik. Das liest sich auf der Karte zum Beispiel so: »Chartreuse (Infusion : Gänseleber : Algenkrokant)«. Womit tatsächlich alles gesagt ist: Wissler kocht nicht für Anfänger im Gourmet-Fach – selbst wenn sie es sich leisten könnten.

Kadettenstr.; Tel. 0 22 04/4 20; www.schlossbensberg.com; Mo, Di geschl. €€€€

607

608 Früh – am Dom und em Veedel
Köln

Kein Geheimtipp, aber eben einer der besten Plätze, um ein Kölsch zu genießen. Seit 1904 versorgt Familie Früh die durstigen Kölner mit der obergärigen Bierspezialität, die im hohen 0,2-l-Glas ausgeschenkt wird, weil sie frisch am besten schmeckt. Heute finden im Früh am Dom mehr als 1000 Gäste Platz: in Brauhaus, Brauhauskeller, Biergarten und im modernen HOF 18. Wer den Weg in die Südstadt nimmt, findet dort am Chlodwigplatz eine der ältesten Gaststätten Kölns: das besonders urige Früh em Veedel.

Früh am Dom, Am Hof 12–18; Tel. 02 21/2 61 32 15; www.frueh-gastronomie.de; €
Früh em Veedel, Chlodwigplatz 28; Tel. 02 21/31 44 70; So, Mo geschl. €

609 Hannappel
Essen

Schon in der vierten Generation in Familienbesitz: Seit 1993 hat Knut Hannappel das Restaurant seiner Vorfahren von einer Eckkneipe zur äußerst stilvollen Gourmetadresse entwickelt. Stil des Hauses ist eine gleichermaßen feine wie unprätentiöse Verbindung von Regionalität und Internationalität. Da darf es manchmal auch beinahe deftig sein.

Dahlhauser Str. 173; Tel. 02 01/53 45 06; www.restaurant-hannappel.de; Di geschl. €€€€

NRW tischt auf

Walsumer Hof
Duisburg

Diese urige Wirtschaft nördlich des Landschaftsparks fasziniert schon mal durch ihre außergewöhnliche Lage direkt am Rhein: gleich hinter dem Deich und unmittelbar neben imposanten Industrieanlagen. Das Ambiente ist höchst gemütlich, die Atmosphäre besonders herzlich, und die Fischgerichte schmecken toll. Hering, Karpfen, Heilbutt, Felchen, Flussaal – alle aus der eigenen Räucherei! Natürlich gibt es auch Scholle und von Mitte August bis Ostern Muscheln mit Schwarzbrot, Toastbrot oder Reis.

Rheinstr. 16;
Tel. 02 03/49 14 54,
www.walsumerhof.de;
Mo geschl. €€

Brauerei zum Schiffchen
Düsseldorf

Unter den vielen Brauhäusern Düsseldorfs ist es eines der »feinen« und mit 380 Jahren ist es das älteste Restaurant der Stadt. Stimmungsvolles Ambiente, im Haus ebenso wie im Biergarten. Auf den Tisch kommt rheinische Hausmannskost wie »Himmel und Erde«, das Düsseldorfer Leibgericht mit gebratener Blutwurst und Apfel-Kartoffelpüree. Dazu Frankenheim Alt vom Fass.

Hafenstr. 5; Tel. 02 11/
13 24 21; www.brauerei-zum-
schiffchen.de; €€

Gruber's
Köln

Farbe bekennen verlangte in diesem Fall keinen besonderen Mut. Rot und Weiß sind die Farben des FC Köln, rot-weiß-rot dekoriert Franz Gruber sein Restaurant im Kölner Norden, weil er unter dieser Fahne aufgewachsen ist. Der gebürtige Salzburger macht in seiner Wahlheimat am Rhein, was er zu Hause an der Salzach gelernt hat: Backhendl, Wiener Schnitzel (vom Kalb!), Tafelspitz und Kaiserschmarrn. Und er hat gut gelernt! Das Salzwiesenlamm und die norwegische Meeresforelle zeigen aber an, dass die Alpen doch schon etwas fern sind.

Clever Str. 32;
Tel. 02 21/7 20 26 70;
www.grubersrestaurant.de;
So geschl. €€€

NRW tischt auf

Ampütte
Essen

Die Kneipe in Essen, scheinbar unverändert seit den Zeiten von Friedrich Alfred Krupp, genauer: seit 1901. Dunkel, verraucht – Nichtraucher bitte ins Jägerzimmer – und immer ein sicherer Hafen für Nachtschwärmer und Latte-Macchiato-Verweigerer. Schnitzel und Bier gibt es in einem Interieur, das nicht auf retro getrimmt, sondern einfach echt ist. Immer wieder Live-Musik mit legendärer Atmosphäre. Auch nicht mehr selbstverständlich: Die Ampütte ist bis heute ein Familienunternehmen.

Rüttenscheider Str. 42;
Tel. 02 01/77 55 72;
www.ampuette-essen.de;
So geschl. €

613

Casino Zollverein
Essen

614

Lüster hängen von der 12 m hohen Decke der ehemaligen Turbinenhalle. Direkt neben der Kokerei auf Zollverein tafelt man heute in stilisiert-authentischem Industrieambiente. »New World Cuisine« heißt das Konzept, das Elemente der Bergmannskost in eine internationale, ambitionierte Frischeküche einbindet. Hätte früher kein Bergmann gegessen.

Gelsenkirchener Str. 181;
Tel. 02 01/83 02 40;
www.casino-zollverein.de;
Mo geschl. €€

615 Kabarett
Bonn

Große Politik provoziert zuverlässig kleine Störfeuer. Die Regierung des wiedervereinigten Deutschlands mag inzwischen nach Berlin umgezogen sein, die beiden Bonner Kleinkunst-Institutionen sind da geblieben. Die »Springmäuse«, 1985 gegründet, bieten in einem schön renovierten Tanzsaal aus der Jahrhundertwende zur politischen Satire auch Comedy und Improvisationstheater: Gespielt wird auf Zuruf. Breit gestreut ist auch das Spektrum im »Pantheon«: von Kabarett über Chanson bis Tanz. Highlight des Jahres ist die Vergabe des renommierten »Prix Pantheon«, unter anderem in den Kategorien »Frühreif & Verdorben«, »Reif & Bekloppt« sowie »Beklatscht und Ausgebuht«.

Springmäuse,
Frongasse 8–10;
Tel. 02 28/79 80 81;
www.springmaus-theater.de
Pantheon,
Bundeskanzlerplatz 2–10;
Tel. 02 28/21 25 21;
www.pantheon.de

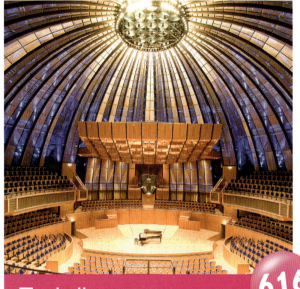

616 Tonhalle
Düsseldorf

Sie ist nicht einfach ein Konzertsaal, sondern ein Universum der Musik: eingerichtet in der ehemaligen Rheinhalle, einem 1926 eröffneten, wunderschönen Planetariumsbau. Die spektakuläre Beleuchtung bewirkt, dass man sich tatsächlich dem Orbit sehr nah wähnt. Unter der riesigen, blau dämmernden Kuppel treten nicht nur die heimischen Düsseldorfer Symphoniker und internationale Stars der Klassik-Szene auf, sondern auch einschlägige Größen aus dem U-Bereich wie Liza Minnelli und Helge Schneider.

Am Ehrenhof 1; Tel. 02 11/8 99 61 23; www.tonhalle.de

NRW geht aus

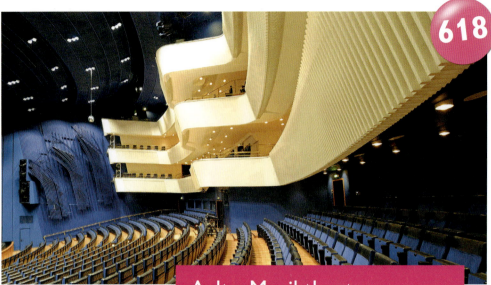

Schauspiel
Köln

»Theater des Jahres« (laut »Theater heute«) war es zwei Mal, daneben sammelt man fleißig Auszeichnungen für die »Inszenierung des Jahres«. Aus dem zwar denkmalgeschützten, aber einsturzgefährdeten Großen Haus zog man 2013 in die Depots 1 und 2 des ehemaligen Carlswerks in Köln-Mülheim um.

Schanzenstr. 6–20;
Tel. 02 21/22 12 84 00;
www.schauspielkoeln.de

Aalto-Musiktheater
Essen

1959 stellte der finnische Architekt Alvar Aalto seinen Plan für ein neues Opernhaus an der Ruhr vor, aber es mussten fast drei Jahrzehnte vergehen, ehe es 1988 endlich fertig war. Das Warten hat sich am Ende aber gelohnt. 2008 kürten unabhängige Kritiker das Essener Musiktheater zum besten deutschen Opernhaus – eine Bestätigung dafür, dass auch die Essener Philharmoniker mittlerweile in der europäischen Spitzengruppe angekommen sind. Architektonisch ist Aaltos Bau sowieso Weltklasse …

Opernplatz 10; Tel. 02 01/8 12 22 00;
www.aalto-musiktheater.de

NRW geht aus

Oper und Schauspiel
Bonn

619

Bonns Tradition als Theaterstadt reicht zurück bis in die Zeit der Kurfürsten. 1826 bauten sich die Bürger selbst das erste Schauspielhaus. 1965 wurde am Rheinufer ein Neubau eingeweiht, dessen Großes Haus mit 1037 Plätzen heute ausschließlich von der Oper bespielt wird. Die Werkstattbühne teilen sich Oper und Schauspiel.

Oper, Am Boeselagerhof 1;
Tel. 02 28/77 80 00;
Kammerspiele, Am Michaelshof 9,
Tel. 02 28/77 80 01;
www.theater-bonn.de

Kuhviertel
Münster

620

Eine Studentenstadt braucht anständige Kneipen. Münster hat sie – und in besonders großer Dichte im Kuhviertel um die Kreuzstraße. Hier befindet sich zum Beispiel auch die Altbierbrauerei Pinkus Müller mit ihren langen Holztischen, in denen sich schon Generationen von Gästen verewigt haben.

Münster Marketing,
Klemensstr. 10;
Tel. 02 51/4 92 27 10;
www.tourismus.muenster.de

Philharmonie
Essen

Knapp 2000 Zuschauer haben Platz im größten Konzertsaal des Ruhrgebiets. Und sie bekommen was zu hören: Nach der umfassenden Renovierung 2004 ist die 1904 von Richard Strauss eröffnete Philharmonie nicht nur schön wie eh und je, sie bietet auch eine fantastische Akustik. Das Programm spiegelt die Lust der Essener an neuer E-Musik ebenso wider wie ihre geringe Scheu vor dem U: Die Stars des klassischen Musikbetriebs und die größten Orchester werden hier ebenso beklatscht wie Größen aus Pop und Jazz.

621

Huyssenallee 53;
Tel. 02 01/8 12 22 00;
www.philharmonie-essen.de

Nachtresidenz
Düsseldorf

Wer in der schicken »Modestadt Düsseldorf« (Die Toten Hosen, 1983) an einem schicken Ort mit schicken Menschen den Abend verbringen möchte, ist hier richtig. Das Publikum ist sexy und gestylt, und wer am Türsteher vorbei möchte, kann sich das ja merken. Trotzdem gehört die Nachtresidenz seit Jahren zu den besten Clubs in NRW. Der hohe Kuppelsaal mit der großen Tanzfläche, eingerahmt von einer Empore mit Bar, ist eine tolle Location, die Musik treibt eher auf dem Mainstream: mal House, mal R'n'B, bisschen Disco, Latin, Soul ...

Bahnstrasse 13;
Tel. 02 11/1 36 57 55;
www.nachtresidenz.de

Bar Ellingtons
Düsseldorf

Aus Versehen kommt wohl niemand hierher – die einschlägigen Läden in der Nachbarschaft lassen auch hinter der Tür von Scheurenstraße Nr. 5 »irgendwas mit roten Lichtern« vermuten. Was falsch ist. Tatsächlich genießt hier ein angenehmes Publikum die vielleicht besten Cocktails in Düsseldorf. Übrigens: Im Ellingtons darf geraucht werden.

Scheurenstr. 5;
Tel. 02 11/3 11 39 00

Stadthafen
Münster

1962 wurden im Stadthafen noch 1,3 Millionen Tonnen Güter umgeschlagen. Heute hat sich der Hafen zum »Kreativkai« gewandelt und zusammen mit dem südlich angrenzenden Hawerkamp-Quartier zur Ausgehmeile. »Sputnik«, »Fusion« oder »Favela« heißen die Clubs. Sehr beliebt ist auch das »Heaven« (Restaurant, Bar, Lounge). Echte Institutionen sind der »Hot Jazz Club« und das Wolfgang-Borchert-Theater. Das Areal ist toll für einen nächtlichen Bummel.

Münster Marketing, Klemensstr. 10; Tel. 02 51/4 92 27 10;
ww.muenster.de/stadt/tourismus

NRW geht aus

625 Lichtburg
Essen

Der größte (1250 Sitzplätze) und vielleicht schönste Kinosaal im Land ist eine Kultstätte für Cineasten: Seit 1928 sind hier viele Uraufführungen und Deutschland-Premieren über die riesige Leinwand gelaufen, und die Stars guckten mit: Buster Keaton, Gary Cooper, Romy Schneider, Wim Wenders, Tom Tykwer… Schöne, sorgfältig restaurierte 1950er-Jahre-Optik. Seit 2003 gibt es im Untergeschoss auch noch einen hochmodernen zweiten Kinosaal, das »Sabu«.

Kettwiger Str. 36; Tel. 02 01/
23 10 23; www.lichtburg-essen.de

626 Philharmonie
Köln

Mit dem Gürzenich Orchester und dem WDR-Sinfonieorchester hat man gleich zwei Hausorchester. Darum wird fast täglich der Taktstock in dem prächtigen, 1986 eröffneten Bau geschwungen. Er bietet 2200 Plätze und ist einem Amphitheater nachempfunden.

Bischofsgartenstr. 1;
Tel. 02 21/28 02 80;
www.koelner-philharmonie.de

627 Rosebud
Köln

In dieser klassisch-amerikanischen Bar versackt man gern, aber hoffentlich nicht allein. Der *Playboy* kürte sie vor Jahren einmal zur besten Bar Deutschlands. Auch heute weiß die wunderbar stimmungsvoll-schummrige Atmosphäre zu begeistern. Im 20er-Jahre-Interieur mit dunklem Holz und vielen roten Akzenten schmecken die Cocktails klasse. Das Publikum (»weiche Mitte« um die 33 Jahre…) weiß, dass es auch klasse ist. Gut zu wissen: Wer nur einen schnellen Caipi will, kriegt ihn woanders billiger.

Heinsbergstr. 20;
Tel. 02 21/2 40 14 55;
www.rosebud.de; So geschl.

NRW sucht aus

Franzen
Düsseldorf

Auch auf der berühmten Königsallee haben sich längst die üblichen Filialisten eingemietet. Franzen ist eine Ausnahme, das heißt: immer noch inhabergeführt. Mit Damen am Packtisch und Azubis in ordentlichen Anzügen. Hier gibt es hochwertige Wohnaccessoires für Nass- und Trockenräume, für Bad und Bett, Küche und Kochen, Wohn-, Ess- und Arbeitszimmer. Glas und Porzellan findet man ebenso wie feines Besteck. Außerdem bietet Franzen eine eigene Uhren- und Schmuckabteilung sowie eine Papeterie. Dazu wird man individuell beraten.

Königsallee 42;
Tel. 02 11/13 07 80;
www.franzen.de

628

629 Rüttenscheider Straße
Essen

Auf der »Rü« und ihren vielen Nebenstraßen wird Shoppen zur Zeitreise – zurück in die Ära, als Shops noch Läden oder Geschäfte hießen, vernünftige Größen hatten und dennoch alles boten, was man zum guten Leben braucht. Änderungsschneidereien, Teppiche, Bio-Lebensmittel, Sanitätshäuser, Blumen, Frisöre, Restaurants: Ist doch nicht schlecht, wenn die Geschäfte noch in der Stadt und nicht in flächenverschlingenden Hallen- und Parkplatz-Konglomeraten am Rand sind.

www.igruettenscheid.de

630 Ehrenstraße
Köln

Am Hohenzollernring/Höhe Rudolfplatz beginnt das Shoppingrevier für Kölner und, das muss gesagt werden, auch für Touristen. Sie kaufen in der Ehrenstraße Schuhe und Klamotten ein, Bücher oder Antiquitäten. Und setzen sich zwischendurch in eines der vielen Cafés. Es sind nicht die großen Marken-, sondern die kleinen Spezialitäten-Shops, die das Flair der Ehrenstraße bestimmen.

www.edelight.de/local/koeln-ehrenstrasse

NRW sucht aus

 631 Gewürzhaus
Düsseldorf

Marie-Luise und Kerstin-Miriam Seegers haben sich in ihrem winzigen Laden einer großen Tradition verpflichtet: dem »Aechten Düsseldorfer Mostert« (Senf). Vom Fass wird er direkt in die Steinzeugtöpfchen mit dem Signet von Firmengründer Adam Bernhard Bergrath (1726) abgefüllt.

Kapuzinergasse 16;
Tel. 02 11/32 57 88;
www.gewuerzhaus-altstadt.de

 632 Dauerlauf
Köln

Früher sagte man Laufen, später Jogging, dann Running. Aber egal, was man für den Sport braucht, bekommt man bei Dauerlauf, einem der besten Fachgeschäfte im Land. Toll: Jeden Donnerstag um 17.30 Uhr ist Orthopädieschuhmachermeister Jörg Roos vor Ort.

Severinstr. 181;
Tel. 02 21/32 76 06;
www.dauerlauf.de

633 Carlsplatz-Markt
Düsseldorf

Eigentlich könnte man sich hier den ganzen Tag aufhalten. Dem bunten Treiben zuschauen und sich beim Italiener, Türken oder Perser hin und wieder einen Snack holen. Nur am Sonntag sind die Stände zu. An allen anderen Tagen gibt es hier fast alles: Fisch und Fleisch, Obst, Gemüse, Schnittblumen, Brot und Wein. Und natürlich fehlen auch die Biertische und der Altbierausschank nicht.

www.carlsplatz.net

NRW sucht aus

634 Art Cologne
Köln

Sie ist die älteste, die größte und die wichtigste internationale Kunstmesse in Deutschland – und sie ist erfreulicherweise nicht nur fürs Fachpublikum geöffnet. Über 200 Galeristen und mehr als 60 000 Besucher kamen zur 50. Auflage der Art Cologne im April 2016 in die Koelnmesse. Eine gute Million Euro ließ sich ein Sammler ein Bild von Juan Miró kosten. Auch Werke von Polke, Baselitz, Hirst und anderen großen Namen fanden wieder Käufer. Was man hier kaufen kann, ist generell nicht billig, aber von Experten weltweit für gut und wichtig befunden. Wer es braucht, kann neben Kunst auch Promis gucken. Weil nur ein Großevent zu wenig ist, wird im Herbst auch noch die Cologne Fine Art & Antiques veranstaltet. Zu kaufen gibt es alte und neue Kunst, Kunsthandwerk, Möbel, Design und Accessoires.

Koelnmesse, Messeplatz 1;
Tel. 02 21/82 10;
www.artcologne.de
www.cofaa.de

635 Prinzipalmarkt
Münster

Münsters gute Stube demonstriert beispielhaft, wie Sightseeing und Shoppen auf ideale Weise verschränkt werden – und zwar schon seit dem 15. Jh. Zwischen Stadthausturm, Rathaus und Lambertikirche haben sich die Münsteraner Kaufleute in schönen Patrizierhäusern mit langen Bogengängen eingerichtet: etwa der Juwelier J. C. Osthues, die Wohnkulturbotschafter von Kösters, die Damen- und Herrenausstatter der Modehäuser Schnitzler und Petzhold, die Feinbäcker von pain & gâteau und und und …

www.prinzipalmarkt.de

Ruhrtriennale
Ruhrgebiet

Körperlos, doch ungemein präsent schweben die Klänge zwischen den Wänden der alten Thyssen-Industrieanlage im Landschaftspark Duisburg-Nord. Hier wandelt man nicht über klassizistische Chausseen oder gepflegte Landschaftsparks und sitzt in stuckverzierten Sälen. Sondern man geht in die Zeche. Vorbei an rostenden Hochöfen, vorbei an einem Gasometer, in dem heute Taucher üben. Die Gebläsehalle, 1902 erbaut und 100 Jahre später zu einem Konzert- und Theatersaal umgebaut, ist eine von sieben Spielstätten der Ruhrtriennale, einem der spannendsten Kulturfestivals in Deutschland. Auch in der Gießhalle des Thyssen-Werks, in der früher das flüssige Eisen zischend aus dem Hochofen lief, wird Musik gemacht. Im Jahr 2009 stand hier die in New York lebende und deutsche Volkslieder singende Tine Kindermann zusammen mit Iggy Pop, dem Gottvater des Punk, auf der Bühne. Berührungsängste? Schwellenängste? Gibt es nicht. Triennale nennt sich das Festival an der Ruhr übrigens, weil die Intendanz im Drei-Jahres-Rhythmus wechselt. Von 2009 bis 2011 thematisierte Willy Becker die »Urmomente«: das Spannungsfeld zwischen Kunst und Religiosität (wobei dem jüdischen, dem islamischen und dem buddhistischen Kulturkreis jeweils ein Jahr gewidmet war). Von 2012 bis 2014 rief Heiner Goebbels das »International Festival of Arts« aus, und für die Jahre 2015 bis 2017 hat Intendant Johan Simons das Motto »Seid umschlungen« ausgegeben – eine geografische und gesellschaftliche Umarmung von Menschen und Kulturen in schwieriger Zeit.

www.ruhrtriennale.de

NRW lädt ein

637 Essen.Original.
Essen

Alles draußen, alles für lau. Drei Tage lang wird auf den Bühnen am Kennedyplatz und in der Innenstadt gesungen, gerappt, getanzt, geschmachtet und geblödelt. Hier präsentiert sich neben der etablierten (Klein-)Kunstszene auch der Nachwuchs einem gut gelaunten Publikum. Musik von Jazz bis Klassik. Macht Spaß und, wie gesagt, kostet nichts.

www.essen-original.de

638 Fang der Wildpferde
Dülmen

Das ganz große Spektakel für Pferdefreunde im westlichen Münsterland: Immer am letzten Samstag im Mai werden die Wildpferde auf die große Wildbahn nahe Dülmen, etwa 40 km südwestlich von Münster, getrieben. Dann werden die einjährigen Hengste aus der Herde herausgefangen und unmittelbar im Anschluss meistbietend versteigert. Das Gelände mit den knapp 400 Tieren im Merfelder Bruch, dem letzten natürlichen Vorkommen von Wildpferden in ganz Europa, kann von 1. März bis 1. November an jedem Wochenende mit gutem Wetter besichtigt werden.

www.wildpferde.de

NRW lädt ein

 639 ## Rosenmontag
Köln

Der Höhepunkt des Karnevals ist gleichzeitig der höchste Feiertag in dieser ganz und gar katholischen Stadt – und das im Angesicht des Doms. Mehr als fünf Stunden lang wälzt sich ein bunter Strom von Jecken über die 6,5 km lange Partymeile quer durch die Stadt. Karnevalstouristen, aufgepasst: In Köln heißt es »Alaaf!« Die Düsseldorfer rufen »Helau!« Unbedingt merken!

www.koelnerkarneval.de

 640 ## Hafenfest
Münster

Drei Tage, drei Bühnen und mehr als drei Menschen, die sich an den Buden und in den Kneipen am Hafen vergnügen. Das Großevent steigt immer im Frühsommer und nächstes Mal vom 16. bis zum 18. Juni 2017. Wieder wird das Programm bunt sein: mit viel Musik, leckerem Essen, verschiedenen Aktionen und vielen Besuchern zwischen ziemlich klein und ganz schön rüstig.

www.ms-hafenfest.de

Beethovenfest
Bonn

Der berühmteste Sohn der Stadt Bonn heißt Ludwig van Beethoven (1770-1827). Sein Geburtshaus ist natürlich ein Pilgerziel von Musikliebhabern aus aller Welt (www.beethoven-haus-bonn.de) – und das Beethovenfest im September ist das wichtigste Kulturereignis von Bonn. Bereits 1845 fand es zum ersten Mal statt (unter den Gästen: Franz Liszt, der auch dirigierte, und Alexander von Humboldt), einen festen jährlichen Turnus gibt es allerdings erst seit 1998. Hauptspielstätte ist, na klar, die große Beethovenhalle über dem Ufer des Rheins.

641

www.beethovenfest.de

NRW lädt ein

Karneval
Düsseldorf

Wenn am 11. November der Hoppeditz erwacht, die Düsseldorfer Narrenfigur, beginnt der geordnete und exakt durchchoreografierte Verfall der öffentlichen Ordnung. Nach seiner Vollendung am Rosenmontag und Faschingsdienstag fängt am Aschermittwoch mit Hoppeditz' Verbrennung und einem Fischessen die 40-tägige Fastenzeit an. Neben dem großen Rosenmontagszug gibt es noch eine Vielzahl größerer und kleinerer und mehr oder weniger organisierter Veranstaltungen – von der Weiberfastnacht über das Tonnenrennen bis zum Tuntenlauf.

642

www.karneval-in-duesseldorf.de

643 Extraschicht
Ruhrgebiet

Die lange »Nacht der Industriekultur« überzieht den ganzen Pott eine Nacht lang mit einem sehr bunten und nicht leisen Teppich aus Licht und Klängen. Zugesehen, zugehört, gespielt, gerockt und abgetanzt wird auf ehemaligen Zechen, Stahlhütten und Kokereien. Insgesamt listen die Veranstalter 48 Spielstätten in 20 Städten. Am 24. Juni 2017 und am 30. Juni 2018 ist es wieder so weit.

www.extraschicht.de

644 Japantag
Düsseldorf

Düsseldorf hat die drittgrößte japanische Gemeinde in Deutschland. Das findet in Hotellerie, Gastronomie und Einzelhandel seinen Niederschlag – und im Japantag (zwischen Mai und Juni). Zehn Stunden Sumo, Judo, Manga, Tanz, Kalligraphie und Bogenschießen! Und am Ende das größte japanische Feuerwerk außerhalb Japans.

www.japantag-duesseldorf-nrw.de

NRW fährt raus

646 Drachenfels und Siebengebirge
Königswinter

10 km südlich der Bonner Innenstadt wogen auf der rechten Rheinseite die waldgrünen Höhen des Siebengebirges. Dort steht auch der Drachenfels, ein heiliger Berg der deutschen Romantik. Den Aufstieg treten die allermeisten von Königswinter (Stadtbahn Linie 66 ab Bonn-Hbf) mit der Zahnradbahn an. Im Naturpark Siebengebirge, dem ältesten Naturschutzgebiet Deutschlands, ist man aber am besten zu Fuß unterwegs. Wunderschön ist der Weg von Rhöndorf, am Fuß des Drachenfels in Bad Honnef, zur aussichtsreichen Ruine der Löwenburg, vorbei am verwilderten Stenzelberg-Steinbruch auf den Petersberg und hinab zur sagenhaften Klosterruine Heisterbach.

Drachenfelsbahn, Drachenfelsstr. 53; Tel. 0 22 23/9 20 90; www.drachenfelsbahn-koenigswinter.de
Tourismus Siebengebirge, Drachenfelsstr. 51; Tel. 0 22 23/ 91 77 11; www.siebengebirge.de

645 Baldeneysee
Essen

Er ist der größte von fünf Ruhrstauseen. Baden ist verboten, man darf nur segeln, surfen, paddeln, am »karibischen« Strand unter der Villa Hügel Cocktails schlürfen (www.seaside-beach.de) oder mit der Weißen Flotte zwischen Kupferdreh und Werden hin- und herschippern. Gehen ist auch erlaubt: Einmal rund um den See, das sind 15 km – ohne den Abstecher ins Vogelschutzgebiet Heisinger Aue.

Hardenbergufer 379;
Tel. 02 01 / 1 85 79 90;
www.flotte-essen.de

NRW fährt raus

Stadtbummel
Kaiserswerth

 647

Schön flanieren kann man auf der Düsseldorfer Rheinuferpromenade, und wer sich ein Fahrrad ausleiht, kann immer am Wasser entlang ins postkartenschöne Kaiserswerth radeln. Mit dem Schiff kommt man auch hin. 1929 von Düsseldorf eingemeindet, zeigt sich das Städtchen als ein idyllisches Gewimmel niedlichster Gässchen. Besonders schön ist das Ensemble am Stiftsplatz mit der ehemaligen Stiftskirche St. Suitbertus. Am Wochenende wimmelt es hier doppelt – also besser, man kommt unter der Woche.

Tourist-Information Düsseldorf; Tel. 02 11/17 20 28 40; www.duesseldorf-tourismus.de

648 Hohes Venn
Mützenich

Der Eifel-Nationalpark ist nur ein Teil des wesentlich größeren Naturparks, der sich über rund 2700 Quadratkilometer in Nordrhein-Westfalen, Rheinland-Pfalz und Ostbelgien erstreckt. Und er ist ein Wanderland par excellence. Großartig ist die knapp 4-stündige Rundtour auf Bohlenpfaden über das fantastische Hochmoor Hohes Venn. Gestartet wird auf belgischer Seite beim Parkplatz Nahtsief unmittelbar hinter der Grenze bei Mützenich nahe Monschau.

Naturpark Nordeifel, Bahnhofstr. 16, Nettersheim; Tel. 0 24 86/91 11 17; www.naturpark-hohesvenn-eifel.de

649 Rothaargebirge
Winterberg

Winterberg heißt nicht nur so. Für mehr als 5,3 Millionen Menschen im Pott (und weiteren Sportfreunden in Holland) ist der Kahle Asten über der Kleinstadt das nächste Skigebiet. 5 Sessellifte und 13 Schlepplifte erschließen 23 Pisten mit zusammen 15 Abfahrtskilometern – das größte zusammenhängende Skigebiet nördlich des Mains. Einige Pisten werden künstlich beschneit und mittwochs, freitags und samstags zwischen 18.30 und 22 Uhr beleuchtet. Zwei Lifte transportieren Rodler. Hütten, Schneebars und Sonnenterrassen bieten (fast) denselben Service wie in den Alpen (www.skigebiete-winterberg.de). Ist der Schnee geschmolzen, geht der Spaß, etwas leiser, weiter: beim (Nordic) Walken, beim Radeln und Mountainbiken, beim Baden, Golfen und beim Wandern auf dem Rothaarsteig, einem der »Top Trails of Germany« (www.rothaarsteig.de).

Ferienwelt Winterberg, Am Kurpark 4; Tel. 0 29 81/9 25 00; www.winterberg.de
www.sauerland.com

Rheinland-Pfalz

Weiß oder rot? Ja gern, und dazu das Tagesmenü! Wein reimt sich auf Rhein, und wer sich zwischen Loreley und Pfälzerwald vom rheinischen Frohsinn anstecken lässt, nimmt dabei sicher nicht ab. Es sei denn, er erkundet die Sehnsuchtslandschaft der deutschen Romantik auch zu Fuß, auf einem der zahllosen (romantischen) Wanderwege.

Sind die süß!
Ist der Zucker endlich zu
Alkohol vergoren, haben auch
die Erwachsenen etwas davon.

Rheinland-Pfalz gibt an

Kirche St. Stephan
Mainz

Von 1973 bis zu seinem Tod im Jahr 1985 arbeitete Marc Chagall an den Glasfenstern für das gotische Gotteshaus aus dem 14. Jh. Heute sind die lichtblauen Kunstwerke, von ihrem Schöpfer als ein Beitrag zur jüdisch-deutschen Aussöhnung angesehen, eine der größten Sehenswürdigkeiten der Stadt.

650

Weißgasse 12;
Tel. 0 61 31/23 16 40;
www.st-stephan-mainz.de

Kaltwassergeysir
Andernach

651

Bis zu 60 m hoch schießt das Wasser auf der Halbinsel im Rhein in die Höhe – und es ist kalt. Damit ist der Andernacher Geysir der höchste seiner Art weltweit. Nachdem er viele Jahre quasi »unter Verschluss« stand, hat man das einzigartige Naturphänomen als neueste Attraktion des Vulkanparks Eifel (www.vulkanpark.de) im Sommer 2009 wieder entfesselt. Wie sich vulkanisches Kohlendioxid zusammen mit kaltem Grundwasser in großer Tiefe zum druckvollen Geo-Sprudel verbindet, wird im kantigen Erlebniszentrum unterhaltsam erklärt. Danach geht es mit dem Schiff von den Andernacher Rheinanlagen zum Geysir selbst.

Konrad-Adenauer-Allee 40; Tel. 0 26 32/9 58 00 80;
www.geysir-andernach.de

Rheinland-Pfalz gibt an

Wilhelm-Hack-Museum
Ludwigshafen

652

Ludwigshafen bietet zur Chemie (BASF) auch die farbige Kunst – im Wilhelm-Hack-Museum. Hinter der bunten Fassade von Joan Miró ist Abstraktes aus den Jahren 1910–1950 zu sehen, daneben aber auch Sakrales aus dem Spätmittelalter, der »Gondorfer Fund« von einem keltisch-römischen Gräberfeld an der Mosel und spannende Gegenwartskunst in Sonderausstellungen.

Berliner Str. 23; Tel. 06 21/ 5 04 30 45; www.wilhelmhack. museum; Mo geschl.

Dom
Worms

653

Der berühmte Kaiserdom mit seinen beiden schlanken, runden Türmen wurde zwischen 1130 und 1181 errichtet. Romanisch sieht er aber nur noch außen aus, innen ist er seit dem 18. Jh. barock. Schon als der erste Wormser Bischof Burchard anno 614 sein Amt antrat, gab es eine Kirche in der Nibelungenstadt. Wie sie aussah, weiß man aber nicht.

Domplatz; Tel. 0 62 41/ 61 15; www.wormser-dom.de

Festung Ehrenbreitstein
Koblenz

654

Keine rheinromantische Ritterburg, sondern eine riesige, sehr beeindruckende, aber eher nüchterne Anlage. Als Teil der Großfestung Koblenz (1832) beherbergt sie heute das Landesmuseum und eine archäologische Sammlung.

Festung Ehrenbreitstein; Tel. 02 61/66 75 40 00; www.festungehrenbreitstein.de

Kloster
Maria Laach

655

Westlich von Koblenz steht in der östlichen Eifel eines der großartigsten romanischen Baudenkmäler in Deutschland. Die 1156 geweihte Abteikirche des Benediktinerklosters Maria Laach fügt sich in ihrer architektonischen Vollkommenheit so sehr in die stille Landschaft ein, dass sie nicht nur kunstinteressierte Touristen, sondern auch alle Arten von sinnsuchenden Menschen anzieht. So hat sich mittlerweile um das Kloster ein sehr lebhaftes Treiben entwickelt – mit Kunsthandwerk und Landwirtschaft, mit wissenschaftlichen Instituten, Hotel, Gastronomie und Hofverkauf.

Maria Laach; Tel. 0 26 52/5 90; www.maria-laach.de

Rheinland-Pfalz gibt an

Burg Eltz **656**
Wierschem

Mit hohen Mauern und vielen Türmchen steht auf einem steilen Felsen, von waldigen Höhen umgeben – die schönste und romantischste Burg Deutschlands? Anfang des 12. Jh. erbaut, wurde sie nie erobert oder verwüstet. Heute bietet sie Besuchern einen Rundgang durch 800 Jahre Kunst- und Kulturgeschichte. Man kann von Moselkern mit dem Auto durchs Elztal anfahren. Der schönste Weg zur Burg ist aber der zu Fuß: von Karden auf dem Mosel-Höhenweg zur Burg Eltz, durchs Elztal nach Moselkern, hinüber nach Müden und über den »Buchsbaumpfad« (nördlichstes natürlichen Vorkommen von Buchsbaum in Europa) zurück nach Karden.

Burg Eltz 1; Tel. 0 26 72/ 95 05 00; www.burg-eltz.de

.... **Rheinland-Pfalz** gibt an

Rheinland-Pfalz gibt an

657 Edelsteinmuseum
Idar-Oberstein

Die sanften Höhen über der Nahe sind nicht nur für Riesling und Co. berühmt. Ein buchstäbliches Schmuckstück der Region ist Idar-Oberstein mit seiner weltberühmten Edelsteinindustrie. Mehr als 500 Jahre reicht die Geschichte des Steineschleifens an der Nahe zurück. Die Edelsteinminen im Steinkaulenberg sind die einzigen für Besucher zugänglichen Edelsteinminen in Europa, das Edelsteinmuseum, bereits 1859 gegründet, ist eines der ältesten im Land Rheinland-Pfalz.

Edelsteinminen, Im Stäbel; Tel. 0 67 81/4 74 00; www.edelsteinminen-idar-oberstein.de
Edelsteinmuseum, Hauptstr. 118; Tel. 0 67 81/90 09 80; www.edelsteinmuseum.de

658 BASF
Ludwigshafen

Die ehemalige Badische Anilin- & Soda-Fabrik heißt immer noch BASF und hat ihren Hauptsitz in Ludwigshafen. Im Besucherzentrum wird gezeigt, warum Haarspray auch bei Regen hält, wie klein »nano« ist und wie Chemie bei den Dingen des Alltags hilft. Spannend ist dann die Werksrundfahrt über das zehn Quadratkilometer große Werksgelände mit seinen 2000 km Rohrleitungen, das größte zusammenhängende Chemieareal der Welt mit seinen lustigen Straßennamen: Chlorstraße, Benzolstraße, Sodastraße, Ammoniakstraße…

Carl-Bosch-Str. 38, Tor 2;
Tel. 06 21/6 07 16 40;
besucherzentrum.basf.de;
besonderes Programm am
Erlebnis-Samstag (2. Sa/Monat)

659 Max-Slevogt-Galerie
Edenkoben

Franz Theodor Max Slevogt lebte von 1868 bis 1932, malte, zeichnete, illustrierte und schuf Bühnenbilder. Zusammen mit Lovis Corinth und Max Liebermann war er einer der großen Künstler seiner Zeit, die ihre Staffelei noch in der Natur aufbauten. Im Schloss »Villa Ludwigshöhe« bei Edenkoben, das sich von Ludwig I. von Bayern erbauen ließ, richtete das Landesmuseum Mainz eine Galerie ein, die Bilder aus dem Nachlass Slevogts zeigt, dazu verschiedene Wechselausstellungen. Die privaten Gemälderäume sind auf dem Slevogthof Neukastel in Leinsweiler zu sehen, wo der Künstler Wand- und Deckengemälde schuf. Auch der weite Blick über die Rheinebene ist schön – Slevogt hielt ihn in mehreren Gemälden und Aquarellen fest.

Villastr. 64;
Tel. 0 63 23/9 30 16,
schloss-villa-ludwigshoehe.de;
Mo geschl.

Rheinland-Pfalz gibt an

660 Burg Trifels
Annweiler

310 m über Annweiler am Rand des Pfälzerwaldes ragt auf einem Felsen des Sonnenbergs das schwer romantische Gemäuer in den Himmel. Es legt Zeugnis ab von der Blüte des Hochmittelalters in der Zeit der Stauferkaiser und ist doch wesentlich älter. 1081 wurde die Burg erstmals erwähnt, 800 Jahre später kümmerte sich der Trifelsverein darum, den fortlaufenden Verfall der Ruine zu stoppen. Im 20. Jh. wurden Palas und Bergfried wieder aufgemauert und die übrigen Mauerreste gesichert. Das war gut, denn heute zieht die Burg die Besucher in Scharen an. Vom Parkplatz auf den Schlossäckern ist man über einen breiten Fußweg in 10 Minuten oben. Prächtige Aussicht! Sehr beliebt sind die sommerlichen Serenaden in der Burg, wenn das Kurpfälzische Kammerorchester vor der einzigartigen Kulisse musiziert.

Büro für Tourismus, Annweiler;
Tel. 0 63 46/22 00,
www.trifelsland.de

661 Burg
Cochem

Sie bietet eine der bekanntesten Ansichten im deutschen Reiseland: die um 1100 erbaute »Reichsburg« Cochem auf einem (Wein-)Berg über der Stadt und der ruhig dahinfließenden Mosel. Den ursprünglichen Bau sprengten französische Soldaten im Jahr 1689. Was danach noch übrig war, wurde während der Zeit der »Burgenromantik« in der zweiten Hälfte des 19. Jh. im neugotischen Stil wiederaufgebaut. Zu sehen sind heute hübsch eingerichtete Räume in verschiedenen Stilen: Romanik, Gotik und Renaissance. Nicht wirklich echt, das Ganze, aber wen stört das schon.

Schlossstr. 36;
Tel. 0 26 71/2 55;
www.reichsburg-cochem.de

Rheinland-Pfalz gibt an

662 Die älteste Stadt Deutschlands
Trier

16 v. Chr. von Kaiser Augustus gegründet, ist Trier eine ziemlich junge Stadt: Auf gut 100 000 Einwohner kommen knapp 15 000 Studenten. Mit seinem Inventar an römischen Bauwerken steht Trier auf der Liste des UNESCO-Welterbes. Einzigartig ist die Porta Nigra, das hervorragend erhaltene ehemalige Nordtor der Stadtbefestigung. Weitere Denkmäler sind die römische Brücke über die Mosel, das Amphitheater am Petrisberg und die Ruinen der einst riesigen Kaiserthermen. Der Trierer Dom (11./12. Jh.) gilt als die älteste Bischofskirche in Deutschland. Konstantin der Große hatte hier nämlich bereits im 4. Jh. eine erste Kirche errichten lassen.

Tourist-Information, An der Porta Nigra;
Tel. 06 51/97 80 80; www.trier-info.de

663 Dynamikum
Pirmasens

Bewegung! Das erste »Science Center« in Rheinland-Pfalz verblüfft Besucher nach allen Regeln der multimedialen Kunst. Hier kann man real mit einem virtuellen Elefanten um die Wette rennen, mit einem Luftkissenfahrrad durch die Räume schweben und sich im Hexenhaus schwindlig drehen lassen.

Fröhnstr. 8; Tel. 0 63 31/ 23 94 30; www.dynamikum.de

Rheinland-Pfalz gibt an

Deutsches Schuhmuseum
Hauenstein

Die Schuhindustrie in der Pfalz hat ihre besten Jahre gehabt – weshalb man das Erbe im Museum ausstellt. 1996 wurde es eröffnet und schon ein Jahr später mit einem europäischen Museumspreis ausgezeichnet. In der Bauhausarchitektur einer ehemaligen Schuhfabrik aus dem Jahr 1929 wird nicht nur gezeigt, wie Schuhe hergestellt werden, Besucher erleben auch sehr anschaulich ein Stück deutscher Sozialgeschichte. Die Ernst-Tillmann-Sammlung, die größte private Schuhsammlung Europas, zeigt mehr als 3500 Paar Schuhe aus zwei Jahrtausenden und allen Kontinenten. Das berühmte Pfälzer »Schuhdorf« Hauenstein, das dennoch ein Luftkurort ist, bietet seinen Besuchern auf der ebenso berühmten »Schuhmeile« auch noch eine Auswahl von, über den Daumen gepeilt, einer Million (Paar) Schuhe, besser gesagt: Schuhschnäppchen (www.schuhmeile-hauenstein.de). Wer alle 26 Schuhgeschäfte anschaut, braucht danach wahrscheinlich auch ein neues Paar.

Turnstr. 5; Tel. 0 63 92/ 9 23 33 40, www.deutsches-schuhmuseum.de

Pfalzgalerie
Kaiserslautern

Im Gebäude der Pfälzischen Landesgewerbeanstalt ist die wichtigste Gemäldesammlung der Pfalz zu sehen: deutsche Impressionisten und Expressionisten, dazu amerikanische Kunst bis in die Gegenwart. Das eindrucksvolle Gebäude, 1875 bis 1880 erbaut, birgt zudem eine umfangreiche graphische Sammlung mit rund 20 000 Blatt und kostbare kunsthandwerkliche Exponate der unterschiedlichsten Epochen.

Museumsplatz 1; Tel. 06 31/ 3 64 72 01; www.mpk.de

Stadtbummel
Speyer

Speyer bietet mehr als den Dom – etwa die barocke Dreifaltigkeitskirche mit ihren Balkonen und der grandiosen Deckenbemalung. Sehenswert sind noch der 55 m hohe Altpörtel, eines der höchsten Stadttore Deutschlands, der Judenhof dicht neben dem Dom, die städtische Galerie, das Technikmuseum mit der Boeing 747 und das Sea Life, in dem man dem Rhein aquariumtechnisch von der Quelle bis zur Mündung folgt. Der Bummel über die »Hauptstrooß«, die Maximilianstraße, ist darüber hinaus eine Werbung für Pfälzer Lebensart.

Tourist-Information, Maximilianstr. 13; Tel. 0 62 32/14 23 92; www.speyer.de

Rheinland-Pfalz gibt an

Cusanus-Hospiz
Bernkastel

Das malerische Städtchen am Fuß des »Doctor«-Weinberges steht auf dem Programm fast aller Moseltouristen. Im Cusanus-Hospiz, das auf den Philosophen und Theologen Nikolaus von Kues (1401–1464) zurückgeht, sind dessen berühmte Privatbibliothek mit insgesamt 314 wissenschaftlichen Handschriften vom 9. bis ins 15. Jh. sowie die Kapelle mit dem Weltgerichts-Fresko und dem Passions-Triptychon zu sehen. Die Cusanus-Stiftung hat in der Sozialfürsorge eine über 500-jährige Tradition: Bis heute betreibt sie das Altenheim im Stift.

667

Cusanusstr. 2; Tel. 0 65 31/ 22 60; www.cusanus.de

Hambacher Schloss
Neustadt an der Weinstraße

»Hinauf, hinauf zum Schloss!« riefen etwa 30 000 Deutsche am 27. März 1832. Dabei schwenkten sie schwarz-rot-goldene Fahnen über der Burgruine auf dem 325 m hohen Schlossberg südlich von Neustadt. »Hinauf, hinauf zum Schloss!« heißt auch die Dauerausstellung zum »Hambacher Fest«. Die als Volksfest getarnte Demonstration markierte den Beginn der deutschen Demokratiebewegung und war ein Vorspiel zur Revolution von 1848. Sie anzuschauen ist also Bürgerpflicht. Mit der Buslinie 502 ist das Schloss von Neustadt aus gut zu erreichen. Das Bauwerk, eine ehemalige Raubritterburg, wurde jahrelang renoviert und 2008 wiedereröffnet. Heute bietet es neben der Ausstellung auch Platz für Kulturveranstaltungen und Events, für Tagungen und Trauungen. Auch ein Restaurant ist eingezogen. Die Aussicht ist großartig.

Hambacher Schloss; Tel. 0 63 21/92 62 90; www.hambacher-schloss.de

Gutenberg-Museum
Mainz

Gegenüber dem Dom liegt ein Schatz von unermesslichem Wert: die 42-zeilige Bibel Johannes Gutenbergs aus dem Jahr 1455. Auch andere Werke des Erfinders der Buchdruckkunst sowie die Rekonstruktion seiner Werkstatt werden gezeigt. Gutenberg erfand in Mainz den Buchdruck mit beweglichen Lettern. Vor der Rekonstruktion seiner Druckpresse darf man ruhig Ehrfurcht zeigen: Das äußerlich wenig spektakuläre Ding hat eine Weltrevolution in Gang gesetzt.

Liebfrauenplatz 5; Tel. 0 61 31/12 26 40; www.gutenberg-museum.de; Mo geschl.

Rheinland-Pfalz gibt an

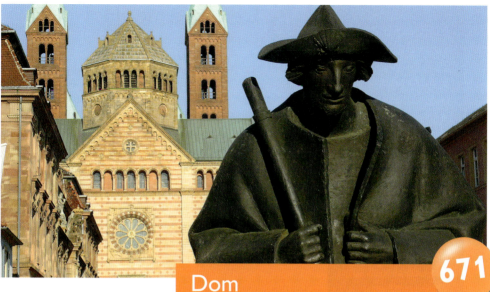

Dom
Mainz

900 Jahre lang wurde gebaut, seit 100 Jahren wird restauriert und saniert. Eindrucksvoll sind die Grabdenkmäler, der Kreuzgang und die aus einem Stück gegossenen, über 1000 Jahre alten Bronzetüren am Marktportal. Das Dom- und Diözesanmuseum (Mo geschl.) zeigt Kunstwerke aus zwei Jahrtausenden.

Markt; Tel. 0 61 31/25 34 12; www.mainzer-dom.de

Dom
Speyer

Acht deutsche Kaiser und Könige haben hier ihre letzte Ruhestätte gefunden. Die größte romanische Kirche in Europa wurde mehrfach stark beschädigt, wieder auf- bzw. umgebaut und erst in der Mitte des 20. Jh. reromanisiert. Heute dürfte sie mit ihren sechs Türmen und drei Kirchenschiffen dem 1061 geweihten Bau immerhin so ähnlich sehen wie seit mehreren Jahrhunderten nicht mehr. Die historisch korrekte Rekonstruktion vermittelt einen überwältigenden Raumeindruck, von außen und (fast mehr noch) von innen. Natürlich gehört sie zum UNESCO-Welterbe.

Domplatz; Tel. 0 62 32/10 21 18; www.dom-speyer.de

Rheinland-Pfalz checkt ein

Märchenhotel
Bernkastel-Kues

Seit 375 Jahren befindet sich das Haus am Waldrand etwas oberhalb des malerischen Marktplatzes in Familienbesitz. Einrichtung und Komfort sind seither natürlich verschiedene Male angepasst worden und befinden sich aktuell auf 4-Sterne-Niveau. Im sehr hübschen Gourmetrestaurant »anno 1640« kocht Küchenchef Stefan Krebs mit klarem Lokalbezug auf höchstem Niveau – und unterstützt durch harmonierende Weine von der Mosel. Gute Mittagskarte.

Kallenfelsstr. 25-27; Tel. 0 65 31/9 65 50; www.maerchenhotel.com; €€

673 Deidesheimer Hof
Deidesheim

Wohnen im Renaissance-Ambiente am historischen Marktplatz. Fast mehr noch als mit seinen gediegen-luxuriösen Zimmern punktet das Haus mit seinen beiden Restaurants, vor allem mit dem Gourmet-Tempel »Schwarzer Hahn«, der hohe französische Kochkunst zelebriert (So, Mo, Di geschl.). Legerer geht es im »St. Urban« zu, wo gehobene Landhausküche serviert wird.

Am Marktplatz; Tel. 0 63 26/9 68 70; www.deidesheimerhof.de; €€€

674 Favorite Parkhotel
Mainz

Aus den komfortablen Zimmern blickt man auf grüne Bäume oder auf den blauen Rhein, in den Zimmern schaut man, wenn man das will, kostenlos Premiere. Schmuckstück des Hauses ist die Lobby mit ihrem Palmenhaus, dem 12 m hohen Wintergarten, einem künstlichen Bachlauf und zwei großen Aquarien. Sehr schöner Biergarten und aussichtsreiche Panoramaterrasse.

Karl-Weiser-Str. 1; Tel. 0 61 31/8 01 50; www.favorite-mainz.de; €€€

Rheinland-Pfalz checkt ein

 ## 675 Annaberg
Bad Dürkheim

Traumhaft ist die Lage mitten in den Weinbergen – mit Blick über das Rheintal bis nach Heidelberg. Die Zimmer sind im Landhausstil eingerichtet, für manche der Suiten haben Winzer von umliegenden Weingütern Patenschaften übernommen. Geboten werden auch Wellness in der Heubodensauna und sachkundige Tipps für Ausflüge ins Weinland. Platz zum Schlemmen und Schlürfen bieten das historische Kreuz- und Weingewölbe, die Weinstube und natürlich das Restaurant (mediterran gestaltete Frischeküche und feine Weine aus der Pfalz).

Annabergstr. 1; Tel. 0 63 22/ 9 40 00, www.halbersbacher-hotel-annaberg.de; €

 ## 676 Moselschlösschen
Traben-Trarbach

In dem denkmalgeschützten Gebäudeensemble an der Moselpromenade sind die Zimmer und Suiten sehr individuell und überwiegend als Maisonetten ausgelegt. Draußen liegen der Park und der Brunnenhof sowie die schöne Terrasse. In Restaurant, Vinothek und Gewölbekeller gibt's die besten Tropfen von der Mosel.

An der Mosel; Tel. 0 65 41/ 83 20; www.mosel schloesschen.de; €€

Hotel Kunz
Pirmasens

677

Das sehr sympathische, persönlich geführte Haus steht am Rand von Pirmasens und ist eine ideale Bleibe für Erholungssuchende, die den Pfälzerwald (gleich vor der Haustür), das Elsass oder das Pfälzer Weinland durchstreifen wollen. Zimmer und Suiten bieten klassischen 4-Sterne-Komfort, Geschäftsreisenden stehen drei Räume für Tagungen und Konferenzen zur Verfügung. Dazu gibt es einen hübschen, kleinen Wellnessbereich, ein Day-Spa mit Pool und Bio-Sauna sowie feine Speisen im sehr guten Restaurant.

Bottenbacher Str. 74; Tel. 0 63 31/87 50, www.hotel-kunz.de; €

Rheinland-Pfalz checkt ein

678 Schlosshotel Petry
Treis-Karden

Direkt am Bahnhof in Karden steht der große Komplex mit insgesamt vier alten und neuen Gebäuden. Die sehr geräumigen Zimmer haben einen recht unterschiedlichen Charakter – von hochherrschaftlich bis urgemütlich –, und auch die Küche hat zwei Seiten: Liebhaber bodenständiger Kost können sich über Saumagen oder Moselaal in der Weinstube freuen, Gourmets kommen in der Schloss-Stube auf ihre Kosten. Ein guter Ausgangspunkt für die Wanderung zur Burg Eltz.

St. Castorstr. 80;
Tel. 0 26 72/93 40;
www.schloss-hotel-petry.de;
€€

679 Landschloss Fasanerie
Zweibrücken

Ein historischer Ort – und obendrein ein besonders hübscher. Der herzogliche Fasaneriepark aus der ersten Hälfte des 18. Jh. umfasst auf einer Fläche von insgesamt 40 Hektar drei Gartenanlagen, wie sie unterschiedlicher nicht sein könnten: das barocke Gartendenkmal Tschifflick mit seiner strengen Geometrie, das Rosenmuseum Wildrosengarten und den Landschaftsgarten mit ausgedehnten Waldwegen. Im Romantikhotel wohnt man in Landhaus- und Galeriezimmern, Ateliers und Maisonetten. Regionale Küche gibt es im Landhaus, dem ältesten Teil der Fasanerie aus dem 18. Jh., neue Konzeptgastronomie im »Esslibris«. Ansprechender Wellnessbereich, im Umkreis mehrere ausgeschilderte Wander-, Jogging- und Nordic-Walking-Strecken. Im Herbst steigt hier der Zweibrücker Herzogsball.

Fasaneriestr. 1; Tel. 0 63 32/ 97 30; www.landschloss-fasanerie.com; €€€

Rheinland-Pfalz tischt auf

Spitzhäuschen
Traben-Trarbach

Dass man sich in diesem 600 Jahre alten, wahrscheinlich am meisten fotografierten Fachwerkhaus mitten in Bernkastel-Kues überhaupt umdrehen kann, verblüfft. Es ist zwar 12 m lang, aber (unten) nur 2 m breit. Das schmalste Haus im Ort beherbergt tatsächlich die Weinstube der Familie Schmitz-Herges, die hier ihre guten Tropfen kredenzt. Diese stammen von den besten Lagen der Umgebung und hören natürlich auf den Nachnamen Riesling. Auf immerhin 25 Prozent der Anbaufläche wird allerdings auch Rotwein angebaut. Wer im Spitzhäuschen einen Platz bekommt, kann zu den Weinen auch noch eine Winzerplatte genießen. Wegen der aktuellen Öffnungszeiten (generell: je nach Saison ab 15 Uhr) sollte man besser vorher anrufen.

680

Karlsstr. 13; Tel. 0 65 31/74 76; www.spitzhaeuschen.de; €

Becker's
Trier

681

Im sehr schicken, vorwiegend grauen Schiefer-Interieur des Designhotel in Trier-Olewig hat Chefkoch Wolfgang Becker mit seinen Kochkünsten zwei Michelin-Sterne eingefahren. Die geografische Lage im äußersten Westen der Republik spiegelt sich auch auf der Karte wider: Beckers Menüs sind ganz klar französisch inspiriert. Ebenfalls sehr fein, wenn auch etwas rustikaler, wird im zweiten Restaurant, dem Weinhaus, gekocht. Die ausgezeichnete Weinauswahl kann man auch in der angeschlossenen Weinbar genießen – zum Teil mit Gewächsen vom eigenen Weingut.

Olewiger Str. 206; Tel. 06 51/93 80 80; www.beckers-trier.de; So, Mo geschl. €€€€

Weinhaus Schreiner
Mainz

Bürgerlich-rustikal geht es in der Gaststube und im Innenhof zu – wobei es den Handwerkern am Herd ein besonderes Anliegen ist, die deutsche Küche nicht »verstaubt« auf den Tisch zu bringen. Und tatsächlich: Da staubt nichts! Zum Riesling aus dem Rheingau lässt man sich (unter anderem) Schreiners »Dreierlei« schmecken: Handkäse, Spundekäse und Fleischwurst. Unter den vielen Weinstuben in Mainz gehört das Schreiner sicher zu den beliebtesten – und besten.

682

Rheinstr. 38; Tel. 0 61 31/22 57 20; www.weinhausschreiner.de; So geschl. €€

Rheinland-Pfalz tischt auf

683 Müller
Koblenz

Trotz mancher Ausflüge in südlichere Gefilde ist Thomas Kubernaths Regionalküche in der gemütlichen Gründerzeitvilla eine »rheinische«. Der Küchenchef wagt sich dabei auch an Pferdefleisch, das er beispielsweise in eine Walnusskruste hüllt und auf Burgunderjus bettet.

Handwerkerstr. 39; Tel. 02 61/8 19 26; www.restaurant-mueller-koblenz.de; Mi geschl. €€€

Weinhaus Weis
Worms

Bodenständig, mit Preisen im einstelligen Euro-Bereich: Hier gibt es »ään nackische Kääs« (Handkäse) und »verklepperte Eier mit Blutworscht« (Rühreier mit Blutwurst). Dazu genießt man Weine aus Hessen und der Pfalz. Kleiner Hotelbetrieb.

684

Färbergasse 19; Tel. 0 62 41/2 35 00; www.weinhausweis.de; So geschl. €

685 Steinheuers Restaurant
Bad Neuenahr

Die Feinschmecker-Adresse an der Ahr, wo Hans Stefan Steinheuer seine klassische französische Gourmet-Gastronomie kultiviert. Zwei Michelin-Sterne und 19 Gault-Millau-Hauben! Die regionale Note schmeckt man zum Beispiel am Eifler Reh mit Bete, Kohl und Kampotpfefferjus. »Dinge zusammenbringen, die füreinander geschaffen sind, aber keine Gegensätze inszenieren« – nach diesem Motto verfährt Steinheuer auch in seinem zweiten Restaurant, den Poststuben. Hier ist die regionale Note stärker, das Ambiente ist rustikaler, und die Preise sind günstiger.

Landskroner Str. 110, Tel. 0 26 41/9 48 60; www.steinheuers.de; Di, Mi geschl. €€€€

686 Scheffelhaus
Neustadt an der Weinstraße

Es ist das schönste Haus am Neustädter Marktplatz, und hinter der fotogenen Fachwerkfassade ist es überraschend modern eingerichtet. Bis 2011 logierte hier die Weinhandlung Mundus Vini, dann sind neue Pächter eingezogen. Die Küche bietet gutbürgerliche Pfälzer Klassiker wie Saumagen und Schiefen Sack (Leberknödel und Bratwurst) samt Rieslingkraut und Brot. Davon wird man bestimmt satt und nicht arm.

Marktplatz 4;
Tel. 0 63 21/39 00 83;
www.scheffelhaus.de; €€

Heim's Restaurant
Reil

Jugendstil an der Mosel – nicht in der Architektur des Hotels Reiler Hof (die ist schönstes Fachwerk), sondern auf dem Teller. Hier steht der Sohn des Familienbetriebs am Herd, und er macht seine Sache fabelhaft. Christoph Heim (35) kann Currywurst genauso gut wie ausgezeichnete Gourmetkost (Kalbsbries mit jungem Spinat, Pinienkernen und Kartoffelmousseline). Das ist immer aus besten Zutaten bereitet, niemals abgehoben und seinen Preis absolut wert.

687

Moselstr. 27;
Tel. 0 65 42/26 29;
www.reiler-hof.de;
Mo, Di geschl. €€€

Theader
Freinsheim

Im »kleinsten Theater Deutschlands« haben 21 Zuschauer Platz. Neben der Regisseurin, Hauptdarstellerin und Autorin Anja Kleinhans. Gespielt wird im Casinoturm der Stadtmauer von Freinsheim. Mehr Platz ist draußen auf der Wiese, wo an schönen Sommerabenden »Theader« gemacht wird, solo oder in klein(st)er Besetzung, auf hohem Niveau. Wie bei »Marleni – Preußische Diven blond wie Stahl«, einem Zickenkrieg zwischen Marlene Dietrich und Leni Riefenstahl von Thea Dorn. Die Kleinen (ab 8) schauen am Nachmittag »Die Wanze – Eine Kriminalgeschichte im Gartenmilieu«.

688

Casinoturm; Tel. 0 63 53/ 93 28 45; www.theader.de

689 Jugendstil-Festhalle
Landau

Hier ist die Architektur der Star. Zwischen 1905 und 1907 erbaut, zählt die Festhalle im pfälzischen Landau zu den bedeutendsten und schönsten Jugendstil-Theaterbauten im Süden der Republik. Und nach ihrer Generalsanierung sieht sie seit 2001 wieder so aus wie damals. Natürlich hat moderne Technik Einzug gehalten. So können Tagungen und Kongresse, Präsentationen und Empfänge, Bälle und Galaveranstaltungen über die Bühne gehen, daneben aber auch Vorträge und Podiumsdiskussionen, Kabarett- und Theateraufführungen sowie Sinfoniekonzerte der Deutschen Staatsphilharmonie Rheinland-Pfalz.

Mahlastr. 3;
Tel. 0 63 41/13 90 10;
www.stadtholding.de

Deutsche Staatsphilharmonie Rheinland-Pfalz
Ludwigshafen

1919 wurde es als »Landes-Sinfonie-Orchester für Pfalz und Saarland« in Landau gegründet. Seit 2007 offiziell zu »Staatsphilharmonikern« erhoben, haben die 88 Musikerinnen und Musiker – eine Multikultitruppe mit 16 verschiedenen Nationalitäten – ihren Hauptsitz im Theater des Ludwigshafener Pfalzbaus. Unter den Chefdirigenten Christoph Eschenbach und Leif Segerstam sind sie längst zu einem der besten deutschen Konzertorchester aufgestiegen. 2015 wurde das Ensemble mit dem ECHO Klassik der Deutschen Phono-Akademie ausgezeichnet. Die Saison beginnt für die Staatsphilharmoniker immer mit dem spannenden Musikfestival »Modern Times« – der Name ist Programm!

690

Heinigstr. 40;
Tel. 06 21/59 90 90;
www.staatsphilharmonie.de

Rheinland-Pfalz geht aus

Staatstheater
Mainz

Seit der Runderneuerung (1998–2001) zählt es zu den modernsten Theaterbauten im Land. Der Glaszylinder auf dem Dach, als »Määnzer Handkäs« tituliert, wurde 2012 zur Spielstätte für Werkstattproduktionen und experimentelles Theater umgebaut und heißt »Deck 3«.

Gutenbergplatz 7;
Tel. 06131/2 85 10;
www.staatstheater-mainz.com

Rheinische Philharmonie
Koblenz

Auch mit 350 Jahren kann ein Orchester junge und innovative Programme entwickeln. Die im Jahr 1654 gegründete ehemalige Hofkapelle musiziert heute im Görreshaus zwischen Holzverkleidungen und Wandmalereien aus dem 19. Jh.

Eltzerhofstr. 6 a;
Tel. 02 61/3 01 22 72,
www.rheinische-philharmonie.de

Pfalztheater
Kaiserslautern

Das Jahr hat 365 Tage, das Pfalztheater in Kaiserslautern bringt es bei Schauspiel, Oper, Operette, Musical, Ballett, Konzert und Theater für Kinder in dieser Zeit auf rund 400 Aufführungen. Im Großen Haus des 1995 eingeweihten Neubaus dreht sich alles um die 800-Quadratmeter-Bühne mit ihren vielen beweglichen Teilen. Ein großes Anliegen ist den Pfälzer Theatermachern die Talentförderung: Immer wieder werden Kompositionsaufträge vergeben, dazu seit 1992 alle zwei Jahre der »Else Lasker-Schüler-Dramatikerpreis« und der »Else Lasker-Schüler-Stückepreis« – Uraufführung am Pfalztheater inbegriffen.

Willy-Brandt-Platz 4-5; Tel. 06 31/3 67 50;
www.pfalztheater.de

Rheinland-Pfalz sucht aus

694 Villa Vinum
Mainz

Die Hauptstadt ist nicht der schlechteste Ort, um in Rheinland-Pfalz Wein einzukaufen – und die Villa Vinum ist mit Sicherheit eine der empfehlenswertesten Adressen. Mehr als 1000 Weine listet das Inventar: nicht nur das Beste aus den heimischen Lagen zwischen Pfalz, Nahe, Mosel und Ahr, sondern auch weitgereiste Tropfen aus aller Welt. Dazu gibt es Spirituosen und eine Feinkostabteilung, das vielseitige Veranstaltungsprogramm bietet Themenweinproben (z.B. mit Käse oder Schokolade), After-Work-Partys und Weinreisen.

Große Bleiche 44;
Tel. 0 61 31/21 12 07;
www.villavinum.de

695 Weinkulturelles Zentrum
Bernkastel

In der Vinothek direkt neben dem berühmten Cusanusstift kann man mehr als 130 verschiedene Moselweine probieren und kaufen – darunter Preziosen wie eine Trockenbeerenauslese des legendären Jahrgangs 1976 von der Zeltinger Sonnenuhr. Neben der Vinothek befindet sich das Weinmuseum.

Cusanusstr. 2; Tel. 0 65 31/41 41;
www.moselweinmuseum.de

696 Schuh Keller
Ludwigshafen

Das Angebot ist riesig und umfasst edelstes Schuhwerk von Dinkelacker und Alden ebenso wie Massentaugliches (Ecco), Gesundes (Finn Comfort) und Kultiges (Red Wing). Fast legendär ist das Angebot an Berg- und Wanderschuhen: für alle Touren zwischen Mount Everest und Pfälzer Wald.

Wredestr. 10; Tel. 0 61 31/ 51 12 94; www.schuh-keller.de

Rheinland-Pfalz sucht aus

Outlet-Center
Zweibrücken

697

Outlet-Shopping ist mit Sicherheit nicht stilvoll, aber effektiv und darum also manchmal genau das Richtige. Keine 50 km hinter der Hauensteiner Schuhmeile pilgern Schnäppchenjäger aus nah und fern ins Mekka des unbegrenzten und vor allem preisreduzierten Konsums. Es liegt in Zweibrücken und nennt sich »The Style Outlets«. Nüchtern gesprochen, handelt es sich um das größte Outlet-Center Deutschlands. Es wurde nach 2001 auf dem 21 000 Quadratmeter großen Gelände des ehemaligen amerikanischen Militärflugplatzes eingerichtet. Wer in den mehr als 100 Markenshops nichts findet, hat vermutlich ein Problem. Oder er bzw. sie ist schlicht überfordert. Darum gibt es auch die Möglichkeit zum Personal Shopping mit der Style-Expertin, die beim Finden, Aussuchen und Anpassen hilft.

Londoner Bogen 10–90;
Tel. 0 63 32/9 93 90;
zweibrucken.thestyleoutlets.de

698

Mohrbacher Kaffeerösterei
Ludwigshafen

Bereits in der dritten Generation setzt Familie Mohrbacher-Bischof in der BASF-Stadt auf die natürlichen Aromen der roten, handgepflückten Arabica-Kaffeekirsche aus Anbaugebieten in Lateinamerika, Asien, Afrika und Ozeanien. Jede der mehr als 35 Kaffee- und Espressosorten wird traditionell in der Trommel geröstet und handverlesen. Spezialitäten sind unter anderem der ökologisch angebaute und fair gehandelte Maya-Kaffee aus dem Hochland von Mexiko sowie die Premium-Kaffeemischungen »Pfälzer Spitze« und der Jubiläums-Kaffee, der zum 75-jährigen Firmengeburtstag kreiert wurde.

Mundenheimer Str. 233, Tel. 06 21/56 35 41;
www.mohrbacher.de

Rheinland-Pfalz lädt ein

Määnzer Fassenacht
Mainz

»Mainz bleibt Mainz, wie es singt und lacht«: Das ist der Höhepunkt des Jahres, wenigstens in Mainz. Faschings- und Karnevalsmuffel wissen, dass sie in der Woche zwischen Weiberfastnacht (Donnerstag vor Rosenmontag) und Aschermittwoch einen großen Bogen um die Stadt machen müssen. Wer rote Nasen und Narrenkappen schick findet und über die Büttenreden lachen kann, ist allerdings herzlich eingeladen mitzumachen. Die Mainzer Narren gelten im rheinischen Karnevalstreiben übrigens als besonders politisch.

www.mainzer-fastnacht.de

Deutsches Weinlesefest
Neustadt an der Weinstraße

1909 veranstalteten die Neustädter Winzer ihren ersten Festumzug. Was heute daraus geworden ist, kann man auf dem Deutschen Weinlesefest erleben. Sehr ansehnlich ist traditionell auch die Deutsche Weinkönigin, die in Neustadt an der Weinstraße gekrönt wird. Nur 2009 geschah das ausnahmsweise mal in Heilbronn.

www.neustadt.eu

Rhein in Flammen
Bonn – Koblenz – Bingen

Hunderttausende Menschen erleben Jahr für Jahr den großen Feuerzauber am mythischen Fluss der Deutschen. Das Volksfest der Pyrotechnik findet jeden Sommer an jeweils fünf Terminen statt. Los geht's am ersten Samstag im Mai, und zwar am Siebengebirge auf dem Abschnitt zwischen Linz und Bonn. Niederheimbach und Bingen bzw. Rüdesheim folgen am ersten Julisamstag, im August (zweiter Samstag) steigen die Raketen dann zwischen Braubach und Koblenz, und am zweiten bzw. dritten Samstag im September wird der Rhein zuerst in Oberwesel und dann bei St. Goar/ St. Goarshausen »in Flammen« gesetzt. Das geschieht jedes Mal auf äußerst fotogene Weise: Kilometerlange Schiffskonvois, »brennende« Burgen und richtig teure Feuerwerke beeindrucken selbst die abgebrühtesten Zeitgenossen. Wer nur einen Termin wahrnehmen will oder kann, sollte in jedem Fall nach Koblenz fahren – dort ist das Spektakel traditionell am größten. Doch auch an den anderen Rheinufern wird man nicht enttäuscht. Schaut man an einem milden Sommerabend zu und hat man dabei ein Glas Riesling in der Hand, ist der Eindruck nicht zu toppen.

www.rhein-in-flammen.de

Rheinland-Pfalz lädt ein

Weinfeste
Pünderich/Mosel

In irgendeinem Dorf ist (fast) immer was los. Unter den vielen Weinfesten an der Mosel zählen die jeweils dreitägigen Straßenweinfeste in Pünderich Ende Mai und Mitte September zu den allerschönsten. Am Fachwerk ranken die Rosen, auf den Hängen stehen die Reben, im Glas funkelt der Riesling.

www.puenderich.de

Rock am Ring
Nürburgring

Laut und heftig dröhnte es bis 2014 über dem Nürburgring, wenn beim größten Rockmusik-Festival in Deutschland die Verstärker aufgedreht wurden. Im Jahr 2015 zog das Schwesterfestival von Rock im Park (Nürnberg) auf den Flugplatz in Mendig unweit des Laacher Sees um. 2016 krachte es heftiger, als es den Veranstaltern lieb war: Nach Unwettern und Blitzeinschlägen mit vielen Verletzten wurde das Gelände geräumt. 2017 kehrt das legendäre Musikfest an den Nürburgring zurück. Hoffentlich mit besserem Wetter!

www.rock-am-ring.de

Rheinland-Pfalz fährt raus

Klettern am Calmont

Bremm/Mosel

704

Über der engen Schleife der Mosel zwischen den Orten Bremm und Eller erhebt sich eine beeindruckende Flanke: 300 m hoch, an den steilsten Stellen fast 70 Grad geneigt – das ist der Bremmer Calmont, der steilste Weinberg Europas. Auf kleinen Terrassen, in schmalen Parzellen und langen Bahnen wächst hier der Riesling. Es ist heiß. Sehr heiß. Temperaturen von 40 Grad und mehr sind im Sommer nicht selten. Das ist die erste Herausforderung, der sich Weinbergsteiger stellen müssen. Gleich hinter den Häusern von Bremm verläuft der Steig am äußersten schmalen Rand einer hohen Terrasse, links bedrängt von hohen Rebstöcken. Wer hier stolpert, fällt rechts über die Trockenmauer auf die nächste Terrasse. Auch dahinter bleibt die Wegspur schmal. Man schleicht durch grüne Tunnel von Weinlaub, vorbei an verwilderten Parzellen, wo meterlange Wurzeln die Mauerreste festhalten. Eidechsen flitzen, Apollofalter schwirren. Die Vegetation begeistert: Wacholder, Wildkirschen und Schlehen, Erdbeer-Teppiche, Vorhänge von Felsenbirnen, ganze Schieferplatten bedeckt mit rotem Mauerpfeffer … Auf engstem Raum entfaltet sich das Panorama zwischen verwegenster Landbewirtschaftung und anarchischem Wildwuchs.

Gut vier Dutzend Winzer bewirtschaften am Calmont zusammen 15 Hektar Rebflächen. Um das Jahr 1990 waren es noch 10 Hektar. 1999 berief Heinz Berg, damals Bürgermeister von Bremm, alle Verantwortlichen an einen Tisch. Eine Idee wurde geboren: Weinbau, Landschaftspflege und Tourismus sollten durch einen spektakulären Themenpfad miteinander verknüpft werden. Zunächst galt es eine Route zu finden, die quer durch die riesige Flanke von Bremm bis Ediger-Eller führte. Stellenweise war das Gelände so unübersichtlich und überwuchert von Gestrüpp, dass die Wegsucher vom gegenüber liegenden Moselufer mit Fernglas und Handy dirigiert werden mussten. An den gefährlichsten Passagen verankerte der Alpenverein Drahtseile, Leitern und Eisenbügel. Als der Klettersteig 2001 eröffnet wurde, kamen die Leute nicht – sie strömten. Längst ist der Calmont das Zugpferd des regionalen Tourismus. Gestartet wird in

Rheinland-Pfalz fährt raus

Ediger-Eller (Bahnhof) oder Bremm (Parkplatz am Moselufer). Die Tour dauert ca. drei Stunden. Die teils sehr schmalen Pfade verlangen Trittsicherheit und Schwindelfreiheit. Früh starten und viel Wasser mitnehmen! Wer sich den Klettersteig nicht zutraut, kann den Calmont auch auf der 11 km langen Etappe des 2014 eröffneten Moselsteigs zwischen Neef und Ediger-Eller erleben. Das *Wandermagazin* kürte die 365 km lange Weitwanderroute zwischen Perl und Koblenz 2016 zum schönsten Wanderweg Deutschlands.

Tourist-Info, Kloster-Stuben-Str. 7–9; Tel. 01 75/3 24 91 14; www.bremm-mosel.de, www.moselsteig.de

Ahrtal
Bad Neuenahr-Ahrweiler

Südlich von Bonn liegt eine der idyllischsten deutschen Landschaften: das Tal der 90 km langen Ahr. Sie entspringt in der Eifel und mündet bei Sinzig in den Rhein. Dazwischen? Wunderschöne Natur (vor allem am Mittellauf), malerische Ortsbilder (Altenahr), ein eleganter Kurort (Bad Neuenahr-Ahrweiler) und ein kleines, sehr feines Weinanbaugebiet: Auf den steilen Hängen gedeihen mit die besten und teuersten Rotweine Deutschlands. Am schönsten erlebt man die Landschaft zu Fuß – auf den sieben Etappen des herrlichen Ahrsteigs.

Ahrtal-Tourismus, Hauptstr. 80; Tel. 0 26 41/9 17 10; www.ahrtal.de

706 E-Bike-Tour im Felsenland
Dahn/Pfälzerwald

Wer auch größeren Steigungen – von denen es hier einige gibt! – gelassen entgegenradeln möchte, leiht sich erst mal ein E-Bike. Im größten zusammenhängenden Waldgebiet Deutschlands gibt es viele Verleih- und Ladestationen. Ein guter Tipp für Stromradler ist die Biosphärentour bei Dahn: 35 km und 280 m Höhenunterschied, mittlere Schwierigkeit und eine traumhafte Landschaft.

Tourist-Information, Schulstr. 29; Tel. 0 63 91/91 96 00; www.dahner-felsenland.net

707 Oberes Mittelrheintal
Koblenz

Zwischen Koblenz und Bingen hat sich der Rhein über 65 km ein tiefes Bett ins Rheinische Schiefergebirge gegraben. Seine Ufer säumen auf beiden Seiten urweltlich anmutende, dicht bewaldete und von steilen Felsklippen durchzogene Flanken im Wechsel mit steilen Weinbergen. 28 Burgen wurden links und rechts über dem großen Strom errichtet, und wo nur noch Ruinen stehen, ist das Bild noch malerischer. Berühmte Orte wir Bacharach, Oberwesel, Boppard, Kaub und St. Goarshausen mit dem darüber aufragenden Felsen der Loreley wecken im Deutschen den Romantiker. Große Aufregung gab es über die Frage, ob diese Bilderbuchlandschaft den im Jahr 2002 verliehenen Status als UNESCO-Welterbe nach dem Bau einer Rheinbrücke bei St. Goar behalten darf (seit Juli 2010 steht fest: sie darf). Der unromantisch-heftige Straßen- und Bahnverkehr auf beiden Seiten des Flusses stand dabei nie zur Disposition. In jedem Fall ist die Fahrt mit dem Schiff am schönsten.

Tourist-Information, Zentralplatz 1; Tel. 02 61/1 94 33; www.koblenz-touristik.de

Rheinland-Pfalz fährt raus

Auf Tour mit den Weinbotschaftern
Mosel – Nahe – Pfalz – Rheinhessen

Weinbotschafter – auch kein schlechter Job! Als Diplomaten im önologischen Dienst verstehen sich Weinbotschafter gewissermaßen als Mittler zwischen Einheimischen, Winzern und Touristen. Sie bieten in den vier Anbaugebieten Mosel, Nahe, Pfalz und Rheinhessen Touren zu Fuß und mit dem Fahrrad, in Kanus und Planwagen an. Oft verlaufen diese Touren abseits der ausgetretenen Touristenpfade, immer liefern die Botschafter zur Auskunft über den richtigen Wegverlauf auch Informationen über Land und Leute, über Weinlagen und Winzer. Klar, dass man die »bewanderten« Weine dabei auch gleich an Ort und Stelle probieren kann. Und es ist verblüffend zu erleben, wie unterschiedliche Landschaften »schmecken«! Wer mit den Weinbotschaftern wandert, radelt oder paddelt, lernt so das Natur- und Kultur-Gesamtkunstwerk Mosel in seiner ganzen Vielseitigkeit kennen – zwischen Steillagen, Hochplateaus und eng eingeschnittenen Seitentälern. Viele Veranstaltungen werden an festen Terminen angeboten, andere können individuell vereinbart werden.

708

www.kultur-und-weinbotschafter.de

Eifelmaare **709**
Daun

Eine Tour zu den berühmten Maaren der Eifel bietet Landschaftsbilder, die es nirgends sonst in Deutschland zu sehen gibt: Wie sehr blaue Augen füllen die runden Wasserflächen die oft dicht bewaldeten Krateröffnungen ehemaliger Vulkane. Am schönsten erlebt man das Naturphänomen zwischen Daun und Schalkenmehren, wenige Kilometer westlich des Autobahndreiecks Vulkaneifel zwischen Trier und Koblenz. Wer um alle drei Dauner Maare wandern möchte, ist gute vier Stunden unterwegs. Man kann die Seen natürlich auch einzeln umrunden.

Tourist-Information, Leopoldstr. 5; Tel. 0 65 92/9 51 30; www.gesundland-vulkaneifel.de

710

Westerwaldsteig
Montabaur

Die Medaille der »Top Trails of Germany« zeichnet ihn ganz offiziell als einen der besten Wanderwege Deutschlands aus. Über 235 km Länge führt der Westerwaldsteig durch die wald- und wiesengrüne Mittelgebirgsidylle vom hessischen Herborn nach Bad Hönningen am Rhein. Zusätzlich zu den 16 Etappen bieten »Erlebnisschleifen« die Möglichkeit für reizvolle Rundtouren. Gut wandern lässt es sich aber auch abseits des prominenten Highlights. Ideale Tagesziele sind zum Beispiel der Klosterweg, die Greifenstein-Schleife und die Wäller (Westerwälder) Touren um Montabaur. Und wer sich mit einem der zertifizierten Wanderführer auf den Weg macht, erfährt von ihm viel Wissenswertes über Land und Leute, Besonderheiten und Traditionen.

Touristik Service; Tel. 0 26 02/3 00 10; www.westerwald.info

Nürburgring
Nürburg

Rasen und/oder rosten: Das war die Frage, als die Nürburgring GmbH im Jahr 2012 nach politischen Turbulenzen pleite ging. Am Rand der berühmten, 26 km langen Rennstrecke kann man immerhin noch das Erlebnismuseum besichtigen, und auf der Strecke darf man seine Runden drehen.

711

Otto-Flimm-Straße;
Tel. 08 00/2 08 32 00;
www.nuerburgring.de

Taunus Schinderhannes Steig bei Eppstein

Natur: unvergleichlich. Kultur: unnachahmlich. Geschichte: unglaublich.
Und das Beste: Alles direkt vor den Toren Frankfurts.

Wer den Taunus entdeckt, kann von den Kelten und Römern bis zu den Burgherren gelangen, per Fahrrad oder beim Wandern die unvergleichliche Natur erleben oder einfach nur einen Ausblick genießen, der die Seele fliegen lässt. Viel Vergnügen dabei.

taunus.info

Römerkastell Saalburg (UNESCO-Welterbe Limes)

Zahlreiche Wanderwege im Taunus

Burg Königstein

Saarland

Prägende Farben sind Quietschgrün (im Biosphärenreservat Bliesgau) und Rostrot (in der Völklinger Hütte). Ganz im Westen ist Deutschland nicht wild, sondern eher wie das Auenland im »Herrn der Ringe«, in dem Orks vor langer Zeit vereinzelt Schwerindustrie installiert haben. Das Saarland ist übrigens viel größer als seine Hauptstadt Saarbrücken!

Das Essen im Saarland ist toll. Bei Villeroy und Boch in Mettlach gibt's aber nur leere Teller. Schade eigentlich.

Saarland gibt an ....

Völklinger Hütte 712
Völklingen

1883 wurde der erste Hochofen angeblasen, 1986 ging der letzte aus. Den landesweiten Schock nach dem Verlust von tausenden Arbeitsplätzen und 100 Jahren Arbeitskultur dämpfte man durch die Konservierung des über 600 000 Quadratmeter großen Hüttengeländes westlich von Saarbrücken. 1994 ernannte die UNESCO das einzige im Originalzustand erhaltene Eisenwerk aus der Blütezeit der europäischen Stahlindustrie zum Welterbe: ein organisch gewachsenes Ungetüm aus Stahl und Stein. Neu sind das schicke »ScienceCenter Ferrodrom«, eine multimediale Dauerausstellung und das Europäische Zentrum für Kunst und Industriekultur. Wo man auf der rund 50 Jahre jüngeren Zeche Zollverein in Essen die weitgehend ungeschminkte Dokumentation der Industriearbeit erlebt (und sich dabei auch richtig dreckig machen kann), bekommt man von den Saarländern eine saubere Inszenierung.

Rathausstr. 75-79; Tel. 0 68 98/9 10 01 00; www.voelklinger-huette.org

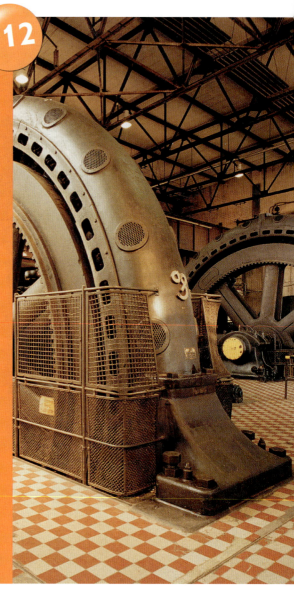

Saarland gibt an

713 Benediktinerabtei
Tholey

Wer im Saarland »dann mal weg sein« möchte, geht ins Kloster. Die Benediktinerabtei in Tholey gilt als geistliches Zentrum im Saarland. Der Legende nach gründete der heilige Wendelin die Abtei um 610. Sicher ist, dass es sich um eines der ältesten Klöster auf deutschem Boden handelt. Absolut sehenswert ist die zwischen 1264 und 1304 erbaute frühgotische Abteikirche, deren Portal und Westturm sogar romanischen Ursprungs sind. Erwähnenswert sind die Abteifenster, die barocke Oberlinger Orgel mit 43 Registern sowie das barocke Chorgestühl aus dem Jahr 1704.

Im Kloster 11; Tel. 0 68 53/ 91 04 23; www.abtei-tholey.de

714 Römische Villa
Perl

Die Rekonstruktion einer römischen Luxusvilla mit Garten bezieht ihren Reiz aus dem Nebeneinander von Ausgrabung (3. Jh. n. Chr.) und gefälliger Inszenierung. Auf Wunsch wird Wellness nach Römerart angeboten: in einer voll funktionsfähigen Badelandschaft mit von außen befeuerter Fußbodenheizung, Kalt- und Warmbad. Hinterher Tavernenessen nach den überlieferten Rezepten des Marcus Gavius Apicius – mit Zutaten aus dem Garten hinterm Haus.

Im Meeswald 1; Tel. 0 68 65/ 9 11 70; www.villa-borg.de

715 Barockresidenz
Ottweiler

Der Ursprung der idyllischen Residenz liegt, noch wenig barock, in einer Klostergründung um 871. Was man heute sieht, sind verwinkelte Gassen und malerische Plätze und über der Stadt als Wahrzeichen ein alter Wehrturm (heute der Turm der evangelischen Kirche mit einem modernen Glockenspiel), dazu das renovierte Schloßtheater und einen schönen Pavillon mit Rosengarten. Keine Scheu sollte man vor dem Besuch des originellen Schulmuseums in der Goethestr. 13 haben: 1000 Jahre Schulgeschichte ohne Abfragen (Di, Do und So)!

Tourist-Information, Schloßhof 5; Tel. 0 68 24/35 11; www.ottweiler.de

Saarland gibt an ....

Schlossberghöhlen
Homburg

716

Europas größte Buntsandsteinhöhlen beeindrucken mit mächtigen Kuppelhallen und kilometerlangen Gängen, zwölf Stockwerke hoch übereinander gelagert – und sind doch kein reines Naturdenkmal. Sie wurden von Menschenhand geschaffen. Schon im Mittelalter nutzte man den weichen Buntsandstein, später war er wegen des hohen Quarzanteils ein wichtiger Rohstoff für die Glasherstellung; auch als Scheuersand und als Formsand für die Eisenindustrie diente er. Frühzeitig wurden die Höhlen auch als Magazin der 1714 geschleiften Festung Hohenburg benutzt. Lange Zeit vergessen, entdeckte man sie schließlich im Jahr 1930 wieder. Im Zweiten Weltkrieg dienten sie als Schutz vor Fliegerangriffen. Sie sind mit einer Führung zugänglich, Anmeldung unter:

Schlossberghöhlenstr. 1a; Tel. 0 68 41/20 64; www.homburg.de

Deutsches Zeitungsmuseum
Wadgassen

Zeitungsgeschichte »von den Anfängen bis zur Spiegel-Affäre 1962«: Ausziehbare Schränke enthalten Originalabzüge, daneben sind Exponate aus der Anfangszeit jenes Massenmediums zu sehen, das nun also reif für das Museum ist. Im zweiten Bereich gibt's noch mal was zum Anfassen: historische Pressen und Druckmaschinen.

717

Am Abteihof 1; Tel. 0 68 34/ 9 42 30; www.deutsches-zeitungsmuseum.de; Mo geschl.

Ludwigskirche
Saarbrücken

Auf dem St. Johanner Markt mag das Herz der Altstadt schlagen, die gute Stube Saarbrückens ist aber der Ludwigsplatz auf der anderen, der westlichen Seite der Saar. Mittendrin in dem beeindruckenden Geviert steht die Ludwigskirche, neben dem Hamburger Michel und der Dresdener Frauenkirche die bedeutendste evangelische Kirche aus der Barockzeit in Deutschland. Nach einem Bombenangriff 1944 waren von ihr nur noch Schutt und Asche übriggeblieben. Der Wiederaufbau, der schon fünf Jahre später begann, ist bis heute noch nicht völlig abgeschlossen. Jahrzehntelang war heftig darüber gestritten worden, ob auch der barocke Innenraum rekonstruiert oder durch eine moderne Gestaltung ersetzt werden sollte. Man entschied sich für die Rekonstruktion. 2009 war sie vollendet – bis auf einige Balustradenfiguren (Mo geschl.).

Am Ludwigsplatz;
Tel. 06 81/5 25 24;
www.ludwigskirche.de

718

Saarland checkt ein

Altes Pfarrhaus Beaumarais
Saarlouis

Anno 1762 wurde das hübsche Barockhaus erbaut – als Sommervilla der Baronin von Salis. Später wurde es zum Beaumaraiser Pfarrhaus. Hier wohnt man heute als Gast sehr individuell, mit allem modernen Komfort und kostenlosem WLAN in gemütlicher Atmosphäre. Wunderschön ist das Ambiente beim Essen, egal ob im 1920er-Jahre-Speisesaal oder – bei schönem Wetter im Sommer ein Muss – im Biergarten der benachbarten Brasserie »Hofhaus«, in der auch Vernisagen und Kleinkunstabende veranstaltet werden. Nicht versäumen sollte man einen Ausflug über die Grenze nach Lothringen in die schöne Stadt Metz.

Hauptstr. 2–4;
Tel. 0 68 31/63 83;
www.altespfarrhaus.de; €€

Domicil Leidinger
Saarbrücken

Zentral, international und sehr sympathisch. Das Nebeneinander von glattrasierten Business-Uniformierten und tätowierten Kunstschaffenden wirkt stimmig. In den Themenzimmern hebt eine originelle Raumaufteilung die Trennung von Wohn- bzw. Schlafbereich und Bad auf. Besonders angenehm sind die geräumigen Duschen. Das sehr gute Frühstücksbüfett glänzt mit frisch bereiteten Eierspeisen und regionalen Bio-Produkten. Der Zen-Garten im Innenhof ist eher eine Lounge und bestens zum chilligen Five'o'Clock geeignet. Auch eine Theaterbühne und einen Jazzclub gibt es, und unmittelbar nebenan steht das traditionsreiche »Filmhaus«, eine der besten Adressen für eingefleischte Cineasten in Deutschland.

Mainzerstr. 10–12;
Tel. 06 81/9 32 70;
www.domicil-leidinger.de; €€

Saarland checkt ein

721 Victors Residenz
Perl-Nennig

Der reine Luxus, mitten in den Weinbergen im Dreiländereck Deutschland-Luxemburg-Frankreich. Im Renaissance-Schlösschen logiert man in klassisch-feinem Ambiente, in der angeschlossenen großen Villa wird ein (ebenso feiner) mediterraner Stil gepflegt. Und dann gibt es auch noch neue Suiten im Erdgeschoss mit eigenen Terrassen. Wie sich das in dieser geographischen Lage gehört, ist die Gastronmie hervorragend: mediterran im »Bacchus«, mediterran-saarländisch-deftig in der »Scheune«. Aushängeschild ist natürlich Victor's Gourmet-Restaurant: Hier ist Christian Bau der Herr der Pfannen und Töpfe, einer der prominenten Drei-Sterne-Köche in Deutschland (Mo, Di geschl.).

Schloßstr. 27–29;
Tel. 0 68 66/7 90;
www.victors.de; €€€€

722 Annahof
Blieskastel-Niederwürzbach

Die Gäste im 230 Jahre alten Schloss der Gräfin Marianne von der Leyen, Regentin in Blieskastel, residierten bisher ausschließlich im Ostflügel. Im Frühjahr 2013 soll der Neubau inmitten einer ruhigen Parkanlage fertig sein. Überhaupt ist die Lage des Anwesens – am Ende der Anliegerstraße, direkt am Niederwürzbacherweiher – sehr idyllisch. Ende des 18. Jh. waren hier Gärten im englischen Stil angelegt worden. Der Annahof, ebenso wie der heute als Forsthaus genutzte Rest der Philippsburg, stammt aus dieser Zeit, die 1793 durch französische Truppen ein jähes Ende gefunden hat.

Annahof; Tel. 0 68 42/9 60 20;
www.annahof.de; €

Saarland tischt auf

Landgasthof Paulus
Nonnweiler-Sitzerath

»Im Landgasthof Paulus bieten wir komplexe Speisen an, die wir aus einfachen Gerichten über komplizierte Verarbeitungsschritte entwickelt haben. Das Schlichte wird bei uns verfeinert, so gelangen wir zum Wesentlichen der Speise.« Alles klar – nennen wir es einfach ländliche Gourmetküche. Sigrune Essenpreis ist engagiertes Slowfood-Mitglied, sie setzt mit Vorliebe auf frisches Gemüse, Obst, Milch, Käse, Eier, Fleisch und Fisch aus der Region und aus ökologischer Erzeugung. Einen besonderen Schwerpunkt legt die langjährige Vegetarierin auf die fleischlose sowie die Wildkräuterküche. Es gibt aber auch Cordon Bleu, klassisch vom Kalb, und Fleisch vom heimischen Limousin-Jungrind. Und Sigrun Essenpreis nimmt sich Zeit. Der Sauerbraten wird vorher zehn Tage lang eingelegt.

723

Prälat-Faber-Str. 2–4;
Tel. 0 68 73/9 10 11;
www.landgasthof-paulus.de;
Mo, Di geschl.

Gästehaus Klaus Erfort
Saarbrücken

Hier isst man im »Restaurant des Jahres 2012«, so gekürt von den rundum verwöhnten Testern des *Feinschmecker*. Souverän verteidigte Klaus Erfort auch drei Michelin-Sterne und 19,5 Gault-Millau-Kochhauben. Er gilt als der Purist unter den deutschen Spitzenköchen: Handwerklich perfekt zubereitet, werden die Zutaten als kulinarische Heiligtümer auf dem Teller inszeniert. Legendären Ruf genießen Erforts auf Meersalz gegarte Langoustine »Royale«. Überhaupt, das Meeresgetier ... Wer sich das gönnen möchte, muss viele Wochen im Voraus reservieren.

724

Mainzer Str. 95; Tel. 06 81/9 58 26 82;
www.gaestehaus-erfort.de; So, Mo geschl.

Saarland tischt auf

Hämmerle's Restaurant
Blieskastel

Das duale System in Blieskastel: Gourmets zieht es gleich ins Stern-geschmückte »Barrique«, das elegant und modern aussieht und dennoch eine sehr warme Atmosphäre besitzt – fast wie im eigenen Wohnzimmer. Hier wird mit regionalen Zutaten auf französischer Basis gekocht, und dies zu einem ausgesprochen fairen Preis. Wem die feinen Barrique-Menüs dennoch etwas zu teuer sind, der kann im zweiten Restaurant »Landgenuss« eine Küche genießen, die gleichfalls großartig schmeckt. Und überhaupt: Hausgemachte Ravioli mit Ziegenfrischkäse-Spinat-Füllung und Gemüseröllchen an Zitronengras-Currysud oder Kalbsbäckchen, fünf Stunden niedergegart, mit Trüffel vom Hobel, Portweinjus, gedünsteten Karotten und Kartoffel-Lauchkuchen, sind ja nun auch keine bürgerlichen Gerichte.

Bliestalstr. 110a; Tel. 0 68 42/ 5 21 42, www.haemmerles-restaurant.com; beide So, Mo geschl.; Barrique €€€€; Landgenuss €€

Zum Stiefel
Saarbrücken

Keine Sterne, keine Schwellenängste, hier traut sich jeder rein. Man isst deftig und trinkt Bier dazu – und zwar seit 1702. Das Brauereigasthaus ist eine Saarbrücker Institution. Hier ist der richtige Ort, um die saarländische Spezialität schlechthin zu probieren: Ein »Gefillder« ist ein Kartoffelkloß mit einer würzigen Hackfleisch-Leberwurst-Füllung, zu dem Specksoße und Sauerkraut gereicht werden. Und natürlich, wie zu allen anderen Gerichten auch, unfiltrierte Hopfensäfte vom Stiefel Bräu oder von Bruch, der ältesten Brauerei des Saarlands.

Am Stiefel 2; Tel. 06 81/ 93 64 50, www.stiefelgastronomie.de; So geschl. €

Saarland geht aus

Filmhaus
Saarbrücken

727

Alles, bloß kein Mainstream: Das Saarbrücker Filmhaus ist eine der besten Adressen für Cineasten in Deutschland. In den drei Sälen wird amerikanisches Independent-Kino ebenso gezeigt wie europäischer Autorenfilm. Auf die Leinwand kommen aber natürlich auch die Werke deutschsprachiger Nachwuchsautoren und Filmschaffender aus Lateinamerika, Afrika oder Asien. Viele spannende und originelle Filmreihen, zum Beispiel »Filmreif – Kino für Menschen in den besten Jahren«, »Psychoanalytiker stellen Filme vor« (rezeptfrei) oder »BritFilms«.

Mainzer Str. 8;
Tel. 06 81/39 92 97;
www.filmhaus-saarbruecken.de

728 Saarländisches Staatstheater
Saarbrücken

Als Adolf Hitler das »Gautheater Saarpfalz« 1938 eröffnete, stilisierte er den neoklassizistischen Bau zum kulturellen Bollwerk gegen Frankreich empor. Vier Jahre später lag das Haus in Schutt und Asche. Heute sind im wiederaufgebauten Staatstheater Oper, Schauspiel, Ballett und Konzerte zu erleben – ein buntes Programm, das Mauern nicht errichtet, sondern sie einreißt. Die »Sparte 4« bietet eine Plattform für junges, experimentelles Theater, für Kleinkunst, Performances und Lesungen.

Schillerplatz 1;
Tel. 06 81/3 09 24 86;
www.staatstheater.saarland

729 Zeltpalast
Merzig

»Zelt« ist natürlich pures Understatement. Hier sitzt keiner in kalter Zugluft, und nirgends knattert eine Zeltplane. Im Sommer gehen klassische Konzerte, Opern, Musicals und Showprogramme über die Bühne, darüber hinaus werden das ganze Jahr über Varieté, Circus, Kino, Multivisions-Shows sowie verschiedene Firmenevents und Präsentationen geboten.

Saarwiesenring; Tel. 0 68 61/ 9 91 00; www.musik-theater.de

Genuss Region
Saarland

730

Landauf, landab stimmen Profi- und Hobbyköche das Lob der Region an. Und das verbinden sie mit einer klaren Botschaft: Du sollst nicht nur essen, was auf den Tisch, sondern auch ausschließlich das, was aus der näheren Umgebung kommt. Im besonderen Fall des Saarlands sorgt die Nähe zu den kulinarisch sensibleren Nachbarn im Westen dafür, dass Feinschmecker oder auch »nur« Gut-und-gerne-Esser zwischen Pfälzerwald und Hunsrück aus dem Vollen schöpfen können. Auf der Website der Tourismuszentrale bietet ein Portal Links zu Herstellern, die regionale Spezialitäten vorstellen. Und davon gibt es einige: von Bier und Wein über Senf und Säften bis zu Lyonern und Likören. Auch die Adressen von Bauernläden und -märkten erfährt man unter dieser Adresse:

Tourismus Zentrale Saarland;
Tel. 06 81/92 72 00;
www.urlaub.saarland/Reisethemen/Genuss-im-Saarland

731

Villeroy & Boch Outlet Center
Mettlach

Schon 1748 begann das deutsch-französische Unternehmen damit, die Tischkultur zu demokratisieren: Statt Porzellan wurde Töpferware verwendet und mit Keramikglasur versehen. Neben dem Erlebniszentrum mit dem sehenswerten Keramikmuseum und der »Keravision« auf dem schönen, historischen Fabrikgelände (Saaruferstr., Alte Abtei, Tel. 0 68 64/81 10 20) gibt es im Ort einen Werksverkauf: Keramik, Porzellan, Glas und Accessoires. Der Klassiker schlechthin ist das 1770 eingeführte und bis heute angebotene Dekor »Alt-Luxemburg«.

Freiherr-vom-Stein-Str. 4–6, Tel. 0 68 64/20 31;
www.villeroy-boch.com

Gourmet-Markt
St. Ingbert

Man kann es drehen und wenden, wie man will: Saarländer essen einfach für ihr Leben gern und gut. Darum ist (beziehungsweise isst) man auch auf dem Internationalen Gourmet-Markt in St. Ingbert mit Sicherheit nicht allein. Drei Tage lang treffen sich Produzenten und Konsumenten im eindrucksvollen Ambiente der »Industriekathedrale« Alte Schmelz zum Austausch von Lebensmitteln und Meinungen. Zum Verkosten all der Köstlichkeiten wird ein umfangreiches Rahmenprogramm mit Schaukochen und Musik geboten.

www.gourmetmarkt-saarland.de

Oster- und Weihnachtsmarkt
St. Wendel

Budenzauber, wie man ihn zum Fest der Liebe haben möchte. Mit Kamelen und buntem Gefolge ziehen die Weisen aus dem Morgenland durch die Innenstadt von St. Wendel. Die Besucher sehen Szenen aus der Weihnachtsgeschichte, fliegende Adler, Falken und Bussarde, fantasievoll kostümierte Stelzenläufer und Feuerartisten, Kunsthandwerker und Musiker, eine riesige Weihnachtspyramide, den Zwergenwald und eine Rodelbahn – mit echtem Alpenschnee! Nicht weniger zauber-, wenngleich frühlingshaft ist die Szenerie auf dem St. Wendeler Ostermarkt. Das Städtchen im Nordosten des Saarlands ist über die Grenzen des Saarlandes hinaus längst als »Markt-Metropole« bekannt: mit sechs großen Krammärkten, mit regelmäßigen Wochenmärkten, zwölf Flohmärkten und den Samstagsmärkten.

www.sankt-wendel.de

Filmfest Max Ophüls
Saarbrücken

Beim ersten Mal, 1980 war das, kamen rund 500 Besucher. Bei der 33. Auflage des Festivals wurden 2012 schon 42 000 Zuschauer gezählt. Mit dem Filmfestival Max Ophüls hat sich Saarbrücken längst als eine der wichtigsten Städte in Kino-Deutschland profiliert. Die Wettbewerbsbedingungen garantieren spannende Programme: Teilnehmen dürfen allein deutschsprachige Nachwuchs-Regisseure bis zu ihrem dritten abendfüllenden Spiel- oder Dokumentarfilm. Aus dem Kulturleben Saarbrückens sind das Festival und die Cineasten-Partys in »Lolas Bistro« im Saarbrücker Club »Garage« (Bleichstraße 11–15) nicht mehr wegzudenken.

www.max-ophuels-preis.de

Saarland lädt ein

Festival Perspectives
Saarbrücken

Ein französisches Festival in Saarbrücken ist 1978 zum Beginn eines wunderbaren kulturellen Brückenschlags in der Grenzregion geworden und in mittlerweile mehr als drei Jahrzehnten zu einer festen Institution. Zehn Tage lang, zwischen Mai und Juni, wird beim deutsch-französischen Festival zeitgenössische Bühnenkunst gezeigt: Sprech-, Musik- und Tanztheater, Pantomime und Videoszenografie, Figuren- und Straßentheater, Zirkus und Akrobatik – immer dicht am Publikum.

www.festival-perspectives.de

735

736 ## Saarspektakel
Saarbrücken

An jedem ersten Augustwochenende macht Saarbrücken sich so richtig nass. Zwei Tage lang sausen Jetstreamboote, paddeln Ruderboote, schwimmen und fahren Amphibienfahrzeuge auf der Saar. Höhepunkte sind die quietschbunten und nicht immer ganz ernsthaften Wettbewerbe, wie zum Beispiel das Drachenbootrennen, die Karlsberg Urpils Saar-Fari mit allem, was nur irgendwie schwimmt, und das Gaudi-Rennen mit Schlauchbooten und Gummitieren. Dazu Musik, Wurst und Getränke.

www.saarspektakel.de

Gärten ohne Grenzen
Dreiländereck

Ein wahres Großprojekt: 23 Gärten im Dreiländereck Saarland-Lothringen-Luxemburg zeigen barocke Gartenpracht. 15 Gärten machen im Saarland mit, darunter der Garten der Sinne in Merzig und der Garten der Vier Jahreszeiten in Losheim am See, der idyllische Forstgarten hinter dem Jagdschloss Karlsbrunn und der Bürgerpark in Besseringen, der mit seiner Zierkirschenallee einen Besuch vor allem im Frühjahr lohnt, wenn unter den blühenden Bäumen die Narzissen einen gelben Teppich auslegen.

737

Saarschleifenland Tourismus, Merzig, Poststr. 12; Tel. 0 68 61/8 04 40; www.gaerten-ohne-grenzen.de

738 Urwald vor der Stadt
Saarbrücken

Hier wird nicht mehr mit dem Holz gewirtschaftet, hier bleiben umgefallene Bäume einfach liegen. Baummoose und farbenprächtige Pilze wachsen, verloren geglaubte Arten kehren zurück, Wege wachsen zu. Unmittelbar vor den Toren Saarbrückens soll sich hier das größte Wildnisgebiet in einer städtisch geprägten Landschaft entwickeln. Zentraler Ausgangspunkt und Veranstaltungsort ist die Scheune Neuhaus.

Scheune Neuhaus; Tel. 0 68 06/ 10 24 19; www.saar-urwald.de

739 Durch den Bliesgau
Blieskastel

Gleich hinter Saarbrücken heben sich die grünen Wellen des Bliesgaus, der mit seinen Wäldern und Streuobstwiesen seit 2009 UNESCO-Biosphärenreservat ist: eine saftig-grüne Natur- und Kulturlandschaft, die auf gut bezeichneten Routen per (E-)Bike, zu Fuß oder mit der Pferdekutsche durchstreift wird. Auf den weiten Halbtrockenrasen kann man fast die Hälfte aller in Deutschland vorkommenden Orchideenarten bewundern. Das dichte Nebeneinander von Stadt und Land ist ungemein reizvoll.

Biosphärenreservat, Paradeplatz 4; Tel. 0 68 42/96 00 90; www.biosphaere-bliesgau.eu

Saarschleife
Mettlach-Orscholz

740

Den schönsten Blick auf das fotogene Naturdenkmal hat man vom Aussichtspunkt Cloef (Zufahrt von Orscholz, 6 km östlich der Villa Borg): Zwischen dicht bewaldeten und erfreulich unerschlossenen Bergrücken schlägt die Saar zu Füßen der Betrachter einen vollkommenen Halbkreis. Hier verläuft der 2007 eröffnete Saar-Hunsrück-Steig, vom Deutschen Wanderinstitut als bester deutscher Fernwanderweg ausgezeichnet. Aber auch auf der 16 km langen Rundwanderung »Saarschleife Tafeltour«, die über den Aussichtspunkt führt, wird man sicher glücklich.

Saarschleifenland Tourismus, Poststr. 12, Merzig, Tel. 0 68 61/8 04 40, www.saarschleifenland.de

Sachsen

Die Sprache, na gut. Aber für die Augen ist Sachsen ein Fest. Das liegt zum Beispiel an so unterschiedlichen Landsleuten wie August dem Starken und Neo Rauch. An Alten Meistern und barocken Schnörkeln in Dresden, an Neuer Schule und starken Farben in Leipzig. Und natürlich auch an Landschaften wie dem Elbsandsteingebirge. Das inspiriert.

Raus aus dem Zwinger, rauf auf den Theaterplatz. König Johann reitet durch Dresden, aber mit dem weiteren Verlauf des Abends hat er nichts zu tun.

Sachsen gibt an

759 Völkerschlachtdenkmal
Leipzig

Das bombastische Denkmal, eher beeindruckend als schön, erinnert an das Gemetzel vor den Toren der Stadt im Jahr 1813, als Napoleon mit seiner Armee gegen den Rest Europas verlor und 125000 Soldaten starben. Interessant ist die Ausstellung im »Forum 1813«.

Straße des 18. Oktober 100; Tel. 03 41/2 41 68 70; www.voelkerschlachtdenkmal.de

760 Thomas- und Nikolaikirche
Leipzig

In der Thomaskirche liegen die Gebeine von Johann Sebastian Bach begraben, der hier 27 Jahre lang bis zu seinem Tod 1750 lebte und arbeitete. Die Montagsgebete in der Nikolaikirche entwickelten sich im Jahr 1989 zu Massenveranstaltungen, welche die Leipziger Montagsdemos nach sich zogen – den Anfang vom Ende des SED-Regimes.

Thomaskirchhof 18; www.thomaskirche.org; Nikolaikirchhof 3; www.nikolaikirche-leipzig.de

761 Altstadt
Görlitz

Görlitz ist nicht nur die östlichste Stadt Deutschlands, für viele ist sie auch die schönste – und immer noch ein Geheimtipp. Rund 3500 Baudenkmäler verzeichnet das Inventar: Spätgotik, Renaissance, Barock, Gründerzeit. Zgorzelec, der polnische Teil von Görlitz, ist über die Altstadtbrücke zu erreichen.

Tourist-Information, Obermarkt 32; Tel. 0 35 81/4 75 70; www.goerlitz.de

762 Geschichtspfad
Bautzen

Seit mehr als 1000 Jahren steht die »Stadt der Türme« auf einem Granitplateau über der Spree. Zwischen ihren Mauern und Fassaden scheint das Mittelalter noch nicht zu Ende gegangen zu sein. Auf dem Geschichtspfad folgt man dem Verlauf der alten Befestigungen, taucht ein in die Gassen der Altstadt und kommt zum Turm der Neuen Wasserkunst (1721), einer Anlage zur Wasserversorgung der Stadt. Führungen und Audio-Guides vermittelt die Tourist-Information am Hauptmarkt, der guten Stube der Stadt mit dem barocken Rathaus.

Tourist-Information, Hauptmarkt 1; Tel. 0 35 91/4 20 16; www.bautzen.de

Sachsen gibt an

743 Gemäldegalerie Alte Meister
Dresden

Alt, meisterlich und weltberühmt: Die »Sixtinische Madonna« von Raffael, der »Zinsgroschen« von Tizian, die »Kupplerin« von Vermeer. Dazu Rembrandt, Rubens, Dürer, Holbein, Cranach … Die Bilder hängen auf farbigen Wänden: auf roten die italienischen, auf grünen die deutschen, flämischen und holländischen, auf grauen die französischen und spanischen.

Zwinger, Semperbau;
Tel. 03 51/49 14 20 00; www.skd-dresden.de; Mo geschl.

744 Albrechtsburg und Dom
Meißen

In eindrucksvoller Geschlossenheit erhebt sich auf dem Burgberg über der Elbe das Ensemble von Albrechtsburg und Dom. Erstere, von 1471 bis 1525 erbaut, war damals das erste Residenzschloss in Mitteleuropa. Die Wandmalereien im Inneren sind jedoch »Fakes«: Sie zeugen von der Begeisterung für das Mittelalter in der zweiten Hälfte des 19. Jh. (www.albrechtsburg-meissen.de). Im Dom (1260–1410) begeistern die Glasgemälde im Chor, der spätgotische Altar und die Aussicht von den Türmen über Stadt, Land und Fluss.

Tel. 0 35 21/4 19 40;
www.touristinfo-meissen.de

St.-Annen-Kirche
Annaberg-Buchholz

Dass die »Annaberger Bergordnung« von 1509 einmal in ganz Deutschland galt, zeigt die frühere Bedeutung der Stadt in der Mitte des Erzgebirges. Hier war das Zentrum der Montanwirtschaft, hier wurde mit großen Zahlen gerechnet: Adam Ries, der deutsche Großrechenmeister, lebte und arbeitete nach 1522 in Annaberg. Hauptsehenswürdigkeit der Stadt ist die St-Annen-Kirche, die größte Hallenkirche Sachsens (1499–1525). Sehr schön ist der 1521 geweihte »Bergaltar« mit Szenen vom Leben und Arbeiten in alter Zeit.

Tourist-Information, Buchholzer Str. 2; Tel. 0 37 33/1 94 33; www.annaberg-buchholz.de

745

Sachsen gibt an

Industriemuseum
Chemnitz

»Sächsisches Manchester«, das klingt nicht allzu nett. Chemnitz hat sich diesen Ruf im 19. Jh. erarbeitet, als die Stadt das Zentrum des sächsischen Maschinenbaus war. In der DDR hieß sie folgerichtig Karl-Marx-Stadt. Anfang 1945 fast völlig zerstört, wurde die Innenstadt als Beispiel für den sozialistischen Städtebau neu errichtet. Schöner als die Plattenbauten sind die Gründerzeit- und Jugendstilhäuser im Kaßberg-Viertel. Ein klares Bekenntnis zur wirtschaftlichen Vergangenheit legt das äußerst sehenswerte Industriemuseum ab.

746

Zwickauer Str. 119; Tel. 03 71/3 67 61 40; www.saechsisches-industriemuseum.de; Mo geschl.

Kirche St. Wolfgang
Schneeberg

Erst war es das Silber (bis 1500), dann das Kobalt, das man in Meißen zum Färben des Porzellans brauchte. Dass die Schneeberger davon gut leben konnten, sieht man an den schönen Barockhäusern, die den langen Marktplatz einfassen und auch an der spätgotischen Kirche St. Wolfgang (1516–1540), einem der ersten Kirchenbauten der Reformation. Größter Schatz der Kirche und eines der bedeutendsten Werke der sakralen Kunst in Sachsen überhaupt ist der Flügelaltar von Lucas Cranach d. Ä.

Tourist-Information, Markt 1; Tel. 0 37 72/2 03 14; www.schneeberg.de

August-Horch-Museum
Zwickau

Sehnsüchtige Blicke gingen nach Zwickau: Wann ist er endlich da …? Von 1957 an übten sich die Bürger der DDR in Geduld. Auf einen Pkw der Baureihe Trabant aus der Produktion der VEB Sachsenring Automobilwerke Zwickau hieß es viele Jahre warten. Aber schon lange vor dem »Trabi« waren hier Autos gebaut worden. August Horch, der das erste Auto mit Vierzylindermotor entwickelt hatte, verlagerte seine Fabrik bereits 1904 nach Zwickau, wo er fünf Jahre später die Firma Audi gründete. Am historischen Ort im alten Audi-Werk öffnete im September 2004 das August-Horch-Museum seine Tore. Es illustriert ein emotionales Kapitel deutscher Geschichte. Neben dem ersten »Phaeton« (1911!) sind auch der Kleinwagen DKW F1 mit dem ersten serienmäßigen Frontantrieb und immer wieder schöne Sonderausstellungen zu sehen, wie 2012: »100 Jahre Führerschein«.

Audistr. 7; Tel. 03 75/2 71 73 80; www.horch-museum.de; Mo geschl.

Sachsen gibt an

749

Brühlsche Terrassen

Dresden

Der venezianische Maler Canaletto erhob Dresden in seinen Gemälden Mitte des 18. Jh. zu »Elbflorenz«. Im Februar 1945 wurde die schönste Skyline des Barocks in Flächenbombardements fast dem Erdboden gleichgemacht. Nach Jahrzehnten des Wiederaufbaus steht sie wieder: mit der katholischen Kathedrale St. Trinitatis und der evangelischen Kreuzkirche – Samstagabendvespern mit dem berühmten Knabenchor um 17 Uhr (außer in den sächsischen Sommerferien) – und mit den Brühlschen Terrassen, dem »Balkon Europas«. Die ehemalige Wehranlage umfasst zusammen mit dem letzten vorhandenen Stadttor die älteste Steinbrücke Dresdens, dazu verschiedene Wachstuben, Geschützhöfe und Wehrgänge. In den Kasematten, in denen 1708 zum ersten Mal in Europa Hartporzellan hergestellt wurde, befindet sich heute ein Museum. Zurück ans Licht: Der abendliche Bummel über der Elbe ist vielleicht der schönste Stadtspaziergang in Deutschland.

Georg-Treu-Platz 1;
Tel. 03 51/4 38 37 03 20;
www.festung-dresden.de

Sachsen gibt an ....

750 Fürstenzug
Dresden

Das größte Porzellanbild der Welt befindet sich auf der Außenseite des Stallhofs vom Residenzschloss. Es ist 102 m lang, besteht aus 25 000 Meissener Porzellankacheln und zeigt eine Ahnengalerie der sächsischen Herrscher seit 1127. Neben 94 Menschen sind 45 Pferde und zwei Hunde zu sehen (Foto S. 356).

Augustusstraße; www.dresden-und-sachsen.de/dresden/fuerstenzug.htm

Zwinger 751
Dresden

Absolutistisches Angebertum in seiner schönsten Form: Der grandiose Gebäudekomplex mit Gartenanlagen im Zentrum Dresdens war keine Residenz, sondern nur ein (weiteres) Aushängeschild der Macht, das August der Starke nach 1710 in Auftrag gab. Bis 1732 entstanden die prächtige Langgalerie und das Kronentor, der mit fantastischen Skulpturen geschmückte Wallpavillon, das Nymphenbad und der Glockenspielpavillon. Im Zwinger sind heute die Gemäldegalerie Alte Meister, der Mathematisch-Physikalische Salon, die Porzellansammlung und die Rüstkammer untergebracht.

Staatliche Schlösser, Theaterplatz; Tel. 03 51/49 14 20 00; www.der-dresdner-zwinger.de

Museum in der Runden Ecke
Leipzig

752

Eigentlich ein Pflichtbesuch – für Ossis und Wessis. Man sollte einer Führung durch die vom Bürgerkomitee gegründete Ausstellung »Macht und Banalität« in der ehemaligen Leipziger Stasi-Zentrale folgen. Sie dokumentiert die alle Lebensbereiche durchdringende Spitzelei der Staatssicherheit in der DDR.

Dittrichring 24;
Tel. 03 41/9 61 24 43;
www.runde-ecke-leipzig.de

Museum der bildenden Künste
Leipzig

753

Seit 2004 Leipzigs erste Adresse in Sachen Kunst. Hier hängen alte Meister wie die Werke der beiden Lucas Cranachs, aber auch deutsche Romantiker, Expressionisten und klassisch-Moderne wie Max Beckmann. Über 500 Werke dokumentieren das Kunstschaffen in der DDR. Dem großen Leipziger Maler Neo Rauch war 2010 eine Werkschau zum 50. Geburtstag gewidmet.

Katharinenstr. 10;
Tel. 03 41/21 69 90;
www.mdbk.de; Mo geschl.

Gefängnisse
Bautzen

754

Die alte Stadt an der Spree hat viele wunderschöne Seiten – und zwei berühmte Gefängnisse. Bautzen I, das »Gelbe Elend«, diente den Nazis sowie nach dem Krieg der sowjetischen Geheimpolizei. Die Sonderhaftanstalt Bautzen II war von 1956 bis 1989 als »Stasi-Knast« gefürchtet. Hier befindet sich eine eindrucksvolle Gedenkstätte.

Weigangstr. 8a;
Tel. 0 35 91/4 04 74;
www.stsg.de

Bergbaukultur
Freiberg

755

Im 12. Jh. wurden die ersten Silberadern im Erzgebirge gefunden, 1765 gründete man die berühmte Bergakademie, und erst 1913 wurde der Silberbergbau eingestellt. Über der großartigen Altstadt erhebt sich der spätgotische Dom mit seiner Silbermannorgel und der »Tulpenkanzel«. Sehenswert sind außerdem das Stadt- und Bergbaumuseum beim Dom (Mo geschl.) sowie die beiden mineralogischen Sammlungen im Schloss Freudenstein (www.terra-mineralia.de) und in der TU Bergakademie in der Brennhausgasse (www.tu-freiberg.de).

Tourist-Information, Burgstr. 1;
Tel. 0 37 31/27 36 64;
www.freiberg-service.de

Sachsen gibt an ....

756 Jugendstilkaufhaus
Görlitz

Ein kleines Lehrstück in Sachen Marktwirtschaft. Seit 2009 stand das Jugendstilkaufhaus in Görlitz, 1912/13 erbaut, einige Jahre leer. Das architektonische Juwel beeindruckt mit freihängenden Treppen, einem verzierten Glasdach, riesigen Kronleuchtern und tragenden Säulen mit Jugendstilornamenten und diente u. a. dem Oscarprämierten »Grand Budapest Hotel« als Filmlocation. Im Jahr 2016 wurde der Konsumtempel umfassend renoviert. Wenn alles klappt und neue Mieter gefunden werden, soll er 2017 endlich wiedereröffnet werden.

An der Frauenkirche 5–7;
www.kaufhaus-goerlitz.eu

757 Schloss Moritzburg
Moritzburg

August der Starke, König von Polen und Kurfürst von Sachsen, ließ das alte Jagdschloss (1542–1546) der sächsischen Kurfürsten und Könige auf einer Insel im Schlossteich in der ersten Hälfte des 18. Jh. zu einem luxuriösen Jagd- und Lustschloss umbauen. Die Sammlung der Rothirschgeweihe – darunter der berühmte Moritzburger 24-Ender – gilt als eine der bedeutendsten weltweit. Daneben sind kostbare Möbel, Gemälde und Porzellane zu sehen sowie eine Ausstellung zur Küchen- und Tafelkultur. Sehr schöne Umgebung.

Schlossallee;
Tel. 03 52 07/87 30;
www.schloss-moritzburg.de;
im Winter Mo geschl.

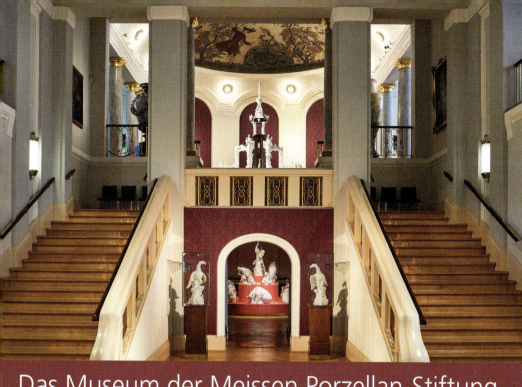

Das Museum der Meissen Porzellan-Stiftung

Erleben Sie die weltweit einmalige Sammlung Meissener Porzellans. Das neu gestaltete erste Obergeschoss des Museums zeigt Höhepunkte aus drei Jahrhunderten. Die Umgestaltung der zweiten Etage ist im März 2017 abgeschlossen. Entdecken Sie dann in neu inszenierten Sonderausstellungen Meissener Porzellan im Kontext von Theater, Ballett oder Politik. Besuchen Sie im Anschluss die Schauwerkstätten der Porzellan-Manufaktur. So wird Ihr Besuch bei uns zu einem unvergesslichen Erlebnis. NEU: Kombi-Tickets für die Besichtigung der Albrechtsburg Meißen und für die Sächsische Dampfschifffahrt.

MEISSEN
PORZELLAN
STIFTUNG
GmbH

Museum der Meissen Porzellan-Stiftung GmbH
Talstraße 9, 01662 Meißen, Besucherservice: Telefon: 03521 468-208 / 206,
E-Mail: museum@meissen.com, www.porzellan-stiftung.de

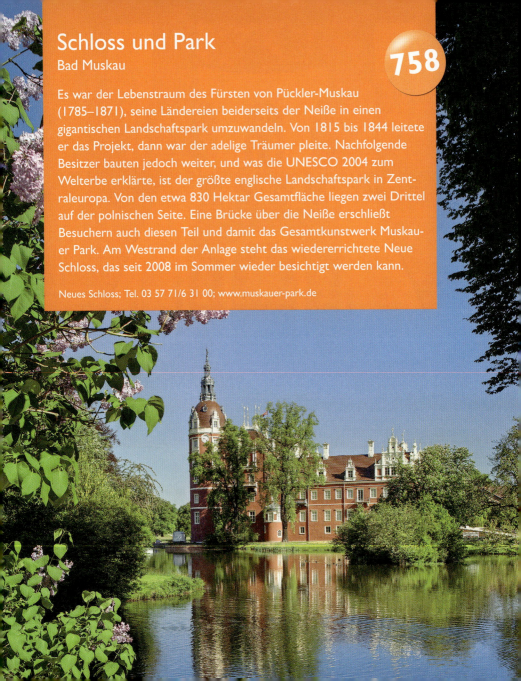

Schloss und Park
Bad Muskau

758

Es war der Lebenstraum des Fürsten von Pückler-Muskau (1785–1871), seine Ländereien beiderseits der Neiße in einen gigantischen Landschaftspark umzuwandeln. Von 1815 bis 1844 leitete er das Projekt, dann war der adelige Träumer pleite. Nachfolgende Besitzer bauten jedoch weiter, und was die UNESCO 2004 zum Welterbe erklärte, ist der größte englische Landschaftspark in Zentraleuropa. Von den etwa 830 Hektar Gesamtfläche liegen zwei Drittel auf der polnischen Seite. Eine Brücke über die Neiße erschließt Besuchern auch diesen Teil und damit das Gesamtkunstwerk Muskauer Park. Am Westrand der Anlage steht das wiedererrichtete Neue Schloss, das seit 2008 im Sommer wieder besichtigt werden kann.

Neues Schloss; Tel. 03 57 71/6 31 00; www.muskauer-park.de

Sachsen gibt an

759 Völkerschlachtdenkmal
Leipzig

Das bombastische Denkmal, eher beeindruckend als schön, erinnert an das Gemetzel vor den Toren der Stadt im Jahr 1813, als Napoleon mit seiner Armee gegen den Rest Europas verlor und 125 000 Soldaten starben. Interessant ist die Ausstellung im »Forum 1813«.

Straße des 18. Oktober 100;
Tel. 03 41/2 41 68 70;
www.voelkerschlachtdenkmal.de

760 Thomas- und Nikolaikirche
Leipzig

In der Thomaskirche liegen die Gebeine von Johann Sebastian Bach begraben, der hier 27 Jahre lang bis zu seinem Tod 1750 lebte und arbeitete. Die Montagsgebete in der Nikolaikirche entwickelten sich im Jahr 1989 zu Massenveranstaltungen, welche die Leipziger Montagsdemos nach sich zogen – den Anfang vom Ende des SED-Regimes.

Thomaskirchhof 18; www.thomaskirche.org; Nikolaikirchhof 3;
www.nikolaikirche-leipzig.de

761 Altstadt
Görlitz

Görlitz ist nicht nur die östlichste Stadt Deutschlands, für viele ist sie auch die schönste – und immer noch ein Geheimtipp. Rund 3500 Baudenkmäler verzeichnet das Inventar: Spätgotik, Renaissance, Barock, Gründerzeit. Zgorzelec, der polnische Teil von Görlitz, ist über die Altstadtbrücke zu erreichen.

Tourist-Information, Obermarkt 32; Tel. 0 35 81/4 75 70;
www.goerlitz.de

762 Geschichtspfad
Bautzen

Seit mehr als 1000 Jahren steht die »Stadt der Türme« auf einem Granitplateau über der Spree. Zwischen ihren Mauern und Fassaden scheint das Mittelalter noch nicht zu Ende gegangen zu sein. Auf dem Geschichtspfad folgt man dem Verlauf der alten Befestigungen, taucht ein in die Gassen der Altstadt und kommt zum Turm der Neuen Wasserkunst (1721), einer Anlage zur Wasserversorgung der Stadt. Führungen und Audio-Guides vermittelt die Tourist-Information am Hauptmarkt, der guten Stube der Stadt mit dem barocken Rathaus.

Tourist-Information, Hauptmarkt 1; Tel. 0 35 91/4 20 16;
www.bautzen.de

Museum Gunzenhauser
Chemnitz

Chemnitz hat sich längst auch als Kunststandort einen Namen gemacht, unter anderem mit den Städtischen Kunstsammlungen im König-Albert-Bau am Theaterplatz (Kunst des 19. und 20. Jh.; Mo geschl.) und mit dem neuen Museum Gunzenhauser im großartig modernisierten ehemaligen Sparkassengebäude (1928–1930) am Falkeplatz. In schönster Bauhaus-Architektur werden hier große Werke von Edvard Munch, Lovis Corinth, Karl Schmitt-Rotluff, Max Beckmann, Otto Dix und vielen mehr gezeigt.

763

Falkeplatz; Tel. 03 71/4 88 70 24; www.kunstsammlungen-chemnitz.de; Mo geschl.

764 Porzellanmanufaktur
Meißen

In der Meißener Altstadt steht man auf dem Marktplatz vor dem Rathaus (1472) und der Frauenkirche (15./16.Jh.) – und spitzt die Ohren: Im Turm der Kirche hängt nämlich das erste spielbare Porzellanglockenspiel der Welt. Und das ist für die meisten Besucher auch der Hauptgrund für die Reise nach Meißen: der Besuch in der weltberühmten Porzellanmanufaktur, die bereits 1710 gegründet wurde. Rund 175 000 Artikel umfasst das aktuelle Sortiment, im Museum werden 3000 ausgewählte Exponate gezeigt. Unbedingt sehenswert ist darüber hinaus die Kunstausstellung im neuen artCAMPUS; sie wird ständig erweitert.

Talstr. 9; Tel. 0 35 21/46 86 00; www.meissen.com

Sachsen gibt an

765

Grünes Gewölbe
Dresden

Was seit 2005 im Westflügel des Dresdner Residenzschlosses zu sehen ist, spottet eigentlich jeder Beschreibung. Offiziell handelt es sich um »eine der größten, reichsten und ältesten Schatzkammern Europas«. Rund 4000 Posten umfasst die Sammlung aberwitziger Objekte aus Gold, Edelsteinen, Bernstein, Elfenbein und Email. Im »Neuen« sowie im »Historischen Grünen Gewölbe« ist ausgestellt, was August der Starke und andere sächsische Kurfürsten und Könige gesammelt und/oder in Auftrag gegeben haben: kostbarstes Kunsthandwerk von der Renaissance bis zum Klassizismus. Unfassbar allein der »Hofstaat zu Delhi«: ein nur 1,40 m breites, orientalisches Miniatur-Diorama, dessen Herstellung mehr Geld kostete als der Rohbau von Schloss Moritzburg. Im Historischen Grünen Gewölbe ist die Zahl der Besucher beschränkt – Tickets muss man vorab bestellen.

Residenzschloss;
Tel. 03 51/49 14 20 00;
www.skd-dresden.de; Di geschl.

Fürstenhof
Leipzig

Für ein Grandhotel eher klein, im Ambiente ganz groß. Alles im Palais (1770) am Ring um die Altstadt ist opulent, edel und großzügig, dabei einladend und freundlich. In den Zimmern stehen Möbel aus Myrtenholz, in den Bädern schimmert grüner Marmor. Kristall-Kronleuchter hängen unter der hohen Decke im Restaurant »Villers«, wo man im sehr hellen Interieur des 18. Jh. speist. Schön auch der recht barocke Wellnessbereich im Keller.

766

Tröndlinring 8;
Tel. 03 41/14 00; www.luxurycollection.com/fuerstenhof; €€€

767 QF Hotel
Dresden

Ein Kontrapunkt inmitten der barocken Schnörkeligkeit Dresdens. Die Zimmer sind angenehm modern und ohne modischen Design-Firlefanz: rechte Winkel, gerade Linien, helle Farben zwischen Weiß, Braun, Beige und Grau. Besonders schön die »Classic«- und die »Boutique«-Suite: mit Blick auf die Kuppel der Frauenkirche.

Neumarkt 1;
Tel. 03 51/5 63 30 90;
www.qf-hotel.de; €€€

768 Taschenbergpalais
Dresden

Barack Obama war auch schon hier – wenn auch nicht über Nacht. Im wiederaufgebauten Barockpalais wurde 1995 eine Luxusherberge in Bestlage zwischen Zwinger und Schloss eröffnet. Zu den Sehenswürdigkeiten Dresdens ist es jeweils nur ein Katzensprung. In den Zimmern gibt es viel Platz, sehr hohe Decken (4,80 m!) und schönes, modernes Mobiliar. Großer Spa-Bereich und feine Cocktails an der tollen Bar.

Taschenberg 3;
Tel. 03 51/4 91 20;
www.kempinski-dresden.de;
€€€€

Sachsen checkt ein

 769

Börse
Görlitz

Schöner kann man in der Stadt an der Neiße kaum logieren. Die »Börse« datiert ins Jahr 1714 zurück, die Einrichtung der geräumigen Zimmer hält die Balance zwischen klassisch (Himmelbetten, Möbel, Stoffe) und modern (Elektronik). Weitere Zimmer, etwas günstiger, gibt es im »Gästehaus im Flüsterbogen«. Das Hallenhaus aus dem 16. Jh. steht gleich gegenüber.

Untermarkt 16;
Tel. 0 35 81/7 64 20;
www.boerse-goerlitz.de; € €

 770

Galerie Hotel Leipziger Hof
Leipzig

Dieses Hotel ist auch eine Gemäldegalerie: Bilder von Wolfgang Mattheuer, Werner Tübke und anderen Künstlern der Leipziger Schule schmücken die Wände in Zimmern und Fluren. Im Innenhof ist ein netter Biergarten eingerichtet (freitags und samstags Grillabende), das Restaurant bietet eine ansprechende Frischeküche zu zivilen Preisen. Die ungefähr 200 Bilder umfassende private Kunstsammlung im Haus ist kostenlos zu besichtigen.

Hedwigstr. 1–3;
Tel. 03 41/6 97 40;
www.leipziger-hof.de; €

Schlosshotel Klaffenbach
Chemnitz/Klaffenbach

Etwas außerhalb von Chemnitz, am Flüsschen Würschnitz, steht das schöne Wasserschloss – eine eine feine Adresse für Businessreisende, Verwöhnsüchtige, Golfer (es gibt einen 18-Loch-Platz direkt am Hotel), Reiter (der Reithof befindet sich in 200 m Entfernung) und Hochzeitspaare. Eine Schau ist natürlich das Gewölberestaurant, in dem man mit frischen Produkten aus der Umgebung versorgt wird. Sächsische Kaffee- und Kuchenspezialitäten genießt man vorher im Schlosscafé.

 771

Wasserschlossweg 67;
Tel. 03 71/2 61 10; www.schlosshotel-chemnitz.de; €

Sachsen checkt ein

772 Gästehaus Wolfsbrunn
Hartenstein

Hier treibt der Jugendstil die schönsten Blüten. Von 1911 bis 1912 wurde Schloss Wolfsbrunn erbaut, 1998 wurde es schließlich mit viel Liebe zum historischen Detail restauriert. Das Schloss des ehemaligen Bergbaubarons Karl Georg Wolf steht in landschaftlich überaus reizvoller Lage in einem Park südöstlich von Zwickau mitten im Erzgebirge. Das wunderschöne Restaurant weiß mit einer sehr guten (und günstigen) saisonal-regionalen Frischeküche zu gefallen.

Stein 8; Tel. 03 76 05/7 60; www.gaestehaus-wolfsbrunn.de; €€

773 Villa Sorgenfrei
Radebeul

Die paar Kilometer nach Dresden legt man bequem mit dem Auto, der S-Bahn oder Straßenbahn zurück – um abends umso lieber zurückzukommen. Im hübschen Städtchen Radebeul an der Elbe steht unter den Weinbergen dieses Anwesen, das ein Dresdner Bankier am Ende des 18. Jh. zu einem Weinschlösschen umbauen und mit allerliebsten Schnörkeln versehen ließ. Vor zehn Jahren wurde es sehr sorgfältig und liebevoll restauriert. Frei von Sorgen verbringt man heute als Tourist darin seine Zeit. Man residiert zwischen pastellfarbenen, mit feinen Girlanden verzierten Wänden, echten Antiquitäten und auch manchem neuen Mobiliar. Man promeniert durch die wunderschöne Parkanlage, ersteigt vielleicht die vielen, vielen Stufen der »Himmelsleiter«, um vom Gipfel des Weinbergs auf die Elbe zu schauen. Und weil man davon Appetit bekommt, setzt man sich abends im traumhaften Gartensaal unter dem Lüster aus Bleikristallglas zu Tisch. Oder man geht auf die Sommerterrasse und lauscht beim Studium der Speisekarte dem Rauschen der Eichen und Kastanien und dem Zwitschern der sorgenfreien Vögel. Die Küche setzt auf Regionalität, macht aber kein Dogma daraus und ihre Sache überhaupt ganz ausgezeichnet.

Augustusweg 48; Tel. 03 51/ 7 95 66 60; www.hotel-villa-sorgenfrei.de; €€

Goldenes Fass
Meißen

Gegenüber der Meißener Altstadt, auf dem anderen Elbufer, wird »Heimatkunde zum Anbeißen« geboten – im schönen Landhausambiente, mit nicht nur regionaler, sondern auch saisonaler Note. Wobei man auch gern über den sächsischen Horizont schaut: etwa beim Promnitztaler Landgockel mit Ratatouille und rotem Wildreis. Tolle Käseauswahl.

774

Vorbrücker Str. 1; Tel. 0 35 21/ 71 92 00; www.goldenes-fass-meissen.de; So geschl. €€

Villa Esche
Chemnitz

Die Architektur (1903 von Henry van de Velde entworfen) und das Ambiente in einer traumhaften Parkanlage sind toll. Feine internationale Küche – von der gerösteten Blutwurst bis zum Seeteufel mit Safranschaum.

Parkstr. 58; Tel. 03 71/2361363; www.restaurant-villaesche.de; Mo geschl. €€

Villandry
Dresden

Hier setzt man auf die Region, egal ob beim Bio-Ochsen oder beim sächsischen Wild – dazu etwas mediterrane Leichtigkeit. Beim Wein wird weniger Wert auf große Namen als auf bezahlbare Qualität gelegt – und auf die Saison: Im Sommer überwiegen die weißen Tropfen, im Winter die roten. Events und Kochkurse im »Villandry No. 10«.

Jordanstr. 8; Tel. 03 51/ 8 99 67 24; www.villandry.de; nur Do–Sa ab 18 Uhr; €€

Carousel
Dresden

Die barocke Bülow Residenz in der Inneren Neustadt war schon fein. Noch etwas feiner ist es im Bülow Palais in der Königstraße, wo Benjamin Biedlingmaier, der »Aufsteiger des Jahres 2013« (*Der Feinschmecker*) im Restaurant »Caroussel« Gourmetküche vom Feinsten bietet. Wie man sie beschreiben soll? Vielleicht als neudeutsch. Oder als neosächsisch, mit französisch-mediterraner Note. Serviert wird auf Meissner Porzellan. Viele schöne Weine aus der Region. Sehr hübsches Ambiente.

777

Königstr. 14; Tel. 03 51/ 8 00 30; www.buelow-palais.de/ caroussel; So, Mo geschl.
€€€€

Sachsen tischt auf

Zschoner Mühle
Dresden

778

Erlebnis und Gastronomie im Landschaftsschutzgebiet Zschoner Grund am Westrand Dresdens. Allerliebst steht das 500 Jahre alte Fachwerkhäuschen mit der altdeutschen Wassermühle (Museum) zwischen Wiesen und Bäumen. Drinnen, in den alten Räumen und Gewölben, oder draußen, im rebenumrankten Biergarten wird aufgetischt, was die Region und die Jahreszeiten so alles hergeben. Das reicht vom Schweinebraten bis zur Moritzburger Bachforelle, von der Brennnesselsuppe im Frühling bis zur Holundersuppe im Herbst. »Deftig, ländlich, reichlich« – so die Selbstauskunft. Viele Veranstaltungen für Groß und Klein, dazu die »Molaris Natur-Projektschule« für einen außerschulischen Lernort – beide vermittelt vom eigenen Kulturverein.

Zschonergrund 2; Tel. 03 51/4 21 02 52; www.zschoner-muehle.de; Rest. Mo–Mi geschl., Garten im Sommer tgl. 10–16.30 Uhr; €

Falco
Leipzig

779

Sachsens bester Koch hat seinen Arbeitsplatz im 27. Stock des Riesenhotels »The Westin«. Dort kombiniert er, was »eigentlich undenkbar« (Eigenauskunft) ist. 72 Stunden gart Peter Maria Schnurr das American Beef bei milder Hitze, er bereitet blauen Hummer mit Bachkresse, Kohlrabi und einem Aufguss vom grünen Apfel sowie einen Soja-Meerwasser-Marshmellow mit Aprikosen-Algen-Konfitüre. Wer das moderne Spiel mit Aromen und Texturen zu schätzen weiß, gerät ins Schwärmen. Grandios die Bar & Lounge mit dem schönsten Blick über Leipzig, mit 80 Sorten Whisky, 200 Digestifs und 800 Weinen.

Gerberstr. 15; Tel. 03 41/9 88 27 27; www.falco-leipzig.de; So, Mo geschl. €€€€

Sachsen tischt auf

Apels Garten
Leipzig

Neben der Thomaskirche steht das Traditionsrestaurant, in dem sächsische Küche modern interpretiert wird. Das heißt, die Scheiben von der Entenbrust werden auch mal im Wok geschwenkt. Neben Sauerbraten und Quarkkäulchen stehen auch Hirsch und Lamm auf der Karte. Gute, preiswerte Weine aus Sachsen und Saale-Unstrut.

Kolonnadenstr. 2; Tel. 03 41/9 60 77 77; www.apels-garten.de; So abend geschl. €€

Schneider Stube
Görlitz

Stilvoll ist das Ambiente im Hotel Tuchmacher, mit dunklen Wandpaneelen und Holzdecke. Gekocht wird überwiegend regional, manchmal mit französischem Einschlag. Es gibt in Rotwein geschmortes Landkaninchen und Reh und hinterher Schoko-Lasagne oder Quarkkäulchen. Kaffee und Espresso kommen aus der eigenen Röstung.

Petersstr. 8; Tel. 0 35 81/4 73 10; www.tuchmacher.de; €€

Spreetal Restaurant
Grubschütz

Im rustikalen Ambiente wird die regionale Küche – man befindet sich nur 2 km vor Bautzen – sehr ideenreich variiert: Man bereitet klassische sorbische Gerichte wie die Hochzeitssuppe mit Fadennudeln, Eierstich mit Leberklößchen, Karpfen und Rehragout.

Techritzer Str. 2; Tel. 0 35 91/27 04 09; www.landhotel-grubschuetz.de; Mo geschl. €€

Die Residenz
Leipzig

Peter Niemann ist aus dem ehemaligen Bankhaus Meyer & Co (»Niemanns Tresor«) ausgezogen und hat seinen neuen Arbeitsplatz im Norden von Leipzig im Herrenhaus Möckern, einem denkmalgeschützten ehemaligen Rittergut, bezogen. Hier zelebriert der überzeugte Slow-Food-Anhänger seine bretonisch grundierte Gourmetküche in der »Residenz«. Etwas einfacher wird in der »Brennerei« gekocht. Das Ambiente ist in beiden Fällen wunderschön.

Bucksdorffstr. 43; Tel. 03 41/91 87 83 87; www.herrenhaus-leipzig.de; Öffnungszeiten erfragen; €€€€

Stadttheater
Freiberg

Kulturelles Aushängeschild der Bergarbeiterstadt Freiberg ist das älteste in ursprünglicher Form erhaltene Stadttheater der Welt. Es wurde bereits 1790 gegründet, und es wird seit dieser Zeit kontinuierlich von einem städtischen Theaterensemble bespielt. Hier brachte der 14-jährige Carl Maria von Weber im Jahr 1800 seine erste Oper, »Das stumme Waldmädchen«, zur Uraufführung. Seit 1993 wird das Haus zusammen mit dem Stadttheater in Döbeln als Mittelsächsisches Theater Freiberg und Döbeln geführt.

Borngasse 1;
Tel. 0 37 31/3 58 20; www.mittelsaechsisches-theater.de

785 Pfeffermühle und Academixer
Leipzig

Ihre Gründung – und die frühe Feuertaufe – erlebten die beiden Kabarett-Institutionen im real existierenden Sozialismus. Gäste der Academixer dürfen sich nicht nur über politisches Kabarett, sondern auch über sächsische Mundartprogramme und literarisch-musikalische Satiren freuen. Bei der Pfeffermühle, die 2011 in Kretschmann's Hof in der Katharinenstraße umgezogen ist, kümmert man sich mit Gründung der 1. Leipziger Kabarett-Schule auch um den Nachwuchs. Wer in der DDR frech gewesen ist, kann jungen Leuten wirklich etwas beibringen.

Academixer, Kupfergasse 2;
Tel. 03 41/21 78 78 78;
www.academixer.com
Pfeffermühle, Katharinenstr. 17;
Tel. 03 41/9 60 31 96; www.kabarett-leipziger-pfeffermühle.de

786 Neues Gewandhaus
Leipzig

Der 1981 eröffnete Saal ist schon das dritte Gewandhaus. Auf seiner Bühne musiziert das älteste bürgerliche Konzertorchester (seit 1743) Deutschlands auf Weltniveau. Kurt Masur, der langjährige Leiter und (bis zu seinem Tod 2015) Ehrendirigent, war 1989 einer der Anführer der friedlichen Revolution.

Augustusplatz 8; Tel. 03 41/1 27 02 80; www.gewandhaus.de

787 Semperoper
Dresden

Weniger als der Superlativ ist in Dresden nicht möglich, darum gilt die Sächsische Staatsoper als das schönste deutsche Opernhaus. Der von Gottfried Semper zweimal ausgeführte Bau – 1841 und, nach einem Brand, 1878 – wurde 1945 im Bombenhagel vernichtet. Den weitgehend originalgetreuen Neubau eröffnete die Staatskapelle Dresden (1548 gegründet – eines der ältesten und natürlich besten Orchester der Welt…) 1985 mit dem »Freischütz«. Wer abends auf das festlich beleuchtete Opernhaus zuschreitet, denkt unwillkürlich an die Fernsehwerbung für Radeberger Pilsner. Immerhin das beste Bier Sachsens.

Theaterplatz 2; Tel. 03 51/4 91 17 05; www.semperoper.de

Oper
Chemnitz

788

Größtes Renommee genießt das Opernhaus nicht nur wegen seiner spannenden Inszenierungen, sondern auch wegen einer der modernsten Bühnentechniken in Europa. Auf der speziellen Drehbühne sieht man Opern, Operetten und Musicals. Besondere Beachtung finden Aufführungen unbekannter oder selten gespielter Opern. Zwei Produktionen erhielten schon den Deutschen Theaterpreis, 2011 zeichnete der Verband Deutscher Bühnen- und Medienverlage die Chemnitzer Oper für ihr beispielhaftes Engagement im Bereich Musiktheater aus.

Theaterplatz 2;
Tel. 03 71/4 00 04 30;
www.theater-chemnitz.de

Drallewatsch und KarLi
Leipzig

789

Nachtschwärmer genießen die Stimmung am »Drallewatsch« um das Barfußgässchen: Kneipe an Kneipe, Tisch an Tisch und keine Sperrstunde. Auerbachs Keller, wo es Faust und Mephistopheles »so kannibalisch wohl als wie 500 Säuen« war, gibt es zwar auch noch (am Eingang der Mädlerpassage), die Stimmung am »Drallewatsch« ist aber besser, wenngleich auch schon recht touristisch. Echte Leipziger zieht es abends auf die »KarLi« (Karl-Liebknecht-Straße) südlich des Altstadtrings: Hier gibt es eine ausgeprägte Kneipenkultur, mehrere Pubs, kleine Restaurants mit internationaler Küche und angesagte Clubs. Auch Leipzigs namhaftes Kulturzentrum naTo ist hier in der Nr. 46 zu finden (Konzerte, Programmkino, Literaturlesungen, Theatervorstellungen und Veranstaltungen zu politischen Themen).

Tourist-Information, Katharinenstr. 8; Tel. 03 41/7 10 42 60;
www.leipzig.travel

Sachsen sucht aus

790 Kulturkaufhaus DAStietz
Chemnitz

Das 1914 erbaute ehemalige Hertie-Kaufhaus ist eine Institution. Neben Geschäften und Cafés sind seit 2004 auch Volkshochschule und Stadtbibliothek, das städtische Naturkunde-Museum, die Neue Sächsische Galerie und im Lichthof der fotogene, 290 Millionen Jahre alte versteinerte Wald eingezogen.

Moritzstr. 20; Tel. 0371/ 4 88 43 66; www.dastietz.de

791 Pfunds Molkerei
Dresden

Von Geheimtipp kann keine Rede sein. Aber man muss sie einfach gesehen haben, diese kokett »Milchladen« genannte Kaufmannspuppenstube. Die handbemalten Majolikafliesen von Villeroy & Boch an den Wänden erzählen vom schönen Leben auf dem Land, und auf der ebenfalls bunt gefliesten Theke liegen die Waren zum Verkauf aus. Um die 100 Käsesorten gibt es, dazu Joghurt und Buttermilch, Kondensmilch, Milchgrappa und die berühmte Milchseife. Über dem Laden werden im Restaurant Käsesuppe, Kartoffeln und Quark, Käseplatten und Quarktorte serviert.

Bautzner Str. 79; Tel. 0351/ 80 80 80; www.pfunds.de

Spielzeugdorf
Seiffen

Das »Spielzeugdorf« ist längst zu einer Pilgerstätte für alle Liebhaber des erzgebirgischen Holzhandwerks geworden. Und sie werden hier satt bedient: im Spielzeugmuseum und im Freilichtmuseum am östlichen Ortsausgang, wo gedrechselt wird, dass die Späne fliegen (beide sind täglich geöffnet, das Freilichtmuseum im Winter je nach Witterung). Wer die typischen Weihnachtsfiguren und -pyramiden kaufen möchte, wird *downtown* Seiffen fündig: Hier reiht sich Laden an Laden.

792

Tourist-Information, Hauptstr. 73;
Tel. 03 73 62/84 38;
www.seiffen.de

Sachsen sucht aus

Senfladen
Bautzen

Bautzen, die Stadt der Sorben, ist eine Hochburg der Senfproduktion, und der Senfladen am Fleischmarkt ist zugleich Manufaktur und Museum. Von der Kultivierung der Senfpflanze bis zur Herstellung und zum Gebrauch erfährt man alles, was man über Senf wissen will. Eine 1300 kg schwere Senfmühle aus dem vorherigen Jahrhundert ist nur ein Schaustück des liebevoll eingerichteten Museums. An einer originalen Biedermeier-Ladeneinrichtung von 1860 kann man alle steinvermahlenen Manufaktur-Senfe probieren und erwerben: Es sind ein paar ...

Fleischmarkt 5;
Tel. 0 35 91/59 71 18;
www.bautzener-senfladen.de

793

794

Mädlerpassage
Leipzig

Der Hauptbahnhof ist der größte Kopfbahnhof Europas, vor den Gleisen wird heute heftig geshoppt. Stilvoller kauft man im Zentrum, im Luxus-Labyrinth von Mädler- und Königshofpassage ein. Der Koffer- und Lederfabrikant Anton Mädler ließ hier von 1912 bis 1914 ein fünfgeschossiges Durchgangshaus mit einer 142 m langen, viergeschossigen Passage hochziehen. Ursprünglich und noch bis 1989 wurde es als Messehaus der Branchen Porzellan, Keramik und Steingut genutzt. Von 1995 bis 1997 teuer saniert, bietet es neben »Auerbachs Keller«, dem berühmten Schauplatz aus Goethes »Faust«, über 20 exklusive Ladengeschäfte und Gaststätten.

Grimmaische Str. 2;
Tel. 03 41/21 63 40;
www.maedlerpassage.de

Sachsen sucht aus

Spinnerei – Kunstzentrum
Leipzig

Wer sich für Gegenwartskunst interessiert und noch nicht weiß, ob er nur gucken oder auch anfassen, sprich: kaufen möchte, sollte sich auf den Weg in den Leipziger Westen machen. Auf dem riesigen Gelände der alten Baumwollspinnerei in Plagwitz haben sich elf Galeristen und Aussteller aus dem In- und Ausland eingerichtet. Rund 100 Künstler arbeiten in den hohen, hellen Ateliers, die eher konserviert als saniert werden. Neo Rauch war 1994 einer der ersten. Bis heute arbeitet der Star der »Neuen Leipziger Schule« in der Spinnerei. Dass sich auch viele andere Künstler mit dem Label aus Leipzig prima vermarkten lassen, besonders in Amerika, ist nicht zuletzt das Verdienst eines cleveren Galeristen. Gerd Harry (»Judy«) Lybke brachte das Werk Neo Rauchs 1999 über den Atlantik und trat so, mit guten Kontakten und einigem Glück, die Lawine los. Lybkes Galerie Eigen + Art liegt, na klar, in der Spinnerei. Gleich nebenan kann man in der maerzgalerie zwar keinen Neo Rauch kaufen, aber für weniger Geld vielleicht ein Bild seines Jahrgangskommilitonen Hans Aichinger. Nicht weit von der Spinnerei entfernt haben sich im gründerzeitlichen Tapetenwerk in der Lützner Str. 91 (www.tapetenwerk.de) ebenfalls neue Mieter eingefunden: Künstler, Galeristen, Architekten.

795

Spinnereistr. 7;
Tel. 03 41/4 98 02 22;
www.spinnerei.de

Sachsen lädt ein

Kät
Annaberg

Das größte Volksfest im Erzgebirge mit über 100 Schaustellern beginnt 14 Tage nach Pfingsten in Annaberg-Buchholz. Zuerst, ab 1520, noch eine Wallfahrt, wandelte sich das Fest nach der Reformation zuerst (1539) zu einem sommerlichen Totenfest und dann zu einem quicklebendigen Jahrmarkt, der seit 1869 auf der Schützenwiese oberhalb des Schutzteiches stattfindet – und zwar zehn Tage lang. Dass der Name auf die mundartliche Aussprache von Dreieinigkeit (»Dreiaanigkät«) zurückgeht, dürfte den Besuchern in den modernen Fahrgeschäften egal sein.

796

www.annaberg-buchholz.de

797 Fischwochen
Oberlausitz

Eine kulinarische Spezialität der Oberlausitz darf man aufs Angenehmste bei den Fischwochen im Herbst zwischen Ende September und Anfang November erleben. Dann fischen die Lausitzer Teichwirte nämlich ab – vor allem Karpfen, der blau, gebacken oder gegrillt verspeist wird. Aber auch Forelle und Zander findet sich im Angebot. Teilnehmende Betriebe bieten mindestens drei zusätzliche Gerichte mit heimischem Fisch an. Dazu gibt es lokale Feste, Exkursionen und geführte Wanderungen.

www.oberlausitz.com

798 Moritzburg Festival
Moritzburg

Die Alternative zu den »großen« Dresdner Musikfestspielen (www.musikfestspiele.com) ist das »kleine« Kammermusikfestival in Schloss Moritzburg. Etablierte Stars und vielversprechende Newcomer treten im wunderbaren Speisesaal des Moritzbuger Schlosses und in der evangelischen Kirche in Moritzburg auf. Das musikalische Spektrum reicht von der Renaissance bis in die Moderne – Jazz, Tango und Klezmer inbegriffen.

www.moritzburgfestival.de

Sachsen lädt ein

799 Lachmesse
Leipzig

Lustigkeit nach Kalender. Beim größten internationalen Festival für Kabarett und Kleinkunst in Europa stehen natürlich die deutschen Spaßmacher im Mittelpunkt. Das elftägige Stelldichein von Richling, Venske, Zimmerschied & Co., jedes Jahr im Oktober dürfen Fans nicht verpassen.

www.lachmesse.de

800 Weihnachtsmarkt
Schneeberg

Die Namen Schneeberg und Erzgebirge stehen für beruhigend unglobalisiertes Brauchtum: Nirgends drehen sich die Weihnachtspyramiden schöner. Ein Höhepunkt ist das Lichtelfest am zweiten Adventwochenende, das seine Wurzeln in der Vergangenheit hat, als der Bergmann im Winter kaum je die Sonne sah. Darum stellte jedes seiner Kinder eine geschnitzte Figur mit einer brennenden Kerze in die Fenster der Wohnung. Aber auch in der übrigen Adventszeit ist der Schneeberger Weihnachtsmarkt eine Schau.

www.schneeberg.de

Silberstraße
Annaberg-Buchholz

»Bergkgeschrey« nannte man das, was geschah, wenn früher im Erzgebirge mal wieder jemand Silber gefunden hatte. Der Silberrausch ist längst vorbei, doch der jahrhundertelange Abbau von Kupfer und Zinn, Wismut und Uran hat die beliebte Erholungsregion bis in die jüngste Vergangenheit geprägt – wie sehr, das erfährt man auf der rund 275 km langen, grenzüberschreitenden Sächsisch-Böhmischen Silberstraße. Sie verbindet alle lohnenden Ziele in der reizvollen Natur- und überaus reichen Kulturlandschaft des Erzgebirges.

801

Tourismusverband Erzgebirge;
Tel. 0 37 33/1 88 00 88;
www.silberstrasse.de

Schlösserfahrt mit der Weißen Flotte
Dresden

Na also, Deutschland hat sie doch, die größte (Raddampfer-)Flotte der Welt. Von Dresden aus starten die »Stadt Wehlen«, Baujahr 1879, die »Pillnitz«, Baujahr 1886, die »Dresden« (1926) sowie sechs weitere Raddampfer und vier Motorschiffe zu Rund- und Linienfahrten auf der Elbe. Klassisch-schön ist die Fahrt zu den prächtigen Elbschlössern Albrechtsberg, Lingnerschloss und Eckberg sowie nach Pillnitz mit seinem großartigen Park.

802

Georg-Treu-Platz 3;
Tel. 03 51/86 60 90; www.saechsische-dampfschiffahrt.de

Leipziger Neuseenland
Markkleeberg

803

Die ehemalige Tagebaulandschaft im Süden der Stadt ist eine gigantische Landschaftsbaustelle, aber zugleich ein riesiges Freizeitareal – schon jetzt. Die gigantischen Gruben laufen allmählich voll Wasser, ihre Ränder werden zu Stränden. Mit der »Costa Cospuda«, dem Cospudener See, ging es 2000 los: Er wurde sogleich zum beliebtesten Badesee der Leipziger und eröffnete die Aussicht auf noch viel mehr Wasser zum Plantschen, Paddeln und Tauchen. Mehr als 20 Seen und insgesamt 70 Quadratkilometer neue Wasserflächen sind entstanden. Vom neuen Stadthafen kann man mit dem »Leipzigboot« oder Paddelbooten ohne auszusteigen das Seengebiet erreichen. Insgesamt werden die Leipziger 225 km neue Wasserwege bekommen. Und irgendwann wohl auch die Bootsverbindung nach Hamburg.

Tourist Info, Rathausstr. 22;
Tel. 0 34 41/33 79 67 18;
www.leipzigerneuseenland.de

804 Landschaftspark Kromlau
Weißwasser

Der fantastische Rhododendren- und Azaleenpark in Kromlau ist zur Blütezeit im Mai und Juni ein Traum. Die nette Waldeisenbahn (www.waldeisenbahn.de) fährt an Wochenenden von April bis Anfang Oktober gemütlich nach Bad Muskau.

Tel. 0 35 76/22 28 28;
www.kromlau-online.de

805 Sächsische Schweiz
Pirna

Mit dem Raddampfer oder der S-Bahn von Dresden bis Kurort Rathen, zu Fuß hinauf zum Aussichtspunkt der Bastei und abends vielleicht noch der »Freischütz« auf der Felsenbühne – das ist das Standardprogramm. Wer den Zauber der Natur intensiver und einsamer erleben möchte, muss tiefer hinein ins Elbsandsteingebirge mit seinen bizarren und unter Kletterern weltberühmten Felstürmen, den tiefen Schluchten und fantastischen Laubwäldern – im Frühjahr und Herbst am schönsten! Highlight für Wanderer ist der 112 km lange »Malerweg«.

Tourismusverband, Bahnhofstr. 21; Tel. 0 35 01/47 01 47;
www.saechsische-schweiz.de

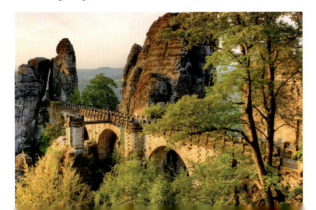

Rund um Plauen – per E-Bike
Sächsisches Vogtland

Ganz schön romantisch hier. Das sächsische Vogtland rund um Plauen ist eine Postkartenlandschaft mit gewissen Höhenunterschieden. Darum bietet die Region eine flächendeckende Infrastruktur für E-Biker. Wer sich an einer der Verleihstationen ein E-Bike ausleiht, erhält dazu gleich passende Tourentipps. 50 bis 100 km ist man mit dem E-Bike mobil, je nachdem, wie sehr man sich beim Treten von der Technik helfen lässt. Ist die Tour länger, kann man zusätzlich zwölf Akkuladestationen ansteuern, um neue Energie zu tanken.

806

Tourismusverband;
Tel. 0 37 44/18 88 60;
www.vogtland-tourismus.de

Sachsen-Anhalt

Vor Dr. Helmut Kohl, 1989, kam Dr. Martin Luther, 1517. In dieser Zeit und schon lange vorher haben noch andere interessante Menschen ihre Spuren im Land zwischen Harz und Elbe hinterlassen. Haben Kirchen mit runden Bögen und ein Bauhaus mit geraden Linien gebaut. Für die Statistik: Sachsen-Anhalt hat die höchste Dichte an UNESCO-Welterbestätten in Deutschland.

Die *stechen* wirklich ins Auge. Mit den Silhouetten von Marktkirche und Rotem Turm wird Halle zur »Fünf-Türme-Stadt«.

Sachsen-Anhalt gibt an ....

807 Bauhaus
Dessau

Für Architekten ist es das einflussreichste Bauwerk des 20. Jh. Walter Gropius, der 1919 das Staatliche Bauhaus in Weimar gegründet hatte, entwarf das neue Hochschulgebäude in Dessau, wohin man 1926 umzog. Es ist ein Zweckgebäude aus Stahl, Beton und Glas, konsequent durchgestaltet und ohne jede Ornamentik. Aber da die Form der Funktion folgte – und zwar ohne Kompromisse –, war sie schön. Neuartig waren die großen Glasfronten im Werkstatttrakt, die dem gesamten Bauwerk einen Charakter von Transparenz und Leichtigkeit verliehen. Funktionell waren sie nicht wirklich: Im Sommer wurde das Bauhaus zum Backofen, im Winter zum Kühlschrank.

Gropiusallee 38; Tel. 03 40/6 50 82 50; www.bauhaus-dessau.de

808 Marktplatz
Halle

Fünf Türme prägen die Silhouette der über 1200 Jahre alten Stadt: Vier gehören der Marktkirche, der fünfte, der Rote Turm, ist ein Uhr- und Glockenturm: In ihm hängt das größte Glockenspiel Deutschlands. Im Krieg blieb Halle von Flächenbombardements verschont. Darum sind die Gotik- und Renaissancefassaden am Marktplatz so schön wie zu alten Zeiten.

Marktplatz 13; Tel. 03 45/ 1 22 99 84; www.halle.de

Sachsen-Anhalt gibt an

Lutherhaus
Lutherstadt Wittenberg

In der Collegienstr. 54 wohnte der Reformator von 1508 bis 1546. Die Arbeitsstube ist weitgehend original erhalten geblieben (im Winter Mo geschl.). Sehenswert sind auch das Renaissance-Ensemble um den Marktplatz mit dem Rathaus und dem Cranachhaus, in dem der Maler Lucas Cranach d. Ä. zur Zeit Luthers lebte und arbeitete, sowie die gotische Stadtkirche mit dem Reformationsaltar von Cranach.

Collegienstr. 54; Tel. 0 34 91/ 4 20 30; www.martinluther.de

Franckesche Stiftungen
Halle

August Hermann Francke gründete 1698 mitten in Halle ein Waisenhaus, um das herum in den nächsten Jahren Schulen, Werkstätten, Wohngebäude und Gärten sowie eine Apotheke entstanden. Sein Lebenswerk wird bis heute fortgeführt. Interessant sind vor allem die barocke Kulissenbibliothek, die Kunst- und Naturalienkammer und, im Lindenhof, das längste Fachwerkhaus Europas (114 m). Auch das Waisenhaus steht noch; hier finden Vorträge, Konzerte und Ausstellungen statt.

Franckeplatz 1; Tel. 03 45/ 2 12 74 50; www.francke-halle.de; Mo geschl.

Dom
Naumburg

Das kunsthistorische Zugpferd der Region Saale-Unstrut bei der Bewerbung um die Aufnahme ins UNESCO-Welterbe ist eine der wichtigsten Kathedralen des Mittelalters und Höhepunkt auf der Straße der Romanik. Zum Bauensemble gehören der Kreuzgang, der Domgarten und die umliegenden Kuriengebäude. Berühmt ist die »schönste Frau des Mittelalters«, Markgräfin Uta, deren Steinskulptur der unbekannte »Naumburger Meister« Mitte des 13. Jh. schuf. Sehr neu sind dagegen die drei von Neo Rauch gestalteten Fenster in der Elisabethkapelle.

Domplatz 16/17; Tel. 0 34 45/2 30 11 33; www.naumburger-dom.de

Sachsen-Anhalt gibt an ....

812 Wasserstraßenkreuz
Magdeburg

Nördlich von Magdeburg, direkt an der A2 Hannover – Berlin, kreuzt der Mittellandkanal die Elbe. Damit auch große Flussschiffe auf dem Weg zwischen Rhein und Oder bzw. zwischen Hannover und Berlin keinen Umweg machen müssen, hat man eine 918 m lange Trogbrücke über den Strom gespannt. Sie wurde 2003 eröffnet. Große Schleusen und Verbindungskanäle erlauben den Schiffen das »Abbiegen«. Die Brücke ist für Fußgänger und Radfahrer offen. Auch Rundfahrten mit Fahrgastschiffen von Magdeburg sind möglich.

Am Schiffshebewerk 1; Tel. 03 91/6 62 84 82; www.wasserstrassenkreuz-magdeburg.de

813 Rübeländer Tropfsteinhöhlen
Rübeland

Schatzkammern unter Tage öffnen sich bei Rübeland. Schon 1646 wurden erste Besucher durch die Tropfstein-Zauberwelt der Baumannshöhle, links der Bode, geführt. Die Hermannshöhle, rechts der Bode, wurde dagegen erst 1866 entdeckt; sie birgt nicht nur fantastische Tropfsteine sondern auch lebendige Grottenolme.

Blankenburger Str. 36; Tel. 03 94 54/4 91 32; www.harzer-hoehlen.de

814 Ferropolis
Gräfenhainichen

Auf einer Halbinsel im gefluteten Braunkohle-Tagebau Golpa-Nord südöstlich von Dessau stehen fünf rostige Maschinen. Sie sind ebenso gigantisch wie arbeitslos und erinnern ein bisschen an die »Transformers« aus Hollywood. Die drei Schaufelradbagger und zwei Absetzer, jeder bis zu 130 m lang und 30 m hoch, wurden vor der Verschrottung gerettet und sind seit 1995 die Hauptattraktionen eines Freilichtmuseums, das auch ein beliebter Veranstaltungsort ist. Seit 2009 geht hier in jedem Sommer das große Hip-Hop- und Reggae-Festival »splash!« über die Bühne.

Ferropolisstr. 01; Tel. 03 49 53/3 51 25; www.ferropolis.de

Sachsen-Anhalt gibt an

815

Brocken und Brockengarten
Wernigerode/Harz

Der Brocken (1142 m) ist ein alter Brocken: 400 Millionen Jahre hat er auf dem Granitbuckel. Lächerlich erscheinen dagegen die 28 Jahre (1961–1989) im Kalten Krieg, als sein Gipfel militärisches Sperrgebiet war. Der Brocken ist einer der unwirtlichsten Orte Deutschlands, darüber darf seine vergleichsweise bescheidene Höhe nicht hinwegtäuschen: »1000 Meter auf dem Brocken entsprechen, grob gesagt, 2000 Metern in den Alpen«, sagt der Biologe Gunter Karste, der für die Verwaltung des Nationalparks Harz arbeitet. Zweimal am Tag führen Karste und seine Mitarbeiter Besucher durch den berühmten Brockengarten. 1800 verschiedene Arten aus aller (alpinen) Welt verzeichnet das Inventar, und oft sind die größten Kostbarkeiten auch die unscheinbarsten. Man muss sich manchmal tief bücken, um die robusten Brockenbewohner zu betrachten, denn sie heben ihre bunten Köpfchen besser nicht zu hoch. Durchgehend frostfrei sind hier oben nur die Monate Juli und August. Im Jahr 2009 verzeichnete man sogar nur einen einzigen Sommertag mit einer höchsten Tagestemperatur von 25 Grad. Auch den Rekord für die höchste in Deutschland gemessene Windgeschwindigkeit hält der Brocken: 264 km/h.

Brockenhaus; Tel. 03 94 55/ 5 00 05; www.nationalpark-brockenhaus.de

Sachsen-Anhalt gibt an

Meisterhäuser
Dessau

Nordwestlich des Bauhauses stehen die drei Meisterhäuser. Walter Gropius entwarf sie als Wohnräume für die Lehrer am Bauhaus, unter ihnen Paul Klee, Wassily Kandinsky und Oskar Schlemmer. Sie wurden restauriert und zeigen innen wieder die originale Farbgestaltung, vornehmlich in Rot, Blau, Gelb und Schwarz.

Ebertallee 59–71;
Tel. 03 40/6 50 82 50;
www.bauhaus-dessau.de

Gartenreich
Dessau-Wörlitz

Das zweite Dessauer Welterbe steht im größten Kontrast zum Bauhaus. Zwischen 1765 und 1810 entstand bei Wörlitz ein Landschaftsgarten, der keine andere Funktion hatte als zu gefallen: Seen, Kanäle und Brücken, Schlösser – das Wörlitzer Schloss (1769–1773) ist das erste Bauwerk des deutschen Klassizismus –, kleine Tempel, Villen und eine Pagode, arrangiert zu einem sinnlosschönen Gesamtkunstwerk. Das Gartenreich erstreckt sich der Elbe entlang von Großkühnau bis nach Rehsen und bezieht auch die Dessauer Gärten Georgium und Luisium mit ein: sechs Schlösser, sieben Parkanlagen und mehr als 100 »Kleinarchitekturen« auf 142 Quadratkilometern.

Wörlitz Information; Tel. 03 49 05/3 10 09; www.woerlitz-information.de, www.gartenreich.com

Sachsen-Anhalt gibt an

Altstadt
Quedlinburg

1327 Fachwerkhäuser aus 600 Jahren auf 80 Hektar Fläche: Diese Daten waren für die UNESCO genug, um Quedlinburg als eines der schönsten und besterhaltenen mittelalterlichen Stadtensembles zum Welterbe zu ernennen. Hier bummelt man über das Kopfsteinpflaster durch enge Gassen, von Platz zu Platz. Schon im Jahr 994 hat Quedlinburg das Stadtrecht erhalten.

Tourist-Information,
Markt 4; Tel. 0 39 46/90 56 24;
www.quedlinburg.de

Schloss
Wernigerode

Dem entzückenden Märchenschloss über den Dächern der Stadt wurde schon das Prädikat »Neuschwanstein im Harz« verliehen. Das geht historisch in Ordnung, denn Schloss Wernigerode erhielt wie das bayerische »Märchenschloss« am Alpenrand seine jetzige Gestalt im ausgehenden 19. Jh. Es beherbergt ein vielbesuchtes Museum sowie eine Außenstelle der Stiftung Dome und Schlösser in Sachsen-Anhalt.

Am Schloß 1;
Tel. 0 39 43/55 30 30,
www.schloss-wernigerode.de;
im Winter Mo geschl.

Altstadt
Wernigerode

Auch ohne das Gütesiegel der UNESCO begeistert Wernigerode auf halber Strecke zwischen den Welterbe-Städten Goslar und Quedlinburg mit Fachwerk satt rund um den Marktplatz. Besonders niedlich ist das Rathaus mit seinen spitzen Türmchen. Manche Besucher werden die vielen jungen Gesichter im Stadtbild überraschen. Die Erklärung ist einfach: Das mittelalterliche Städtchen Wernigerode besitzt nämlich eine Hochschule für angewandte Wissenschaften.

Tourist-Information,
Marktplatz 10;
Tel. 0 39 43/5 53 78 35;
www.wernigerode-tourismus.de

Sachsen-Anhalt gibt an

821 Altstadt
Salzwedel

Die alte Hansestadt Salzwedel liegt ziemlich genau in der Mitte des größten, (noch) nicht von Autobahnen zerschnittenen Gebiets in Deutschland: im Dreieck zwischen Hamburg, Hannover und Berlin. Noch bemerkenswerter als das automobile Handicap sind aber die großartige Fachwerkarchitektur innerhalb der mittelalterlichen Stadtbefestigung, die gotischen Kirchen und viele weitere Backsteinbauten. Salzwedel ist darüber hinaus bekannt als die Geburtsstadt des Baumkuchens.

Tourist-Information, Neuperverstr. 29; Tel. 0 39 01/42 24 38; www.salzwedel.de

822 Schlosskirche Allerheiligen
Lutherstadt Wittenberg

Eigentlich heißt die Stadt an der Elbe nur Wittenberg. Aber da Martin Luther (1483–1546) hier einen Wendepunkt der europäischen Geschichte setzte, geht der Namenszusatz in Ordnung: Am 31. Oktober 1517 startete er mit dem (historisch gleichwohl zur Legende erklärten) Anschlag der 95 Thesen gegen den katholischen Ablasshandel die Reformation. Kirche und Schloss wurden 1760 bzw. 1814 zerstört, die Kirche wurde nach einer völligen Umgestaltung im Jahr 1892 als Gedenkstätte neu eröffnet. Der Sarg des Reformators befindet sich nahe der Kanzel 2,40 m tief unter der Erde. Fünf Jahre lang ist der historisch so bedeutende Ort für das große Reformations-Jubiläum 2017 herausgeputzt worden.

Schlossplatz; Tel. 0 34 91/40 25 85; www.schlosskirche-wittenberg.de

823 Altstadt
Tangermünde

Nördlich von Magdeburg bietet die dünn besiedelte Altmark viel Platz für Aktive: beim Radfahren, Reiten, Wandern und Paddeln auf dem »Blauen Band« (www.blaues-band.de). Architektonische Juwelen sind die acht alten Hansestädte der Region. Mit seinem geschlossenen mittelalterlichen Stadtbild und der eindrucksvollen Stadtmauer gehört Tangermünde mit Sicherheit zu den schönsten Städten im Norden Deutschlands. Bemerkenswert sind das spätgotische Rathaus mit seiner Backsteinfassade und die fast vollständig erhaltene Stadtmauer mit ihren Toren und Türmen. Landschaftlich großartig an der Mündung des Tanger in die Elbe gelegen.

Tourist-Information, Markt 2; Tel. 03 93 22/2 23 93; www.tangermuende.de

Sachsen-Anhalt gibt an

824 Dom
Magdeburg

805 wurde die Stadt an der Elbe zum ersten Mal urkundlich erwähnt, 1945 verschwand sie beinahe von der Landkarte. Die durch zahlreiche Flächenbombardements vernichtete Altstadt wurde danach nur in Ansätzen rekonstruiert, wie zum Beispiel in der Hegelstraße. Etwas weniger stark zerstört waren der bemerkenswerte Dom, das Kloster Unser Lieben Frauen – die Klosterkirche dient heute als Konzertsaal –, und das Rathaus, die nach dem Krieg alle restauriert wurden. Der Dom ist mit seinen beiden mächtigen Türmen das älteste gotische Bauwerk auf deutschem Boden. Genauer gesagt: Als man im Jahr 1209 die Bauarbeiten aufnahm, begann die Gotik; als man die jeweils rund 100 m hohen Türme im Jahr 1520 fertigstellte, endete sie. Seit 1567 ist der Dom eine evangelische Pfarrkirche. Einen der Türme darf (und sollte!) man besteigen.

Am Dom 1;
Tel. 03 91/5 43 24 14,
www.magdeburgerdom.de

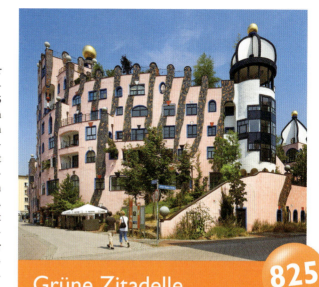

825 Grüne Zitadelle
Magdeburg

Die Landeshauptstadt Sachsen-Anhalts bietet mit der »Grünen Zitadelle« ein Beispiel moderner Architektur in denkbar größter Distanz von der Bauhaus-Ästhetik 50 km elbeaufwärts in Dessau. Das letzte Bauprojekt des Universalkünstlers Friedensreich Hundertwasser (1928–2000) wurde nach dessen Tod im Jahr 2005 vollendet und trägt irgendwie den falschen Namen. Das außen rosa-weiße und innen ziemlich bunte Gebäude ist in erster Linie ein Wohnhaus, beherbergt aber auch Geschäfte, ein Café und ein Restaurant sowie ein Hotel und ein Theater.

Breiter Weg 9; Tel. 03 91/6 20 86 55; www.gruene-zitadelle.de

Sachsen-Anhalt gibt an

Kloster
Jerichow

Einige Kilometer südöstlich von Tangermünde steht das Prämonstratenserkloster Jerichow. Die berühmte Klosterkirche verkörpert die norddeutsche Backsteinarchitektur in höchster Vollendung. Überwältigend ist der Raumeindruck im Kirchenschiff, großartig der Kreuzgang. In seiner unverändert erhaltenen Geschlossenheit ist das Klosterensemble einmalig. Die Stiftung Kloster Jerichow sorgt dazu für ein umfangreiches Veranstaltungsprogramm, und im Klosterladen gibt's Produkte aus der Umgebung zu kaufen.

Volksgut; Tel. 03 93 43/ 92 99 25; www.stiftung-kloster-jerichow.de

826

 ## Burg Falkenstein
Falkenstein/Harz

Auf einem Felsrücken über dem Naturschutzgebiet Selketal nahe Harzgerode steht dieses malerische Gemäuer. Wer auf der Straße der Romanik fährt, sollte hier Halt machen, um den restaurierten Rittersaal mit der gedeckten Tafel zu sehen, die Küche, die Herrenstube mit dem Hammerflügel und die Glasfenster in der Burgkapelle. Und vielleicht einen Falken, Adler, Bussard oder Uhu im Flugdienst der burgeigenen Falknerei.

Falkenstein; Tel. 03 47 43/ 53 55 90; www.burg-falkenstein-harz.de; im Winter Mo geschl.

 ## Kunstmuseum Moritzburg
Halle

Die mächtige Moritzburg ist seit 1996 das offizielle Kunstmuseum das Landes Sachsen-Anhalts. Gezeigt wird eine interessante Sammlung von Kunst des 19. und 20. Jh. Im Mittelpunkt stehen die »Brücke«-Maler der 1920er- und 1930er-Jahre. Auch Bauhaus-Meister Lyonel Feininger ist vertreten – mit zwei Ansichten von Halle. Einzigartig ist auch der Bestand an künstlerischer Fotografie aus der Zeit der DDR.

Friedemann-Bach-Platz 5; Tel. 03 45/2 12 59 73; www.kunstmuseum-moritzburg.de; Mi geschl.

Sachsen-Anhalt gibt an

Landesmuseum für Vorgeschichte
Halle

829 Der Himmel ist eine Scheibe. Auf 3600 Jahre wird das Alter der »Himmelsscheibe« geschätzt, die 1999 in Nebra gefunden wurde und heute in Halle ausgestellt wird. Am Fundort in Nebra, etwa 50 km südwestlich, steht seit 2007 die spacige »Arche Nebra« (An der Steinklöbe 16; www.himmelsscheibe-erleben.de), die nicht mehr das Original besitzt, dafür aber eine aufwendige multimediale Inszenierung bietet.

Richard-Wagner-Str. 9; Tel. 03 45/52 47 30; www.lda-lsa.de; Mo nur nach Voranmeldung

Stiftskirche und Domschatz
Quedlinburg

830 Mitten in Quedlinburg steht ein Berg. Auf ihm stehen das Renaissanceschloss und die mächtige romanische Stiftskirche St. Servatius aus dem Jahr 1129. Eine viel jüngere, kuriose Geschichte verbindet sich mit dem außerordentlich wertvollen Domschatz, der erst seit 1993 wieder zu sehen ist: Ein ehemaliger US-Wachsoldat hatte ihn nach dem Krieg bei sich zu Hause in Texas »geparkt«.

Schlossberg 1; Tel. 0 39 46/ 70 99 00; www.die-domschaetze.de; Mo geschl.

Kloster Michaelstein
Blankenburg/Harz

831 Idyllisch – welches andere Wort wäre besser, um die Lage am Rand des Harzes zu beschreiben. Das Kloster, dessen letzter katholischer Abt sein Amt bereits 1543 niederlegte, war danach Klosterschule und irgendwann einfach nur noch ein Wirtschaftsgut. Heute ist mit der Musikakademie Sachsen-Anhalt auch die Kultur dazugekommen. Viel gibt es zu sehen, vom Kreuzgang über das Refektorium, den Kapitelsaal und die Sammlung von rund 900 Musikinstrumenten – darunter eine wasserradbetriebene Orgel – bis zum Kräutergarten auf der Südseite.

Michaelstein 3; Tel. 0 39 44/ 9 03 00; www.kloster-michaelstein.de; im Winter Mo geschl.

Sachsen-Anhalt gibt an

Altstadt
Stendal

Wirtschaftlicher und kultureller Mittelpunkt der Altmark ist die Hansestadt Stendal. Buchstäblich hervorragende Baudenkmäler der Backsteingotik sind hier zu sehen, darunter das Ensemble am Marktplatz mit der Marienkirche und dem Rathaus, der Dom St. Nikolai mit seinen kostbaren Glasgemälden und das Uenglinger Tor, Teil der mittelalterlichen Stadtbefestigung. Schöne Fachwerk- und Giebelhäuser stehen in der Breiten Straße. Übrigens: Stendal liegt nach Messungen des deutschen Wetterdienstes im regenärmsten Gebiet Deutschlands.

832

Tourist-Information, Markt 1; Tel. 0 39 31/65 11 90; www.stendal-tourist.de

Dom und Domschatz
Halberstadt

833

Über 250 Jahre wurde der gotische Dom zwischen 1236 und 1486 errichtet, das wichtigste Kunstwerk im Inneren ist aber romanisch: die Triumphkreuzgruppe entstand schon um 1220. Ohne Beispiel ist der Kirchenschatz, der die Kirche niemals verlassen hat und vollständig erhalten geblieben ist: mittelalterliche Altarbilder und Skulpturen, Handwerkskunst aus Gold und Bronze. Die liturgischen Gewänder und die drei romanischen Wandteppiche sind einzigartig, der 1150 gewirkte Abrahamsteppich gilt als der älteste Bildteppich in Europa.

Domplatz 16a; Tel. 0 39 41/ 2 42 37; www.die-domschaetze.de; Mo geschl.

Stiftskirche
Gernrode/Quedlinburg

St. Cyriakus ist mehr als 1000 Jahre alt und eine Augenweide. Seit 961 beurkundet, ist sie eine der ältesten Kirchen in ganz Nordeuropa. Wobei sie ihr ursprüngliches Aussehen den Restaurierungen im 19. Jahrhundert verdankt. Von der einst reichen Ausstattung ist nicht viel übrig geblieben. Der bedeutendste Kunstschatz ist im südlichen Seitenschiff das Heilige Grab mit seinem Reliefschmuck, die älteste Nachbildung des Grabes Christi in Deutschland (um 1100).

Burgstr. 3; Tel. 03 94 85/2 75; www.stiftskirche-gernrode.de

Sachsen-Anhalt checkt ein

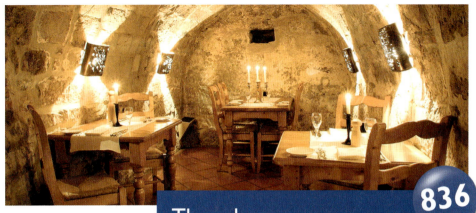

836 Theophano
Quedlinburg

Mit seinen historischen Häuserensembles ist der Quedlinburger Marktplatz eine Augenweide – und mittendrin steht das Hotel Theophano. Hier logiert man in schön saniertem, barockem Fachwerk. Die Zimmer sind hübsch, farbig und individuell im Landhausstil eingerichtet, zum Teil auch mit Himmelbetten. Außerdem gibt es noch zwei Ferienhäuser in denkmalgeschütztem Ambiente. Gefrühstückt wird im Café, stadtbekannt für seine feinen Kuchen und Torten aus der eigenen Konditorei. In einem Stadtpalais aus dem 16. Jh., 200 m vom Hotel entfernt, befindet sich in einem alten Speicher mit Kreuzgewölbe das Restaurant. Die Augen essen mit, und der Gaumen freut sich über Mediterranes mit Harzer Note.

Markt 13–14; Tel. 0 39 46/9 63 00;
www.hoteltheophano.de; €€

835 Hotel NH
Dessau

Dieses gute, moderne Hotel für Geschäfts- und Privatreisende befindet sich in zentraler Lage am Rand der Fußgängerzone – mit bestem Zugang zu Geschäften und Restaurants. Highlight ist die aussichtsreiche Dachterrasse auf der 6. Etage, in der sich auch der Fitnessraum und die Sauna befinden. Tapas und Cocktails gibt's im Erdgeschoss – im Hotelrestaurant »Navarra« mit seiner Fensterfront zur Straße.

Zerbster Str. 29;
Tel. 03 40/2 51 40;
www.nh-hotels.de; €€

Gasthaus Königsruhe
Thale/Harz

Gemütlich, rustikal, höchst idyllisch und mitten im grünen Bodetal, aber nicht wirklich ruhig – das Gasthaus liegt unmittelbar neben der munteren Bode, die tagsüber im Biergarten und Abends im Bett für die natürliche Musikbegleitung sorgt. Die Zimmereinrichtung ist einfach, das Klima herzlich. Pensionsgäste müssen ihr Auto am Eingang des Bodetales stehen lassen und sich dort mitsamt ihrem Gepäck vom Gasthaus-Shuttle abholen lassen.

Hirschgrund 1;
Tel. 0 39 47/27 26;
www.koenigsruhe.de; €

837

838 Herrenkrug Parkhotel
Magdeburg

Big is beautiful? Das kann man wahrhaftig nicht immer sagen, hier aber schon. Wobei das »beautiful« in erster Linie der Lage im Herrenkrug-Park an der Elbe, zehn Fahrminuten vom Zentrum, zu verdanken ist. In den klassisch gestalteten Zimmern gefallen Streifentapeten und kräftige Farben, im großen Wellnessbereich gefällt das »Studio Double« mit dem Blick hinaus ins Grün für zwei. Und im Jugendstilrestaurant »Die Saison« schmeckt es im schönen Wintergarten oder auf der Gartenterrasse noch mal so gut. Der »Herrenkrug« ist über die Grenzen Sachsen-Anhalts hinaus auch als erstklassiges Tagungshotel bekannt.

Herrenkrug; Tel. 03 91/8 50 80;
www.herrenkrug.de; € €

Sachsen-Anhalt checkt ein

839 Ankerhof
Halle

Komfort und Stil in ruhiger, zentraler Lage an einem Arm der Saale. Der ehemalige Speicher aus dem Jahr 1836 wurde sehr ansprechend renoviert und 1997 als Hotel neueröffnet. Blickfänge in den Zimmern sind die Natursteinwände aus Porphyr. Das Restaurant »Saalekahn« besitzt auch eine schmale Terrasse direkt über dem Wasser. Hübscher Sauna- und Wellnessbereich.

Ankerstr. 2a;
Tel. 03 45/2 32 32 00;
www.ankerhof.de; ❸ €

840 Gut Voigtländer
Blankenburg/Harz

Diese sehr hübsche Hotelanlage gleich neben dem Stadtpark würde auch heute noch ohne weiteres als Gutshof durchgehen. Der Blick in den viereckigen Innenhof fällt auf einen Teich. Die Zimmer und Suiten sind im unaufdringlichen Landhausstil gehalten und zeigen wie die Außenfassade ihr Fachwerk-Gerüst. Harzer Küche mit mediterraner Note im Restaurant.

Am Thie 2; Tel. 0 39 44/3 66 10,
www.gut-voigtlaender.de; €

Hotel am Anger
Wernigerode

Sehr günstig am Anfang der Breiten Straße und damit innerhalb der guten Stube Wernigerodes liegt dieses schön sanierte, verwinkelte Innenhof-Fachwerkensemble. In den Landhaus-Zimmern nächtigt man unter alten Holzbalken an der Decke. Der Service ist sehr herzlich. Wer am Tag ausgedehnte Wanderungen rund um den Brocken unternehmen möchte, erhält höchst kompetente Auskunft. Auch Tipps für andere lohnende Ausflugsziele per Auto oder Harzer Schmalspurbahn werden gern gegeben.

841

Breite Str. 92;
Tel. 0 39 43/9 23 20;
www.hotel-am-anger.de; €

Sachsen-Anhalt tischt auf

Landhaus Hadrys
Magdeburg

Anspruchsvoll, aber nicht überkandidelt ist die Küche im Landgasthaus an der Durchgangsstraße. Filets von Saibling, Weideochsen oder Steinbutt gibt es zu essen – tadellose Rohstoffe, sehr fein zubereitet. Dazu gern Kartoffeln, Spinat oder dergleichen vertraute Begleiter. Die Kürbisravioli mit Chorizo und Curryschaum gehen schon als regelrechte Extravaganzen durch, ohne eine Kundschaft zu verschrecken, die sich vielleicht eher im »Gutbürgerlichen« zu Hause fühlt und die sich nicht schämt zu fragen, was bitteschön ein Chaource mit schwarzen Nüssen ist. (Bitteschön: Der Chaource ist ein französischer Rohmilch-Weichkäse.) Wohl die beste Adresse für alle, die in der Landeshauptstadt Sachsen-Anhalts sehr gut essen wollen. Die Preise sind für die gebotene Qualität ausgesprochen fair.

842

Halberstädter Chaussee 1; Tel. 03 91/6 62 66 80, www.landhaus-hadrys.de; So, Mo geschl. €€€

Mahns Chateau
Halle

Eine feine Adresse im ehemaligen Umspannwerk neben der Marktkirche, im Herzen von Halle. Das Interieur bietet eine Mischung aus unverputztem Mauerwerk, weißen Wänden und glattem Holz – schick, nicht zu modisch und durchaus gemütlich. Küchenchef Alexander Mahn kocht französisch, mit provenzalischem Einschlag und überwiegend unter Verwendung von (Bio-)Rohstoffen aus der Region, etwa vom Havelländer Apfelschwein, dem Uckermärcker Rind und dem Ruppiner Lamm. Nur das Geflügel bezieht er »ausnahmsweise« aus Frankreich, da die dortigen Qualitätssiegel den deutschen »um Jahre voraus« seien. Sehr gute Weinkarte.

843

Oleariusstr. 4a; Tel. 03 45/20 36 98 60; www.mahns-chateau.de; So abends geschl. €€€

Sachsen-Anhalt tischt auf

Pächterhaus
Dessau

Hübsch ist das Ambiente hinter alten Mauern, richtig gut ist das, was man dort auf dem Teller bekommt. Aus der Regionalität wird kein Dogma gemacht. So gibt es etwa zum Lammkarree Kenia-Böhnchen und Bambes – eine Art sächsischen Kartoffelpuffer. Der ansonsten eher mediterrane Kurs führt sicher ans Ziel.

Kirchstr. 1; Tel. 03 40/ 6 50 14 47; www.paechterhaus-dessau.de; Mo geschl. €€

Ins kleine Paradies
Wernigerode

Das Wort »urig« fällt einem ein, wenn man das kleine Restaurant in zweiter Reihe von *downtown* Wernigerode betritt. Hier wird sehr deftig gekocht: Kartoffelaufläufe, Schierker Backleber, Bratensülze. Zum Verdauen Kümmel und Korn vom Klostergut Wöltingerode. Nette Atmosphäre, fast immer voll.

Unterengengasse 6; Tel. 0 39 43/63 20 50; €

Forelle
Thale/Treseburg

Gleich neben dem Haus kann man die Tiere in der Bode springen sehen. Als ob sie es darauf anlegten, auf schnellstem Weg in die Küche zu gelangen. Nicht weniger als 34 verschiedene Forellengerichte bereitet man im Hotelrestaurant zu – in der Folie und in der Mandelhülle, im Kräutersud und in Butterschmalz gebacken, wacholdergeräuchert und pochiert.

Ortsstr. 28; Tel. 03 94 56/56 40; www.hotel-forelle-harz.de; €

Hyaku Mizu
Magdeburg

Die Lage in der Grünen Zitadelle ist natürlich eine Schau, aber was man hier auf den Teller bekommt, ist mindestens so bunt – und außerordentlich wohlschmeckend. Geboten wird klassische japanische Küche, die vor den Augen der Gäste frisch zubereitet wird. Wichtigstes Utensil ist der traditionelle Robata-Grill – er wird bis zu 1000 Grad heiß! Das Ambiente ist schön, modern und erinnert überhaupt nicht an Hundertwasser (der ja bei manchen allergische Reaktionen hervorruft…). Prima ist auch die Bar.

Breiter Weg 8/10; Tel. 03 91/59 77 88 72; www.hyaku-mizu.de; €€

Sachsen-Anhalt geht aus

Bühnen
Halle

Dem Anspruch der Kulturhauptstadt Sachsen-Anhalts kommt Halle mit seinen Bühnen überzeugend nach – zuerst natürlich mit der Oper am Universitätsring 24. Die Staatskapelle, das zweitgrößte deutsche Orchester, musiziert in der Georg-Friedrich-Händel-Halle am Salzgrafenplatz. Die Kulturinsel in der Ulrichstraße wird vom Neuen Theater (Sprechtheater) und dem Puppentheater bespielt – mit Programmen für Kleine und Große. Vor allem junge Zuschauer spricht das Programm im Thalia Theater in der Kardinal-Albrecht-Straße an.

Tel. 03 45/5 11 07 77;
www.buehnen-halle.de

848

849 Anhaltisches Theater
Dessau

Die Zukunft des 2010/11 als »Bestes Theater außerhalb der Theaterzentren« ausgezeichneten Hauses ist bedroht. Nach massiven Kürzungen steht es seit 2013 auf der Roten Liste des Deutschen Kulturrats. An der Qualität liegt es sicher nicht – wie man 2015 sehen konnte, als der Ring des Nibelungen über die Bühne rollte.

Friedensplatz 1A;
Tel. 03 40/2 51 13 33,
www.anhaltisches-theater.de

850 Luchs Kino
Halle

Das gemütliche, mehrfach ausgezeichnete Kino bietet eine sehr gelungene Balance zwischen Filmkunst und anspruchsvollem Mainstream. Dazu gibt es Retrospektiven, Doku-Highlights, begleitende Foren und Diskussionsveranstaltungen. Sehr schön: Im Lux wird die Tradition des Vorfilms gepflegt.

Seebener Str. 172; Tel. 03 45/
5 23 86 31; www.luchskino.de

851 Theater
Magdeburg

Keine Berührungsängste zwischen Ernst und (vermeintlichem) Unernst: Auf dem Programm der Oper steht Mozarts »Entführung aus dem Serail« neben dem Splatter-Grusical »Sweeney Todd« von Stephen Sondheim. Das Theater Magdeburg leistet sich Ensembles für Musiktheater, Ballett, Konzert und Schauspiel.

Universitätsplatz 9;
Tel. 03 91/40 49 04 90;
www.theater-magdeburg.de

Sachsen-Anhalt geht aus

Nordharzer Städtebundtheater
Halberstadt

Das Halberstädter Theater hat sich nicht erst mit seinen berühmten Debütanten Gustav Gründgens und Theo Lingen einen Namen gemacht. 1992 fusionierten das Stadttheater in Quedlinburg und das Volktheaters in Halberstadt. Seitdem werden sie unter einheitlicher Führung als Nordharzer Städtebundtheater geführt. Zu dessen beliebtesten Programmen gehören die sommerlichen Aufführungen im bekannten Bergtheater Thale, auf der Waldbühne in Altenbrak, im Wasserschloss Westerburg und auf zahlreichen weiteren Bühnen im Harz. Die Zukunft ist ungewiss: Auch das Städtebundtheater kämpft mit massiven Kürzungen im Kulturhaushalt. Als Zeichen für bürgerschaftliches Engagement wurde die »Kultur-Aktie« initiiert.

852

Straße der Opfer des Faschismus 38 (Großes Haus), Spiegelstr. 20a (Kammerbühne); Tel. 0 39 41/69 65 65; www.harztheater.de

Partymeile Hasselbachplatz
Magdeburg

Der Hasselbachplatz ist ein Verkehrsknotenpunkt – und der Mittelpunkt des Magdeburger Nachtlebens. Am und um den Hasselbachplatz gibt es rund drei Dutzend Kneipen, Bars, Restaurants und Clubs. Empfehlungen auszusprechen, ist schwer möglich. Die Szene ist so vielseitig, dass man selber suchen muss. Hier dürfte aber jeder eine Location nach seinem Geschmack finden.

853

Tourist-Information, Breiter Weg 22; Tel. 03 91/63 60 14 02; www.magdeburg-tourist.de

Sachsen-Anhalt sucht aus

854 Harzkristall
Derenburg

In der nördlichsten Glashütte Deutschlands, unweit von Wernigerode, wird direkt am Hüttenofen nach alter Handwerkskunst Glas hergestellt und veredelt. Seit den 1960er-Jahren gehört man der Hochschule für Kunst und Design in Halle an, und heute ist der umfassend modernisierte Betrieb eine echte Besucherattraktion. Im Werksverkauf oder im Glasmarkt kann man diverse Glaskunstartikel, Weihnachtsschmuck und Modelle der hauseigenen Leuchtenkollektion erwerben. Der Abenteuerspielplatz vor der Manufaktur bietet neben allerlei Geräten einen kleinen Glas-Lehrpfad.

Im Freien Felde 5; Tel. 03 94 53/ 68 00, www.harzkristall.de

855 Schnick Schnack Schatz
Halle

Halle wurde schon als Discount-Hauptstadt Deutschlands bezeichnet – kaum woanders ist die Dichte an Discount-Märkten höher. Aber es gibt sie noch, die individuellen Ecken, in der Kleinen Ulrichstraße zum Beispiel: Hier befindet sich der schrecklich nette Krimskramsladen Schnick Schnack Schatz. Nichts hier drinnen muss, vieles möchte man aber haben: Badeseife, Reisetagebücher und Postkarten, große und kleine Taschen, Buntstifte, Rezeptbücher, Notizzettel, Stempel …

Kleine Ulrichstr. 18a; Tel. 03 45/3 88 12 85; www.schnickschnackschatz.de

Sachsen-Anhalt sucht aus

856 Rotkäppchen Sektkellerei
Freyburg

1856 gegründet, stand das Traditionsunternehmen, das noch in der DDR für Glanz und Luxus gesorgt hatte, 1991 vor dem Aus. Die Treuhand rettete es, und heute ist Rotkäppchen wieder ganz oben. Die Besucher drängen sich im denkmalgeschützten Lichthof, im Domkellergewölbe vor dem größten deutschen Cuvéefass aus Holz (120 000 Liter) – und im Sektshop, wo nun gar nichts mehr an die DDR erinnert.

Sektkellereistr. 5; Tel. 03 44 64/ 3 40; www.rotkaeppchen.de

857 Quartier 7
Quedlinburg

In einem hübschen Hof nicht weit vom Markt sind sieben Kunsthandwerker eingezogen; beim Altstadt-Bummel darf man sie gern besuchen. Zu kaufen gibt es Produkte aus Filz, Silber, Glas und Keramik, daneben sehr individuelle Damenmode und Buch-Acessoires.

Marktstr. 7; www.quartier7.de

858 Erste Baumkuchenfabrik
Salzwedel

Seit 1807 gibt man hier das Originalrezept von Generation zu Generation weiter. Der Baumkuchen, bekanntestes Exportgut der Stadt, wird im Manufakturbetrieb ohne künstliche Aromen und Konservierungsstoffe nach dem Originalrezept aus dem Jahre 1807 gebacken: vor offenem Feuer auf einer sich drehenden Holzwalze.

Sankt-Georg-Str. 87;
Tel. 0 39 01/3 23 06,
www.baumkuchen-salzwedel.de

Halloren
Halle

Halloren hießen die Salzwirker in Halle, Halloren heißt die Firma am selben Ort, die sich »Deutschlands älteste Schokoladenfabrik« nennt. Kult sind die garantiert nicht gesalzenen Halloren-Kugeln: Sahnecreme und Kakaocreme, von dunkler Schokolade umhüllt. Im Fabrikverkauf kann man auch alle anderen Erzeugnisse erwerben, etwa Pralinen, Konfekt, Schokoladentaler, Likörkirschen oder das Dessert »Kathi«. Good Bye, Lenin.

859

Delitzscher Str. 70
(mit Museum),
Tel. 03 45/5 64 21 93;
Leipziger Str. 66,
Tel. 03 45/4 70 10 59;
www.halloren.de

Sachsen-Anhalt lädt ein

Winzerfest
Freyburg

Saale-Unstrut lädt ein: Beim Freyburger Winzerfest, dem größten Weinfest in Mitteldeutschland, verwandelt sich an jedem zweiten Wochenende im September die Innenstadt in einen einzigen Weinausschank. Vier Tage lang, von Freitag bis Montag, gibt es Musik und Spektakel auf dem Marktplatz und rundherum. Die Mittelalterstraße, ein Antik-Trödelmarkt sowie ein Vergnügungspark mit bunten Fahrgeschäften ergänzen das Angebot. Als weitere Höhepunkte stehen am Sonntag die Proklamation der neuen Weinkönigin und der große historische Festumzug auf dem Programm.

860

www.freyburg-tourismus.de

861 Walpurgisnacht
Harz

Am 30. April fliegen die Hexen von Wernigerode zum Blocksberg, um sich dort mit dem Teufel zu vermählen. Tatsächlich geschieht weder das eine noch das andere, aber für ein ordentliches Spektakel am Harz reicht es locker. Sozusagen die traditionelle deutsche Alternative zum amerikanischen Halloween.

www.walpurgis.de

862 Händel-Festspiele
Halle

Berühmtester Sohn der Stadt ist Georg Friedrich Händel (1685–1759), dessen Geburtshaus in der Großen Nikolaistr. 5 besichtigt werden kann. Ihm ist das kulturelle Top-Event Halles gewidmet: die Händel-Festspiele, jedes Jahr im Juni. Dabei wird Händels Gesamtwerk nach den neuesten wissenschaftlichen und künstlerischen Erkenntnissen aufgeführt – weshalb nicht nur gewöhnliche Musikliebhaber, sondern auch Musikwissenschaftler mitmachen. Im Mittelpunkt stehen die Opern. Mindestens eine Oper wird jedes Jahr zusammen mit dem Opernhaus inszeniert. Mit den 42 erhaltenen Opern des Komponisten ist man noch nicht ganz durch.

www.haendelfestspiele-halle.de

Sachsen-Anhalt lädt ein

864 Laternenfest
Halle

Halle leuchtet, funkelt, strahlt – immer am letzten Augustwochenende. Aber nicht nur in den Abendstunden ist was los, sondern auch am Tag: beim Fischerstechen, beim Bootskorso oder beim Entenrennen. Zwischen Peißnitzinsel, Ziegelwiese, Amselgrund und Promenadenufer wird Musik, Show und Unterhaltung geboten, am Riveufer gibt es Kleinkunst und Kunsthandwerk. Am schönsten ist es aber nach Einbruch der Dämmerung, wenn ein beleuchteter Schiffskorso und abertausende »Glühwürmchen«, kleine, schwimmende Lichter, auf der Saale schaukeln.

www.halle365.de/laternenfest

863 Kaiserfrühling
Quedlinburg

Hier sieht man Männer in Strumpf- und Pluderhosen, mit Helm und Hellebarde, die es bei einigen Humpen Met so richtig krachen lassen. Mittelalterfeste gibt es viele in Deutschland, aber die filmreife Kulisse der echt mittelalterlichen Welterbe-Stadt Quedlinburg gibt es nur einmal. Man darf mit den Fingern essen.

www.kaiserfruehling.de

Ins Bodetal
Thale/Harz

Der Harzer-Hexen-Stieg führt über 100 km von Osterode über den Brocken nach Thale. Wem das zu weit ist, der sollte von Thale wenigstens ins hochromantische Bodetal wandern. 3 Std. braucht man für die 10 km lange Strecke.

865 Start ist bei der Talstation der Seilbahn zum Hexentanzplatz. Immer der Bode entlang, geht es durch den Buchenwald, vorbei an Granitwänden. Auch ein steiler Abstecher auf die Rosstrappe ist möglich. Diesen Felsen gegenüber des Hexentanzplatzes ziert ein sagenhafter Hufabdruck (Aufstieg auch mittels Sessellift möglich).

Bodetal-Information, Bahnhofstr. 3; Tel. 0 39 47/7 76 80 00; www.bodetal.de

866 Weinstraße Saale-Unstrut
Freyburg/Naumburg

Seit mehr als 1000 Jahren wird Wein gekeltert zwischen Saale und Unstrut. Typisch für das Gebiet sind die Steillagen: schön anzusehen, aber mühsam zu bearbeiten. Dafür schmecken Müller-Thurgau, Weißburgunder und Silvaner auch besonders gut. Mitten durch die idyllische Landschaft mit ihren Flussauen, Hügeln und Streuobstwiesen, mit Burgen, Schlössern und hübschen Orten, führt die rund 60 km lange Weinstraße Saale-Unstrut: von Memleben (sehr eindrucksvolle Klosterruine) über die Glockengießerstadt Laucha und Bad Kösen bis zum Soleheilbad Bad Sulza. Dreh- und Angelpunkt der Route ist Freyburg, bedeutendstes Baudenkmal der Region ist der Dom in Naumburg.

Saale-Unstrut-Tourismus; Tel. 0 34 45/23 37 90; www.saale-unstrut-tourismus.de

Teufelsmauer
Blankenburg

Zwischen Ballenstedt im Südosten und Blankenburg im Nordwesten ragt ein etwa 20 km langer, wild gezackter Kamm aus hartem Sandstein über dem nördlichen Harzvorland auf. Sagen und Mythen ranken sich um diese bizarre Laune der Geologie, die bereits 1935 unter Naturschutz gestellt wurde und damit zu den ältesten Naturschutzgebieten Deutschlands überhaupt zählt. Schon 1853 wurde ein Weg über den Kamm gelegt. Er verbindet den Großvaterfelsen über Blankenburg (Harz) mit dem sogenannten Hamburger Wappen bei Timmenrode und bietet fantastische Aussichten – auf die bizarren Felskulissen und weit hinaus über das Land.

Tourist-Information, Schnappelberg 6; Tel. 0 39 44/28 98; www.blankenburg-tourismus.de

Sachsen-Anhalt fährt raus

868 Harzer Schmalspurbahn
Wernigerode

Pünktlich um 8.55 Uhr setzt sich Lokomotive 997239-5, gebaut 1955 in Potsdam-Babelsberg, lautstark in Bewegung. In Schierke heißt es noch mal Wasser fassen. Dann geht es hinauf, zuerst durch dichten Wald, am Ende über die kahle Gipfelkuppe mit fantastischer Aussicht bis zum Brockenbahnhof – Ankunft sehr pünktlich um 10.36 Uhr. 33 km Strecke und knapp 900 m Höhenunterschied hat die eiserne Lady zischend, fauchend, ratternd, aber klaglos bewältigt. Bei jeder Fahrt zum Gipfel und wieder zurück verschlingt sie etwa 1,5 Tonnen Kohle. Kohle, die als dunkler Rauch in der Luft hängt. Noch in ihren letzten Zügen gründete die DDR-Regierung den Nationalpark Hochharz. Für die alte Dampfeisenbahn war in den ersten Plänen der amtlichen Naturschützer kein Platz. Doch als sie die Bahn einstellen wollten, sank die Akzeptanz für den Nationalpark in der Bevölkerung auf null. Längst hat man sich mit dem mehr als 100 Jahre alten Kulturgut Brockenbahn arrangiert. Gut so. Nur bei den allerübelsten Wetterbedingungen bleiben die Züge im Depot. Sonst dampfen sie täglich im Fahrplantakt, bei Sonne und Regen, bei Schnee und Eis. Insgesamt 140 km umfasst das Streckennetz – Traumpfade für große und kleine Jungs.

Friedrichstr. 151; Tel. 0 39 43/ 55 80; www.hsb-wr.de

Straße der Romanik
Sachsen-Anhalt

Schon bald nach der politischen Wende, im Jahr 1993, wurde die Idee geboren, die mittelalterlichen Baudenkmäler in Sachsen-Anhalt aus der Epoche zwischen 950 und 1250 durch eine touristische Straße zu verbinden: von Salzwedel in der Altmark bis hinunter nach Zeitz im Burgenlandkreis an der Weißen Elster. Weil es im ganzen Land aber so viel zu sehen gibt, hat man eine Nord- und eine Südroute eingerichtet. Beide zusammen verbinden Dutzende Ziele. Nicht nur für Architekturliebhaber eine der lohnendsten Themenstraßen Deutschlands.

869

www.strasse-der-romanik.net

Schleswig-Holstein

Der Tag an der Waterkant beginnt damit, dass man »Moin« sagt. Er endet damit, dass man dasselbe sagt. Dazwischen spannt sich ein weiter Raum. Er reicht von der Nordsee zur Ostsee und von Sylt bis zu den Buddenbrooks. Er enthält Deiche und Leuchttürme, Salzwiesenlämmer und schwarz-weiße Holsteiner, Ebbe und Flut. Platz bis zum Horizont.

Westerhever im Norden der Halbinsel Eiderstedt. Ein guter Ort, um den Einheimischen beim Einheimischsein zuzusehen.

Schleswig-Holstein gibt an ...

Marine-Ehrenmal
Laboe

Knapp 20 km nördlich von Kiel, am Ausgang der Förde, erinnern nahe dem Seebad Laboe ein eindrucksvoller, 85 m hoher Turm und die U 995, ein echtes, begehbares U-Boot von 1943, an die gefallenen Marinesoldaten beider Weltkriege. Die 1993 politisch sanft korrigierte Ausstellung erläutert historische Zusammenhänge.

870

Strandstr. 92; Tel. 0 43 43/ 49 48 49 62; www.deutscher-marinebund.de

Hafen und Ostseekai
Kiel

871

Statt zu rekonstruieren, was die Bomben alles vernichtet hatten – also fast alles –, bauten die Kieler ihre Stadt nach dem Krieg wieder so auf, dass sie in erster Linie funktionierte. Und sie funktioniert: Am Ostseekai legen die Kreuzfahrer an, an Schweden- und Norwegerkai die großen Fähren. Vom Windjammer »Gorch Fock« bis zum U-Boot sieht man alles, was schwimmt. Spaziergänge an der Förde bieten stets neue Bilder vom Kommen und Gehen auf der Ostsee. Natürlich gehört die Hafenrundfahrt zum Pflichtprogramm für alle Besucher der nördlichsten Großstadt Deutschlands. Sie dauert etwa zwei Stunden und startet an der Bahnhofsbrücke.

Tourist-Information, Andreas-Gayk-Str. 31; Tel. 04 31/67 91 00; www.kiel-sailing-city.de

Stadtbummel
Rendsburg

Die über 800 Jahre alte Stadt zwischen Eider und Nord-Ostsee-Kanal hat ein noch recht modernes Wahrzeichen: die »Eiserne Lady«, eine 42 m hohe Eisenbahnbrücke über den Nord-Ostsee-Kanal. Die darunter hängende Schwebefähre ist immer noch ein offizielles Verkehrsmittel. Sie befördert pro Fahrt bis zu vier Fahrzeuge oder etwa 60 Fußgänger. Knapp zwei Minuten dauert die Überfahrt. Der Bummel durch die Innenstadt führt durch enge Gassen und an alten Bürgerhäusern vorbei. Sehenswert ist auch das Neuwerk, die barocke Stadterweiterung mit dem Paradeplatz und repräsentativen Bauten aus dem 17. Jh. 3,2 km Länge misst der mit blauer Farbe auf dem Pflaster markierte Weg durch die Stadt.

Tourist-Information, Altstädter Markt; Tel. 0 43 31/2 11 20; www.rendsburg.de

Hafen und Wattforum
Tönning

Das hübsche Städtchen an der Eidermündung besitzt wohl den schönsten Hafen an der schleswig-holsteinischen Nordseeküste. Hier gibt es auch eine kleine Werft, in der seit 1740 Holzschiffe gebaut werden, und zwar bis heute. Eine besondere Attraktion ist das 1999 eröffnete Multimar-Wattforum, das größte Informationszentrum für den Nationalpark Schleswig-Holsteinisches Wattenmeer. Die futuristisch-kantige Architektur bietet im Inneren Platz für 17 größere Aquarien und 18 Sonderaquarien. Besonders spektakulär ist der Ausstellungsbereich »Wale in Watt und Weltmeer« – mit dem Skelett eines 1997 gestrandeten Pottwals (www.multimar-wattforum.de).

Tourist-Information, Am Markt; Tel. 0 48 61/6 14 20; www.toenning.de

Schloss
Eutin

Bildschön und rings von Wassergräben umgeben, steht das schmucke Geviert auf einer kleinen Insel direkt am Großen Eutiner See. Dass es mal eine mittelalterliche Burg war, ist nicht mehr zu sehen, die lange Baugeschichte endete aber auch erst im 19. Jh. Was man drinnen zu sehen bekommt, sind Räume in ihrer Originalausstattung – vom späten Barock bis zum Klassizismus –, die bis ins 20. Jh. ständig bewohnt wurden, sowie mehrere große Schiffsmodelle. Der denkmalgeschützte Landschaftspark vor den Mauern bildet die Bühne für die alljährlichen Eutiner Festspiele.

Schlossplatz 5; Tel. 0 45 21/7 09 50, www.schloss-eutin.de; Okt.–Apr. Mo geschl.

Schleswig-Holstein gibt an

Schloss Gottorf
Schleswig

875

Mächtig ragt die weiße Fassade über der grünen Insel im Südwesten der Stadt auf. Sie beherbergt zwei großartige Museen. Im Landesmuseum für Kunst- und Kulturgeschichte werden mittelalterliche Sakralkunst gezeigt, alte Meister, Barockmaler und Expressionisten. Im Archäologischen Landesmuseum sind das um 320 erbaute Nydamschiff und mehrere Moorleichen zu sehen. Wunderschön ist der Terrassengarten, der erste Barockgarten nördlich der Alpen. Hier ist im Globushaus eine Nachbildung des berühmten Gottorfer Riesenglobus (1650–1664) zu sehen.

Schlossinsel 1; Tel. 0 46 21/ 81 32 22; www.schloss-gottorf.de; im Winter Mo geschl.

Dom St. Petri
Schleswig

876

Erheblich überdimensioniert wirkt der 113 m hohe Westturm, der erst 1894 fertig wurde und viel zu groß ist für den zwischen 1200 und 1408 entstandenen Dom. Doch die Silhouette ist einmalig und innen stimmen die Proportionen. Berühmt ist der Bordesholmer Altar (1514-1521): 392 Figuren zeigen die Passion Christi. Toller Blick von der Aussichtsplattform auf 65 m Höhe.

Norderdomstr.; Tel. 0 46 21/98 98 57; www.schleswiger-dom.de

Freilichtmuseum Schleswig-Holstein
Molfsee

Die heile Welt liegt nur 6 km südlich von Kiel. Bäcker backen, Schmiede schmieden, Korbmacher machen Körbe. Leben und Arbeit in reetgedeckter Vergangenheit wird auf einem 60 Hektar großen Landschaftspark mit wunderschönen alten Hofgebäuden und Mühlen ausgestellt. Unverzichtbar für Familien.

Hamburger Landstr. 97; Tel. 04 31/65 96 60; www.freilichtmuseum-sh.de; im Winter nur So

877

414

Schleswig-Holstein gibt an

878

Altstadt
Lübeck

Die Stadt ist ein paar Jahre älter als die »Buddenbrooks« von Thomas Mann, der in seinem Roman (1901) einer Lübecker Kaufmannsfamilie beim »Verfallen« zusah. Schon 100 Jahre nach seiner Gründung (1143) war Lübeck Hauptort der Hanse, einer Vereinigung von Kaufleuten und Städten an Nord- und Ostsee, und zeitweise die wichtigste Handelsstadt im Norden Europas. Der »Verfall« kam plötzlich und mit fürchterlicher Wucht im März 1942: Als erste deutsche Großstadt wurde Lübeck von britischen Bombern angegriffen. Heute gehört die allseitig vom Wasser der Trave umflossene Altstadt mit der Kulisse ihrer sieben Kirchtürme als Rekonstruktion zum Welterbe. Wahrzeichen ist das Holstentor. Schon während der Bauzeit (15. Jh.) hatte sich der südliche Turm abgesenkt; die schiefe Optik ist originalgetreu. Auffällig sind die hohen Hausgiebel und die roten Backstein-Fassaden – etwa am Salzspeicher neben dem Holstentor, beim Rathaus mit seinen fotogenen Türmchen und beim 1280 gestifteten Heiligen-Geist-Hospital. Unter den fünf großen Kirchen beeindruckt besonders die Marienkirche. Mehrere alte Segler und das Feuerschiff »Fehrmarnbelt« sind im Museumshafen zu sehen.

Welcome Center, Holstentorplatz 1; Tel. 04 51/8 89 97 00; www.luebeck-tourismus.de

Schleswig-Holstein gibt an

Arche Warder
Warder

Warum immer Zebras, Elefanten und Giraffen? Auf dem Freigelände südwestlich von Kiel leben etwa 1200 Tiere von 86 Rassen, die einmal mit den Menschen gelebt und gearbeitet haben, im Lauf der Zeit aber unmodern wurden: Bentheimer, Posaviner, Turopolje, Girgentana, Poitou, Hinterwälder, Vorwerk, Skudde. Ja, es handelt sich um Schweine, Pferde, Ziegen, Esel, Rinder, Hühner und Schafe, die heute auf der Roten Liste der bedrohten Nutztierrassen stehen. Man staunt über die Vielfalt der Arten, freut sich über ihre Schönheit und interagiert. Für Kinder natürlich der Hit.

Langwedeler Weg 11;
Tel. 0 43 29/9 13 40;
www.arche-warder.de

879

880

Leuchtturm Westerheversand
Westerhever-Poppenbüll

Den schönsten Leuchtturm an der deutschen Nordseeküste kennt jeder – spätestens seit der Jever-Fernsehwerbung. In natura ist das 41 m hohe Schmuckstück, 1906 auf einer grünen Warft im Norden der Halbinsel Eiderstedt erbaut, aber noch viel schöner: reine Land Art und ganz ohne störenden Parkplatz: Der 2,5 km lange Zugang erfolgt zu Fuß in etwa 45 Minuten. Turmbesteigungen sind nach telefonischer Anmeldung möglich.

Info-Hus Westerhever,
Tel. 0 48 65 / 12 06;
www.westerhever-nordsee.de

»Graue Stadt am Meer«
Husum

Husum ist farbiger, als Theodor Storm, prominentester Sohn der Stadt, sie beschrieb. Storms Geburtshaus steht am Marktplatz (Nr. 9), sein Wohnhaus in der Wasserreihe 31 ist heute ein Museum. Sehenswert sind auch das Schifffahrtsmuseum am Hafen und das neue Nordsee-Museum im Nissenhaus über das aufregende Leben der Nordfriesen zwischen Land, Deich und wildem Meer.

Tourist-Information, Großstr. 27;
Tel. 0 48 41/8 98 70;
www.husum-tourismus.de

Schleswig-Holstein gibt an

882 Buddenbrookhaus
Lübeck

Pilgerstätte für Germanisten ist das Buddenbrookhaus in der Mengstraße unmittelbar neben der Marienkirche. In ihm lebten von 1841 bis 1891 die »Manns«, deren prominentester Sohn Thomas darin seinen weltberühmten Debütroman »Buddenbrooks« inszenierte. Heute ist es ein Museum, das sich mit seinen Interieurs im »Landschaftszimmer« und im Speisesaal als »begehbarer Roman« inszeniert.

Mengstr. 4; Tel. 04 51/1 22 41 90; www.buddenbrookhaus.de

883 Passat
Travemünde

Das moderne Wahrzeichen von Travemünde, das Hotel Maritim, hat eine Höhe von 119 m. Auf nur 56 m Höhe, aber ungleich größere Aufmerksamkeit bringt es der stolze Viermaster Passat, der neben der Hafeneinfahrt als Museumsschiff dem Abwracken entgangen ist. Von 1911 bis 1957 trotzte der Windjammer den Weltmeeren. Allein 39 Umsegelungen des berüchtigten Kap Hoorn an der Südspitze Südamerikas stehen im Logbuch.

Am Priwallhafen; Tel. 0 45 02/ 99 97 29; www.ss-passat.com; im Winter geschl.

Eiderstedter Kirchen
Garding

884

Es steht wirklich so auf dem Straßenschild: Welt. Doch nicht nur weltlich, sondern gewissermaßen auch geistlich ist es, was den Ort besuchenswert macht – und ganz besonders die spätromanische »Sommerkirche Welt«. Sie dient heute als Ausstellungsraum und informiert über die 18 Kirchen der Halbinsel Eiderstedt. Die alten Gemäuer gehen bis ins 12. Jh. zurück und sind zugleich Etappenpunkte einer feinen Route, die Land und Leute zwischen Tönning und St. Peter-Ording erschließt.

Tourismuszentrale Eiderstedt, Markt 26; Tel. 0 48 62/4 69; www.tz-eiderstedt.de

Altstadt
Friedrichstadt

Sieht ja aus wie in Holland! Kein Wunder: Es waren holländische Baumeister, die viele der alten Häuser im 17 Jh. errichteten – besonders schön auf der Westseite des Marktes, wo neun Treppengiebelhäuser eine geschlossene Front holländischer Kaufmannshäuser bilden. Auffällig sind die Hausmarken (Gevelstene), oft farbig gefasste Reliefs über den Eingangstüren. Wie sich das für Holland gehört, gibt es auch viel Wasser in der Stadt: Friedrichstadt liegt auf einer künstlichen Insel, die von zahlreichen Grachten durchzogen wird.

885

Tourismusverein, Am Markt 9; Tel. 0 48 81/9 39 30; www.friedrichstadt.de

886 Wikinger Museum Haithabu
Busdorf

Wo vor über 1000 Jahren die Wikinger siedelten, steht heute ein sehenswertes Freilichtmuseum. Im rekonstruierten Wikingerdorf ist aber kaum zu spüren, dass Haithabu im 10. Jh. eine richtige Stadt und einer der bedeutendsten Handelsplätze an der Ostsee gewesen ist. Den Kindern ist das herzlich egal.

Am Haddebyer Noor 5; Tel. 0 46 21/81 32 22; www.schloss-gottorf.de/haithabu; im Winter Mo geschl.

887 Seehundstation
Friedrichskoog

Hein, Lümmel, Deern, Lili und Mareike heißen die Bewohner der Seehund-WG. Zu ihnen gesellen sich die Kegelrobben Juris und Nemirseta. Teilweise leben sie schon seit 1985 in der Station. Die Tiere, die sich hier ein naturnah angelegtes Seewasserbecken teilen, konnten aus verschiedenen Gründen nicht ausgewildert werden und lassen sich nun bereitwillig betrachten. Im Rahmen der Fütterungen wie auch im Informationszentrum und in der Erlebnisausstellung wird Wissenswertes über die heimischen Meeressäuger vermittelt.

An der Seeschleuse 4; Tel. 0 48 54/13 72; www.seehundstation-friedrichskoog.de

Rotes Kliff
Kampen/Sylt

Sylt bietet neben extremem Reichtum auch eine der extremsten Naturerfahrungen in Deutschland überhaupt, auf der sanften Ostseite ebenso wie an der 38 km langen, wilden Westküste. An ihrer engsten Stelle ist die Insel nur 320 m breit. Und an diesem dünnen Streifen Land nagen die Sturmfluten, eindrucksvoll zu sehen an der 52 m hohen Steilküste des Roten Kliffs bei Kampen. Da bröckelt der Reichtum. Leuchtet die Abbruchkante aus Geschiebelehm in der Abendsonne rot auf, ist das fast schon wie ein ein politisches Manifest.

Tourismus Service, Hauptstr. 12; Tel. 0 46 51/4 69 80; www.kampen.de

Schleswig-Holstein gibt an

Dom
Meldorf

Eigentlich ist er zu groß für die 7300-Seelen-Gemeinde. Aber als der Dom gebaut wurde (1250–1300), war man in Dithmarschen bereits wohlhabend und frei und konnte, nein wollte ihn sich leisten. In der dreischiffigen Basilika sind Fresken und Heiligenbilder aus dem 13. Jh. erhalten, ferner das Bronzetaufbecken (um 1300) und der Passionsaltar (1520). Die Orgel wurde erst 1977 gebaut, aber sie ist so groß und so gut, dass sie Meldorf zu einem bekannten Konzertort gemacht hat. Auch die Reihe Internationale Sommerkonzerte findet im Dom statt.

889

Klosterhof 19; Tel. 0 48 32/ 67 40; www.kirche-meldorf.de

890 Nord-Ostsee-Kanal
Brunsbüttel

Das stillgelegte Kernkraftwerk gegenüber kann man zwar nicht mehr anschauen, attraktiver ist aber ohnehin die Besichtigung der Schleusenanlage des Nord-Ostsee-Kanals, des meistbefahrenen künstlichen Wasserweges der Welt. 1895 eingeweiht, führt er von Kiel über rund 100 km bis nach Brunsbüttel – wo nicht nur der Kanal, sondern auch die Elbe in die Nordsee mündet.

Gustav-Meyer-Platz;
Tel. 0 48 52/39 11 86;
www.brunsbuettel.de

891 Palais für aktuelle Kunst
Glückstadt

In der alten Festungsstadt wird in einem bildhübschen Adelspalais aus dem 17. Jh. konsequent moderne Kunst gezeigt – in erster Linie Malerei, Fotografie, Grafik und Medienkunst. Der 2000 gegründete Kunstverein präsentiert nicht nur norddeutsche Künstler wie Caroline Grone, Helmut Heißenbüttel und René Goffin, sondern auch internationale Größen wie Martin Parr, Bernhard Prinz und Tue Greenfort. Regelmäßig sind auch Ausstellungen einflussreicher Kunsthochschulklassen aus ganz Deutschland zu sehen.

Am Hafen 46;
Tel. 0 41 24/60 47 76;
www.pak-glueckstadt.de;
Do–So 13–17 Uhr

Schleswig-Holstein gibt an

Erlebniszentrum Naturgewalten
List/Sylt

Wie schnell wandert eine Wanderdüne? Wie entstehen Ebbe und Flut? Wie verändert der Wind die Wellen? Welche Kraft entwickelt ein Orkan, und wie überstehen Seevögel dieses Inferno? Viele Fragen, viele Antworten – auf 1500 Quadratmeter Fläche in der 2009 neu eröffneten Dauerausstellung, die das Alfred-Wegener-Institut bei List in den Sand gesetzt hat. Hier wird man auch über den Nationalpark informiert (sowie im Netz unter www.nationalpark-wattenmeer.de).

Hafenstr. 37;
Tel. 0 46 51/83 61 90;
www.muez.de

Nolde-Museum
Neukirchen/Seebüll

1930 zog der expressionistische Maler und Aquarellist Emil Nolde (1867–1956) mit seiner Frau in das neue Wohn- und Atelierhaus auf eine leerstehende Warft (einen zum Schutz vor Sturmfluten künstlich aufgeschütteten Siedlungshügel). Sie liegt nahe der dänischen Grenze, unweit des 1927 eröffneten Hindenburgdammes nach Sylt. Neben dem Haus legten Ada und Emil Nolde einen Garten an, dessen Wege in Form der Anfangsbuchstaben ihrer Vornamen verlaufen. Das Anwesen gehört heute der Stiftung Seebüll und ist ein Museum. Hier werden im jährlichen Wechsel rund 160 Arbeiten des Malers gezeigt, der überzeugter Nationalsozialist war und doch von den Nazis als »entartet« abgestempelt wurde. Das neunteilige Altarbild »Das Leben Christi« (1911/12), Noldes wichtigstes religiöses Werk, ist im ehemaligen Atelier des Malers zu sehen.

Stiftung Seebüll; Tel. 0 46 64/
98 39 30; www.nolde-stiftung.de

Schleswig-Holstein checkt ein

Grand Spa Resort
Travemünde

4500 Quadratmeter umfasst der Fitness-, Wellness- und Beauty-Bereich, der vor allem mit seinen verschiedenen Thalasso-Angeboten punktet. Am Strand stehen eigene Hotel-Strandkörbe. Die Zimmer bieten entweder den Blick aufs Meer oder in den Park. Im Gourmetrestaurant »Buddenbrooks« gibt es perfekten Labskaus ebenso wie andere maritime Köstlichkeiten: Seezunge, Jakobsmuscheln oder Matjes … und Fleisch, ob vom deutschen Schwein oder vom amerikanischen Langhornrind.

Außenallee 10;
Tel. 0 45 02/3 07 00;
www.a-rosa-resorts.de;
€€€€

894

895 Landhaus an de Dün
St. Peter Ording

Mitten im Kurzentrum liegt das beliebte Wellness-Hotel. Hier kann man sich im Schwimmbad mit Gegenstromanlage und Wildwasserkanal vergnügen, in der Whirlpoolrotunde mit Bodenstrudel und Massagedüsen, in Sauna und Solarium. Großes Angebot an Massagen und Bädern.

Im Bad 63; Tel. 0 48 63/9 60 60;
www.hotel-landhaus.de; €€€

Romantik Hotel Kieler Kaufmann
Kiel

Farbige Wände, edle Textilien und schwere Möbel in der Bankiersvilla, moderne Räume im Parkflügel. Und das Essen? Steak und Grill im »Kaufmannsladen«, moderne Gourmetküche im »Ahlmanns«. Von der Gartenterrasse blickt man auf die Förde – und spaziert dann durch den großen Park bis ans Ufer.

Niemannsweg 102; Tel. 04 31/
8 81 10; www.kieler-kaufmann.de; €€€

897 Dorint Söl'ring Hof
Rantum/Sylt

Aller Komfort auf der Düne. Das kleinen Landhaus bietet einen erstklassigen Service. Wer will, kann sich im hauseigenen Rolls Royce Silver Cloud II, Baujahr 1961, über die Insel chauffieren lassen. Hotelchef Johannes King steht auch am Herd. Probiert man erst seine Gourmetkünste, möchte man ihn dort auch nicht mehr weglassen.

Am Sandwall 1; Tel. 0 46 51/
83 62 00; www.soelring-hof.de;
€€€€

Schleswig-Holstein checkt ein

Altes Gymnasium
Husum

Schulbänke drücken war gestern. Seit dem großen Umbau im Jahr 1996 (durch einen ehemaligen Schüler) sind die Sitzflächen im Königlich Preußischen Gymnasium hübsch gepolstert, der Ton ist zuvorkommend, und die Noten darf man selbst vergeben. Meistens werden sie gut sein, denn die Zimmereinrichtung und der Komfort haben seit dem strengen Regime der Pauker merklich zugelegt. Die 53 Zimmer und Suiten, 30 davon im 1954 erbauten Gartenhaus, sind ausgesprochen individuell und gemütlich eingerichtet. Es gibt einen großen Wellnessbereich und im Gewölbe anstelle des Karzers mit Wasser und Brot das Gourmet-Restaurant »Das Eucken«. Der Name kommt nicht von ungefähr: Rudolf Eucken, der 1908 den Nobelpreis für Literatur erhielt, war hier mal Lehrer.

898

Süderstr. 2–10;
Tel. 0 48 41 / 83 30,
www.altes-gymnasium.de;
€€€€

Fährhaus
Munkmarsch/Sylt

899

Der pure Luxus auf Sylt – entweder in viktorianischem Ambiente, mit Blick aufs Watt, oder, in den Zimmern »nach hinten«, auf den Wald. Tolle Wellnessabteilung mit Pool, Whirlpool, Sauna und mit exquisiten Beauty-Angeboten. Wunderschönes Ambiente im Gourmet-Hausgastrestaurant »Mara Sand« im ersten Stock. Sehr empfehlenswert ist auch das zweite Restaurant, die »Käpt'n Selmer Stube« mit feiner Regionalküche.

Bi Heef 1; Tel. 0 46 51/9 39 70; www.faehrhaus-sylt.de;
€€€€

Schleswig-Holstein checkt ein

900 Land-/Golfhotel Villa Witt
Föhr

Klein und sehr fein, mit romantischer Fassade und zeitgemäßem Komfort – und direkt neben der schönen Kirche mitten in Nieblum. Die Zimmer und Suiten sind geschmackvoll-traditionell möbliert. Hübsch ruhig ist es auf den Liegen im schönen Garten, lecker wird es im Gasthofpark bei Kaffee und Kuchen – und noch leckerer im Restaurant, wo Patron Peter Kaufmann ganz groß aufkocht. Tipp: das Salzwiesenlamm! Und wo kann man jetzt golfen? Gleich in der Nähe, auf einem herrlichen 27-Loch-Platz.

Alkersumstieg 4;
Tel. 0 46 81/5 87 70;
www.hotel-witt.de; €€€

901 Golfhotel Budersand
Hörnum/Sylt

Hier kommt das Kontrastprogramm zur Sylter Reetdachseligkeit: Vier auffallend kantige Häuser, durch Brücken miteinander verbunden, sind das neue Highlight im Süden, direkt am Meer. Mit konsequenter Architektur und edelsten Materialien, mit großzügigen öffentlichen Bereichen und einem tollen Spa. Und mit einer schönen Bibliothek, für die Elke Heidenreich 1200 Bände ausgewählt hat.

Am Kai 3; Tel. 0 46 51/4 60 70;
www.budersand.de; €€€€

902 Ual Öömrang Wiartshüs
Norddorf/Amrum

Die Aussprache lernt man schon bis zur Abreise. Das »alte Wirtshaus« liegt nah am Watt in Norddorf und sieht aus wie ein Friesenhaus, das man unbedingt fotografieren muss. Drinnen ist es so gemütlich, wie es Reetdach und Backsteinmauern vermuten lassen. Und es wird ausgezeichnet gekocht, mit frischen Zutaten von der Insel und aus der Region: Fisch kommt vom Fischmarkt in Tönning, Fleisch aus Husum, Kartoffeln, Gemüse und Kräuter aus Norddorf. Das Brot, das auf den Tisch kommt, wird im Ualöö…, also es wird selbst gebacken.

Bräätlun 4;
Tel. 0 46 82/9 61 45 00;
www.uoew.de; €€

Schleswig-Holstein tischt auf

September
Kiel

Schwarz und Weiß, Akzente von Rot, dazu der Holzton des Bodens: So sieht ein modernes Restaurant aus. Auf den Tellern gibt es mehr Farben. Die Küche verarbeitet gern Heimisches (Lamm und Rind) – mit ausgesprochen wohlschmeckenden Resultaten. Schön auch die Atmosphäre im grünen Innenhof.

Alte Lübecker Chaussee 27;
Tel. 04 31/68 06 10;
www.september-kiel.de;
So geschl. €€€

Sansibar
Rantum/Sylt

Der Kult in den Dünen. Tatsächlich ist die Lage dieser Sylter Institution phänomenal. Hier am Fenster sitzen und die Sonne untergehen sehen, offenbart allen Zauber, den die Insel bieten kann. Und dann schmeckt es auch noch so gut, egal ob Currywurst, Seezunge oder Wagyu Ribeye. Ohne Reservierung geht (fast) nichts!

Hörnumer Str. 80;
Tel. 0 46 51/96 46 46;
www.sansibar.de; €€€€

Schankwirtschaft
Tönning

Diese traumhafte Immobilie aus dem Jahr 1688 befindet sich in fantastischer Lage knapp 10 km westlich von Tönning – ideal, um bei Kaffee und Kuchen und dem legendären Eiergrog (nicht für Autofahrer!) einen ganzen Nachmittag zu verbummeln und den Abend gleich dazu. In schönstem Puppenstubenambiente werden auch erstklassige belegte Brote und Bratkartoffelgerichte serviert – obendrauf mit Schafskäse, Schinken, Krabben, oder Matjes...

Katingsiel 4;
Tel. 0 48 62/3 70; www.schankwirtschaft-andresen.de;
Mo geschl. (außer in den Ferien), im Winter nur Sa/So; €

Schleswig-Holstein tischt auf

Roter Hauharg
Witzwort

Der berühmte Rote Hauharg sieht großartig aus, hat aber eindeutig den falschen Namen. Tatsächlich ist das riesige Bauernhaus aus dem Jahr 1647 mit seiner Grundfläche von 750 Quadratmetern unter dem riesigen Reetdach seit langem weiß gestrichen. Hauharge sind typisch für die Halbinsel Eiderstedt. Sie versammelten ursprünglich alles, was ein landwirtschaftlicher Betrieb brauchte – Vieh, Gesinde, Herrschaft – unter einem Dach. Wie das Leben dort ablief, dokumentiert das angeschlossene Museum (Eintritt frei). Wie es heute abläuft, kann man selber erleben, nachdem man in einer der verschiedenen Stuben oder, bei schönem Wetter, auf der Terrasse Platz genommen hat. Hier wird aufgetischt, was das Land und die See hergeben: Lamm und Fisch, Kartoffeln und Brot, Eintöpfe und Salat. Lecker.

Sand 5; Tel. 0 48 64/8 45;
www.roterhauharg.de;
Mo geschl.

Café Schult
Norddorf/Amrum

Auf zur Tortenschlacht nach Norddorf. Auf der Nordseeinsel wird man schwerlich besseren Kuchen finden. Einen legendären Ruf genießt die Friesentorte. Dänische Plunder, Friesenwaffeln und die Rote Grütze begeistern Augen und Gaumen ebenso. Auch alle anderen, teils täglich wechselnden Angebote überzeugen: Caipirinha-Limonen-Torte, Blaubeertorte, Cranberrytorte, gedeckter Apfelkuchen … und die Fruchtschnitten! Schult kann übrigens nicht nur süß, sondern auch Brote und Brötchen.

Ual Saarepswai 9; Tel. 0 46 82/22 34; www.cafe-schult.de

Schleswig-Holstein tischt auf

Restaurants im Hotel Jörg Müller
Westerland/Sylt

908 Friesisch-französisch ist die Liaison, die Jörg Müller in Westerland auf allerhöchstem Niveau kultiviert. Deichlamm und Sylter Galloway oder das Duo von Steinbutt und Hummer auf zwei Saucen schmecken zum Niederknien. Die Weinkarte listet 1200 Positionen vor allem aus Frankreich und deutschen Spitzenlagen. Deutlich legerer ist die Atmosphäre in der Bistro Bar. Auch hier wird serviert, was die Insel hergibt – also vor allem Fisch und Lamm –, dazu (oder davor oder danach) genießt man das Angebot der Bar.

Süderstr. 8; Tel. 0 46 51 / 2 77 88; www.hotel-joerg-mueller.de; Di geschl. €€€€

Wullenwever
Lübeck

909 Spanferkel, Salzwiesenlamm, Sylter Meeräsche, Lübecker Plettenpudding: Roy Petermann kocht saisonal, regional und vor allem so gut, dass er dafür einen Stern bekommen hat. Er kombiniert die leichte Regionalküche mit mediterranen Akzenten zu einem sehr modernen Geschmackserlebnis. Edles Interieur im uralten Kaufmannshaus.

Beckergrube 71; Tel. 04 51 / 70 43 33; www.wullenwever.de; So, Mo geschl. €€€€

Zum Krug
Husum

910 Es ist romantisch, idyllisch und trotzdem (oder gerade deswegen) nicht aufgesetzt, sondern noch typisch. Im reetgedeckten Bauernhaus genießt man die gehobene regionale Küche wortwörtlich unter Denkmalschutz. Der Chef am Herd heißt Harald Frerks, und er legt großen Wert auf Produkte aus der unmittelbaren Umgebung, egal ob sie aus der Nordsee (Krabben), aus Fließgewässern (Zander) oder von grünen Wiesen (Lamm) kommen. Das Ambiente ist ungemein gemütlich, der Service sehr angenehm und freundlich.

Alte Landstr. 2; Tel. 0 48 41 / 6 15 80, www.zum-krug.de; Mo, Di geschl. €€€

Schleswig-Holstein geht aus

912 kunst:raum Sylt-Quelle
Rantum/Sylt

Bis zu 500 Zuschauer haben Platz im Großen Haus des kunst:raum in Rantum. In der Abfüllanlage des Mineralbrunnens Sylt-Quelle erleben sie Konzerte, Kammeropern, Performances, Autorenlesungen, Vorträge, Filmreihen und Podiumsdiskussionen. Der kunst:raum dient gleichzeitig als Produktionshalle und Galerie, und er ist ein Wohn- und Lebensraum auf Zeit für Künstler-Stipendiaten, die hier in fünf Apartments wohnen und arbeiten – kurz: Er ist ein Ort der Begegnung. Jahr für Jahr vergibt die Stiftung des Hauses das Sylter Inselschreiber-Stipendium. Die Liste der bisherigen Teilnehmer enthält prominente Namen wie Juli Zeh, Thomas Hettche und Feridun Zaimoglu.

Hafenstr. 1; Tel. 046 51/9 20 33; www.krsq.de

911 Theater
Itzehoe

Unter der auffälligen Architektur (Typ: schneeweißes Sahnebaiser mit eingesteckten Erdbeerspalten) gehen Opern-, Operetten- und Musicalaufführungen über die Bühne, daneben Sinfoniekonzerte, Tanz- und Schauspielinszenierungen sowie Kleinkunst für Zuschauer jeden Alters. Alles in allem ist das eine ganze Menge Theater.

Theaterplatz;
Tel. 0 48 21/6 70 90;
www.theater-itzehoe.de

Schleswig-Holstein geht aus

Tivoli
Heide

Ein prächtiges Konzert- und Ballhaus mitten in der Provinz. Besonderes Schmuckstück im 1865/66 erbauten und nach einem Brand 1891 neu errichteten Haus ist der große Saal mit seiner bogenförmigen Empore auf gusseisernen Stützen. Sorgfältig restauriert, steht er unter Denkmalschutz. Hier nehmen bis zu 700 Besucher bei Konzerten und Theateraufführungen Platz. Im Tivoli finden Konzerte im Rahmen des Schleswig-Holstein-Musik-Festivals ebenso statt wie Vorstellungen des Hamburger Ohnsorg-Theaters, Kabarett, große Festbälle und private Feiern.

Turnstr. 2; Tel. 04 81/6 21 22;
www.tivoli-heide.de

Deck 8
Kiel

»Nur« eine Hotelbar, aber was für eine: Gleich hinterm Hauptbahnhof genießt man auf dem Dach des Atlantic-Hotels in 38 m Höhe zu klassischen Cocktails und Tapas den wunderbaren Blick über die Kieler Förde. Wie man das alles noch toppen kann? Indem man an schönen Sommerabenden auf der Außenlounge Platz nimmt – der »schönsten Dachterrasse Kiels«. Freundlicher Service.

Raiffeisenstr. 2;
Tel. 04 31/37 49 90;
www.pier16-kiel.de

Blaue Maus
Wittdün/Amrum

Whisky! Liebhaber und Connaisseure laufen an der Inselstraße gleich hinter Wittdün in den reetgedeckten Hafen der Glückseligkeit ein. Die Institution im Amrumer Nachtleben bietet hochprozentigen Genuss und einen beinahe legendären, ungemein kenntnisreichen Gastgeber. Nach 40 Jahren hinter dem Tresen hat Maus-Chef Jan von der Weppen anno 2012 sogar seinen ersten eigenen Single Malt abfüllen lassen: eine Fassstärke mit 60,1 Prozent aus der Tullibardine-Destillerie in den schottischen Highlands.

Inselstr. 107;
Tel. 0 46 82/20 40,
www.blauemaus-amrum.de

Schleswig-Holstein geht aus

917
Pony Club
Kampen/Sylt

Kult, die volle Ladung. Wer vom Ballermann für Reiche spricht, mag ein bisschen recht haben und gleichzeitig ein bisschen daneben liegen. So einfach ist es nicht mit der Beschreibung dieses Sylter Phänomens, das Menschen, die schon drin waren und solche, die »da nie reingehen würden«, gleichermaßen fasziniert. 2011 feierte man übrigens schon den 50. Geburtstag. Damit gilt das »Pony« als der am längsten bestehende Club Deutschlands. Wer an einem frühen Morgen vor dem Reetdachhaus im Herzen von Kampen Stellung bezieht, kann nachprüfen, wie reiche und schöne Menschen am Ende einer durchfeierten Nacht aussehen.

Strönwai 6; Tel. 0 46 51/4 21 82;
www.pony-kampen.de

916
Theater
Kiel

Hinter der beeindruckenden Backsteinfassade wird großes Musiktheater geboten – mal klassisch-ernst (»Don Giovanni«, »La Traviata«), mal modisch-ironisch (»The Black Rider«). Auch Ballettaufführungen finden hier statt. Die Sparten Schauspiel und Kinder-/Jugendtheater haben im Schauspielhaus in der Holtenauer Straße und im Theater im Werftpark am Ostring ihre Spielstätten.

Rathausplatz; Tel. 04 31/ 90 19 01; www.theater-kiel.de

Schleswig-Holstein sucht aus

918 Designer-Quadrat
Kampen/Sylt

Wer auf Sylt shoppen will, hat oft Ansprüche. Unter Swarowski, Louis Vuitton, Hermès und Joop kommt nichts in die Tüte. Mitten in Kampen, im Geviert zwischen Hauptstraße, Zur-Uwe-Düne, Westerweg und Kurhausstraße, kann man Produkte dieser und anderer Marken erwerben oder nur im Schaufenster anschauen. Die Leute vor und hinter den Schaufenstern kann man auch anschauen, was nichts kostet, aber ebenfalls interessant ist.

Tourismus Service, Hauptstr. 12;
Tel. 0 46 51/4 69 80;
www.kampen.de

919 Wochenmarkt
Husum

Immer donnerstags von 7 bis 13 Uhr wird rund um den Tine-Brunnen im Zentrum von Husum platt geklönt, was das Zeug hält. Nebenbei wird verkauft, was frisch vom Land herbeigeschafft wurde. Auswärtige Besucher werden auch auf Hochdeutsch (na ja) bedient. Bereits seit 1465 gibt es den Wochenmarkt in Husum. Sein Besuch ist ein Erlebnis, das man nicht verpassen sollte. Der größte Wochenmarkt in Nordfriesland findet inmitten der historischen Stadtkulisse von März bis Dezember auch am Samstag statt.

Marktplatz; Tel. 0 18 41/8 98 70;
www.husum.org

Sophienhof
Kiel

920

Manchmal muss eben alles unter einem Dach Platz haben. Der Kieler Sophienhof, 1988 eröffnet, versammelt mehr oder weniger alle relevanten, das heißt fußgängerzonenkompatiblen Shops und Marken auf einer Fläche von knapp 38 000 Quadratmetern, die sich unter Einbeziehung der angrenzenden Querpassagen und Kaufhäuser fast verdoppeln. Damit verfügen die Kieler also über das größte überdachte Einkaufszentrum Norddeutschlands. Im Frühjahr 2013 dazugekommen ist der Food Court und eine Markthalle mit großer gastronomischer Vielfalt.

Sophienblatt 20;
Tel. 04 31/67 30 44;
www.sophienhof.de

Schleswig-Holstein sucht aus

Bernsteine Boy Jörns
St. Peter Ording

Eigentlich handelt es sich eher um ein Museum mit angebautem Shop. Zu sehen (und zu kaufen) ist hier das »Gold des Nordens«: Bernstein. Dabei handelt es sich um das fossile Harz von Nadelbäumen, die vor zig Millionen Jahren im Raum der heutigen Ostsee wuchsen. Im Verlauf der Eiszeit gelangten die »Steine« auch in die Nordsee und noch etwas später zu Boy Jörns. Seit mehr als 50 Jahren gibt es die Bernsteinschleiferei. Im Museum, das 2001 dazu kam, bestaunt man das Inklusenkabinett mit uralten Insekteneinschlüssen und ein großes Stranddiorama. Und danach kauft man vielleicht Schmuck aus der eigenen Werkstatt. Wer selber einen Bernstein findet, kann ihn sich schleifen und zu einem individuellen Schmuckstück verarbeiten lassen.

921

Dorfstr. 15;
Tel. 0 48 63/56 11; www.
nordsee-bernsteinmuseum.de

922

Niederegger
Lübeck

Zwölf lebensgroße Marzipanfiguren stehen gegenüber dem Rathaus in der Breiten Straße. Die Nasch-Apostel werben für die Manufaktur, die Georg Niederegger (1777–1856) gegründet hatte, um der Welt das Marzipan zu bringen. Unter dem Museum kann man die süßesten Lübecker Souvenirs erwerben.

Breite Str. 89; Tel. 04 51/5 30 11 26; www.niederegger.de

Schleswig-Holstein sucht aus

923 Marschentöpferei Hoyerswort
Oldenswort/Eiderstedt

Alfred Jordy hat sich im wunderschönen Herrenhaus Hoyerswort bei Oldenswort auf Eiderstedt seine Töpferwerkstatt eingerichtet. Er fertigt von Hand nach alter holländischer Tradition Fliesen aus feuchtem Ton und stanzt oder schneidet sie aus Platten aus. Bei der Bemalung hält er sich an traditionelle Muster, ergänzt um Motive von der Nordseeküste: Leuchtfeuer, Friesenhäuser, See- und Wattvögel, Fische und Krebse sind ebenso zu haben wie nicht ganz standortgerechte Pinguine. Das Sortiment umfaßt auch Schubladenknöpfe, Riemchen und Bordüren.

Kotzenbüller Chaussee 2;
Tel. 0 48 64/2 03 98 38;
www.marschentoepferei.de

Manufaktur
Braderup/Sylt

Helga Behrens und Christian Ostermann verarbeiten in einer alten Scheune in Braderup, am Ortseingang Richtung Kampen, neben dem Hotel »Weißes Kliff« Leder von Hirschen und Rentieren, Ziegen und Rindern. Die Häute werden ausschließlich mit natürlichen Gerbstoffen behandelt. Somit sind die daraus gefertigten Taschen, Bekleidungsstücke und Accessoires nicht nur Einzelstücke, sie »leben« auch und bekommen mit der Zeit eine schöne Patina.

M.-T.-Buchholz Stig 9;
Tel. 0 46 51/4 31 35;
www.manufaktur-sylt.de

Schleswig-Holstein lädt ein

Gourmet Festival
Schleswig-Holstein

Als das Feinschmeckerfestival 1987 im nördlichsten Bundesland gegründet wurde, blitzten dort über sieben Restaurants insgesamt acht Michelin-Sterne. 2016 waren 11 Restaurants mit 13 Sternen gelistet. Die Kooperation Gastliches Wikingland e. V. möchte mit dem Festival die Esskultur weiter fördern und, nebenbei, den Tourismus in den schwachen Herbst- und Wintermonaten ankurbeln. Die Reihe der insgesamt 32 Veranstaltungen zwischen September 2016 und März 2017 eröffnete Naturküche-Star Nils Henkel zusammen mit fünf Kollegen.

925

www.gourmetfestival.de

Musik Festival SHMF
Schleswig-Holstein

926

Ein ganzes Land horcht auf. Seit der Premiere 1986 hat sich das Schleswig-Holstein Musikfestival (SHMF) zu einem der größten und beliebtesten Festivals für klassische Musik in Deutschland entwickelt. Wohl kein anderes Festival dürfte über eine noch größere Vielfalt von Veranstaltungsorten verfügen. Musiziert wird in Schlössern, Kirchen, Gutshöfen, Kuhställen, Reithallen, Werften und Flughafen-Terminals zwischen Kiel, Föhr, Husum, Meldorf, Itzehoe, Heide und Brunsbüttel.

www.shmf.de

Surf World Cup Sylt
Westerland

Der Sylter Weststrand ist nicht ganz Waikiki, aber für europäische Verhältnisse schon ziemlich gut. Hier kämpfen die besten Windsurfer und Windsurferinnen der Welt um Weltranglistenpunkte: Zusammen mit Gran Canaria und Lanzarote ist Sylt der »Grand Slam« im Rahmen der PWA (Professional Windsurfers Association) World Tour. Dazu gibt's Beachsoccer und Beachvolleyball und Beachparty und überhaupt alles, was man vom Sport und der Location erwartet.

www.worldcupsylt.de

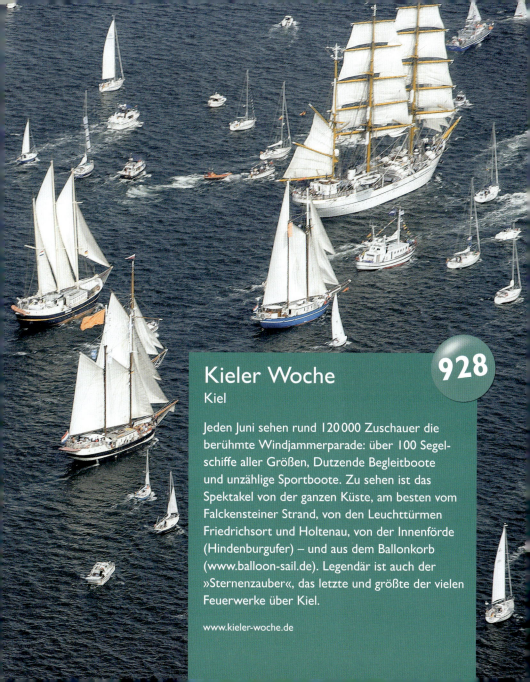

Kieler Woche
Kiel

928

Jeden Juni sehen rund 120 000 Zuschauer die berühmte Windjammerparade: über 100 Segelschiffe aller Größen, Dutzende Begleitboote und unzählige Sportboote. Zu sehen ist das Spektakel von der ganzen Küste, am besten vom Falckensteiner Strand, von den Leuchttürmen Friedrichsort und Holtenau, von der Innenförde (Hindenburgufer) – und aus dem Ballonkorb (www.balloon-sail.de). Legendär ist auch der »Sternenzauber«, das letzte und größte der vielen Feuerwerke über Kiel.

www.kieler-woche.de

Schleswig-Holstein lädt ein

929 Open Air
Wacken

Das »Full Metal Village« ist spätestens seit der Filmdoku aus dem Jahr 2005/06 weltbekannt: Menschen mit langen Haaren machen eine große Wiese beim kleinen Dorf Wacken zwischen Hamburg und Heide zum Schauplatz des größten Metal-Festivals auf dem Globus. Speed Metal, Thrash Metal, Black Metal, Death Metal. Dazu gab es 2016 wieder eine zünftige Schlammschlacht. Die 75 000 Karten für die nächste Ohrenspülung vom 3. bis zum 5. August 2017 waren natürlich bald ausverkauft. Mit dabei sind dann Bands mit hübschen Namen wie Napalm Death.

www.wacken.com

930 Biikebrennen
Nordfriesland

Am 21. Februar, dem Vorabend des Petritages, brennen in Nordfriesland die Feuer. Verbrannt wird traditionell eine Strohpuppe, das Petermännchen. Ähnlichkeiten mit dem Papst sind nicht auszuschließen. Heute gehen beim großen Nationalfest der Friesen aber in der Regel nur noch die alten Weihnachtsbäume in Flammen auf. Und hinterher wird Grünkohl gegessen.

www.nordseetourismus.de

931 Heider Marktfrieden
Heide

Am 13. Februar 1447 wurde auf dem Heider Marktplatz der Marktfrieden – Schutz vor Räubern und Piraten – ausgerufen. Heute wird auf dem größten unbebauten Marktplatz Deutschlands (4,7 Hektar) alle zwei Jahre (gerade Jahreszahlen) am zweiten Juliwochenende gefeiert: vier Tage Mittelalter mit Markt und Musik, Gauklern und Akrobaten. Verliebte dürfen sich für eine Dithmarscher Bauernhochzeit mit allem Drumherum bewerben. Da der Pfarrer in der Kirche Plattdeutsch spricht, sollten die Brautleute das auch tun.

www.heider-marktfrieden.de

Schleswig-Holstein fährt raus

Holsteinische Schweiz
Im Naturpark

Der Bungsberg hat zwar einen Skilift, aber das mit der »Schweiz« klingt trotzdem etwas gewagt. Der höchste Berg der Moränenlandschaft zwischen Kiel und Lübeck misst 186 m. Eingebettet in die sehr wiesen- und etwas waldgrüne Idylle liegen viele Seen, von denen der Plöner See (3000 Hektar) der größte ist. Es ist ein fantastisches Revier für Radfahrer ebenso wie für Paddler: Der 55 km lange Wasserwanderweg auf der Schwentine vom Großen Eutiner See bis zur Kieler Förde verbindet Natur- und Kulturgenuss. An der Route liegen beispielsweise die großartigen Schlösser Plön und Eutin.

Naturpark Info-Zentrum, Schlossgebiet 9, Plön; Tel. 0 45 22/74 93 80; www.holsteinischeschweiz.de

932

»Weltbad« 933
Travemünde

Das ehemalige »Weltbad« gibt sich noch im Alten Kurhaus und im Casino zu erkennen. Der moderne Tourismusort hat ein anderes Wahrzeichen: das 119 m hohe Hotel Maritim. Der schöne Leuchtturm am Leuchtenfeld 1, einer der ältesten Deutschlands (1539 erbaut, heute ein Museum; tgl. 13–16, Mo geschl. Juli/Aug. tgl. 11–16 Uhr), sieht zierlich dagegen aus. Wer die 20 km von Lübeck zur Seepromenade in Travemünde mit dem Zug zurücklegt, kommt am Jugendstilbahnhof von 1913 an. Auf dem Uhrenturm wird der nächste Zug zurück nach Lübeck angezeigt.

Welcome Center, Bertlingstr. 21; Tel. 04 51/8 89 97 00; www.travemuende.de

Über den Traumstrand
St. Peter Ording

Platz haben – wer diesen Wunsch auf einer Liste seiner Urlaubswünsche ganz weit nach oben stellt, muss hierherkommen. Der Streifen Sand, der die Halbinsel Eiderstedt nach Westen zum Wattenmeer und zur Nordsee öffnet, ist 12 km lang und bis zu 2 km breit. Auf dem Weg entlang den Badestellen Ording, Bad, Süd und Böhl nach Süden passiert man eine Reihe typischer Pfahlbaurestaurants sowie die einzigartige, 1 km lange Seebrücke von St. Peter Bad zum Strand. Gutes Bernsteingebiet!

Tourismus-Zentrale, Maleens Knoll 2; Tel. 0 48 63/99 90; www.st.peter-ording.de

934

Biosphären-Rundfahrt
Halligen

Sie heißen Langeneß, Oland, Hooge, Nordstrandischmoor und Gröde oder, alle zusammen: Halligen. Seit 2004 gehören die fünf bewohnten und fünf unbewohnten Inseln im Wattenmeer zum Biosphärenreservat Schleswig-Holsteinisches Wattenmeer und Halligen, seit 2009 zur Welterbe-Region. Das Leben zwischen Festland und offenem Meer, stets bedroht von Sturmfluten, hat eine einzigartige Form von nachhaltiger Landnutzung geschaffen. Seit langem sind die Inseln Ziele für Urlauber mit Charakter – und für Tagesausflügler. Mehrere Reedereien fahren die Inseln zwischen Amrum, Föhr, Nordstrand und Pellworm an.

Tourismusbüro der Biosphäre Halligen, Hanswarft 1, Hallig Hooge; Tel. 0 48 49/91 01; www.halligen.de

935

Die andere Insel
Amrum

936

Für viele Nordseefans ist es eine Glaubensangelegenheit: entweder Sylt oder Amrum. Von den beiden Nachbarn ist Amrum die kleinere, ruhigere, etwas weniger glamouröse und daher auch etwas weniger teure Insel. Sie bietet durchaus ähnliche Landschaftsbilder und erscheint dabei doch recht verschieden. Der Strand an der Westküste ist bis zu 1 km breit. Fantastisch ist die Aussicht vom 66 m hohen Leuchtturm im Süden, 2 km westlich von Wittdün; Besteigung sind wochentags (im Winter nur mittwochs) am Vormittag möglich.

Amrum Touristik, Inselstr. 14, Wittdün; Tel. 0 46 82 / 9 40 30; www.amrum.de

Thüringen

Ganz großes Theater hier. Der Deutsche lebt nicht von Bratwürsten und Klößen allein, sondern auch vom bedruckten Papier, in das er sie bitte nicht wickelt. Goethe in Weimar, Schiller in Schwierigkeiten, rundherum Fachwerk, Wald und Romantik. Später Klassik. Das alles gilt es zu verdauen in Deutschlands gut gefüllter Mitte.

So sah früher Bildung aus. Heute kann man sich das Bild der Anna-Amalia-Bibliothek auf den Touchscreen holen. Und die Bücher gleich dazu.

Thüringen gibt an

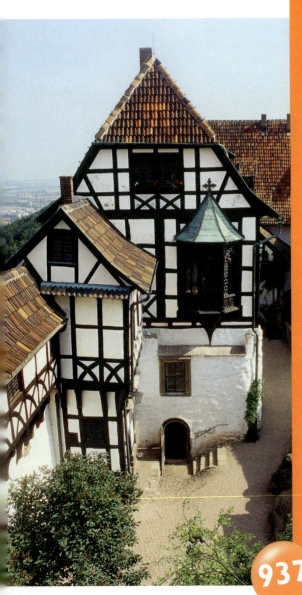

Wartburg
Eisenach

»Junker Jörg« nannte sich der Flüchtling, der im Mai 1521 eine karge Stube in der Vogtei der Wartburg über Eisenach bezog und dort das Neue Testament der Bibel ins Deutsche übersetzte. Martin Luthers knapp einjähriger Aufenthalt in der Wartburg ist die folgenreichste Episode in der Geschichte des Gemäuers, in dem sich 1777 auch Johann Wolfgang Goethe fünf Wochen einquartierte. Am 18. Oktober 1817 wehte hier erstmals die schwarz-rot-goldene Fahne im Wind, als 500 Studenten beim Wartburgfest für die Demokratie in einem geeinten Nationalstaat demonstrierten. Die Immobilie selbst, ursprünglich 1067 gegründet, beeindruckt mit ihrer malerischen Lage. Große Teile der heutigen Burganlage sind aber erst nach 1853 im Stil des Historismus entstanden. Nur die eigentliche Hofburg aus der zweiten Hälfte des 12. Jh. ist in ihrer spätromanischen Großartigkeit erhalten geblieben. Manche Fachwerkbauten in der Vorburg sowie der große Südturm stammen aus dem 14. und 15. Jh.

937

Tel. 0 36 91/25 00;
www.wartburg-eisenach.de

Thüringen gibt an

938 Orangerie
Gera

»Bratwurst« wird die halbkreisförmige Orangerie auch genannt. Der spätbarocke Bau war schon Lazarett und Pferdestall, Turnhalle und Lokal. Heute ist hier die Kunstsammlung Gera zu sehen: Gemälde, Druckgrafiken, Zeichnungen und Plastiken vom Mittelalter bis zur Gegenwart. In »Themen-Blöcken« werden bekannte und unbekannte Werke aus unterschiedlichen Epochen, Generationen und Anschauungen nebeneinander präsentiert: Geraer Bilder des 19. Jh. und Motive der Münchener Malerschule, Joseph Beuys neben Horst Sakulowski oder Rainer Schumacher. Die grafische Sammlung reicht von der Dürerzeit bis zur Gegenwart, herausragend die »Handzeichnungen der DDR«.

Orangerieplatz 1;
Tel. 03 65/8 38 42 50;
www.gera.de; Mo, Di geschl.

939 Haus Schulenburg
Gera

Henry van de Velde, Vermittler zwischen Jugendstil und Bauhaus, entwarf das großartige Gebäudeensemble am Anfang des 20. Jh. für den Fabrikanten und Kunstmäzen Paul Schulenburg. Zu sehen sind schöne Museumsräume, Wechselausstellungen und der herrliche Park.

Straße des Friedens 120;
Tel. 03 65/82 64 10;
www.haus-schulenburg-gera.de

940 Höhler
Gera

Die zweitgrößte Stadt Thüringens war im 18. und 19. Jh. ein wichtiger Standort der Stoff- und Tuchindustrie. Viele Gründerzeitvillen zeugen von der Blütezeit der Stadt. Interessant ist aber auch die Geraer Unterwelt: Sie besteht aus etwa 250 tiefen Kellern, einem Labyrinth aus Gängen und Nischen, zusammen mehr als 10 km lang. In diesen »Höhlern« wurde Bier gelagert und seit dem 16. Jh. auch gebraut. Einen Teil des Systems kann man heute besichtigen. Im zweitgrößten Höhler Nr. 188 ist eine beeindruckende Bergbauausstellung mit nahezu 770 Mineralien zu sehen.

Nicolaiberg 3;
Tel. 03 65/8 32 13 00;
www.gera-hoehler.de

Thüringen gibt an

Oberes Schloss
Greiz

Von den beiden Greizer Schlössern ist das Untere, das fürstliche Residenzschloss am Burgplatz, zwar auch hübsch und sehenswert, interessanter ist aber das Obere Schloss – dank moderner Medien und zeitgenössischer Kunst. Man kann Ritterhelme wiegen, höfische Tischmanieren lernen und, klar, skateboarden. Und es gibt den 3-D-Film »Glanz und Gloria der Reussen«. Dabei sieht man schon die ganze Burganlage mit ihrer einzigartigen romanischen Doppelkapelle und den Rokoko-Stuckaturen in 3-D, ohne Brille.

941

Am Schlossberg; Tel. 0 36 61/70 34 10; www.museen-greiz.de; Mo geschl.

942 Optisches Museum
Jena

Der Physiker Ernst Abbe rechnete. Der Chemiker Otto Schott lieferte das Glas. Und der Mechaniker Carl Zeiss baute die Mikroskope. Ab der Mitte des 19. Jh. machten die drei Erfinder Jena zur Wiege der Optik. Schon 1922 wurde das Optische Museum gegründet, das heute Brillen und Elektronenmikroskop zeigt, Prunkfernrohre und Hologramme. Sehr schön ist die Zeiss-Werkstatt aus dem Jahr 1866.

Carl-Zeiss-Platz 12; Tel. 0 36 41/44 31 65; www.optischesmuseum.de; So, Mo geschl.

943 Gradierwerk
Bad Salzungen

Im Norden des Thüringer Waldes liegt der Kurort Bad Salzungen, wo das prächtige Gradierwerk Lungen und Augen beglückt: schönster, ach was, gesündester Jugendstil! Das Gradierwerk von 1900 ist architektonisch einmalig, vor allem bietet es aber aus medizinischer Sicht viele verschiedene Inhalationsmöglichkeiten unter Verwendung des anerkannten natürlichen Heilmittels, der Bad Salzunger Sole.

Tourist-Info, Am Gradierwerk; Tel. 0 36 95/69 34 20; www.tourismus-badsalzungen.de

Thüringen gibt an

944 Planetarium
Jena

Seit 1926 hat sich einiges getan, aber immer noch sieht man im ältesten Planetarium Deutschlands die Sterne auf 900 Quadratmetern. Unter der Kuppel (23 m Durchmesser) ist modernste Technik eingezogen – 2006 sogar eine Laser-Projektionsanlage. Und neben »Bildung« gibt es auch Familienprogramme und Musikshows.

Am Planetarium 5;
Tel. 0 36 41/88 54 88;
www.planetarium-jena.de

945 Dampflokwerk
Meiningen

Der letzte Betrieb in Westeuropa, der heute noch Dampflokomotiven aller Arten repariert: 1914 gegründet, hat sich das Werk in Meiningen zum Kompetenzzentrum für historische Schienenfahrzeuge entwickelt. Aber nicht nur Dampflokomotiven werden hier instand gesetzt, sondern auch Dieselloks, E-Loks, Wagen, Triebwagen und sogar moderne Schneeräumfahrzeuge. Kann ein Teil nicht mehr beschafft werden, wird es neu angefertigt. Man kann sich auch durch das höchst lebendige Denkmal der Verkehrsgeschichte führen lassen (Apr.–Okt. Sa, Nov.–März 1. und 3. Sa/Monat, jeweils um 10 Uhr).

Am Flutgraben 2;
Tel. 0 36 28/56 02 01;
www.dampflokwerk.de

Altstadt
Schmalkalden

Schmalkalden, auf der Südseite des Thüringer Waldes gelegen, besitzt eine Altstadt, die zu den wertvollsten Zeugnissen mitteleuropäischen Städtebaus zählt. Zwischen der spätgotischen Hallenkirche Sankt Georg und dem Renaissanceschloss Wilhelmsburg erstreckt sich über enge Gässchen, kleine Plätzchen und viele nette Winkelchen ein mittelalterliches Fachwerk-Gesamtkunstwerk. Natürlich war auch Martin Luther hier: von 7. bis 26. Februar 1537, als der Schmalkaldische Bund tagte, das Verteidigungsbündnis protestantischer Städte und Fürsten.

946

Tourist-Information, Auer Gasse 6; Tel. 0 36 83/6 09 75 80; www.schmalkalden.com

Thüringen gibt an ....

948 Schloss Friedenstein
Gotha

Westlich von Erfurt liegt die ehemalige Residenz der Herzöge von Sachsen-Gotha. Sehenswert ist die denkmalgeschützte Altstadt, die Hauptattraktionen befinden sich aber im Bereich des weitläufigen Schlossparks mit dem imposanten Wahrzeichen Gothas: Schloss Friedenstein. Im Schlossmuseum können neben den historischen Räumen auch Kunstsammlungen mit Werken aus dem Mittelalter bis ins 20. Jh. besichtigt werden. Ein architektonisches Juwel im Schlosskomplex ist das Ekhof-Theater, das älteste Barocktheater Europas – es besitzt immer noch die originale Bühnentechnik aus dem Jahr 1685. Ebenfalls im Schlosspark befindet sich das Museum der Natur.

Schloss Friedenstein; Tel. 0 36 21/8 23 40;
www.stiftungfriedenstein.de; Mo geschl.

947 Altstadt
Saalfeld

Die Stadt Saalfeld wurde bereits 899 urkundlich erwähnt. Sie besitzt eine fast komplett erhaltene Stadtmauer, eine großartige Altstadt und eine der schönsten Kirchen Thüringens (St. Johannes). Das frühere Amtsgefängnis, nach dem Krieg vom sowjetischen Innenministerium NKWD genutzt und heute als »Hutschachtel« verniedlicht, ist heute ein Museum.

Tourist-Information, Markt 6;
Tel. 0 36 71/52 21 81;
www.saalfeld-tourismus.de

Altstadtbummel
Weimar

Von allen großen und berühmten Orten Deutschlands ist Weimar vielleicht der deutscheste. Das liegt an der schwindelerregenden historischen Topographie: Nur 10 km – und wenig mehr als 100 Jahre Geschichte – trennen Goethes Gartenhaus und das Krematorium im KZ Buchenwald. Zum »Klassischen Weimar«, das die UNESCO 1998 als Welterbe listete, gehört freilich nur das schöne Ensemble der Altstadt, über deren Straßen so viele große Geister wandelten, dass man als einfacher Tourist fast den Kopf einziehen möchte: Hier in der Belvederer Allee steht das Liszthaus, Wohnhaus des Komponisten und Kapellmeisters von 1869–1886, dort in der Schillerstr. 12 das Schillerhaus, in dem der Dichter seine letzten Lebensjahre verbrachte. Ach, und Bach, Herder und Nietzsche waren auch da …

Tourist-Information, Markt 10;
Tel. 0 36 43 / 74 50;
www.weimar.de

Bauhaus-Museum
Weimar

In Weimar stand die Wiege des modernen Designs. Von 1919 bis 1925, als das Staatliche Bauhaus nach Dessau umzog, wurde hier der Look des 20. Jh. entworfen. Möbel, Lampen, Geschirr, Textilien, Kunst. Mehr als 500 Originale von Walter Gropius, Marcel Breuer, Lyonel Feininger und vielen anderen Bauhaus-Meistern werden so lange in der alten Wagenremise am Theaterplatz zu sehen sein, bis 2018 endlich das neue Bauhaus-Museum steht. Es wird sehr eckig sein und eine gläserne Haut aus »schmalen, opak satinierten Glasstreifen« haben.

Theaterplatz 1;
Tel. 0 36 43 / 54 54 00; www.klassik-stiftung.de; Di geschl.

Feengrotten
Saalfeld

Die fantastischen Tropfsteinhöhlen sind im ehemaligen Alaunschieferbergwerk »Jeremias Glück« entstanden, und das erklärt ihre außergewöhnliche Farbigkeit: Das Gestein ist nämlich besonders reich an Eisen und Mineralien. Seit 1993 tragen die Feengrotten im Guinness-Buch der Rekorde den Titel der »farbenreichsten Schaugrotte der Welt«. Wer sich die Mühe macht zu zählen, kann weit über 100 Brauntöne unterscheiden. Themen beim Rundgang sind aber auch das mühevolle Dasein der Bergleute – und natürlich die Tropfsteine.

Feengrottenweg 2;
Tel. 0 36 71 / 5 50 40;
www.feengrotten.de

Thüringen gibt an

952

Goethes Häuser
Weimar

Das berühmteste Gartenhaus Deutschlands steht im Park neben der Ilm. Hier wohnte und gärtnerte der Hofrat Johann Wolfgang Goethe ab 1776. Vom Schreibpult über die Möbel bis zur Wandbespannung ist die Einrichtung unverändert geblieben (Mo geschl.). 1782 zog der Dichter und Naturwissenschaftler in das Barockhaus am Frauenplan 1 um, in dem er bis zu seinem Tod im Jahr 1832 lebte. Rund 6000 Bände stehen in Goethes Privatbibliothek, seine Sammlungen zu Kunst sowie den Naturwissenschaften umfassen etwa 50 000 Posten. Das Arbeitszimmer ist im Originalzustand erhalten (Mo geschl.).

Park an der Ilm (Gartenhaus), Frauenplan I (Wohnhaus);
Tel. 0 36 43/54 54 00;
www.klassik-stiftung.de

Thüringen gibt an

Herzogin Anna-Amalia-Bibliothek
Weimar

953

Der verheerende Brand im Jahr 2004 war eine nationale Katastrophe. Mehrere tausend Bücher gingen im berühmten Rokokosaal der 1691 gegründeten Bibliothek in Flammen auf. 2007 wurde der restaurierte Saal wieder eröffnet. Goethe hatte die Bibliothek 35 Jahre lang geleitet und zum Archiv der Weimarer Klassik ausgebaut. Neben deutscher Literatur und Kulturgeschichte von 1750 bis 1850 sind die Faust-Sammlung mit 13 000 Titeln und eine Shakespeare-Sammlung mit 10 000 Titeln die größten Schätze des Hauses.

Platz der Demokratie 1; Tel. 0 36 43/54 54 00; www.klassik-stiftung.de; Mo geschl.

Residenzschloss
Sondershausen

Noch bis 1918 residierten die Fürsten zu Schwarzburg-Sondershausen in diesem 800 Jahre alten Gemäuer, das heute über weite Bereiche ein klassizistisches Gesicht trägt. Im Schlossmuseum sind die historischen Räume aus sechs verschiedenen Epochen zu besichtigen, unter ihnen der wahrhaft himmlische Blaue Saal, das entzückende Liebhabertheater und das Steinzimmer. Im Sonderausstellungsbereich des Schlossmuseums zeigt man hauptsächlich die Arbeiten von Künstlern aus der Region. Der natur- und kulturhistorische Bereich widmet sich dagegen der Stadtgeschichte. Hier stehen auch die »Goldene Kutsche« (1710) und der sagenumwobene »Püstrich«: Die eigenartige, aus Bronze gegossene Figur eines dicken Mannes ist vermutlich über 700 Jahre alt – und macht dabei einen erstaunlich modernen Eindruck.

Schloss 1; Tel. 0 36 32/62 24 20; www.sondershausen.de; Mo geschl.

Panorama-Museum
Bad Frankenhausen

Was im »Elefantenklo« oder »Gasometer« (so Volkes Stimme) zu sehen ist, verunsichert die Kunstexperten. 1976 hatte der Kulturminister der DDR den Leipziger Maler Werner Tübke beauftragt, ein Panorama zum Gedenken an den Bauernkrieg und seinen Helden Thomas Müntzer zu malen. Tübke fertigte zuerst einen Entwurf im Maßstab 1:10, den er von 1983 bis 1987 im Stil alter Meister wie Dürer oder Cranach auf die 123 m lange und 14 m hohe Leinwand übertrug, die auf einen Stahlring mit 40 m Durchmesser gespannt wurde.

Am Schlachtberg 9; Tel. 03 46 71/61 90; www.panorama-museum.de; Mo geschl.

955

Thüringen gibt an

Erlebnisbergwerk
Merkers

Mitten im Gewerbepark von Merkers/Krayenberggemeinde saust man im Förderkorb 500 m tief in das gigantische Kalisalzbergwerk hinab.

956 Mit großen Allradfahrzeugen geht es schier endlos durch die Gänge.

Man bestaunt im Großbunker den größten untertägigen Schaufelradbagger der Welt und in der Kristallgrotte, nun bereits in 807 m Tiefe, riesige Salzkristalle. Toll ist auch der Ausflug nach Hessen ins nahe Heringen, wo man den schneeweißen Monte Kali besteigen kann – 200 m hoch und ganz aus Salz (www.kalimuseum.de).

Zufahrtstr.,
Tel. 0 36 95/61 41 01
www.erlebnisbergwerk.de

957

Kunsthaus Apolda Avantgarde
Apolda

1995 eröffnete der Verein Apolda Avantgarde das Kunsthaus in einer Villa aus dem Jahr 1870/71 mit einer Ausstellung von Gemälden der Impressionisten Max Liebermann und Lovis Corinth. Die Ausstellungshistorie ist beeindruckend, man liest die Namen Dalí, Picasso, Cocteau, Kokoschka, Feininger, Ernst und viele andere. Auch Fotografien von Karl Lagerfeld, Helmut Newton und Willy Bogner wurden gezeigt. Regelmäßig finden Kunstvorträge und -auktionen sowie Vernissagen statt.

Bahnhofstr. 42; Tel. 0 36 44/ 51 53 64; www.kunsthausapolda.de; Mo geschl.

Stadtschloss
Weimar

Von 1789 bis 1913 wurde an der Schlossanlage am Nordende des Ilmparks gebaut. Das Schlossmuseum zeigt eine Sammlung europäischer Kunst vom Mittelalter bis zum Beginn des 20. Jh.: Cranach und Dürer, deutsche Romantik und französischer Impressionismus. Großartig sind auch die Prunkräume. Der Festsaal, das große Treppenhaus und die Galerie gehören zu den schönsten klassizistischen Raumkunstwerken in Europa.

Burgplatz 4; Tel. 0 36 43/ 54 54 00; www.klassik-stiftung.de; Mo geschl.

Thüringen gibt an

959 Altstadt
Erfurt

Wer wissen will, wie eng man im Mittelalter wohnte, geht in die Waagegasse – nachts! Höchst fotogen sind der Fischmarkt mit schönen Renaissancebauten und dem neugotischen Rathaus sowie die Krämerbrücke. 1325 errichtet und mit 62 (heute 32) Fachwerkhäusern bebaut, ist sie die längste (120 m) komplett bebaute und bewohnte Brücke Europas. An ihrem Ostende bietet der Turm der Ägidienkirche eine wunderbare Aussicht über die fantastische Altstadt (Mo geschl.).

Tourist-Information, Benediktsplatz; Tel. 03 61/6 64 00; www.erfurt-tourismus.de

Heidecksburg
Rudolstadt

Im Schlossmuseum der barocken Heidecksburg sind Waffen, Gemälde und Porzellan zu sehen und seit 2007 auch die Ausstellung »Rococo en miniature«: detaillierte Modelle von zehn Schlössern mit rund 1000 Figuren. Ein Prunkstück in Originalgröße ist der Rokoko-Festsaal. Auch die Altstadt von Rudolstadt, dem »Klein-Weimar«, bietet viele schöne Ansichten, vom Stadtschloss über das Rathaus bis zum Freilichtmuseum im Heinrich-Heine-Park mit seinem Ensemble Thüringer Bauernhäuser.

Schloßbezirk 1; Tel. 0 36 72/ 4 29 00; www.heidecksburg.de; Mo geschl.

960

Thüringen gibt an

Theatermuseum
Meiningen

»Ohne Meiningen kein Hollywood?«, fragt die Website. Tatsächlich war das Meininger Hoftheater in der zweiten Hälfte des 19. Jh. die Wiege des modernen Theaters. Die »Meininger Spielweise« wurde zum Vorbild der berühmten Stanislavski-Methode, die Filmstars wie Al Pacino, Robert de Niro und Dustin Hoffmann hervorbrachte. 275 historische Bühnenbilder aus der Zeit bis 1914 bilden den Kern der Sammlung des Theatermuseums. Sie werden, alljährlich wechselnd und in weitgehend originaler Anordnung, vorgeführt.

961

Schloßplatz 2; Tel. 0 36 93/ 50 36 41, www.meininger museen.de; Mo geschl.

Sport und Blumen
Oberhof

Oberhof, die Wiege des Bobsports in Deutschland, ist das sportliche Zentrum des Thüringer Waldes. Auch wenn der Fokus ganz klar auf dem Wintersport liegt – zu sehen in der Skiarena, der Skisporthalle, der Schlitten- und Bobbahn sowie den Schanzenanlagen –, gibt es für den Sommer einen Bikepark und vor allem viele Wanderwege. Südlich des Orts kann man dazu den Rennsteiggarten besuchen. Auf dem barrierefreien Hauptweg sind fast 4000 Pflanzenarten aus den Gebirgen Europas, Asiens, Nord- und Südamerikas, Neuseelands und aus der arktischen Region zu sehen. Die durchschnittliche Jahrestemperatur hier oben, auf dem Kamm des Thüringer Waldes, beträgt nur 4,2 Grad, an etwa 150 Tagen liegt Schnee.

Tourist-Info, Crawinkler Str. 2;
Tel. 03 68 42/26 90;
www.oberhof.de;
Rennsteiggarten,
Am Pfanntalskopf 3;
Tel. 03 68 42/2 22 45;
www.rennsteiggartenoberhof.de

Botanischer Garten
Jena

Im Botanischen Garten der Uni am Fürstengraben hat auch schon Goethe botanisiert. Bereits 1586 war hier ein kleiner Medizingarten angelegt worden. Der heutige Komplex von fünf Glashäusern umschließt einen freien Innenhof mit afrikanischen Sukkulenten, Sommerblumen und einem beheizbaren Seerosenbecken. Im Arboretum wachsen etwa 900 verschiedene Laub- und Nadelgehölze, im Alpinum etwa 2500 Arten aus Mittel- und Hochgebirge. Es gibt Anlagen für Rhododendren, Rosen und Dahlien sowie für Heil- und Nutzpflanzen.

Fürstengraben 26;
Tel. 0 36 41/94 92 74;
www.spezbot.uni-jena.de

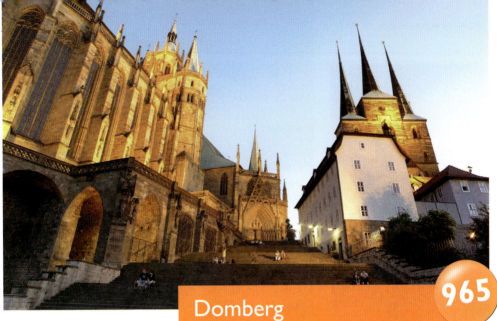

Museum für Angewandte Kunst
Gera

Um diese »Anwendungen« dreht sich die Sammlung: Fotografie, Gebrauchsgrafik und Design. Besonders wertvoll sind die Bauhauskeramiken, die in der Dauerausstellung »Art déco & Funktionalismus – Angewandte Kunst zwischen den Weltkriegen« zu sehen sind.

964

Greizer Str. 37;
Tel. 03 65/8 38 14 30;
www.gera.de; Mo, Di geschl.

Domberg
Erfurt

965

Weniger eng als in der Erfurter Innenstadt ist es auf dem Domplatz, wo von Montag bis Samstag (7–14 Uhr) der Wochenmarkt stattfindet. Die beeindruckende Kulisse von Mariendom und St.-Severikirche auf dem Domberg ist das Wahrzeichen der Stadt. Die »Gloriosa« im Turm des Doms wurde bereits 1497 gegossen – sie ist die größte, frei schwingende mittelalterliche Glocke in Europa. Schon in der Mitte des 8. Jh. stand auf dem Domberg eine Kirche, der heutige Dom wurde in der Mitte des 12. Jh. gebaut. Rund 100 Jahre jünger ist die Severikirche mit ihren drei schlanken Turmspitzen. Sie komplettiert das fotogene Domberg-Ensemble.

Severihof 2; Tel. 03 61/57 69 60; www.dom-erfurt.de

Thüringen checkt ein

966 Sächsischer Hof
Meiningen

Wer Rang und Namen hatte, stieg schon hier ab, als es noch kein »Romantik-Hotel« war: Johannes Brahms, Theodor Fontane, Franz Liszt, Richard Wagner, Richard Strauss, Loriot… Das 1802 fertiggestellte Schmuckstück mitten in der Stadt erhielt sein heutiges Aussehen mit Fachwerk, reich verzierten Balkonen und spitzen Türmchen zur Jahrhundertwende 1900. Sehr schöne, geschmackvolle Zimmer, elegantes Interieur, zwei feine Restaurants und ein gut sortierter Weinkeller.

Georgstr. 1; Tel. 0 36 93/45 70; www.saechsischerhof.com; €€

967 Hotel auf der Wartburg
Eisenach

Der Pilger, der heute an die Burgpforte klopft, wird wie zu Luthers Zeiten gern bewirtet. Er sollte aber das nötige Kleingeld mitbringen, denn die Kemenaten wurden luxuriös saniert. Recht klein ist der Vitalbereich mit seiner finnischen Sauna, recht groß dafür die Sonnenterrasse mit ihrem tollen Panorama. Frisches Wasser wird aus der eigenen Quelle gezapft.

Auf der Wartburg;
Tel. 0 36 91/79 70;
www.wartburghotel.de;
€€€€

968 Hotel am Schlosspark
Gotha

Dass sie hier in einem der »besten Tagungshotels in Deutschland« Quartier nehmen, braucht Freizeitreisende nicht zu beunruhigen. Das Ambiente ist nicht kühl, sondern klassisch-modern und sehr wohnlich. Beachtlich ist die Wellness- und Beauty-Abteilung mit angeschlossener Naturheilpraxis, die auch Akupunktur, Bachblütentherapie und psychologische Beratung bietet. Ambitionierte Küche im Hotelrestaurant: Gebratenes Zanderfilet mit Speck-Chip, gerösteter Kölledaer Rotwurst und Weißbierschaum an Trauben-Senf-Kraut…

Lindenauallee 20; Tel. 0 36 21/44 20; www.hotel-am-schlosspark.de; €€

Thüringen checkt ein

969 Zumnorde am Anger
Erfurt

Innen wie außen klassisch schön. Das privat geführte Hotel in der Altstadt verwöhnt Liegeriesen mit 2,20 m langen Betten. Sehr gute französische Gastronomie in stilvollem Ambiente mit holzvertäfelten Wänden sowie Jugendstilelementen. Schöner Restaurantgarten.

Anger 50/51;
Tel. 03 61/5 68 00;
www.hotel-zumnorde.de; €€

970 Russischer Hof
Weimar

Das erste 5-Sterne-Hotel Thüringens hat in seiner rund 200-jährigen Geschichte viele prominente Gäste gesehen – ganz zu Anfang sogar den russischen Zaren Alexander I. Kristalllüster, Blattgold, glatter Naturstein und polierte Edelhölzer, wohin man schaut. Feine französisch-mediterrane Küche im Restaurant »Anastasia«.

Goetheplatz 2; Tel. 0 36 43/77 40; www.russischerhof.com;
€€€

Stiftung Meininger Baudenkmäler
Meiningen

2007 gründete der Hotelier Uwe Klein eine gemeinnützige Stiftung mit dem Zweck, Baudenkmäler in Meiningen zu sanieren und einer weiteren Nutzung zuzuführen. Vier dieser historischen Adressen sind so zu stilvollen Hotels umgebaut worden: das Schlundhaus (mit deftiger Küche im Restaurant) und das Gästehaus Rautenkranz mitten in der Altstadt, der prächtige Ernestiner Hof (mit Barock-Café) und das Palais am Prinzenberg (vier Ferienwohnungen) etwas außerhalb im Grünen.

Tel. 0 36 93/88 19 10;
www.uwe-klein-hotels.de;
€€

971

Thüringen checkt ein

Dorint am Goethepark
Weimar

Ganz in der Nähe des Parks wurden zwei klassizistische Villen mit einem kantigen Neubau zu einem sehr attraktiven, klassisch-modern eingerichteten Hotel für Touristen und Geschäftsleute verbunden. Sauna, Dampfbad, Whirlpool und Solarium im Wellnessbereich.

972

Beethovenplatz 1-2;
Tel. 0 36 43/87 20;
hotel-weimar.dorint.com; €€

Hotel Elephant
Weimar

973

Schon 1696 stand hier ein Hotel. Was dann 1938 neu errichtet wurde, galt zu seiner Zeit als eines der modernsten Hotels in Europa. Heute begeistert das Kulthotel nicht nur durch seine zentrale Lage am Marktplatz, sondern auch durch die Gestaltung: Bauhaus und Art-déco, wohin man schaut. Besonders eindrucksvoll ist die große Wendeltreppe, wahre Design-Schmuckstücke sind die luxuriösen Suiten. Das Restaurant »Anna Amalia« (Seite 458) gilt als beste Gourmet-Adresse Thüringen. Feine Regionalküche, zum Beispiel knusprige Entenkeule mit Klößen, gibt es im urigen »Elephantenkeller« (Di, Mi geschl.).

Markt 19; Tel. 0 36 43/80 20;
www.hotelelephantweimar.com; €€

Thüringen tischt auf

Kromer's
Erfurt

Sehr schöne und empfehlenswerte Adresse mitten in Erfurt. Zwischen Kellergewölbe, Bistro-Restaurant und Gartenterrasse wird man bestens bedient – und zwar mit einer konsequent regionalen Küche nach Slow-Food-Prinzipien.

Kleine Arche 4;
Tel. 03 61/64 47 72 11;
www.kromers-restaurant.de;
Mo geschl. €€

Zum Ziegenhainer
Jena/Ziegenhain

Vor 100 Jahren gab es im kleinen Bergdorf Ziegenhain einen Ziegenverein, dem etwa 60 Menschen und etwa 800 Ziegen angehörten. Heute ist Ziegenhain ein Ortsteil von Jena, und im »Ziegenhainer« werden nicht nur Spezialitäten wie Frikassee vom Milchzicklein mit Möhrchen, Champignons und Reis serviert, sondern auch andere, oft in Vergessenheit geratene regionale Köstlichkeiten.

Edelhofgasse 3; Tel. 0 36 41/ 36 04 73; www.zum-ziegenhainer.de; Di geschl. €

Clara im Kaisersaal
Erfurt

Modern das Ambiente, modern die Küche: Sie präsentiert sich als eine Art saisonal-regional-mediterraner Crossover. Beispiel gefällig? Die Tomate aus Ichtershausen mit Sonnenblume, breiter Bohne und Goldforellenkaviar. Für Neugierige.

Futterstr. 15-16; Tel. 03 61/ 5 68 82 07; www.restaurant-clara.de; So, Mo abends geschl.
€€€

Turmschänke
Eisenach

Altdeutsch das Ambiente, vorwiegend mediterran die Küche: Direkt neben dem 1070 erbauten Nikolaiturm genoss die Turmschänke schon vor dem Ersten Weltkrieg einen hervorragenden Ruf – den sie während DDR-Zeiten als Weinrestaurant souverän verteidigte. Heute wird frisch, leicht und lecker gekocht – mit besten Zutaten und zu fairen Preisen. Beispiel: Carree vom Iberico-Schwein mit Chorizo-Lauch-Tortilla und gerösteten Paprika. Weine aus Sachsen und von Saale-Unstrut.

Karlsplatz 28;
Tel. 0 36 91/21 35 33; www.turmschaenke-eisenach.de; So geschl. €€€

Thüringen tischt auf

San
Weimar

Goethe kam nie nach Korea. Wer seine Wirkungsstätten in Weimar heute besucht, hat es leichter: Zumindest in kulinarischer Hinsicht kann man die Reise in den fernen Osten nur empfehlen. Im San wird sehr authentisch koreanisch gekocht – fast wie in Seoul. Und über die Namen der Gerichte kichern darf man auch, etwa beim Bulgogi BimBim-Bap: Rindfleisch mit Reis, Gemüse und Spiegelei. Zu fast allem wird natürlich Kimchi gereicht, mittels Milchsäure fermentierter Kohl. Die Schärfe darf man individuell bestimmen. Bei den Getränken kommen insbesondere Tee-Fans auf ihre Kosten: Auswahl und Originalität sind toll!

Eisfeld 4; Tel. 0 36 43/25 89 42; www.sanrestaurant.de; Mo geschl. €

Anna Amalia
Weimar

Ein Italiener in Weimar. Könnte Stoff für eine Oper sein, ist aber Realität. 1993 kam Marcello Fabbri nach Thüringen, heute ist er immer noch der beste Koch im Bundesland. Man probiere das Risotto cime di rapa mit gebackenen Calamaretti, die Variationen von Kalb und Kaninchen oder das Ei Benedikt auf Blattspinat mit schwarzem Trüffel und grünem Spargel.

Markt 19; Tel. 0 36 43/80 20; www.restaurant-anna-amalia.com; nur Mi-Sa; € € € €

Thüringen tischt auf

980 Zum Zwiebel
Weimar

Zunächst: Es heißt wirklich *Zum* Zwiebel, nicht *Zur* Zwiebel. Aber egal, das Gemüse findet in der Zwiebel-Küche sowieso Verwendung. Es gibt hausgemachte Sülze, Thüringer Bratwürste und Brätel, warmen Zwiebelkuchen und »Hüllerchen« – das sind in Schinkenspeck gebratene Thüringer Klößchen. Sehr rustikal.

Teichgasse 6;
Tel. 0 36 43/50 23 75;
Mo geschl. €

981 Scala – Das Turmrestaurant
Jena

Tolle Aussicht vom Jentower aus 128 m Höhe! Das große Thüringen-Panorama sollte dabei aber nicht zu sehr ablenken von den unbemüht modernen Kreationen, die Chefkoch Christian Hempfe in der Küche des schicken Restaurants im 28. Stock des Jenaer Wahrzeichens bereitet: zum Beispiel ein Filet vom Bachsaibling in Kataifiteig mit Mangold und Roten Beten oder den gegrillten Kalbsrücken mit Sellerie-Kartoffelcreme, Rucola und Pfefferkirschen. Auf der Weinkarte viele Gewächse von Saale-Unstrut und aus Sachsen.

Intershop-Tower, Leutragraben 1; Tel. 0 36 41/35 66 66;
www.scala-jena.de; €€€

Kulturbahnhof
Jena

982

Der Saalbahnhof war bis in die jüngste Vergangenheit hinein der Jenar Hauptbahnhof. Seit 1999/2000 ist er als »Kulturbahnhof« auch fest im Kulturleben der Stadt verankert. Das ganze Haus ist ständig in Bewegung, ständig wird umgebaut, modernisiert und saniert. Eine sehr bunte Künstler-WG hat sich mittlerweile hier gefunden. Es gibt einen Theater- und einen Konzertsaal (schallgeschützt, für eher laute Konzerte), dazu ein Jazz- und ein Galeriecafé, ein Kino sowie Atelier- und Kursräume. Und im Hof wächst ein mobiler Garten heran.

Spitzweidenweg 28;
www.kulturbahnhof.org

Staatstheater
Meiningen

983

Im Südthüringischen Staatstheater, 1831 eröffnet, wurde nach 1870 mit bahnbrechenden Inszenierungen das Regietheater erfunden, auf langen Gastspielreisen wurde es in die europäischen Metropolen getragen. Noch am Beginn des 21. Jh. erregte etwa der Meininger »Ring des Nibelungen« in der Opernwelt großes Aufsehen.

Bernhardstr. 5;
Tel. 0 36 93/45 11 35;
www.das-meininger-theater.de

Fettnäpfchen
Gera

984

Den guten Ruf, den sich die Thüringer Kabarett-Institution in DDR-Zeiten erspielte, hat sie nach der Wende souverän verteidigt. Das Ensemble verbindet Albernheit und Boshaftigkeit mit einer klaren Haltung und ist damit im besten Sinn »oldschool«. Die Hauptbühne ist in einem der traditionellen Bierkeller.

Markt 1; Tel. 03 65/2 31 31;
www.kabarett-fettnaepfchen.de

Theaterhaus
Jena

985

Seit dem Mittelalter wird in Jena Theater gespielt. Friedrich Schiller schrieb hier Seine Dramen Maria Stuart und Wallenstein. Das heutige Theater entstand erst nach der politischen Wende und widmet sich seither dem Großen und Ganzen. Auf dem Programm stehen darum Stücke wie die »Offenbarung nach Johannes« und »Rambo« (ohne Stallone).

Schillergäßchen 1; Tel. 0 36 41/ 8 86 90; www.theaterhaus-jena.de

Theater
Erfurt — 986

Die Architektur ist wahrhaftig spektakulär und Teil einer sehr effektvollen Inszenierung: Zur Hauptspielstätte des 2003 eröffneten Neubaus, einer Art freistehender Rundskulptur, mit fantastischer Akustik, gelangt man vom Foyer aus über Brücken. Die vollständig verglaste Front des Foyers selbst bietet vor und nach den Aufführungen (und natürlich auch in den Pausen) ein ganz anderes Schauspiel: Der dramatische Blick zum Dom- und Petersberg direkt gegenüber gehört unveränderlich zum Repertoire. An die 500 Veranstaltungen im Jahr listet der Kalender auf. Das Programm reicht von Opern und Operetten über Konzerte bis hin zu Schauspielproduktionen. Außerdem gibt es mindestens eine Uraufführung pro Spielzeit im Großen Haus und in jedem Jahr die DomStufen-Festspiele als Open-Air-Spektakel vor großer Domkulisse.

Theaterplatz 1;
Tel. 03 61 / 2 23 31 55,
www.theater-erfurt.de

Deutsches Nationaltheater
Weimar — 987

Von seiner Eröffnung 1791 bis 1817 leitete der deutsche Großdichter Goethe das Haus. Auch das Musiktheater wurde gepflegt: Friedrich Liszt und Richard Strauss hießen zwei Kapellmeister. 1919 begann hier mit der Deutschen Nationalversammlung das Drama der Weimarer Republik, und 30 Jahre später beklatschte das Publikum Franz Léhars »Land des Lächelns«, während der Librettist der Operette, Fritz Löhner-Beda, im nahen KZ Buchenwald war. Während der DDR-Zeit wurden wieder große Klassiker inszeniert.

Theaterplatz 2; Tel. 0 36 43/75 53 34;
www.nationaltheater-weimar.de

Thüringen sucht aus

Nordhäuser Brennerei
Nordhausen

988

Der ist nicht aus Weizen, sondern aus Roggen! Auf das Getreide lassen die Nordhäuser nichts kommen, wenn sie daraus den deutschen Schnaps schlechthin brennen. Darum beziehen sie es auch ausschließlich aus der unmittelbaren Umgebung, genauer: aus dem Getreideanbaugebiet der Goldenen Aue zwischen Harz und Kyffhäuser. Für die anspruchsvolle Körnerpickerei, die in Nordhausen auf einer 500-jährigen Brenntradition gründet, steht auch das Wappentier des Betriebs: Huhn Henriette. Mit ihrer denkmalgeschützten Anlage bietet sich die Nordhäuser Brennerei auch für einen richtigen Erlebniseinkauf an, der im Hofladen seinen Abschluss findet – oder auch erst später: Das Veranstaltungsprogramm bietet Theateraufführungen, Kabarett und Lesungen.

Grimmelallee 11;
Tel. 0 36 31/63 63 63;
www.traditionsbrennerei.de

989

Kahla-Porzellan Werksverkauf
Kahla

Seitdem auch im Thüringer Wald das Porzellan entdeckt worden war, entstanden dort nach 1760 die ersten Manufakturen. Anders als die Sachsen setzten die Thüringer bei ihrer Porzellanproduktion allerdings nicht auf exklusives Kunsthandwerk, sondern auf hochwertige Massenware – so wie die Firma Kahla seit 1844. Im Werksverkauf, 10 km südlich von Jena, kann man neben klassischem Geschirr und »jungem« Porzellan (vor allem zweite Wahl) auch Gläser von Schott und Besteck von Rösle erwerben.

Christian-Eckardt-Str. 38; Tel. 03 64 24/7 92 79;
www.kahlaporzellan.com

Thüringen sucht aus

990 Spielkartenladen
Altenburg

Während halb Europa gegen Napoleon kämpfte, erfanden die Altenburger um 1810 – das Skatspiel. Weil sie dafür Karten brauchten, erfanden sie die gleich dazu. Wobei die Tradition noch viel weiter zurückreicht. Schon 1509 gab es einen Kartenmacher in Altenburg. Heute ist die hiesige Spielkartenfabrik immer noch einer der größen Produzenten in Deutschland. Der Spielkartenladen am Markt hat das ganze Sortiment – und dazu Antiquarisches, Raritäten und Kuriositäten.

Marktgasse 17;
Tel. 0 34 47/5 12 80 23;
www.spielkartenladen.de

Blaudruck 991
Erfurt

Sie ist eine der letzten ihres Fachs in Europa: Blaudruckmeisterin Sigritt Weiß. Ihre Tischdecken und Tücher bedruckt und färbt sie nach eigenen Entwürfen traditionell mit Modeln und Indigo. Gewonnen aus Färberwaid, ist es einer der ältesten Farbstoffe der Menschheit. Im Mittelalter galt Erfurt das Zentrum des Waidanbaus und -handels in Mitteleuropa. Bis man im 17. Jh. begann, Indigo aus Asien einzuführen, war das Waid aus Erfurt für seine Qualität berühmt – und es machte die Erfurter »Waidjunker« reich.

Mühlburgweg 32; Tel. 03 61/
2 25 24 30 (Voranmeldung)

Thüringen lädt ein

Ekhof-Festival
Gotha

So viel Anachronismus ist schon wieder Avantgarde. Was man im Ekhof-Theater zu sehen bekommt, ist kein komplexes Computerprogramm, sondern echter, analoger Bühnenzauber mit mechanischem Räderwerk, mit Wind- und Donnermaschinen, raffinierten Senkböden und Kulissenwagen, die auf eingelassenen Schlitzen entlanggleiten und binnen Sekunden die Szenerie verändern. Die Bühnentechnik ist dieselbe wie anno 1683, gespielt werden historische Inszenierungen von herausragenden Stücken aus dem 18. Jh. Und zwar den ganzen Juli und August über.

992

www.ekhof-festival.de

993 Thüringer Theatersommer
Bauerbach

Friedrich Schiller kam, versteckte sich, und die Leute danken es ihm heute noch. Dass der Dichter im Jahr 1782 Zuflucht im kleinen Dorf Bauerbach fand, knapp 20 km vor Meiningen, machte immerhin die Hälfte der heute knapp 300 Bauerbacher zu Schauspielern. Seit 1959 spielen sie in ihrem Naturtheater unter freiem Himmel Schiller, Shakespeare, Molière oder Märchen der Gebrüder Grimm – und das Publikum strömt herbei.

www.naturtheater-bauerbach.de

994 Sommergewinn
Eisenach

Es ist vielleicht das deutsche Volksfest mit dem schönsten Namen. Der Sommer wird jedes Jahr drei Wochen vor dem Osterfest in Eisenach »gewonnen«; Verlierer ist der Winter, der symbolisch als Strohpuppe verbrannt wird. Im frühen Mittelalter, als das noch gängiger Justizvollzug war, wurden die Puppen auf Räder geflochten und vom Metilstein brennend über die noch unbestellten Felder ins Tal gerollt. Seit 2010 gehört der historische Brauch des Feuerradrollens wieder zum Festprogramm.

www.sommergewinnszunft.de

Thüringen lädt ein

Zwiebelmarkt
Weimar

996

Die Stadtverwaltung warnte bereits: »Wer an diesem Wochenende die Kulturstadt Weimar besucht, sollte sich darauf einstellen, dass er kein ›besinnliches‹ Wochenende verbringen wird. An den drei Tagen des Zwiebelmarktes besuchen ca. 300 000 Menschen die Stadt. Wer in der Innenstadt logiert, muss damit rechnen, dass die Veranstaltungen bis 2 Uhr andauern und Tausende von Menschen bis in die Nachtstunden unterwegs sind.« So läuft das an jedem zweiten Oktoberwochenende. Die Zwiebel, um die sich mal alles drehte, ist eher zur Nebensache geworden.

www.weimar.de

Krämerbrückenfest
Erfurt

995

Seit 1975 an jedem dritten Wochenende im Juni: Beim größten Altstadtfest Thüringens regieren die Kostümierten: Gaukler, Marktschreier und – auch die waren im Mittelalter schon die Mehrheit – Konsumenten. Ein guter Termin, um mehr als eine Bratwurst zu essen.

www.erfurt-tourismus.de

997 Göltzschtalbrücke
Mylau/Netzschkau

Größte Sehenwürdigkeit im Vogtland (haarscharf auf der sächsischen Seite) ist die Göltzschtalbrücke auf der Eisenbahnstrecke Zwickau – Plauen zwischen Mylau und Netzschkau: 574 m lang und 78 m hoch, errichtet aus gut 26 Millionen Ziegelsteinen. 1846 begannen die Bauarbeiten, 1851 war die größte aus Ziegeln errichtete Brücke der Welt fertig. Führungen zur Geschichte der Brücke werden auf Wunsch am Infopunkt Parkplatz 1 an der Brücke gestartet. Anfragen an:

FV Nördliches Vogtland;
Tel. 0 37 65/6 11 99 26;
www.goeltzschtalbruecke.info

998 Dornburger Schlösser
Jena/Saaleland

Ein Gesamtkunstwerk aus Landschaft und Architektur, 15 km nordöstlich von Jena: Auf schroffen Felsen über der Saale stehen das Alte Schloss aus der Gotik, das weiße Renaissanceschloss und das Rokokoschloss, das eher eine große Villa ist. Auch Goethe ist mehrfach hier gewesen und hat den Blick von den wunderschönen Gartenanlagen mit Weinbergen, Rosenspalieren und Laubengängen, dem »Balkon Thüringens«, auf das Saaletal genossen. Seit 2008 kann man die Schlösser von Jena her auch zu Fuß erreichen: Links der Saale erreicht man Dornburg via Neuengönna nach 22 km – mit An- und Abstiegen von jeweils etwa 500 m. Los geht es am Carl-Zeiss-Platz in Jena. Mit dem Regionalbus (Linie 405 und 407) kommt man wieder zurück nach Jena.

Max-Krehan-Str., Dornburg;
Info-Tel. 03 66 01/90 52 00;
www.dornburg-saale.de; Mi geschl., Garten bis zum Einbruch der Dunkelheit frei zugänglich

Thüringen fährt raus

Nationalpark Hainich
Bad Langensalza/Thiemsburg

999

Auf dem Baumkronenpfad nahe der Thiemsburg schaut man als Fußgänger nicht zu den Bäumen hoch, sondern auf sie herab. Zwei Schleifen, 238 bzw. 308 m lang, erschließen das faszinierende Urwalderlebnis zwischen den Kronen der Buchen, Eichen und Ahorne. Von dem 44 m hohen Beobachtungsturm überblickt man das rund 16 000 Hektar große Areal des Hainich, des größten zusammenhängenden Laubwaldgebiets in Deutschland. Knapp die Hälfte davon wurde 1997 als Nationalpark von jeglicher weiterer Nutzung ausgenommen. Der spektakuläre Weg in den deutschen Urwald beginnt zwischen Eisenach und Bad Langensalza beim Wanderparkplatz am Forsthaus/Nationalparkzentrum Thiemsburg (mit Restaurant) nordöstlich von Craula.

Forsthaus Thiemsburg;
Tel. 0 36 03/8 67 90;
www.nationalpark-hainich.de

Per E-Bike auf die Wasserkuppe
Kaltennordheim

1000

Kaltennordheim liegt auf 440 m Höhe am Rand des Biosphärenreservats der Rhön. Die Wasserkuppe ist 950 m hoch und knapp 30 km entfernt. Das Beste: Man muss kein harter Mountainbiker sein, um den ganzen Weg bis auf den höchsten Berg der Rhön tatsächlich radelnd zurückzulegen. Wer sich in Kaltennordheim ein E-Bike ausleiht, bekommt dazu gleich noch eine Karte, in der die E-Tankstellen in der Region verzeichnet sind – und jede Menge Tipps für weitere Touren mit zuschaltbarem Rückenwind.

August-Bebel-Str. 23; Tel. 03 69 66/8 43 74; www.fahrradfuchs.com

Register

22nd Lounge (Frankfurt)	186	

A

Aachen,		
- Bistro Petit Charlemagne (R)	287	
- Dom	268	
- Ludwig Forum für Internationale Kunst	269	
- Pullman Quellenhof (H)	283	
Aalto-Musiktheater (Essen)	294	
Academixer (Leipzig)	374	
ackselhaus & blue home (H, Berlin)	104	
Affentor (Frankfurt)	189	
Ahlbeck, Villa Auguste Viktoria (H)	209	
Ahrenshof (R, Bad Zwischenahn)	248	
Ahrtal (Bad Neuenahr-Ahrweiler)	334	
Aigner (R, Berlin)	106	
Ailsbachtal (Fränkische Schweiz)	87	
Albrechtsburg und Dom (Meißen)	357	
Alexander (Hannover)	252	
Allgäuer Alpen (Oberstdorf)	84	
Almgasthaus Aibl (R, Kreuth-Scharling/Tegernsee)	71	
Alpenhof (H, Murnau)	67	
Alpenhof (H, Bayrischzell)	63	
Alstervergnügen (Hamburg)	167	
Alte Lohnhalle (H, Essen)	285	
Altenau, Kräuterpark	255	
Altenburg, Spielkartenladen	463	
Alter Hafen (Wismar)	206	
Alter Schwede (R, Wismar)	211	
Altera (H, Oldenburg)	245	
Altes Gymnasium (H, Husum)	423	
Altes Land/Stade	262	
Altes Pfarrhaus Beaumarais (H, Saarlouis)	344	
Altes Schloss (Gießen)	173	
Altmarkt (Cottbus)	119	
Altötting, Wallfahrt zur Schwarzen Madonna	84	
Altstadt (Erfurt)	451	
Ampütte (R, Essen)	292	
Amrum	439	
Andechs, Kloster	92	
Andernach, Kaltwassergeysir	310	
Anhaltisches Theater (Dessau)	402	
Ankerhof (H, Halle)	399	
Anna Amalia (R, Weimar)	458	
Anna Hotel (H, München)	67	
Annaberg (H, Bad Dürkheim)	321	
Annaberg, Kät	380	
Annaberg-Buchholz,		
- Silberstraße	382	
- St.-Annen-Kirche	357	
Annahof (H, Blieskastel-Niederwürzbach)	345	
Annweiler, Burg Trifels	315	

Apels Garten (R, Leipzig)	373	
Apen, Schinkenmuseum	254	
Apolda, Kunsthaus Apolda Avantgarde	450	
Aqua (R, Wolfsburg)	249	
Arche Warder (Warder)	416	
Art Cologne (Köln)	300	
Aschaffenburg,		
- Schloss und Park	60	
- Stadttheater	74	
Aschau, Residenz Heinz Winkler (R)	68	
Atlantic (H, Hamburg)	159	
Atlantic Hotel (H, Wilhelmshaven)	243	
Attahöhle (Attendorn)	279	
Audi Forum (Ingolstadt)	59	
Augsburg,		
- Augsburger Puppenkiste	75	
- August (R)	69	
- Dom und Altstadt	48	
- Fuggerei	59	
- Industriekultur	59	
- Steigenberger Drei Mohren (H)	64	
August-Horch-Museum (Zwickau)	358	
Augustusburg und Falkenlust (Brühl)	280	
Augustusburg, Schloss	356	
Auswandererhaus (Bremerhaven)	143	
Autostadt (Wolfsburg)	226	

B

Bad Abbach/Bad Birnbach/Bad Füssing, Sauna-Rallye	93	
Bad Doberan – Kühlungsborn, »Molli«	222	
Bad Doberan, Münster	197	
Bad Dürkheim, Annaberg (H)	321	
Bad Essen	229	
Bad Frankenhausen, Panorama-Museum	449	
Bad Füssing, Hotel am Mühlbach (H)	61	
Bad Grund, Iberger Höhlen	239	
Bad Muskau, Schloss und Park	364	
Bad Neuenahr, Steinheuers Restaurant (R)	324	
Bad Neuenahr-Ahrweiler, Ahrtal	334	
Bad Reichenhall, Saline und Predigtstuhl	52	
Bad Salzungen, Gradierwerk	444	
Bad Tölz	92	
Bad Wimpfen, Am Neckar entlang	40	
Bad Zwischenahn, Ahrenshof (R)	248	
Baden-Baden,		
- Brenner's Park-Hotel und Spa (H)	24	
- Festspielhaus	33	
- Museumsmeile	8	
- Schneider's Weinstube (R)	30	
Badhotel Sternhagen (H, Cuxhaven)	246	
Baiersbronn,		
- Bareiss (H)	23	
- Schwarzwaldstube (R)	26	
Baldeneysee (Essen)	305	

Baltrum	260	
Bamberg,		
- Altstadt	53	
- Romantik Hotel Weinhaus Messerschmitt (H)	65	
- Konzerthalle	73	
Banter Ruine (R, Wilhelmshaven)	247	
Bar Ellingtons (Düsseldorf)	296	
Bareiss (H, Baiersbronn)	23	
Barockresidenz (Ottweiler)	341	
Barockstraße	38	
BASF (Ludwigshafen)	314	
Basho-An (R, Freiburg)	26	
Bauerbach, Thüringer Theatersommer	464	
Bauhaus (Dessau)	386	
Bauhaus-Museum (Weimar)	447	
Baumblütenfest (Werder)	135	
Bautzen,		
- Gefängnisse	361	
- Geschichtspfad	365	
- Senfladen	378	
Bayerischer Hof (H, München)	62	
Bayerischer Wald	90	
Bayerisches Armeemuseum (Ingolstadt)	49	
Bayreuth,		
- Festspiele	81	
- Markgräfliches Welterbe	51	
Bayrischzell, Alpenhof (H)	63	
Becker's (R, Trier)	323	
Beefclub (R, Wolfsburg)	251	
Beethovenfest (Bonn)	303	
Benediktinerabtei (Tholey)	341	
Berchtesgaden,		
- Enzian von Grassl	79	
- Watzmann	51	
Berens am Kai (R, Düsseldorf)	289	
Bergbauernmarkt (Zellerfeld)	255	
Bergbaukultur (Freiberg)	361	
Bergisch-Gladbach, Vendôme	290	
Bergpark Wilhelmshöhe (Kassel)	175	
Bergwerk Rammelsberg (Goslar)	234	
Berlin,		
- ackselhaus & blue home (H)	104	
- Aigner	106	
- Berlin Marathon	114	
- Berlinale	114	
- Berliner Ensemble	109	
- Berliner Mauer	100	
- Berliner Unterwelten	101	
- Brandenburger Tor	98	
- Christopher Street Day	114	
- Cookies Cream (R)	106	
- Dahlemer Museen	100	
- Die Quadriga (R)	105	
- Facil (R)	105	
- Friedrichstadtpalast	109	
- Gendarmenmarkt	100	
- Grüne Woche	113	

468

- Hackesche Höfe	102
- Havel-Kreuzfahrt	115
- Herz & Niere (R)	106
- Honça (R)	107
- Honigmond Garden Hotel (H)	103
- Holocaust-Mahnmal	99
- Jagdschloss	115
- KaDeWe	111
- Ku'Damm	111
- Lebensstern	110
- Lunge	111
- Lux 11 (H)	103
- Museumsinsel	96
- Oper	109
- Pfaueninsel	115
- Philharmonie	108
- Platten Pedro	112
- Radialsystem V	108
- Reichstagsgebäude	102
- Respectmen	112
- Rotisserie Weingrün (R)	107
- Schloss Charlottenburg	99
- Silvesterparty	113
- Sofitel Berlin (H)	103
- Tim Raue (R)	105
- Türkenmarkt	112
- Waldorf Astoria (H)	104
- Wannsee	115
- Zoo	99
Berlinale (Berlin)	114
Berliner Ensemble (Berlin)	109
Berliner Mauer (Berlin)	100
Berliner Philharmonie (Berlin)	108
Berliner Unterwelten (Berlin)	101
Bernau i. Schwarzwald, Ideen in Holz	34
Bernkastel, Cusanus-Hospiz	318
Bernkastel, Weinkulturelles Zentrum	328
Bernkastel-Kues, Märchenhotel (H)	320
Bernsteine Boy Jörns (St. Peter Ording)	432
Biikebrennen (Nordfriesland)	436
Bingen, Rhein in Flammen	330
Binz,	
- Jagdschloss Granitz	200
- Kurhaus (H)	208
- Strandpromenade	203
Biosphäre (Potsdam)	119
Biosphäre (Münsingen-Auingen)	38
Biosphären-Rundfahrt (Halligen)	438
Biotürme (Lauchhammer)	125
Bistro Petit Charlemagne (R, Aachen)	287
Blankenburg,	
- Gut Voigtländer (H)	399
- Kloster Michaelstein	395
- Teufelsmauer	408
Blaubeuren, Barockstraße	38
Blaudruck (Erfurt)	463
Blaue Maus (Wittdün/Amrum)	429
Bliesgau	352
Blieskastel, Hämmerle's Restaurant (R)	347
Blieskastel-Niederwürzbach, Annahof (H)	345
BMW Welt (München)	44

Bodensee,	
- Insel Mainau	16
- Insel Reichenau	21
Bodetal (Thale/Harz)	408
Bodolz, Villino (H)	66
Bollewick, Die Scheune	215
Bonn,	
- Beethovenfest	303
- Halbedel's Gasthaus (R)	287
- Kabarett	293
- Museumsmeile	276
- Oper und Schauspiel	295
- Rhein in Flammen	330
- Sassella (R)	289
- Weg der Demokratie	269
Borkum	260
Börse (H, Görlitz)	369
Botanischer Garten (Jena)	452
Braderup/Sylt, Manufaktur	433
Bramsche-Kalkriese, Museum und Park	240
Brandenburg, Altstadt	125
Brandenburg, Brandenburger Theater	131
Brandenburger Tor (Berlin)	98
Branitzer Park (Cottbus)	118
Brannenburg/Osterhofen, Wendelstein	88
Brauerei zum Schiffchen (R, Düsseldorf)	291
Brauhaus Ernst August (R, Hannover)	249
Braunschweig,	
- Das Alte Haus (R)	251
- Fruchtleder	255
- Landesmuseum	238
- Oker-Rundfahrt	231
- Riddagshausen	234
- Ritter St. Georg (H)	245
- Schoduvel	257
- Staatstheater	253
Breidenbacher Hof (H, Düsseldorf)	285
Bremen,	
- Das Kleine Lokal (R)	147
- Die Glocke	148
- Freimarkt	150
- Kulturzentrum Schlachthof	148
- Kunsthalle	144
- Parkhotel (H)	146
- Rathaus und Roland	145
- Ratskeller (R)	147
- Schnoorviertel	149
- Überfluss (H)	146
- Überseemuseum	145
- Universum	144
- Weserburg	144
- Wilhelm Holtorf Colonialwaren	149
Bremerhaven,	
- Auswandererhaus	143
- Klimahaus	142
- Natusch Fischereihafen-Restaurant (R)	147
- Sail	150
- Sail City (R)	146
- Schiffahrtsmuseum	145
Bremm/Mosel, Calmont	332

Brenner's Park-Hotel und Spa (H, Baden-Baden)	24
Breuninger (Stuttgart)	34
Brieske/Lausitz, Tagebau 4WD	139
Brocken und Brockengarten (Wernigerode/Harz)	389
Brückenstraße (Frankfurt)	189
Brühl, Max-Ernst-Museum	272
Brühl, Augustusburg und Falkenlust	280
Brühlsche Terrassen (Dresden)	359
Brunsbüttel, Nord-Ostsee-Kanal	420
Buddenbrookhaus (Lübeck)	417
Bühnen Halle	402
Build2Ride (Garmisch-Partenkirchen)	77
Bundesfestung, Ulm	33
Burg Eltz (Wierschem)	312
Burg Falkenstein (Falkenstein/Harz)	394
Burg Guttenberg	40
Burg Hochzollern	38
Burg Rabenstein (Rabenstein/Fläming)	136
Burg Trifels (Annweiler)	315
Burg, Cochem	315
Burg/Spreewald, Zur Bleiche (H)	127
Burghausen	87
Busdorf, Wikinger Museum Haithabu	418
Butt (R, Warnemünde)	211
Büttenpapierfabrik Gmund (Gmund a. Tegernsee)	79

C

Café Schult (R, Norddorf/Amrum)	426
Calmont, Bremm/Mosel	332
Cannstatter Wasen (Stuttgart)	37
Carlsplatz-Markt (Düsseldorf)	299
Caroussel (R, Dresden)	371
Casino Zollverein (R, Essen)	292
Celle, Schloss	228
Chemnitz,	
- Industriemuseum	358
- Museum Gunzenhauser	366
- Villa Esche (R)	371
- Oper	376
- Kulturkaufhaus DAStietz	377
Chemnitz/Klaffenbach, Schlosshotel Klaffenbach (H)	369
Chieming, Gut Ising (H)	64
Christopher Street Day (Berlin)	114
Circus (Putbus/Rügen)	196
Clara im Kaisersaal (R, Erfurt)	457
Clausthal-Zellerfeld, Oberharzer Wasserregal	264
Clichy (R, Hannover)	251
Coburg,	
- Sambafestival	82
- Festung und Wallfahrtskirche	88
Cochem, Burg	315
Compagnie de Comédie (Rostock)	214
Cookies Cream (R, Berlin)	106
Cottbus,	
- Altmarkt	119
- Branitzer Park	118
- Sorat Hotel (H)	127
- Staatstheater	130
- Wendisches Museum	124

469

Cusanus-Hospiz (Bernkastel)	318
Cuxhaven,	
- Badhotel Sternhagen (H)	246
- Duhner Wattrennen	258
- Seefischmarkt	254
- Windstärke 10	242

D

Dahlemer Museen (Berlin)	100
Dahn/Pfälzerwald, E-Bike-Tour im Felsenland	334
Dallmayr (München)	77
Dampfe – Borbecker Brauhaus (R, Essen)	288
Dampflokwerk (Meiningen)	445
Darmstadt,	
- Müller & Müller (R)	184
- Rokoko und Jugendstil	172
- Weisser Schwan (R)	185
Das Alte Haus (R, Braunschweig)	251
Das Fest (Karlsruhe)	37
Das Kleine Lokal (R, Bremen)	147
Das kleine Museum (R, Hannover)	248
Das Kranzbach (H, Kranzbach)	63
Das Rhön-Dorf (Thann/Wendershausen)	188
Das Tegernsee (H, Tegernsee)	65
Dauerlauf (Köln)	299
Daun, Eifelmaare	335
DB-(Eisenbahn-)Museum (Nürnberg)	58
Dechenhöhle (Iserlohn)	279
Deck 8 (Kiel)	429
Deidesheimer Hof (H, Deidesheim)	320
Delmenhorst, Nordwolle	228
Der Achtermann (H, Goslar)	243
Der Europäische Hof (H, Heidelberg)	23
Derenburg, Harzkristall	404
Designer-Quadrat (Kampen/Sylt)	431
Dessau,	
- Anhaltisches Theater	402
- Bauhaus	386
- Hotel NH (H)	397
- Meisterhäuser	390
- Pächterhaus (R)	401
Dessau-Wörlitz, Gartenreich	390
Deutsche Staatsphilharmonie Rheinland-Pfalz (Ludwigshafen)	326
Deutsche Tanzkompanie (Neustrelitz)	214
Deutsches Architekturmuseum (Frankfurt)	174
Deutsches Literaturarchiv (Marbach)	11
Deutsches Museum (München)	50
Deutsches Nationaltheater (Weimar)	461
Deutsches Schuhmuseum (Hauenstein)	317
Deutsches Weinlesefest (Neustadt an der Weinstraße)	330
Deutsches Zeitungsmuseum (Wadgassen)	342
Dialogmuseum (Frankfurt)	174
Die Glocke (Bremen)	148
Die Quadriga (R, Berlin)	105
Die Residenz (R, Leipzig)	373
Die Scheune (Bollewick)	215

Die zwei Türme (Greifenstein/Westerwald)	192
Diedrichshagen, Wilhelmshöhe (H)	208
Dingolfing, Sauna-Rallye	93
Diözesanmuseum (Köln)	279
Documenta (Kassel)	191
Dokuzentrum (Nürnberg)	60
Dom (Meldorf)	420
Dom (Magdeburg)	393
Dom (Naumburg)	387
Dom (Mainz)	319
Dom (Speyer)	319
Dom (Worms)	311
Dom (Köln)	274
Dom (Aachen)	268
Dom St. Petri (Schleswig)	414
Dom und Altstadt, Regensburg	56
Dom und Altstadt, Augsburg	48
Dom und Diözesanmuseum, Limburg	178
Dom und Dommuseum, Hildesheim	231
Dom und Domschatz, Halberstadt	396
Dom und Domschatz, Osnabrück	238
Dom und Domschatzkammer, Essen	275
Dom und Marienkirche, Greifswald	197
Domberg (Erfurt)	453
Domicil Leidinger (H, Saarbrücken)	344
Dommuseum (Fulda)	177
Donaudurchbruch	85
Donaustauf, Walhalla	53
Dorint am Goethepark (H, Weimar)	456
Dorint Söl'ring Hof (H, Rantum/Sylt)	422
Dornburger Schlösser (Jena/Saaleland)	466
Drachenfels und Siebengebirge (Königswinter)	305
Drachenstich (Furth im Wald)	81
Drallewatsch und KarLi (Leipzig)	376
Drei Lilien (H, Wiesbaden)	181
Drei-Flüsse-Stadt (Passau)	46
Dreiländereck, Gärten ohne Grenzen	352
Dresden Frankfurt Dance Company (Frankfurt)	186
Dresden,	
- Brühlsche Terrassen	359
- Caroussel (R)	371
- Frauenkirche	356
- Fürstenzug	360
- Gemäldegalerie Alte Meister	357
- Grünes Gewölbe	367
- Pfunds Molkerei	377
- QF Hotel (H)	368
- Schlösserfahrt mit der Weißen Flotte	382
- Semperoper	375
- Taschenbergpalais (H)	368
- Villandry (R)	371
- Zwinger	360
- Zschoner Mühle (R)	372
Drübbelken (R, Münster)	288
Duhner Wattrennen (Cuxhaven)	258
Duisburg,	
- Innenhafen und Binnnnhafen	282
- Landschaftspark Duisburg Nord	273
- Walsumer Hof (R)	291
Dülmen, Fang der Wildpferde	302

Düsseldorf,	
- Bar Ellingtons	296
- Berens am Kai (R)	289
- Brauerei zum Schiffchen (R)	291
- Breidenbacher Hof (H)	285
- Carlsplatz-Markt	299
- Fischerhaus (H)	283
- Franzen	298
- Gewürzhaus	299
- Japantag	304
- Julia Stoschek Collection	277
- K20/21	280
- Karneval	304
- Kikaku (R)	287
- Nachtresidenz	296
- Nikko (H)	283
- Rund um den Rheinturm	281
- Schloss und Park Benrath	277
- Tonhalle	293
Dynamikum (Pirmasens)	316

E

East (R, Hamburg)	162
ECHT Wiesbaden (Wiesbaden)	188
Edelsteinmuseum (Idar-Oberstein)	314
Edenkoben, Max-Slevogt-Galerie	314
Edersee (Naumburg)	193
Ehrenstraße (Köln)	298
Eichstätt/Altmühltal, Naturpark und Kulturschätze	84
Eiderstedter Kirchen (Garding)	417
Eifelmaare (Daun)	335
Eisenach,	
- Hotel auf der Wartburg (H)	454
- Sommergewinn	464
- Turmschänke (R)	457
- Wartburg	442
Ekhof-Festival (Gotha)	464
Elbphilharmonie (Hamburg)	156
Elbuferweg (Hamburg)	169
Elmwald (Helmstedt)	264
Eltville, Kronenschlösschen (R)	185
Emden, Kunsthalle	229
Empire Riverside (H, Hamburg)	160
Endingen-Königschaffhausen, Kaiserstühler Landeis	35
Engelhorn Sports (Mannheim)	34
Enzian von Grassl (Berchtesgaden)	79
Eppendorf (Hamburg)	165
Erfurt,	
- Altstadt	451
- Blaudruck	463
- Clara im Kaisersaal (R)	457
- Domberg	453
- Krämerbrückenfest	465
- Kromer's (R)	457
- Theater	461
- Zumnorde am Anger (H)	455
Erlebnisbergwerk (Merkers)	450
Erlebniszentrum Naturgewalten (List/Sylt)	421
Erno's Bistro (R, Frankfurt)	184
Erste Baumkuchenfabrik (Salzwedel)	405

Essen,
- Aalto-Musiktheater 294
- Alte Lohnhalle (H) 285
- Ampütte (R) 292
- Baldeneysee 305
- Casino Zollverein (R) 292
- Dampfe – Borbecker Brauhaus (R) 288
- Dom und Domschatzkammer 275
- Essen.Original. 302
- Hannappel (R) 290
- Lichtburg 297
- Mintrops Margarethenhöhe (H) 285
- Museum Folkwang 277
- Philharmonie 295
- Red Dot Design Museum 278
- Rüttenscheider Straße 298
- Villa Hügel 268
- Unperfekthaus 269
- Zeche Zollverein 270
Essen.Original. (Essen) 302
Essen-Kettwig, Schlosshotel
  Hugenpoet (H) 284
Essigbrätlein (R, Nürnberg) 68
Ettal, Kloster 48
Europapark (Rust) 40
Eutin, Schloss 413
E-Werk (Freiburg) 31
Excelsior Hotel Ernst (H, Köln) 286
Extraschicht (Ruhrgebiet) 304

F

Facil (R, Berlin) 105
Fährhaus (H, Munkmarsch/Sylt) 423
Fährhaus (R, Neßmersiel) 248
Falco (R, Leipzig) 372
Falkenlust und Augustusburg (Brühl) 280
Falkenstein/Harz, Burg Falkenstein 394
Favorite Parkhotel (H, Mainz) 320
Fedderwardersiel, Ausfahrten mit der
  »Wega II« 259
Feengrotten (Saalfeld) 447
Feinkost Rohde (Kassel) 188
Felix-Nussbaum-Haus (Osnabrück) 235
Felsenland (Dahn/Pfälzerwald) 334
Ferropolis (Gräfenhainichen) 388
Festival Perspectives (Saarbrücken) 351
Festspiele (Bayreuth) 81
Festspiele Mecklenburg-Vorpommern 218
Festspielhaus (Baden-Baden) 33
Festung (Rüsselsheim) 180
Festung Ehrenbreitstein (Koblenz) 311
Festung Marienberg (Würzburg) 51
Festung und Wallfahrtskirche
  (Coburg) 88
Fettnäpfchen (Gera) 460
Filmfest Max Ophüls (Saarbrücken) 350
Filmhaus (Saarbrücken) 348
Filmpark Babelsberg (Potsdam) 119
Finsterwalde, Goldener Hahn (R) 129
Fischerhaus (H, Düsseldorf) 283
Fischerteppiche (Freest) 216
Fischland - Darß - Zingst 220
Fischwochen (Oberlausitz) 380
Flusswandern auf der Havel 136

Föhr, Land-/Golfhotel Villa Witt (H) 424
Förderbrücke F60 (Lichterfeld-
  Schacksdorf) 123
Forelle (R, Thale/Treseburg) 401
Franckesche Stiftungen (Halle) 387
Frankfurt,
- 22nd Lounge 186
- Affentor 189
- Brückenstraße 189
- Deutsches Architekturmuseum 174
- Dialogmuseum 174
- Dresden Frankfurt Dance Company 186
- Erno's Bistro (R) 184
- Heimat (R) 185
- Hessischer Hof (H) 181
- Literaturhaus 187
- Medenbach Ost (R) 184
- Museum für moderne Kunst 173
- Museumsuferfest 190
- Naturmuseum Senckenberg 172
- Oper 187
- Städel 176
- The Pure (H) 182
- Wäldchestag 190
Fränkische Schweiz, Ailsbachtal 87
Fränkische Bierfest (Nürnberg) 82
Franzen (Düsseldorf) 298
Frauenau, Glashütte Valentin Eisch 78
Frauenkirche (Dresden) 356
Freest, Fischerteppiche 216
Freiberg,
- Bergbaukultur 361
- Stadttheater 374
Freiburg,
- Basho-An (R) 26
- E-Werk 31
- Kunsthaus L6 9
- Münster 9
- Schauinsland 39
- Victoria (H) 23
- Zirbelstube (R) 28
Freilandmuseum Spreewald
  (Lübbenau/Lehde) 122
Freilichtmuseum Schleswig-Holstein
  (Molfsee) 414
Freilichtmuseum, Papenburg 240
Freimarkt (Bremen) 150
Freinsheim, Theader 326
Freyburg,
- Rotkäppchen Sektkellerei 405
- Winzerfest 406
- Weinstraße Saale-Unstrut 408
Fridericianum (Kassel) 173
Friedeburg, Oltmanns (R) 250
Friedrich Wilhelm (R, Potsdam) 129
Friedrichshafen, Zeppelinmuseum 9
Friedrichskoog, Seehundstation 418
Friedrichstadt, Altstadt 418
Friedrichstadtpalast (Berlin) 109
Fruchtleder (Braunschweig) 255
Früh – am Dom und em Veedel
  (R, Köln) 290
Fuggerei (Augsburg) 59
Fulda,
- Dommuseum 177

- Romantik Hotel Goldener
  Karpfen (H) 182
- Stadtschloss 177
Fürstbischöfliche Residenz (Würzburg) 49
Fürstenhof (H, Leipzig) 368
Fürstenzug (Dresden) 360
Furth im Wald, Drachenstich 81
Füssen, Schloss, Kloster St. Mang 45

G

Gabriele-Münter-Haus
  (Murnau/Staffelsee) 93
Gaffelrigg (Wieck) 218
Galerie Hotel Leipziger Hof (H, Leipzig) 369
Garding, Eiderstedter Kirchen 417
Garmisch-Partenkirchen,
- Build2Ride 77
- Koch's (R) 70
- Zugspitze 91
Gärten ohne Grenzen (Dreiländereck) 352
Gartenfestival (Ippenburg) 256
Garten-Kult in Ammerland
  (Westerstede) 264
Gartenreich (Dessau-Wörlitz) 390
Gartenstadt (Berlin) 123
Gasometer (Oberhausen) 272
Gästehaus Klaus Erfort
  (R, Saarbrücken) 346
Gästehaus Wolfsbrunn
  (H, Hartenstein) 370
Gasthaus Königsruhe (H, Thale/Harz) 398
Gasthof Reuner (R, Glashütte) 128
Gastwerk (H, Hamburg) 160
Gäubodenvolksfest (Straubing) 83
Gefängnisse (Bautzen) 361
Geigenbau (Mittenwald) 87
Geigers Hofladen
  (Hindelang-Oberjoch) 78
Geisa/Rhön, Point Alpha 180
Gemäldegalerie Alte Meister (Dresden) 357
Gendarmenmarkt (Berlin) 100
Genuss Region (Saarland) 349
Gera,
- Fettnäpfchen 460
- Haus Schulenburg 443
- Höhler 443
- Museum für Angewandte Kunst 453
- Orangerie 443
Germanisches Nationalmuseum
  (Nürnberg) 60
Gernrode/Quedlinburg, Stiftskirche 396
Gersfeld/Rhön, Wasserkuppe 193
Geschichtspfad (Bautzen) 365
Gewürzhaus (Düsseldorf) 299
Gießen,
- Altes Schloss 173
- Mathematikum 178
Gifhorn, Mühlenmuseum 233
Glashütte Valentin Eisch (Frauenau) 78
Glashütte, Gasthof Reuner (R) 128
Glentlein (Großweil) 56
Glückstadt, Palais für aktuelle Kunst 420
Gmund a. Tegernsee, Büttenpapierfabrik
  Gmund 79

471

Goethes Häuser (Weimar)	448
Goldener Hahn (R, Finsterwalde)	129
Goldenes Fass (R, Meißen)	371
Goldstadt (Pforzheim)	14
Golfhotel Budersand (H, Hörnum/Sylt)	424
Göltzschtalbrücke	466
Görlitz,	
- Altstadt	365
- Börse (H)	369
- Jugendstilkaufhaus	362
- Schneider Stube (R)	373
Goslar,	
- Altstadt	234
- Bergwerk Rammelsberg	234
- Der Achtermann (H)	243
- Hotel am Schlosspark (H)	454
- Kaiserpfalz	239
- Kunsthandwerk	255
- Schloss Friedenstein	446
Göttingen, Altstadt	227
Gourmet Festival (Schleswig-Holstein)	434
Gourmetmarkt (St. Ingbert)	350
Gradierwerk (Bad Salzungen)	444
Gräfenhainichen, Ferropolis	388
Grand Spa Resort (H, Travemünde)	422
Graphikmuseum Pablo Picasso (Münster)	279
Graue Stadt am Meer (Husum)	416
Greetsiel,	
- Hafen	238
- Vitalis (H)	246
Greifenstein, Die zwei Türme	192
Greifswald,	
- Dom und Marienkirche	197
- Wiecker Holzklappbrücke	201
Greiz, Oberes Schloss	444
Großräschen,	
- IBA-Terrassen	124
- Seehotel (H)	126
Großweil, Glentleiten	56
Grube Messel (Messel)	179
Gruber's (R, Köln)	291
Grubschütz, Spreetal Restaurant (R)	373
Grüne Gans (R, Osnabrück)	251
Grüne Woche (Berlin)	113
Grüne Zitadelle (Magdeburg)	393
Grünes Gewölbe (Dresden)	367
Gulden Stern (R, Nürnberg)	72
Gut Ising (H, Chieming)	64
Gut Kerkow (Angermünde)	133
Gut Voigtländer (H, Blankenburg/Harz)	399
Gutenberg-Museum (Mainz)	318
Gutshof (R, Kassel)	184

H

Hackesche Höfe (Berlin)	102
Haerlin (R, Hamburg)	162
Hafen (Greetsiel)	238
Hafen (Rostock)	204
Hafen (Hamburg)	154
Hafen und Ostseekai (Kiel)	412
Hafen und Wattforum (Tönning)	413
Hafenfest (Münster)	303

Hafengeburtstag (Hamburg)	167
Hafentage (Wismar)	217
Hagen, Osthaus Museum	272
Hagenbecks Tierpark (Hamburg)	157
Hainich, Nationalpark	467
Halbedel's Gasthaus (R, Bonn)	287
Halberstadt,	
- Dom und Domschatz	396
- Nordharzer Städtebundtheater	403
Halle,	
- Ankerhof (H)	399
- Bühnen	402
- Franckesche Stiftungen	387
- Händel-Festspiele	406
- Halloren	405
- Laternenfest	407
- Luchs Kino	402
- Kunstmuseum Moritzburg	394
- Landesmuseum für Vorgeschichte	395
- Mahns Chateau (R)	400
- Marktplatz	386
- Schnick Schnack Schatz	404
Halligen, Biosphären-Rundfahrt	438
Hambacher Schloss (Neustadt an der Weinstraße)	318
Hamburg,	
- Alstervergnügen	167
- Altstadt	237
- Atlantic (H)	159
- east (R)	162
- Elbphilharmonie	156
- Elbuferweg	169
- Empire Riverside (H)	160
- Gastwerk (H)	160
- Haerlin (R)	162
- Hafen	154
- Hafengeburtstag	167
- Hagenbecks Tierpark	157
- Harrys Hafenbasar	166
- Heinrich Steier Fischräucherei	166
- Kunsthalle	157
- Kunstsammlung Falckenberg	156
- Land & Karte	166
- Le Lion – Bar de Paris	164
- Miniatur-Wunderland	157
- Musical	163
- Oberhafenkantine	161
- Schmidt's Tivoli	164
- Seven Seas und Süllberg-Terrassen (R)	162
- Staatsoper	164
- Tagesfahrt nach Helgoland	168
- Thalia Theater	163
- Wedina (H)	159
- Weserradweg per E-Bike	259
- Vlet (R)	161
Hämmerle's Restaurant (R, Blieskastel)	347
Händel-Festspiele (Halle)	406
Hann. Münden Die Fachwerkstadt	227
Hannappel (R, Essen)	290
Hannover,	
- Alexander	252
- Brauhaus Ernst August (R)	249
- Clichy (R)	251
- Das kleine Museum	248
- Herrenhäuser Gärten	230

- Internationaler Feuerwerks-wettbewerb	258
- Kastens Luisenhof (H)	244
- Oper	253
- Sheraton Pelikan (H)	243
- Sprengel-Museum	233
- Zoo	233
Hanse Sail (Rostock/Warnemünde)	217
Hans-Otto Theater (Potsdam)	131
Harrys Hafenbasar (Hamburg)	166
Hartenstein, Gästehaus Wolfsbrunn (H)	370
Harz, Walpurgisnacht	406
Harzer Schmalspurbahn (Wernigerode)	409
Harzkristall (Derenburg)	404
Hauenstein, Deutsches Schuhmuseum	317
Haus Schulenburg (Gera)	443
Hausbootferien (Röbel/Müritz)	222
Haustierpark (Lelkendorf)	203
Havel-Kreuzfahrt (Berlin)	115
Havelland, Flusswandern auf der Havel	136
Heide, Tivoli	429
Heide, Heider Marktfrieden	436
Heidecksburg (Rudolstadt)	451
Heidelberg,	
- Der Europäische Hof (H)	23
- Karlstorbahnhof	33
- Museum Sammlung Prinzhorn	19
- Schloss	18
- Weißer Bock (R)	25
Heider Marktfrieden (Heide)	436
Heilbronn, Park-Villa (H)	22
Heimat (R, Frankfurt)	185
Heim's Restaurant (R, Reil)	325
Heinrich Steier Fischräucherei (Hamburg)	166
Helmstedt, Elmwald	264
Heringsdorf,	
- Korbwerk	216
- Kulm Eck (R)	212
Herrenchiemsee, Schloss	54
Herrenhäuser Gärten (Hannover)	230
Herrenkrug Parkhotel (H, Magdeburg)	398
Herz & Niere (R, Berlin)	106
Herzog-August-Bibliothek (Wolfenbüttel)	227
Herzogin Anna-Amalia-Bibliothek (Weimar)	449
Herzogliches Bräustüberl (R, Tegernsee)	71
Hessischer Hof (H, Frankfurt)	181
Hiddensee	221
Hildesheim,	
- Dom und Dommuseum	231
- Knochenhauer Amtshaus	237
- Michaeliskirche	238
- Van der Valk Hotel (H)	245
Hindelang, Viehscheid	82
Hindelang-Oberjoch, Geigers Hofladen	78
Historisch-Technisches Museum (Peenemünde/Usedom)	200
Hochschule für Musik und Theater (Rostock)	214
Hochschwarzwald, Berge und Klöster	38
Hochzeitsstadt (Landshut)	56
Hohe Düne (H, Warnemünde)	210

Hohes Venn (Mützenich)	306
Höhler (Gera)	443
Holländisches Viertel (Potsdam)	124
Holocaust-Mahnmal (Berlin)	99
Holsteinische Schweiz, Naturpark	437
Holzmaden, Urwelt-Museum Hauff	21
Homburg, Schlossberghöhlen	342
Honça (R, Berlin)	107
Honigmond Garden Hotel (H, Berlin)	103
Hopfenland (Pfaffenhofen)	90
Hörnum/Sylt, Golfhotel Budersand (H)	424
Horst Janssen Museum (Oldenburg)	241
Hotel am Anger (H, Wernigerode)	399
Hotel am Mühlbach (H, Bad Füssing)	61
Hotel am Schlosspark (H, Gotha)	454
Hotel auf der Wartburg (H, Eisenach)	454
Hotel Elephant (H, Weimar)	456
Hotel Gude (H, Kassel)	182
Hotel Haferland (H, Wieck am Darß)	210
Hotel im Wasserturm (H, Köln)	286
Hotel Kunz (H, Pirmasens)	321
Hotel NH (H, Dessau)	397
Hurricane Festival (Scheeßel)	257
Husum	416
Husum,	
- Altes Gymnasium	423
- Zum Krug (R)	427
- Wochenmarkt	431
Hüttenwerk (Salzgitter-Watenstedt)	231
Hyaku Mizu (R, Magdeburg)	401

I

IBA-Terrassen (Großräschen)	124
Iberger Höhlen (Bad Grund)	239
Idar-Oberstein, Edelsteinmuseum	314
Ideen in Holz (Bernau i. Schwarzwald)	34
Industriekultur (Augsburg)	59
Industriemuseum (Chemnitz)	358
Ingolstadt,	
- Audi Forum	59
- Bayerisches Armeemuseum	49
- Medizin-Museum	52
Innenhafen und Binnenhafen	
(Duisburg)	282
Ins kleine Paradies (R, Wernigerode)	401
Insel Mainau (Bodensee)	16
Insel Neuwerk (Nationalpark	
Wattenmeer)	169
Insel Reichenau (Bodensee)	21
Internationaler Feuerwerkswettbewerb	
(Hannover)	258
Internationales Bergfilm Festival	
(Tegernsee)	80
Ippenburg, Gartenfestival	256
Irsee, Klosterbräu (R)	68
Iserlohn, Dechenhöhle	279
Itzehoe, Theater	428

J

Jade Weser Port (Wilhelmshaven)	229
Jagdschloss (Berlin)	115
Jagdschloss Granitz (Binz/Rügen)	200
Japantag (Düsseldorf)	304

Jena,	
- Botanischer Garten	452
- Dornburger Schlösser	466
- Kulturbahnhof	460
- Optisches Museum	444
- Planetarium	445
- Scala – Das Turmrestaurant (R)	459
- Theaterhaus	460
- Zum Ziegenhainer (R)	457
Jerichow, Kloster	394
Jever, Schloss	228
Jugendstil-Festhalle (Landau)	326
Jugendstilkaufhaus (Görlitz)	362
Juist,	260
- Strandhotel Kurhaus (H)	246
Julia Stoschek Collection (Düsseldorf)	277
Jüterbog/Zinna, Klosterbruder	132

K

K20/21 (Düsseldorf)	280
Kabarett (Bonn)	293
KaDeWe (Berlin)	111
Kahla-Porzellan Werksverkauf (Kahla)	462
Kaiserbäder (Usedom)	198
Kaiserdom (Königslutter)	230
Kaiserfrühling (Quedlinburg)	407
Kaiserpfalz (Goslar)	239
Kaiserslautern,	
- Pfalzgalerie	317
- Pfalztheater	327
Kaiserstuhl, Naturgarten	41
Kaiserstühler Landeis (Endingen-	
Königschaffhausen)	35
Kaiserswerth, Stadtbummel	306
Kaltenberger Ritterspiele (Schloss	
Kaltenberg)	80
Kaltennordheim, E-Bike/Wasserkuppe	467
Kaltwassergeysir (Andernach)	310
Kammeroper (Rheinsberg)	134
Kammerspiele (München)	75
Kampen/Sylt,	
- Designer-Quadrat	431
- Pony Club	430
- Rotes Kliff	419
Kandern, Zur Weserei (R)	29
Karlsruhe,	
- Das Fest	37
- Kommödchen	27
- Staatstheater	32
- Weinlade	35
- ZKM	14
- Zum Ochsen (R)	25
Karlstorbahnhof (Heidelberg)	33
Karneval (Düsseldorf)	304
Kassel,	
- Bergpark Wilhelmshöhe	175
- documenta	191
- Feinkost Rohde	188
- Fridericianum	173
- Gutshof (R)	184
- Hotel Gude (H)	182
- Staatspark Karlsaue	179
- Staatstheater	187
- Zissel	190

Kastens Luisenhof (H, Hannover)	244
Kät (Annaberg)	380
Kaufrausch (Hamburg)	165
Kelten Römer Museum (Manching)	53
Kempinski Hotel Berchtesgaden	
(H, Obersalzberg)	66
Kiel,	
- Deck 8	429
- Hafen und Ostseekai	412
- Kieler Woche	435
- Romantik Hotel Kieler Kaufmann (H)	422
- September (R)	425
- Sophienhof	431
- Theater	430
Kikaku (R, Düsseldorf)	287
Kinzigtal (Schwarzwald)	39
Kirche St. Stephan (Mainz)	310
Kirche St. Wolfgang (Schneeberg)	358
Kirchzarten, Schlegelhof (R)	28
Klimahaus (Bremerhaven)	142
Kloster Maria Laach	311
Kloster Walkenried	242
Kloster Lehnin	122
Kloster Andechs	92
Kloster Ettal	48
Kloster Maulbronn	12
Kloster Jerichow	394
Kloster Michaelstein	
(Blankenburg/Harz)	395
Kloster und Königshalle (Lorsch)	174
Kloster Weltenburg, Donauurchbruch	85
Klosterbräu (R, Irsee)	68
Klosterbruder (Jüterbog/Zinna)	132
Knochenhauer Amtshaus (Hildesheim)	237
Koblenz,	
- Festung Ehrenbreitstein	311
- Müller (R)	324
- Oberes Mittelrheintal	334
- Rhein in Flammen	330
- Rheinische Philharmonie	327
Kochel, Kunst und Technik	87
Koch's (R, Garmisch-Partenkirchen)	70
Köln,	
- Art Cologne	300
- Dauerlauf	299
- Diözesanmuseum	279
- Dom	274
- Ehrenstraße	298
- Excelsior Hotel Ernst (H)	286
- Früh – am Dom und um Veedel (R)	290
- Gruber's (R)	291
- Hotel im Wasserturm (H)	286
- KölnTriangle	275
- Museum Ludwig	273
- Päffgen (R)	288
- Philharmonie	297
- Römisch-Germanisches Museum	281
- Rosebud	297
- Rosenmontag	303
- Schauspiel	294
- Wallraf-Richartz-Museum und	
Fondation Corboud	280
- Zoo	278
KölnTriangle (Köln)	275
Koloss von Prora (Prora/Rügen)	201

473

Kommödchen (R, Karlsruhe)	27	
Königslutter, Kaiserdom	230	
Königssee	89	
Königsstuhl (Sassnitz/Rügen)	204	
Königswinter,		
- Drachenfels und Siebengebirge	305	
- Steigenberger Grandhotel Petersberg (H)	284	
Konstanz, Riva (H)	22	
Konzerthalle (Bamberg)	73	
Korbwerk (Heringsdorf)	216	
Krämerbrückenfest (Erfurt)	465	
Kranzbach, Das Kranzbach (H)	63	
Kräuterpark (Altenau)	255	
Kreuth-Scharling/Tegernsee, Almgasthaus Aibl (R)	71	
Kreuz Post (R, Vogtsburg-Burkheim)	26	
Kromer's (R, Erfurt)	457	
Kronenschlösschen (Eltville)	185	
Ku'Damm (Berlin)	111	
Kuhviertel (Münster)	295	
Kulm Eck (R, Heringsdorf/Usedom)	212	
Kulmbach, Plassenburg und Altstadt	47	
Kulturbahnhof (Jena)	460	
Kulturkaufhaus DAStietz (Chemnitz)	377	
Kulturzentrum Schlachthof (Bremen)	148	
kunst:raum Sylt-Quelle (Rantum/Sylt)	428	
Kunstareal (München)	58	
Kunsthalle Emden	229	
Kunsthalle St. Georg	157	
Kunsthalle Bremen	144	
Kunsthalle Mannheim	17	
Kunsthandwerk (Goslar)	255	
Kunsthaus Apolda Avantgarde (Apolda)	450	
Kunsthaus L6 (Freiburg)	9	
Künstlerhaus (Nürnberg)	73	
Künstlerkolonie (Worpswede)	262	
Kunstmuseum Wolfsburg	235	
Kunstmuseum Stuttgart	15	
Kunstmuseum Moritzburg (Halle)	394	
Kunstsammlung Falckenberg (Hamburg)	156	
Kurhaus (H, Binz)	208	
Kurviertel (Wiesbaden)	179	
Kutschstall (Potsdam)	123	

L

La Vie (R, Osnabrück)	247	
Laboe, Marine-Ehrenmal	412	
Lachmesse (Leipzig)	381	
Land & Karte (Hamburg)	166	
Land-/Golfhotel Villa Witt (H, Föhr)	424	
Landau, Jugendstil-Festhalle	326	
landersdorfer & innerhofer (R, München)	72	
Landesmuseum (Braunschweig)	238	
Landesmuseum für Vorgeschichte (Halle)	395	
Landesmuseum Natur und Mensch (Oldenburg)	241	
Landgasthof Adler (R, Rosenberg)	28	
Landgasthof Paulus (R, Nonnweiler-Sitzerath)	346	

Landhaus an de Dün (H, St. Peter Ording)	422	
Landhaus Eggert (H, Münster)	284	
Landhaus Hadrys (R, Magdeburg)	400	
Landhaus Müritzgarten (H, Röbel/Müritz)	209	
Landsberg am Lech	85	
Landschaftspark Duisburg Nord (Duisburg)	273	
Landschaftspark Kromlau (Weißwasser)	383	
Landschloss Fasanerie (H, Zweibrücken)	322	
Landshut	56	
Langeoog	261	
Laternenfest (Halle)	407	
Lauchhammer, Biotürme	125	
Lausitzer Seenland (Senftenberg)	137	
Le Corange (R, Mannheim)	27	
Le Lion – Bar de Paris (Hamburg)	164	
Le Méridien (H, Stuttgart)	24	
Le Meridien Grand Hotel (H, Nürnberg)	63	
Lebensstern (Berlin)	110	
Lehnin, Kloster	122	
Leipzig,		
- Apels Garten (R)	373	
- Die Residenz (R)	373	
- Drallewatsch und KarLi	376	
- Fürstenhof (H)	368	
- Falco (R)	372	
- Galerie Hotel Leipziger Hof (H)	369	
- Lachmesse	381	
- Mädlerpassage	378	
- Museum der bildenden Künste	361	
- Museum in der Runden Ecke	361	
- Neues Gewandhaus	374	
- Pfeffermühle und Academixer	374	
- Spinnerei – Kunstzentrum	379	
- Thomas- und Nikolaikirche	365	
- Völkerschlachtdenkmal	365	
Leipziger Neuseenland (Markkleeberg)	382	
Lelkendorf, Haustierpark	203	
Leuchtturm Westerheversand (Westerhever-Poppenbüll)	416	
Lichtburg (Essen)	297	
Lichterfeld, Pyrogames	134	
Lichterfeld-Schacksdorf, Förderbrücke F60	123	
Limburg, Dom und Diözesanmuseum	178	
Linari (R, Schloss Lübbenau)	128	
Linderhof, Schloss	54	
List/Sylt, Erlebniszentrum Naturgewalten	421	
Literaturhaus, Frankfurt	187	
Lohme/Rügen, Panoramahotel (H)	209	
Lorsch, Kloster und Königshalle	174	
Louis C. Jacobs (H, Hamburg)	159	
Lübbenau/Lehde, Freilandmuseum Spreewald	122	
Lübeck,		
- Altstadt	415	
- Buddenbrookhaus	417	
- Niederegger	432	
- Wullenwever (R)	427	

Luchs Kino (Halle)	402	
Ludwig Forum für Internationale Kunst (Aachen)	269	
Ludwigsburg, Schloss	14	
Ludwigshafen,		
- BASF	314	
- Deutsche Staatsphilharmonie Rheinland-Pfalz	326	
- Mohrbacher Kaffeerösterei	329	
- Schuh Keller	328	
- Wilhelm-Hack-Museum	311	
Ludwigskirche (Saarbrücken)	343	
Ludwigslust, Schloss	205	
Lüneburger Heide	168	
Lunge (Berlin)	111	
Lutherstadt Wittenberg,		
- Lutherhaus	387	
- Schlosskirche Allerheiligen	392	
Lux 11 (H, Berlin)	103	

M

Määnzer Fassenacht (Mainz)	330	
Mädlerpassage (Leipzig)	378	
Magdeburg,		
- Dom	393	
- Grüne Zitadelle	393	
- Herrenkrug Parkhotel (H)	398	
- Hyaku Mizu (R)	401	
- Landhaus Hadrys (R)	400	
- Partymeile Hasselbachplatz	403	
- Theater	402	
- Wasserstraßenkreuz	388	
Mahns Chateau (R, Halle)	400	
Mainz,		
- Dom	319	
- Favorite Parkhotel (H)	320	
- Gutenberg-Museum	318	
- Kirche St. Stephan	310	
- Määnzer Fassenacht	330	
- Staatstheater	327	
- Villa Vinum	328	
- Weinhaus Schreiner (R)	323	
Manching, Kelten Römer Museum	53	
Mannheim,		
- Engelhorn Sports	34	
- Le Corange (R)	27	
- Kunsthalle	17	
- Nationaltheater	31	
- Schloss	9	
- Technoseum	11	
Manufaktur (Braderup/Sylt)	433	
Marbach, Deutsches Literaturarchiv	11	
Marburg, Stadt, Schloss, Museum	176	
Märchenhotel (H, Bernkastel-Kues)	320	
Maria Laach, Kloster	311	
Mariandl (H, München)	62	
Marienkirche (Stralsund)	196	
Marine-Ehrenmal (Laboe)	412	
Maritime Meile (Wilhelmshaven)	236	
Maritimes Museum (Hamburg)	158	
Markgräfliches Welterbe (Bayreuth)	51	
Markkleeberg, Leipziger Neuseenland	382	
Markthalle (Stuttgart)	35	
Marktplatz (Halle)	386	

Marktplatz (Wismar)	205
Marschentöpferei Hoyerswort (Oldenswort/Eiderstedt)	433
Mathematikum (Gießen)	178
Maulbronn, Kloster	12
Max-Ernst-Museum (Brühl)	272
Max-Slevogt-Galerie (Edenkoben)	314
Mecklenburgisches Staatstheater (Schwerin)	213
Mecklenburg-Vorpommern, Festspiele	218
Medenbach Ost (R, Frankfurt)	184
Media Art Festival (Osnabrück)	256
Medizin-Museum (Ingolstadt)	52
Meersburg, Schloss Meersburg	10
Meiningen,	
- Dampflokwerk	445
- Sächsischer Hof (H)	454
- Staatstheater	460
- Stiftung Meininger Baudenkmäler	455
- Theatermuseum	452
Meißen,	
- Albrechtsburg und Dom	357
- Goldenes Fass (R)	371
- Porzellanmanufaktur	366
Meisterhäuser (Dessau)	390
Meldorf, Dom	420
Mercedes-Benz Museum (Stuttgart)	20
Merkers, Erlebnisbergwerk	450
Merzig, Zeltpalast	348
Messel, Grube	179
Mettlach, Villeroy & Boch Outlet Center	349
Mettlach-Orscholz, Saarschleife	353
Mettnau-Stube (R, Radolfzell)	30
Meyer-Werft (Papenburg)	232
Michaeliskirche (Hildesheim)	238
Miniatur-Wunderland (Hamburg)	157
Mintrops Margarethenhöhe (H, Essen)	285
Mittenwald, Geigen aus dem Hochgebirge	87
Mohrbacher Kaffeerösterei (Ludwigshafen)	329
Molfsee, Freilichtmuseum Schleswig-Holstein	414
»Molli« (Bad Doberan – Kühlungsborn)	222
Montabaur, Westerwaldsteig	336
Moritzburg,	
- Moritzburg Festival	380
- Schloss Moritzburg	362
Moselschlösschen (H, Traben-Trarbach)	321
Mühlenmuseum (Gifhorn)	233
Müller (R, Koblenz)	324
Müller & Müller (R, Darmstadt)	184
München,	
- Anna Hotel (H)	67
- Bayerischer Hof (H)	62
- BMW Welt	44
- Dallmayr	77
- Deutsches Museum	50
- Kammerspiele	75
- Kunstareal	58
- landersdorfer & innerhofer (R)	72
- Mariandl (H)	62
- Nymphenburg	45
- Oktoberfest	83
- Philharmonie	76
- Radspieler	78
- Residenz und Schatzkammer	48
- Schumann's	75
- Staatsoper und -schauspiel	74
- Tantris (R)	69
- Unterfahrt	73
- Viktualienmarkt	79
- Weißes Brauhaus (R)	72
Munkmarsch/Sylt, Fährhaus (H)	423
Münsingen-Auingen, Biosphäre	38
Münster (Bad Doberan)	197
Münster (Ulm)	21
Münster (Freiburg)	9
Münster,	
- Drübbelken (R)	288
- Graphikmuseum Pablo Picasso	279
- Hafenfest	303
- Kuhviertel	295
- Landhaus Eggert (H)	284
- Prinzipalmarkt	300
- Stadthafen	296
Müritzeum (Waren)	200
Murnau,	
- Alpenhof (H)	67
- Gabriele-Münter-Haus	93
Museen (Schweinfurt)	45
Museum der bildenden Künste (Leipzig)	361
Museum Folkwang (Essen)	277
Museum für Angewandte Kunst (Gera)	453
Museum für moderne Kunst (Frankfurt)	173
Museum Gunzenhauser (Chemnitz)	366
Museum Hombroich (Neuss)	275
Museum in der Runden Ecke (Leipzig)	361
Museum Ludwig (Köln)	273
Museum Sammlung Prinzhorn (Heidelberg)	19
Museumsinsel (Berlin)	96
Museumsmeile (Bonn)	276
Museumsmeile (Baden-Baden)	8
Museumsuferfest (Frankfurt)	190
Musical (Hamburg)	163
Musik Festival SHMF (Schleswig-Holstein)	434
Musikwochen (Uckermark)	134
Mützenich, Hohes Venn	306
Mylau/Netzschkau, Göltzschtalbrücke	466

N

Nachtresidenz (Düsseldorf)	296
Nassauer Hof (H, Wiesbaden)	182
Nationalpark Hainich	467
Nationalpark Jasmund (Sassnitz/Rügen)	204
Nationalpark Bayerischer Wald	90
Nationalpark Unteres Odertal (Schwedt)	138
Nationaltheater (Mannheim)	31
Naturgarten, Kaiserstuhl	41
Naturmuseum Senckenberg (Frankfurt)	172
Naturpark Holsteinische Schweiz	437
Naturpark TERRA.vita (Osnabrück)	262
Naturpark und Kulturschätze (Eichstätt / Altmühltal)	84
Natusch Fischereihafen-Restaurant (R, Bremerhaven)	147
Naumburg,	
- Dom	387
- Edersee	193
Neckar (Bad Wimpfen, Burg Guttenberg)	40
Neptun (H, Warnemünde)	207
Neroberg (Wiesbaden)	173
Neßmersiel, Fährhaus (R)	248
Neubrandenburg, Rock – das Restaurant (R)	212
Neuer Markt (Potsdam)	123
Neues Gewandhaus (Leipzig)	374
Neuhardenberg, Schloss (H)	126
Neukirchen/Seebüll, Nolde-Museum	421
Neuschwanstein, Schloss	54
Neuss, Museum Hombroich	275
Neustadt an der Weinstraße,	
- Deutsches Weinlesefest	330
- Hambacher Schloss	318
- Scheffelhaus (R)	325
Neustrelitz, Deutsche Tanzkompanie	214
Neuwerk (Nationalpark Wattenmeer)	169
NH Voltaire (H, Potsdam)	126
Niederegger (Lübeck)	432
Niederländischer Hof (H, Schwerin)	209
Nienstedten, Louis C. Jacobs (H)	159
Nikko (H, Düsseldorf)	283
Nikolaikirche (Wismar)	205
Nikolaikirche (Leipzig)	365
Nolde-Museum (Neukirchen/Seebüll)	421
Nonnweiler-Sitzerath, Landgasthof Paulus (R)	346
Norddorf/Amrum,	
- Café Schult (R)	426
- Ual Öömrang Wiartshüs (R)	424
Norderney	260
Nordfriesland, Biikebrennen	436
Nordharzer Städtebundtheater (Halberstadt)	403
Nordhausen, Nordhäuser Brennerei	462
Nord-Ostsee-Kanal (Brunsbüttel)	420
Nordwolle (Delmenhorst)	228
Nürburg,	
- Nürburgring	336
- Rock am Ring	331
Nürnberg,	
- Altstadt und Burg	58
- DB-(Eisenbahn-)Museum	58
- Dokuzentrum	60
- Essigbrätlein (R)	68
- Fränkisches Bierfest	82
- Germanisches Nationalmuseum	60
- Gulden Stern (R)	72
- Künstlerhaus	73
- Le Meridien Grand Hotel (H)	63
- Rock im Park	83
Nymphenburg (München)	45

475

O

Oberammergau, Passionstheater	80
Oberes Mittelrheintal (Koblenz)	334
Oberes Schloss (Greiz)	444
Oberhafenkantine (R, Hamburg)	161
Oberharzer Wasserregal (Clausthal-Zellerfeld)	264
Oberhausen, Gasometer	272
Oberhof, Sport und Blumen	452
Oberlausitz, Fischwochen	380
Obersalzberg, Kempinski Hotel Berchtesgaden (H)	66
Oberstdorf, Allgäuer Alpen	84
Ofterschwang, Sonnenalp (H)	61
Oker-Rundfahrt (Braunschweig)	231
Oktoberfest (München)	83
Oldenburg,	
- Altera (H)	245
- Horst Janssen Museum	241
- Landesmuseum Natur und Mensch	241
- Staatstheater	252
Oldenswort/Eiderstedt, Marschentöpferei Hoyerswort	433
Oltmanns (R, Friedeburg)	250
Opelvillen (Rüsselsheim)	180
Oper Chemnitz	376
Oper Hannover	253
Oper Frankfurt	187
Oper Berlin	109
Oper und Schauspiel Bonn	295
Optisches Museum (Jena)	444
Orangerie (R, Gera)	443
Orphée (H, Regensburg)	62
Osnabrück,	
- Dom und Domschatz	238
- Felix-Nussbaum-Haus	235
- Grüne Gans (R)	251
- La Vie (R)	247
- Media Art Festival	256
- Naturpark TERRA.vita	262
- Piesberg	259
- Romantik Hotel Walhalla (H)	245
- Theater	252
Oster- und Weihnachtsmarkt (St. Wendel)	350
Ostfriesische Inseln	260, 261
Osthaus Museum (Hagen)	272
Ottweiler, Barockresidenz	341
Outlet-Center (Zweibrücken)	329
Ozeaneum und Meeresmuseum (Stralsund)	197

P

Pächterhaus (R, Dessau)	401
Päffgen (R, Köln)	288
Palais für aktuelle Kunst (Glückstadt)	420
Panoramahotel (H, Lohme/Rügen)	209
Panorama-Museum (Bad Frankenhausen)	449
Papenburg,	
- Freilichtmuseum	240
- Meyer-Werft	232
Parkhotel (H, Bremen)	146
Park-Villa (H, Heilbronn)	22
Partymeile Hasselbachplatz (Magdeburg)	403
Partymeile Theodor-Heuss-Straße (Stuttgart)	32
Passat (Travemünde)	417
Passau	46
- Wilder Mann (H)	66
Passionstheater (Oberammergau)	80
Peenemünde, Historisch-Technisches Museum	200
Perl, Römische Villa	341
Perl-Nennig, Victors Residenz (H)	345
Pfaffenhofen, Hopfenland	90
Pfahlbaumuseum (Unteruhldingen)	10
Pfälzerwald/Dahn, E-Bike-Tour im Felsenland	334
Pfalzgalerie (Kaiserslautern)	317
Pfalztheater (Kaiserslautern)	327
Pfaueninsel (Berlin)	115
Pfeffermühle (Leipzig)	374
Pforzheim	14
Pfunds Molkerei (Dresden)	377
Phaeno Wissenschaftsmuseum (Wolfsburg)	237
Philharmonie Köln	297
Philharmonie Essen	295
Philharmonie München	76
Piesberg (Osnabrück)	259
Pirmasens,	
- Dynamikum	316
- Hotel Kunz (H)	321
Pirna (Sächsische Schweiz)	383
Planetarium (Jena)	445
Plassenburg und Altstadt (Kulmbach)	47
Platten Pedro (Berlin)	112
Plauen (Sächsisches Vogtland)	383
Point Alpha (Geisa/Rhön)	180
Pony Club (Kampen/Sylt)	430
Porsche-Museum (Stuttgart)	15
Porzellanmanufaktur (Meißen)	366
Potsdam,	
- Biosphäre	119
- Filmpark Babelsberg	119
- Friedrich Wilhelm (R)	129
- Hans-Otto Theater	131
- Holländisches Viertel	124
- Neuer Markt und Kutschstall	123
- NH Voltaire (H)	126
- Sanssouci	118
- Schlössernacht	135
- Specker's Landhaus (R)	129
- Welterbe Parklandschaft	120
- Waschhaus	131
- Wochenmarkt	133
Predigtstuhl (Bad Reichenhall)	52
Prenzlau, Gartenstadt	123
Prerow/Darß, Seeblick (R)	212
Prinzipalmarkt (Münster)	300
Prora/Rügen, Koloss	201
Pullman Quellenhof (H, Aachen)	283
Pünderich/Mosel, Weinfeste	331
Putbus/Rügen, Circus	196
Pyrogames (Lichterfeld)	134

Q

QF Hotel (H, Dresden)	368
Quartier 7 (Quedlinburg)	405
Quedlinburg,	
- Altstadt	391
- Kaiserfrühling	407
- Quartier 7	405
- Stiftskirche und Domschatz	395
- Theophano (H)	397

R

Rabenstein/Fläming, Burg Rabenstein	136
Radebeul, Villa Sorgenfrei (R)	370
Radialsystem V (Berlin)	108
Radisson SAS Schwarzer Bock (H, Wiesbaden)	181
Radolfzell, Mettnau-Stube (R)	30
Radspieler (München)	78
Rantum/Sylt,	
- Dorint Söl'ring Hof (H)	422
- kunst:raum Sylt-Quelle	428
- Sansibar (R)	425
Rasender Roland (Rügen)	221
Rastatt, Schloss	11
Rathaus und Roland (Bremen)	145
Ratskeller (R, Bremen)	147
Rebstock (H, Würzburg)	67
Red Dot Design Museum (Essen)	278
Regensburg,	
- Dom und Altstadt	56
- Orphée (H)	62
- Silberne Gans (R)	70
- Sorat Inselhotel (H)	64
Reichstagsgebäude (Berlin)	102
Reil, Heim's Restaurant (R)	325
Rendsburg, Stadtbummel	413
Residenz Heinz Winkler (R, Aschau)	68
Residenz und Schatzkammer (München)	48
Residenzschloss (Sondershausen)	449
Respectmen (Berlin)	112
Restaurant Überfahrt (R, Rottach-Egern)	71
Restaurants im Hotel Jörg Müller (R, Westerland/Sylt)	427
Rhein in Flammen (Bonn – Koblenz – Bingen)	330
Rheingau-Riesling-Route (Flörsheim – Lorch)	192
Rheinische Philharmonie (Koblenz)	327
Rheinsberg,	
- Kammeroper	134
- Schloss	122
Riddagshausen (Braunschweig)	234
Ritter St. Georg (H, Braunschweig)	245
Riva (H, Konstanz)	22
Röbel/Müritz,	
- Hausbootferien	222
- Landhaus Müritzgarten (H)	209
Rock – das Restaurant (R, Neubrandenburg)	212
Rock am Ring (Nürburg)	331
Rock im Park (Nürnberg)	83

Romantik Hotel Goldener Karpfen (H, Fulda)	182
Romantik Hotel Kieler Kaufmann (H, Kiel)	422
Romantik Hotel Walhalla (H, Osnabrück)	245
Romantik Hotel Weinhaus Messerschmitt (H, Bamberg)	65
Romantische Straße	91
Römische Villa (Perl)	341
Römisch-Germanisches Museum (Köln)	281
Rosebud (Köln)	297
Rosenberg, Landgasthof Adler (R)	28
Rosenmontag (Köln)	303
Rostock,	
- Altstadt	206
- Compagnie de Comédie	214
- Hafen	204
- Hochschule für Musik und Theater	214
- Schiffbaumuseum	201
- Volkstheater	213
Rostock/Warnemünde, Hanse Sail	217
Roter Haubarg (R, Witzwort)	426
Rotes Kliff (Kampen/Sylt)	419
Rothaargebirge (Winterberg)	306
Rotisserie Weingrün (R, Berlin)	107
Rotkäppchen Sektkellerei (Freyburg)	405
Rottach-Egern, Restaurant Überfahrt (R)	71
Rübeländer Tropfsteinhöhlen (Rübeland)	388
Rügen, Rasender Roland	221
Ruhrgebiet,	
- Extraschicht	304
- Ruhrtriennale	301
Rüsselsheim,	
- Festung	180
- Opelvillen	180
Russischer Hof (H, Weimar)	455
Rust, Europapark	40
Rüttenscheider Straße (Essen)	298

S

Saalfeld,	
- Altstadt	446
- Feengrotten	447
Saarbrücken,	
- Domicil Leidinger (H)	344
- Festival Perspectives	351
- Filmfest Max Ophüls	350
- Filmhaus	348
- Gästehaus Klaus Erfort (H)	346
- Ludwigskirche	343
- Saarländisches Staatstheater	348
- Saarspektakel	351
- Urwald vor der Stadt	352
- Zum Stiefel (R)	347
Saarland	349
Saarländisches Staatstheater (Saarbrücken)	348
Saarlouis, Altes Pfarrhaus Beaumarais (H)	344
Saarschleife (Mettlach-Orscholz)	353

Saarspektakel (Saarbrücken)	351
Sachsen-Anhalt, Straße der Romanik	409
Sächsische Schweiz (Pirna)	383
Sächsischer Hof (H, Meiningen)	454
Sächsisches Vogtland, Plauen	383
Sail (Bremerhaven)	150
Sail City (H, Bremerhaven)	146
Saline (Bad Reichenhall)	52
Salzburg, Mozart und mehr	89
Salzgitter-Watenstedt, Hüttenwerk	231
Salzwedel,	
- Altstadt	392
- Erste Baumkuchenfabrik	405
Sambafestival (Coburg)	82
San (R, Weimar)	458
Sansibar (R, Rantum/Sylt)	425
Sanssouci (Potsdam)	118
Sassella (R, Bonn)	289
Sassnitz/Rügen, Nationalpark Jasmund und Königsstuhl	204
Sauschwänzlebahn (Zollhaus/Südschwarzwald)	40
Scala – Das Turmrestaurant (R, Jena)	459
Schachen, Schloss	54
Schankwirtschaft (R, Tönning)	425
Schauinsland (Freiburg)	39
Schauspiel Köln	294
Scheeßel, Hurricane Festival	257
Scheffelhaus (R, Neustadt an der Weinstraße)	325
Schiefes Haus (H, Ulm)	24
Schiffahrtsmuseum (Bremerhaven)	145
Schiffbaumuseum (Rostock)	201
Schiffshebewerk Henrichenburg (Waltrop)	273
Schinkenmuseum (Apen)	254
Schlegelhof (R, Kirchzarten)	28
Schleswig, Schloss Gottorf	414
Schleswig, Dom St. Petri	414
Schleswig-Holstein,	
- Gourmet Festival	434
- Musik Festival SHMF	434
Schloss Eutin	413
Schloss Wernigerode	391
Schloss Augustusburg	356
Schloss Jever	228
Schloss Celle	228
Schloss Ludwigslust	205
Schloss Neuhardenberg	126
Schloss Rheinsberg	122
Schloss Heidelberg	18
Schloss Ludwigsburg	14
Schloss Rastatt	11
Schloss Mannheim	9
Schloss Charlottenburg (Berlin)	99
Schloss Friedenstein (Gotha)	446
Schloss Gottorf (Schleswig)	414
Schloss Kaltenberg, Ritterspiele	80
Schloss Lübbenau, Linari (R)	128
Schloss Meersburg	10
Schloss Moritzburg	362
Schloss Spyker (H, Spyker/Rügen)	207
Schloss Ulrichsusen	207
Schloss und Park (Bad Muskau)	364
Schloss und Park (Aschaffenburg)	60

Schloss und Park Benrath (Düsseldorf)	277
Schloss und Schlossgarten (Schwerin)	202
Schloss, Kloster St. Mang (Füssen)	45
Schlossberghöhlen (Homburg)	342
Schlösserfahrt mit der Weißen Flotte (Dresden)	382
Schlössernacht (Potsdam)	135
Schlossgarten Schwetzingen	17
Schlosshotel Hugenpoet (H, Essen-Kettwig)	284
Schlosshotel Klaffenbach (H, Chemnitz/Klaffenbach)	369
Schlosshotel Petry (H, Treis-Karden)	322
Schlosskirche Allerheiligen (Lutherstadt Wittenberg)	392
Schmalkalden, Altstadt	445
Schmidt's Tivoli (Hamburg)	164
Schneeberg,	
- Kirche St. Wolfgang	358
- Weihnachtsmarkt	381
Schneider Stube (R, Görlitz)	373
Schneider's Weinstube (R, Baden-Baden)	30
Schnick Schnack Schatz (Halle)	404
Schnitzlbaumer (R, Traunstein)	72
Schnoorviertel (Bremen)	149
Schoduvel (Braunschweig)	257
Schönau/Berchtesgaden, Königsee	89
Schuh Keller (Ludwigshafen)	328
Schumann's (München)	75
Schwarzwald, Kinzigtal	39
Schwarzwaldstube (R, Baiersbronn)	26
Schwedt, Nationalpark Unteres Odertal	138
Schweinfurt,	
- Museen	45
- Stadttheater	76
Schwerin,	
- Mecklenburgisches Staatstheater	213
- Niederländischer Hof (H)	209
- Schloss und Schlossgarten	202
- Weiße Flotte	221
Schwetzingen, Schlossgarten	17
Schwielowsee-Rundfahrt (Schwielowsee/Caputh)	136
Schwörmontag und Nabada (Ulm)	36
Seeblick (R, Prerow/Darß)	212
Seefischmarkt (Cuxhaven)	254
Seehotel (H, Großräschen)	126
Seehundstation (Friedrichskoog)	418
Seesen, Sehusafest	256
Seiffen, Spielzeugdorf	377
Semperoper (Dresden)	375
Senfladen (Bautzen)	378
Senftenberg, Lausitzer Seenland	137
September (R, Kiel)	425
Serrahn/Nationalpark Müritz, Welterbe Buchenurwald	206
Seven Seas und Süllberg-Terrassen (R, Hamburg)	162
Sheraton Pelikan (H, Hannover)	243
Siebengebirge und Drachenfels (Königswinter)	305
Silberne Gans (R, Regensburg)	70
Silberstraße (Annaberg-Buchholz)	382

477

Silvesterparty (Berlin)	113
Sofitel Berlin (H, Berlin)	103
Sommergewinn (Eisenach)	464
Sondershausen, Residenzschloss	449
Sonnenalp (H, Ofterschwang)	61
Sophienhof (Kiel)	431
Sorat Hotel (H, Cottbus)	127
Sorat Inselhotel (H, Regensburg)	64
Specker's Landhaus (R, Potsdam)	129
Speisemeisterei (R, Stuttgart)	30
Speyer,	
- Dom	319
- Stadtbummel	317
Spiekeroog	261
Spielkartenladen (Altenburg)	463
Spielzeugdorf (Seiffen)	377
Spinnerei – Kunstzentrum (Leipzig)	379
Spitzhäuschen (R, Traben-Trarbach)	323
Spreetal Restaurant (R, Grubschütz)	373
Spreewald, Biosphärenreservat	139
Sprengel-Museum (Hannover)	233
Spyker/Rügen, Schloss Spyker (H)	207
St. Ingbert, Gourmetmarkt	350
St. Peter Ording,	
- Bernsteine Boy Jörns	432
- Landhaus an de Dün H)	422
- Über den Traumstrand	438
St. Wendel, Oster- und Weihnachtsmarkt	350
St.-Annen-Kirche (Annaberg-Buchholz)	357
Staatsoper Hamburg	164
Staatsoper und –schauspiel München	74
Staatspark Karlsaue (Kassel)	179
Staatstheater Meiningen	460
Staatstheater Mainz	327
Staatstheater Braunschweig	253
Staatstheater Oldenburg	252
Staatstheater Kassel	187
Staatstheater Wiesbaden	186
Staatstheater Cottbus	130
Staatstheater Karlsruhe	32
Staatstheater Stuttgart	32
Stade/Altes Land	262
Städel (Frankfurt)	176
Stadthafen (Münster)	296
Stadtschloss (Weimar)	450
Stadtschloss (Fulda)	177
Stadttheater Freiberg	374
Stadttheater Schweinfurt	76
Stadttheater Aschaffenburg	74
Starnberger See	88
Steigenberger Drei Mohren (H, Augsburg)	64
Steigenberger Grandhotel Petersberg (H, Königswinter)	284
Steinheuers Restaurant (R, Bad Neuenahr)	324
Steinhuder Meer (Wunstorf/Steinhude)	263
Stendal, Altstadt	396
Stiftskirche (Gernrode/Quedlinburg)	396
Stiftskirche und Domschatz (Quedlinburg)	395
Stiftung Meininger Baudenkmäler (Meiningen)	455
Stralsund,	
- Altstadt	203
- Marienkirche	196
- Ozeaneum und Meeresmuseum	197
- Wulflamstuben (R)	211
Strandhotel Kurhaus (H, Juist)	246
Strandpromenade (Binz/Rügen)	203
Straße der Romanik, Sachsen-Anhalt	409
Straubing, Gäubodenvolksfest	83
Stuttgart,	
- Breuninger	34
- Cannstatter Wasen	37
- Kunstmuseum	15
- Le Méridien (H)	24
- Markthalle	35
- Mercedes-Benz Museum	20
- Partymeile Theodor-Heuss-Straße	32
- Porsche-Museum	15
- Speisemeisterei (R)	30
- Staatstheater	32
- Wielandshöhe (R)	29
Surf World Cup Sylt (Westerland)	434

T

Tagebau 4WD (Brieske/Lausitz)	139
Tangermünde, Altstadt	392
Tantris (R, München)	69
Taschenbergpalais (H, Dresden)	368
Technoseum (Mannheim)	11
Tegernsee,	
- Das Tegernsee (H)	65
- Herzogliches Bräustüberl (R)	71
- Internationales Bergfilm Festival	80
- See und Berge	86
Teufelsmauer (Blankenburg)	408
Thale/Harz,	
- Gasthaus Königsruhe (H)	398
- Ins Bodetal	408
Thale/Treseburg, Forelle (R)	401
Thalia Theater (Hamburg)	163
Thann/Wendershausen, Das Rhön-Dorf	188
The Pure (H, Frankfurt)	182
The Ritz-Carlton (H, Wolfsburg)	244
Theader (Freinsheim)	326
Theater Erfurt	461
Theater Kiel	430
Theater Itzehoe	428
Theater Magdeburg	402
Theater Osnabrück	252
Theater Wasserburg	76
Theaterhaus Jena	460
Theatermuseum (Meiningen)	452
Theophano (H, Quedlinburg)	397
Tholey, Benediktinerabtei	341
Thomaskirche (Leipzig)	365
Thüringer Theatersommer (Bauerbach)	464
Tim Raue (R, Berlin)	105
Tivoli (Heide)	429
Tonhalle (Düsseldorf)	293
Tönning,	
- Hafen und Wattforum	413
- Schankwirtschaft (R)	425

Traben-Trarbach,	
- Moselschlösschen (H)	321
- Spitzhäuschen (R)	323
Traunstein, Schnitzlbaumer (R)	72
Travemünde,	
- Grand Spa Resort (H)	422
- Passat	417
- Weltbad	437
Treis-Karden, Schlosshotel Petry (H)	322
Trier,	316
- Becker's (R)	323
Türkenmarkt (Berlin)	112
Turmschänke (R, Eisenach)	457

U

Ual Öömrang Wiartshüs (H, Amrum)	424
Überfluss (H, Bremen)	146
Überlingen-Lippertsreute, Zum Adler (R)	29
Überseemuseum (Bremen)	145
Uckermark, Musikwochen	134
Ulm,	
- Bundesfestung	33
- Münster	21
- Schiefes Haus (H)	24
- Ulmer Museum	17
- Schwörmontag und Nabada	36
Ulrichshusen, Schloss	207
Universum (Bremen)	144
Unperfekthaus (Essen)	269
Unterfahrt (München)	73
Unteruhldingen, Pfahlbaumuseum	10
Urwald vor der Stadt (Saarbrücken)	352
Urwelt-Museum Hauff (Holzmaden)	21
Usedom, Kaiserbäder	198

V

Van der Valk Hotel (H, Hildesheim)	245
Vendôme (Bergisch-Gladbach)	290
Victoria (H, Freiburg)	23
Victors Residenz (H, Perl-Nennig)	345
Viehscheid (Hindelang)	82
Viktualienmarkt (München)	79
Villa Auguste Viktoria (H, Ahlbeck/Usedom)	209
Villa Esche (R, Chemnitz)	371
Villa Hügel (Essen)	268
Villa Sorgenfrei (H, Radebeul)	370
Villa Vinum (Mainz)	328
Villandry (R, Dresden)	371
Villeroy & Boch Outlet Center (Mettlach)	349
Villino (H, Bodolz)	66
Vitalis (H, Greetsiel)	246
Vlet (R, Hamburg)	161
Vogtsburg-Burkheim, Kreuz Post (R)	26
Völkerschlachtdenkmal (Leipzig)	365
Völklinger Hütte, Völklingen	340
Volkstheater Rostock	213

W

Wachtelberg (Werder/Havel)	132
Wacken, Open Air	436
Wadgassen, Deutsches Zeitungsmuseum	342
Wäldchestag (Frankfurt)	190
Waldorf Astoria (H, Berlin)	104
Walhalla (Donaustauf)	53
Walkenried, Kloster	242
Wallfahrt zur Schwarzen Madonna (Altötting)	84
Wallraf-Richartz-Museum und Fondation Corboud (Köln)	280
Walpurgisnacht (Harz)	406
Walsumer Hof (R, Duisburg)	291
Waltrop, Schiffshebewerk Henrichenburg	273
Wangerooge, Ostfriesische Inseln	261
Wannsee (Berlin)	115
Warder, Arche Warder	416
Waren, Müritzeum	200
Warnemünde,	
- Butt (R)	211
- Hohe Düne (H)	210
- Neptun (H)	207
Wartburg (Eisenach)	442
Waschhaus (Potsdam)	131
Wasserburg,	
- Stadtbummel	44
- Theater Wasserburg	76
Wasserkuppe (Kaltennordheim)	467
Wasserkuppe (Gersfeld/Rhön)	193
Wasserschloss im Räuberland (Mespelbrunn/Spessart)	91
Wasserstraßenkreuz (Magdeburg)	388
Watzmann (Berchtesgaden)	51
Wedina (H, Hamburg)	159
Weg der Demokratie (Bonn)	269
Weihnachtsmarkt Schneeberg	381
Weimar,	
- Altstadtbummel	447
- Anna Amalia (R)	458
- Bauhaus-Museum	447
- Deutsches Nationaltheater	461
- Dorint am Goethepark (H)	456
- Goethes Häuser	448
- Herzogin Anna-Amalia-Bibliothek	449
- Hotel Elephant (H)	456
- Russischer Hof (H)	455
- San (R)	458
- Stadtschloss	450
- Zum Zwiebel (R)	459
- Zwiebelmarkt	465
Weinbotschafter (Mosel – Nahe – Pfalz – Rheinhessen)	335
Weinfeste (Pünderich/Mosel)	331
Weinhaus Schreiner (R, Mainz)	323
Weinhaus Weis (R, Worms)	324
Weinkulturelles Zentrum (Bernkastel)	328
Weinlade (Karlsruhe)	35
Weinstraße Saale-Unstrut (Freyburg/Naumburg)	408
Weiße Flotte (Schwerin)	221
Weißer Bock (R, Heidelberg)	25
Weisser Schwan (R, Darmstadt)	185
Weißes Brauhaus (R, München)	72
Weißwasser, Landschaftspark Kromlau	383
Weltbad (Travemünde)	437
Welterbe Buchenurwald (Serrahn/Nationalpark Müritz)	206
Welterbe Parklandschaft (Potsdam)	120
Wendelstein (Brannenburg, Osterhofen)	88
Wendisches Museum (Cottbus)	124
Werder, Baumblütenfest	135
Werder/Havel, Wachtelberg	132
Wernigerode,	
- Altstadt	391
- Brocken und Brockengarten	389
- Harzer Schmalspurbahn	409
- Hotel am Anger (H)	399
- Ins kleine Paradies (R)	401
- Schloss	391
Weserburg (Bremen)	144
Weserradweg (Hameln)	259
Westerhever-Poppenbüll, Leuchtturm Westerheversand	416
Westerland,	
- Restaurants im Hotel Jörg Müller (R)	427
- Surf World Cup Sylt	434
Westerstede, Garten-Kult in Ammerland	264
Westerwaldsteig (Montabaur)	336
Wetzlar, Altstadt	176
Wieck am Darß, Hotel Haferland (H)	210
Wieck, Gaffelrigg	218
Wiecker Holzklappbrücke (Greifswald)	201
Wielandshöhe (R, Stuttgart)	29
Wierschem, Burg Eltz	312
Wiesbaden,	
- Drei Lilien (H)	181
- ECHT Wiesbaden	188
- Kurviertel	179
- Nassauer Hof (H)	182
- Neroberg	173
- Radisson SAS Schwarzer Bock (H)	181
- Staatstheater	186
Wikinger Museum Haithabu (Busdorf)	418
Wilder Mann (H, Passau)	66
Wildeshauser Geest (Wildeshausen)	263
Wildpferde (Dülmen)	302
Wilhelm Holtorf Colonialwaren (Bremen)	149
Wilhelm-Hack-Museum (Ludwigshafen)	311
Wilhelmshaven,	
- Atlantic Hotel n (H)	243
- Banter Ruine (R)	247
- Jade Weser Port	229
- Maritime Meile	236
Wilhelmshöhe (H, Diedrichshagen)	208
Windstärke 10 (Cuxhaven)	242
Winterberg, Rothaargebirge	306
Winzerfest (Freyburg)	406
Wismar,	
- Alter Hafen	206
- Alter Schwede (R)	211
- Hafentage	217
- Nikolaikirche	205
- Marktplatz	205
Wittdün/Amrum, Blaue Maus	429
Witzwort, Roter Haubarg (R)	426
Wochenmarkt Husum	431
Wochenmarkt Potsdam	133
Wolfenbüttel Herzog-August-Bibliothek	227
Wolfsburg,	
- Aqua (R)	249
- Autostadt	226
- Beefclub (R)	251
- Kunstmuseum	235
- Phaeno Wissenschaftsmuseum	237
- The Ritz-Carlton (H)	244
Worms,	
- Dom	311
- Weinhaus Weis (R)	324
Worpswede, Künstlerkolonie	262
Wulflamstuben (R, Stralsund)	211
Wullenwever (R, Lübeck)	427
Wunstorf, Steinhuder Meer	263
Würzburg,	
- Festung Marienberg	51
- Fürstbischöfliche Residenz	49
- Rebstock (H)	67
- Zum Stachel (R)	70

Z

Zeche Zollverein (Essen)	270
Zellerfeld, Bergbauernmarkt	255
Zeltpalast (Merzig)	348
Zeppelinmuseum (Friedrichshafen)	9
Zirbelstube (R, Freiburg)	28
Zissel (Kassel)	190
ZKM (Karlsruhe)	14
Zollhaus/Südschwarzwald, Sauschwänzlebahn	40
Zoo Köln	278
Zoo Hannover	233
Zoo Berlin	99
Zschoner Mühle (R, Dresden)	372
Zugspitze (Garmisch-Partenkirchen)	91
Zum Adler (R, Überlingen-Lippertsreute)	29
Zum Krug (R, Husum)	427
Zum Ochsen (R, Karlsruhe)	25
Zum Stachel (R, Würzburg)	70
Zum Stiefel (R, Saarbrücken)	347
Zum Ziegenhainer (R, Jena/Ziegenhain)	457
Zum Zwiebel (R, Weimar)	459
Zumnorde am Anger (H, Erfurt)	455
Zur Bleiche (H, Burg/Spreewald)	127
Zur Weserei (R, Kandern)	29
Zweibrücken,	
- Landschloss Fasanerie	322
- Outlet-Center	329
Zwickau, August-Horch-Museum	358
Zwiebelmarkt (Weimar)	465
Zwiefalten, Barockstraße	38
Zwinger (Dresden)	360

Impressum

Über den Autor
Axel Klemmer wurde 1963 in Berlin geboren, und er hat seit dieser Zeit nicht damit aufgehört, das ganze Land zwischen den Stränden von Nord- und Ostsee und dem Rand der Alpen zu bereisen – zuerst mit den Eltern, dann, als Journalist und Redakteur, für Magazine, Tageszeitungen und das Fernsehen.

Liebe Leserinnen und Leser, vielen Dank, dass Sie sich für einen Titel aus unserer Reihe MERIAN *live!* entschieden haben. Wir freuen uns, Ihre Meinung zu diesem Reiseführer zu erfahren. Bitte schreiben Sie uns an merian.solitaere@travel-house-media.de, wenn Sie Berichtigungen und Ergänzungen haben – und natürlich auch, wenn Ihnen etwas ganz besonders gefällt.

Alle Angaben in diesem Reiseführer sind gewissenhaft geprüft. Preise, Öffnungszeiten usw. können sich aber schnell ändern. Für eventuelle Fehler übernimmt der Verlag keine Haftung.

© 2017 TRAVEL HOUSE MEDIA GmbH, München

MERIAN ist eine eingetragene Marke der GANSKE VERLAGSGRUPPE.

ISBN 978-3-8342-2513-9
1. Auflage

Alle Rechte vorbehalten. Nachdruck, auch auszugsweise, sowie die Verbreitung durch Film, Funk, Fernsehen und Internet, durch fotomechanische Wiedergabe, Tonträger und Datenverarbeitungssysteme jeglicher Art nur mit schriftlicher Genehmigung des Verlages.

Bei Interesse an maßgeschneiderten Produkten:
veronica.reisenegger@travel-house-media.de

Bei Interesse an Anzeigenschaltung:
tanja.benkert@travel-house-media.de

TRAVEL HOUSE MEDIA
Postfach 86 03 66, 81630 München
merian.solitaere@travel-house-media.de
www.travel-house-media.de

Verlagsleitung
Michaela Lienemann

Redaktion
Eva Stadler

Layout
Michaela Fischer M-DESIGN

Schlussredaktion
Tina Schreck, Sabine Thiele

Bildredaktion
Nora Goth, Nafsika Mylona, Tobias Schärtl

Produktion
Anna Bäumner, Bettina Häfele

Repro
Repro Ludwig, Zell am See

Druck und Bindung
Drukarnia Dimograf, Polen

Ein Unternehmen der
GANSKE VERLAGSGRUPPE

Wir danken allen, die an diesem Buch mitgewirkt und die Produktion unterstützt haben. Förderung aus dem Europäischen Fonds für regionale Entwicklung der Europäischen Union erhielten der Bayerische Wald (s. S. 81, 90) und das Bayerische Golf- und Thermenland (s. S. 46, 83, 93).

Europäische Union
„Investition in Ihre Zukunft"
Europäischer Fonds für regionale Entwicklung